TRAITÉ

DE

L'ACTION PUBLIQUE

ET DE

L'ACTION CIVILE

EN MATIÈRE CRIMINELLE.

PARIS. — IMPRIMERIE DE COSSON,
9, rue Saint-Germain-des-Prés.

TRAITÉ

DE

L'ACTION PUBLIQUE

ET DE

L'ACTION CIVILE

EN MATIÈRE CRIMINELLE,

PAR M. MANGIN,

ANCIEN CONSEILLER A LA COUR DE CASSATION.

TOME PREMIER.

PARIS,

NÊVE, LIBRAIRE DE LA COUR DE CASSATION,

AU PALAIS DE JUSTICE, N° 9.

1837.

AVERTISSEMENT

DE L'ÉDITEUR.

M. Mangin avait entrepris un *Traité du droit criminel français* qui devait embrasser, non seulement la procédure criminelle, mais encore toutes les lois pénales. Il exposait lui-même, dans une introduction placée en tête du premier livre, le plan de cet immense travail : « Je me propose de » rechercher les principes de notre droit criminel : » j'essaierai de les démontrer, de les établir clai» rement, et de faire voir les conséquences qui en » découlent. Je ferai le tableau de toute la juris» prudence de la cour de cassation, mais en la » rattachant aux principes eux-mêmes, de sorte » que les arrêts n'en soient que les corollaires; je » retracerai les règles de notre ancien droit crimi» nel dans ce qu'elles ont de relatif au droit actuel. » Je ferai connaître la discussion à laquelle nos » Codes ont donné lieu dans le conseil d'état. Je » rapporterai et j'examinerai les opinions des au» teurs.... »

Personne n'était plus capable que M. Mangin, de remplir ce vaste cadre. On peut même dire que toute sa vie n'avait été qu'une longue préparation à la composition d'un pareil ouvrage. C'est par d'éclatans succès devant les conseils de guerre, et devant les cours de justice criminelle que, jeune encore, il se fraya la route du barreau, où il mérita plus tard l'amitié de M. de Serre. Il devint ensuite successivement procureur du roi à Metz; chef de division au ministère de la justice, procureur général du roi près la cour royale de Poitiers, conseiller à la cour de cassation (chambre criminelle), préfet de police... Une telle expérience devait profiter à un homme qui avait par-dessus tout l'amour de son état, et qui employait toute la puissance de ses facultés à bien savoir les choses dont il avait à s'occuper.

C'est à la cour de cassation, où il se flattait de vieillir dans l'application du droit criminel, qu'il conçut le plan de son livre et qu'il en commença l'exécution avec une ardeur qui ne s'est jamais refroidie. Il lut et relut tous les auteurs anciens et modernes qui ont traité du droit criminel. Il étudia la jurisprudence de la Cour de cassation, non seulement dans les recueils imprimés, mais encore dans les minutes du greffe, où il découvrit des arrêts inédits d'une grande importance. M. le conseiller Busschopp avait conservé des notes sur les principaux arrêts de la chambre criminelle presque depuis sa fondation. Il voulut bien permettre à M. Mangin d'en prendre copie. M. le président Barris, qui contribua tant à fixer la jurisprudence criminelle après la promulgation des nouveaux Codes, avait aussi laissé des notes sur toutes les questions graves qui s'étaient agitées dans la même section. M. Laplagne-Barris, son neveu, avocat-général à la cour de cassation, s'empressa de mettre ce précieux manuscrit à la disposition de M. Mangin, qui déclare, en plusieurs endroits, qu'il y a puisé de grandes lumières. Tous ces matériaux étaient recueillis et classés, lorsque la révolution de juillet rendit M. Mangin à la vie privée. Il ne songea plus qu'à les mettre en œuvre. Mais il n'y travaillait qu'avec une sage lenteur, et ses méditations lui faisaient mieux comprendre chaque jour toute la difficulté de sa tâche. « Croirez-vous, écrivait-il de Soleure, le 18 » mars 1833, que, depuis huit mois, je suis après » le chapitre de l'*Instruction écrite*, et que je l'au» rai à peine achevé pour le 15 décembre (1). Il est » impossible de faire vite, disait-il dans une autre

(1) C'est le chapitre 2 du second livre intitulé : *De la police judiciaire et de la mise en accusation*, etc., dont l'auteur expose ainsi le plan : « Après avoir parlé de la manière dont » les crimes, les délits et les contraventions doivent être con» statés (chapitre 1er), des règles qui régissent l'instruction » destinée à recueillir les preuves et à découvrir les coupables » (chapitre 2), je traiterai du réglement de la compétence, » tant par la chambre du conseil que par la chambre des mises » en accusation (chapitre 3).

» Je m'occuperai ensuite de quelques procédures particu» lières soumises à des règles spéciales (chapitre 4).

» Enfin je parlerai de ces conflits d'attribution qui s'élè» vent quelquefois entre les diverses autorités judiciaires, et » nécessitent des *réglemens de juges*, et de ces *demandes en*

» lettre, sans s'exposer à mal faire; et c'est ce que » je veux éviter autant que je puis. — C'est un » monument durable que je veux élever à notre » législation criminelle. Je veux pouvoir me dire » que, sur une terre d'exil, je sers ma patrie de la » seule manière honorable qu'il m'est donné de la » servir. L'honneur d'avoir fait un livre utile, » voilà ce que j'ambitionne. » (8 avril 1833.)

Le traité de la procédure criminelle devait être divisé en trois livres. Le premier (*de l'action publique et privée*) fut achevé dès l'année 1832. M. Mangin l'envoya, pour l'examiner, à plusieurs magistrats de la cour de cassation, qui l'approuvèrent unanimement. L'un d'eux, M. Laplagne-Barris, dont le nom ajoute un grand poids à ces éloges, écrivait le 16 avril 1833 : « Je vous renvoie le manuscrit de M. Mangin. Je l'ai lu avec » une grande attention et un vif plaisir.... Voilà » un corps de doctrine formé par une tête forte, » par un homme plein de conscience et de sagacité. Je ne sais si les forces de M. Mangin suffi» ront pour traiter tout le droit criminel comme » son premier livre. Mais celui-ci, résultat d'un

---

» *renvoi* d'une juridiction à une autre, qui tendent à modifier » la compétence des tribunaux (chapitre 5). »

Ce second livre formerait au moins trois gros volumes semblables à ceux-ci : mais il pourrait être divisé en plusieurs *Traités*, par exemple, *Traité des procès-verbaux*, *Traité de l'instruction écrite*, *de la compétence*, etc.

» travail immense, est admirable de clarté, de
» science et de profondeur. Je ne crois pas qu'il
» soit possible de mieux faire ; et lorsque tout sera
» achevé *de la même manière*, je suis convaincu
» qu'il n'est pas un bon esprit occupé de ces ma-
» tières, qui ne donne à notre ancien collègue le
» nom de *Domat du droit criminel*.... Il n'y a pas,
» dans ce travail, de digressions sur les amélio-
» rations de la législation ; point d'envie d'être
» salué comme un grand publiciste, point d'esprit
» de système, point d'utopies. Mais il y a une con-
» naissance complète de ce qui est ; une apprécia-
» tion faite avec simplicité, mais avec profon-
» deur, de toutes les difficultés de la matière, et
» une recherche de la vérité si sincère, si *naïve*, si
» bien dépouillée de tout amour-propre d'auteur,
» qu'il est impossible que le critique le plus mal-
» veillant ne rende pas hommage au caractère de
» cet auteur. »

Il était impossible de mieux juger à la fois et l'ouvrage et l'auteur. M. Mangin avait en effet une *tête forte* et capable de profondes méditations. Il était *plein de conscience et de sagacité*. Sans repousser les améliorations, il se défiait des *théories*. Il portait, dans toutes les actions de sa vie, un jugement droit, une volonté ferme, une probité austère, un esprit de justice qui ne connaissait point de vains ménagemens et qui ne savait fléchir devant aucune considération. Ces qualités solides se retrouvent à chaque page de son livre. On y chercherait en vain une solution, une opinion, un mot qui rappelle sa position, et les événemens politiques qui lui avaient été si funestes. S'il rencontre une de ces questions qui touchent aux droits de la puissance publique, il l'examine et la décide avec toute l'impartialité qu'il aurait pu mettre dans un rapport à la cour de cassation : il défend les intérêts légitimes du pouvoir, comme si le pouvoir n'avait pas changé de mains. On voit qu'il s'élève de toute la force de sa raison, au dessus des passions du moment, pour ne songer qu'à la société qui ne doit pas périr et aux principes d'ordre qui peuvent seuls la conserver. Voyez notamment sa discussion sur l'*extradition*, n°s 74 et suiv.; sur l'*autorisation nécessaire pour mettre en jugement les agens du gouvernement*, n°s 241 et suiv.; sur le véritable sens des articles 441 et 442 du Code d'instruction criminelle, n°s 375 et suiv.

M. Mangin avait enfin revu sa patrie (1834). Il avait repris avec joie la profession d'avocat; et il l'exerçait comme il convenait à un personnage consulaire, à un ancien magistrat, avec une noble indépendance, un généreux désintéressement. Il ne se chargeait d'une cause que sous la condition d'être le premier juge de ses cliens; et quand il consentait à la plaider, c'était un gage certain du succès. Il n'oubliait pas, dans ce qu'il appelle sa nouvelle prospérité, le grand ouvrage qui avait adouci pour lui les peines de l'exil. Il achevait de mettre au net le second livre, et il s'occupait de faire imprimer le premier, lorsqu'une mort prématurée vint renverser tous ses projets....

La publication de ce premier livre est un hommage que sa famille ne pouvait refuser à sa mémoire. Mais on n'oubliera pas, en le lisant, qu'il devait le revoir avant de le livrer à l'impression.

Quò que magis faveas, non sunt hæc edita ab illo;
Sed quasi de domini funere rapta sui.
Quidquid in his igitur vitii rude carmen habebit,
Emendaturus, si licuisset, erat.

Il eût été sans doute facile d'effacer ces légères taches, de faire disparaître quelques négligences de style. Mais ces corrections auraient, en quelque sorte, diminué l'authenticité de l'ouvrage, sans aucun profit pour la science, ni même pour la réputation de l'auteur. Cette édition est donc entièrement conforme au manuscrit, qui sera déposé, suivant les intentions de M. Mangin, à la bibliothèque de la cour de cassation. On s'est borné à citer, au bas des pages, les arrêts récens de cette cour, qui sont presque toujours venus confirmer les opinions de l'auteur. Ces courtes notes se distinguent par la date des arrêts et par un astérisque.

G. C.

Nota. Lorsque l'auteur cite le Répertoire de jurisprudence et les Questions de droit de Merlin, c'est la dernière édition.

Pour tous les arrêts antérieurs à l'année 1825, il renvoie à la Collection alphabétique de M. Dalloz, en 12 vol. in-4°; et depuis 1825, à sa Collection périodique.

TABLE

DES

CHAPITRES ET SOMMAIRES.

11. Sous le consulat et sous l'empire, on revint aux principes suivis sous l'ancienne monarchie, et l'action publique appartint au chef de l'état.

12. Aujourd'hui l'action publique appartient au roi; il en délègue l'exercice à des fonctionnaires qu'il nomme et qu'il révoque à sa volonté; c'est là une conséquence juste et nécessaire du principe monarchique du gouvernement.

13. On ne distingue plus les délits en délits publics et en délits privés; l'action publique s'exerce contre tous indistinctement.

14. Les parties lésées ne participent point à l'exercice de l'action publique; elle n'appartient qu'aux fonctionnaires délégués par la loi.

15. De l'indépendance de l'action publique.

16. L'exercice de l'action publique n'est pas subordonné aux dénonciations des tiers ou aux plaintes des parties lésées; exceptions à ce principe; renvoi.

17. L'action publique n'est pas nécessairement mise en mouvement par ces dénonciations et par ces plaintes; la plupart des criminalistes modernes émettent une opinion contraire; articles du Code d'instruction sur lesquels ils s'appuient.

18. Ces articles ne décident pas la question; ils n'ont aucun rapport avec elle.

19. La question est nettement décidée en faveur de l'indépendance du ministère public, par l'article 1er du Code d'instruction.

20. Peu importe même que les plaignans se soient constitués parties civiles.

21. La discussion du Code d'instruction au conseil d'état confirme cette doctrine; la cour de cassation l'a adoptée.

22. Mais la loi a pris des précautions pour garantir les parties lésées contre l'abus qu'on pourrait en faire.

23. L'action publique est indépendante des tribunaux institués pour la juger.

24. Ce principe est cependant soumis à deux exceptions. Première exception : l'art. 11 de la loi du 20 avril 1810 ; discussion de cet article au conseil d'état.

25. Deuxième exception : l'art. 235 du Code d'instruction; cet article ne confère pas aux chambres d'accusation les mêmes droits que l'art. 11 de la loi d'avril confère aux cours royales chambres assemblées.

26. Dès que l'action publique est intentée, elle est entièrement soumise aux tribunaux.

27. L'action civile n'appartient qu'aux parties lésées ; l'action civile et l'action publique ont chacune une existence indépendante ; chacune se régit par des règles qui lui sont propres.

28. Ces deux actions peuvent n'être point intentées simultanément.

29. L'une d'elles peut être éteinte, et l'autre subsister.

30. La partie civile peut renoncer à son action ; cependant, en matière de faux, la transaction doit être homologuée ; le tribunal a-t-il le droit de refuser cette homologation ?

31. Les transactions consenties par les parties civiles ne peuvent arrêter ni suspendre l'action publique.

32. Le ministère public ne peut se désister ni de l'action qu'il a formée, ni des recours qu'il a exercés pour la conserver.

33. L'action publique ne peut être portée que devant la juridiction criminelle ; exception en matière de séparation de corps, motivée sur l'adultère de la femme.

34. Mais l'action civile peut être portée devant la juridiction criminelle ou devant la juridiction civile ; cependant cette option est soumise à des règles.

Première règle : la juridiction criminelle n'est compétente qu'autant qu'elle est saisie en même temps de l'action publique ; conséquences de cette règle.

35. Deuxième règle : La partie qui a choisi la voie ci-

vile ne peut l'abandonner pour prendre la voie criminelle ; conséquence de cette règle.

36. Cette deuxième règle reçoit trois exceptions : 1° en matière de faux ; 2° lorsque l'instance civile conduit à la découverte de faits qui ont un caractère criminel ; 3° lorsque le tribunal civil s'est déclaré incompétent pour connaître de la demande.

37. La partie lésée qui a pris la voie criminelle, peut-elle l'abandonner pour prendre la voie civile ? Examen de l'opinion de M. Merlin.

38. Quoique portées devant une même juridiction, l'action publique et l'action civile ne se confondent pas ; elles restent distinctes ; conséquences qui résultent de ce principe.

39. Exception à ce principe ; renvoi.

40. Le principe que l'action publique n'appartient qu'aux fonctionnaires auxquels elle est confiée par la loi, et celui qui veut que la renonciation à l'action civile ne puisse arrêter ni suspendre l'action publique, reçoivent de notables modifications en matière de contributions indirectes, de douanes et d'eaux et forêts.

1° *En matière de contributions indirectes*.

41. En matière de contributions indirectes, l'action publique appartient à la Régie, exclusivement aux officiers du ministère public ; conséquences qui résultent de cette règle.

42. Cependant cette règle n'a pas lieu en matière de contravention aux lois sur la garantie des ouvrages d'or et d'argent.

2° *En matière de douanes*.

43. Quelles sont en matière de douanes les contraventions qui donnent lieu à l'action publique.

44. L'administration des douanes participe à l'exercice

de l'action publique pour la répression de ces contraventions.

45. Mais elle n'y participe que pour l'application des peines de l'amende et de la confiscation, et non pour celle de l'emprisonnement.

46. L'action publique ne lui appartient même pas exclusivement pour la condamnation des prévenus à l'amende et à la confiscation des choses saisies ; le ministère public peut l'exercer valablemeut pour elle ; pourquoi ; conséquences de ce principe.

47. Transactions consenties par l'administration des douanes. Peut-elle faire remise des condamnations à la peine d'emprisonnement ? Examen de l'opinion de M. Legraverend.

48. Les règles relatives aux transactions en matière de douanes s'appliquent aux transactions en matière de contributions indirectes.

49. Les transactions n'éteignent les poursuites qu'à l'égard des prévenus avec lesquels elles ont été faites.

3° *En matière de délits forestiers et de pêche fluviale.*

50. L'administration forestière exerce, concurremment avec le ministère public, l'action publique pour la répression des délits et contraventions commis dans les bois et forêts soumis au régime forestier : quels sont ces bois et forêts.

51. L'administration a le droit de provoquer l'application des *peines*. Par ses poursuites elle conserve l'action publique ; cependant elle ne peut appeler d'un jugement rendu avec le procureur du roi seul ; elle est investie des actions civiles résultant du dommage causé par le délit, et elle les exerce dans l'intérêt des particuliers.

52. Le droit de poursuite accordé à l'administration forestière ne s'étend pas aux délits commis dans les bois de la couronne ; ce droit n'appartient qu'aux agens de la liste civile et au ministère public.

53. Ni aux délits commis dans les bois qui ne sont pas soumis au régime forestier ; exceptions à cette règle.

54. Les délits de pêche fluviale qui blessent l'intérêt général sont poursuivis par des agens spéciaux et par le ministère public, de la même manière que le sont les délits forestiers ; les délits qui ne lèsent que l'intérêt privé des adjudicataires ne peuvent être poursuivis que par ceux-ci et par le ministère public.

55. Quoiqu'en matière de délits forestiers et de pêche, l'administration et le ministère public exercent les actions civiles des parties lésées, celles-ci peuvent néanmoins se constituer parties civiles et transiger.

56. Aucune autre administration que celles des contributions indirectes, des douanes et des eaux et forêts, n'exerce l'action publique pour la répression des délits qui les concernent ; pas même l'administration de la loterie.

SECTION DEUXIÈME.

De l'étendue de l'action publique et de l'action civile.

57. L'action publique s'exerce indistinctement contre toute espèce de crime, de délit ou de contravention.

58. Elle s'étend à toute personne indistinctement ; la personne seule du roi est inviolable et sacrée.

59. Elle s'étend aux étrangers qui commettent sur notre territoire des faits punissables ; peu importe que ce ne soit qu'au préjudice d'un autre étranger.

60. Peu importe même que l'étranger qui a été l'objet du délit ne se soit pas trouvé sur notre territoire ; il suffit que le délit y ait été commis ; application de ce principe aux libelles diffamatoires et aux menaces d'assassinat faites par écrit et avec conditions.

61. L'action publique s'étend-elle aux crimes et aux délits commis sur un territoire étranger ? État de la légis-

lation antérieure au Code d'instruction criminelle sur cette question.

62. Système du Code d'instruction; il a fait prévaloir le principe que les lois criminelles sont essentiellement territoriales, et que la puissance à qui il appartient de punir, n'est que celle chez laquelle l'ordre a été troublé.

63. Première exception à ce principe : l'article 5 du Code d'instruction; il n'est pas nécessaire que le Français ait été arrêté.

64. Deuxième exception : l'article 6 du même Code; cet article se refère aux crimes spécifiés dans l'article 5; il ne peut être étendu à d'autres crimes, fussent-ils commis au préjudice de Français; des Français s'en fussent-ils rendus coupables; le territoire sur lequel le crime a été commis, fût-il occupé par les armées françaises; abrogation de l'article 13 du Code de brumaire sur l'expulsion des étrangers poursuivis pour crime en pays étranger.

65. Pour que des étrangers puissent être poursuivis en France à raison des crimes spécifiés dans l'article 5 du Code d'instruction, il n'est pas nécessaire que les crimes aient eu quelques suites en France; discussion qui a eu lieu, à cet égard, au conseil d'état; mais la poursuite est facultative; du sens du mot *pourra* employé par l'article 6.

66. L'article 6 subordonne les poursuites à diriger contre l'étranger à son arrestation ou à son extradition; l'arrestation doit avoir été faite légalement et loyalement; l'étranger cité pour déposer comme témoin, peut-il être arrêté, sous prétexte qu'il s'est rendu complice?

67. L'action publique peut-elle être exercée contre les gens de mer étrangers qui commettent des délits à bord de leurs bâtimens, dans un port, dans une rade ou dans une baie française?

68. Quels sont, quant à la poursuite des délits et à l'exécution des jugemens criminels, les effets de la réunion d'un territoire étranger au territoire du royaume?

69. Troisième exception au principe que les lois criminelles sont territoriales : l'article 7 du Code d'instruc.; l'article 7 autorise-t-il, dans les cas qu'il prévoit, la poursuite de simples *délits*?

70. Des conditions auxquelles l'article 7 subordonne la poursuite en France des crimes commis, en pays étranger, par un Français, contre un Français; il faut que le Français inculpé soit de *retour;* sens de ce mot; il faut qu'il n'ait pas été *poursuivi* et *jugé* en pays étranger; il n'est pas nécessaire qu'il ait été puni; de l'exécution en France du jugement qui a été rendu contre lui; il faut que le Français offensé ait porté plainte; s'il s'en désiste, il fait tomber l'action publique. Le mariage contracté par un Français, en pays étranger, lorsqu'il est déjà engagé dans les liens d'un premier mariage contracté en France, constitue-t-il un crime qui puisse être poursuivi en France?

71. Des délits commis en pays étranger par les Français qui s'y trouvent chargés d'une mission de la part de leur gouvernement.

72. Examen de la question de savoir si les crimes commis par des étrangers ou des Français, sur un territoire étranger, peuvent être poursuivis en France, lorsqu'ils y ont été préparés ou qu'ils s'y sont achevés.

73. Les limites que le Code d'instruction a mises à l'exercice de l'action publique contre les crimes commis sur un territoire étranger, ne sont pas imposées à l'action civile. Cette action a plus d'étendue que l'action publique.

74. De l'extradition; elle est du droit des gens; une déclaration récente du gouvernement français en a méconnu le principe.

75. L'extradition est un acte de haute administration; les tribunaux ne peuvent ni l'accorder ni la solliciter directement; marche à suivre pour l'obtenir d'une puissance étrangère; c'est au gouvernement qu'il appartient de l'accorder quand une puissance étrangère la réclame;

il peut l'accorder quoiqu'il n'existe, à cet égard, aucun traité diplomatique.

76. L'extradition n'a d'effet que pour l'objet qui a été déterminé, soit dans la demande, soit dans l'acte qui l'accorde; conséquence de ce principe.

77. Comment s'exécute l'extradition.

78. Le gouvernement français a-t-il le droit, dans l'état actuel de la législation politique et civile, d'accorder l'extradition d'un Français poursuivi en pays étranger?

79. Le principe que l'action publique s'étend à tous les délits et contraventions commis en France, quels qu'en soient les auteurs, reçoit une exception à l'égard des ambassadeurs et des autres ministres publics des puissances étrangères.

80. C'est au gouvernement qu'il appartient de déterminer la nature et l'étendue des immunités dont ils doivent jouir.

81. L'indépendance dont jouissent les ministres publics des puissances étrangères s'étend aux personnes de leur suite. Se communique-t-elle aux Français qu'ils prennent à leur service?

82. Les hôtels des ambassadeurs sont-ils inviolables, en ce sens qu'il soit interdit d'y faire les recherches des prévenus qui s'y réfugient?

83. Les exceptions établies en faveur des ministres publics des puissances étrangères ne s'étendent pas aux simples *consuls étrangers*.

CHAPITRE DEUXIÈME.

DES FONCTIONNAIRES AUXQUELS EST CONFIÉE L'ACTION PUBLIQUE; DES PARTIES AUXQUELLES APPARTIENT L'ACTION CIVILE.

84. Division de ce chapitre.

SECTION PREMIÈRE.

Des fonctionnaires auxquels est confiée l'action publique.

85. Les officiers du ministère public et les officiers de police judiciaire forment deux classes bien distinctes ; pourquoi.

86. Nomenclature des fonctionnaires auxquels l'exercice de l'action publique est confié ; les uns jouissent de la plénitude de cette action, les autres ne l'ont que restreinte à un certain genre d'affaires ; division de cette section.

§ 1er. *De la compétence générale et de la hiérarchie des officiers du ministère public.*

87. C'est aux procureurs généraux qu'appartient la plénitude de l'action publique ; les autres fonctionnaires du ministère public ne sont que leurs substituts, placés sous leur surveillance, et soumis à leur direction.

88. Comme délégués de la couronne, les procureurs généraux sont placés sous l'autorité du ministre de la justice ; ils doivent éviter de correspondre avec les autres ministres.

89. Les procureurs du roi jouissent aussi personnellement de la plénitude de l'action publique pour la poursuite des crimes et des délits, et y participent pour la poursuite des contraventions de police.

90. Ils sont soumis à la surveillance du procureur général, et doivent exécuter ses ordres relativement à tous actes de police judiciaire ; ils ne peuvent, sans avoir pris ses ordres, se dispenser de poursuivre sur les procès-verbaux, plaintes, ou dénonciations qui leur parviennent.

91. De la nature des effets du droit de direction qui appartient au ministre de la justice sur les procureurs généraux, et à ceux-ci sur les procureurs du roi ; cette direction n'est qu'administrative ; elle n'agit pas sur la

validité des actes des procureurs généraux et des procureurs du roi, ni sur les conséquences légales que l'omission de ces actes peut produire; pourquoi.

92. L'exercice de l'action publique n'appartient point *personnellement* aux avocats généraux, ni aux substituts du parquet; ils ne font que *participer* à cet exercice sous la direction des procureurs généraux.

93. Il résulte de là qu'ils ne peuvent faire aucun acte valable relativement à l'exercice de l'action publique, que du consentement du procureur général; la loi suppose ce consentement tant que le procureur général ne désavoue pas l'acte; l'acte tombe, si le procureur général le désavoue.

94. Des substituts des procureurs du roi; leur participation à l'exercice de l'action publique est renfermée dans les mêmes limites que celle des avocats généraux et des substituts du parquet; examen des motifs de deux arrêts de la cour de cassation qui expriment une doctrine contraire.

95. La déférence que les procureurs généraux doivent aux ordres du ministre de la justice, celle que les autres officiers du parquet doivent aux procureurs généraux, est limitée aux actes de poursuite et d'instruction; et ces magistrats restent toujours maîtres de leur opinion quand il s'agit du jugement d'une affaire. Les articles 48 et 49 du décret du 6 juillet 1810 ne concernent pas les affaires criminelles.

96. Des qualités requises pour être nommé aux diverses fonctions du ministère public; du serment; de la réception; des incompatibilités pour cause de parenté; des congés.

97. Du mode de remplacement des officiers du ministère public lorsqu'ils sont empêchés.

98. Examen de l'ancienne maxime : *tout juge est officier du ministère public.*

99. De la suppression des procureurs criminels près des

cours d'assises ; de celle des conseillers et des juges auditeurs.

100. Des officiers du ministère public près des tribunaux de police ; par qui ils sont désignés ; de la durée de leurs fonctions.

101. Du mode de remplacement de ces officiers, quand ils sont empêchés ; les maires peuvent donner à leurs adjoints une délégation générale pour les remplacer habituellement ; du remplacement des commissaires de police les uns par les autres, et par les maires et adjoints ; un membre du conseil municipal ne peut pas remplacer l'officier du ministère public près d'un tribunal de police tenu par le juge de paix.

102. De la compétence générale des officiers du ministère public près les tribunaux de simple police ; peut-on les considérer comme des *sustituts* des procureurs du roi ?

103. Du procureur général près la cour de cassation ; il n'exerce que l'action publique ; il n'en a pas la direction ; dans quelles limites il participe à l'exercice de cette action.

104. Du procureur général près la cour des pairs ; ces fonctions ne sont pas encore définies par nos lois.

105. Examen de la maxime : *le ministère public est indivisible ;* elle est fausse, si elle est prise dans un sens absolu ; elle signifie seulement que, sous le rapport administratif, il y a *unité* dans le ministère public de chaque ressort de cour royale.

§ 2. *Des droits et de la responsabilité des officiers du ministère public.*

106. De l'importance des fonctions de procureur général ; des qualités qu'elles exigent ; des devoirs qu'elles imposent ; le procureur général ne doit pas laisser à ses substituts la direction du parquet.

107. Des avis des délits, des notices hebdomadaires; de l'usage que le procureur général doit en faire.

108. Des comptes qu'il doit exiger des juges d'instruction.

109. Des extraits des jugemens rendus dans les affaires de police correctionnelle; de ce qu'ils doivent contenir; des observations qui doivent les accompagner.

110. De la surveillance que le procureur général doit exercer sur les jugemens de simple police.

111. Il doit surveiller l'exécution des jugemens qui condamnent à la peine d'emprisonnement; les procureurs du roi ne doivent point, sans son aveu, suspendre l'exécution de ces jugemens.

112. Les procureurs généraux sont les gardiens de la liberté individuelle; des états de détenus qu'ils doivent exiger.

113. Des devoirs des procureurs du roi envers les procureurs généraux.

114. Les officiers du ministère public sont indépendans des tribunaux près desquels ils remplissent leurs fonc tions; motifs de cette indépendance; anciens monumens de législation et de jurisprudence qui la consacrent.

115. Les anciens principes sur cette indépendance, ont passé dans la législation et dans la jurisprudence actuelle.

116. Observations sur l'usage adopté par quelques procureurs généraux de faire mention, dans leurs mercuriales, de la manière dont les substituts se sont acquittés de leurs fonctions.

117. Les officiers du ministère public ne sont pas récusables; observations sur cette législation; quand ils croient devoir s'abstenir, ils ne doivent au tribunal aucun compte de leurs motifs.

118. De la prise à partie contre les officiers du ministère public; ils ne doivent pas répondre de leurs erreurs; ils doivent jouir des mêmes immunités que les juges.

119. Des cas où la prise à partie peut avoir lieu contre les officiers du ministère public; dispositions du Code d'instruction sur quelques cas particuliers de prise à partie; faut-il ajouter à ces cas particuliers les cas déterminés par l'article 505 du Code de procédure civile, à l'égard des juges?

120. Les cas où la prise à partie peut avoir lieu ne doivent pas seulement exister *matériellement;* il faut de plus qu'il y ait, de la part de l'officier du ministère public, dol, fraude, concussion ou faute lourde.

121. Serait-il utile que les officiers du ministère public fussent *inamovibles?*

SECTION DEUXIÈME.

Des parties auxquelles appartient l'action civile.

122. L'action civile ne peut avoir pour fondement qu'un fait puni par la loi; conséquence de ce principe.

123. Il faut de plus que le fait puni par la loi ait causé un dommage personnel à celui qui veut en demander la réparation; il faut avoir un intérêt direct à cette réparation, et un droit à l'obtenir; conséquences de ces règles.

124. De l'action civile en réparation du dommage causé par un délit aux personnes qui sont sous notre puissance; de l'action du mari pour le préjudice causé à sa femme; du maître pour le préjudice causé à son serviteur.

125. Pour être recevable à intenter l'action civile, il faut jouir de ses droits; des mineurs; des femmes sous puissance de mari; l'étranger doit donner caution.

126. Des cas où les créanciers peuvent exercer l'action civile de leur débiteur; le créancier d'un failli a-t-il le droit de se détacher de la masse, et de se porter partie civile sur les poursuites en banqueroute simple ou frauduleuse exercée contre son débiteur? examen de

la jurisprudence de la cour de cassation sur cette question.

127. L'action civile est-elle transmissible aux héritiers de la partie lésée?

128. De la cession des droits résultant du dommage causé par un fait punissable.

CHAPITRE III.

DES CAUSES QUI SUSPENDENT L'EXERCICE DE L'ACTION PUBLIQUE ET DE L'ACTION CIVILE.

129. Trois espèces de causes peuvent suspendre l'exercice de l'action publique et de l'action civile.

SECTION PREMIÈRE.

Des causes qui proviennent des faits qui constituent la prévention.

130. Ces causes agissent sur l'action publique ou sur l'action civile séparément, ou sur l'une et sur l'autre à la fois. Division de cette section.

§ 1er. *Des délits que le ministère public ne peut poursuivre que sur la plainte des parties lésées.*

131. Les exceptions au principe que l'action publique n'a pas besoin d'être provoquée par la partie lésée, ne peuvent que résulter de la loi; dans les cas d'exception, dès que la partie a porté plainte, son désistement ne peut arrêter l'action publique; jurisprudence de la cour de cassation; exception pour la poursuite du délit d'adultère.

132. Peu importe que la partie lésée ait réclamé par la voie civile la réparation du dommage qu'elle a souffert, son action équivaut à une plainte; examen de l'opinion de M. Carnot sur cette question.

133. Le délit d'*adultère* ne peut être poursuivi que

sur la plainte de l'époux outragé ; il faut distinguer l'adultère de la femme de celui du mari ; pourquoi l'adultère de la femme ne peut être poursuivi que sur la plainte du mari ; cette plainte est requise pour rendre recevable la poursuite du complice.

134. Des fins de non recevoir contre la plainte du mari : 1re La condamnation du mari lui-même pour cause d'adultère ; la femme poursuivie sur la plainte de son mari, peut-elle, par forme d'exception, dénoncer l'adultère dont elle prétend qu'il s'est rendu coupable ?

135. 2e fin de non recevoir, si le mari a autorisé l'inconduite de sa femme.

136. 3e fin de non recevoir ; la réconciliation du mari antérieure à sa plainte ; il résulte de là que, postérieurement à sa plainte le mari peut se réconcilier, et son désistement fait cesser les poursuites ; jurisprudence de la cour de cassation.

137. Le désistement du mari profite au complice de la femme.

138. Mais le pardon que le mari accorde à sa femme, après sa condamnation, ne profite pas au complice, ce dernier ne fût-il pas encore définitivement condamné.

139. Quand le mari a dénoncé sa femme, le ministère public est recevable à rechercher et à poursuivre le complice.

140. Quelqu'étendues que soient les prérogatives que la loi accorde au mari dans la poursuite du délit d'adultère, il n'exerce cependant pas l'action publique ; de là plusieurs conséquences : 1° il n'est pas nécessaire qu'il soit partie dans le procès ; 2° les recours exercés par le mari tout seul ne conservent pas l'action pu-que ; examen de l'opinion contraire émise par M. Merlin.

141. Le décès du mari, survenu depuis sa dénonciation, éteint-il l'action publique ? examen de l'opinion de M. Carnot sur cette question.

142. Si les faits d'adultère dégénéraient en délit d'at-

tentat aux mœurs, le ministère public pourrait les poursuivre d'office, sans attendre la dénonciation du mari.

143. De l'adultère du mari; dans quels cas la femme est recevable à le dénoncer; ce qu'on doit entendre par *maison conjugale*.

144. Les fins de non-recevoir établies contre l'action du mari, s'appliquent-elles à l'action de la femme?

145. De la poursuite du crime d'*enlèvement de mineure;* quand le mariage de la fille enlevée a été annulé, l'action publique a-t-elle encore besoin d'être provoquée par une dénonciation? examen de l'opinion de M. Legraverend.

146. Quelles personnes sont habiles à dénoncer ce crime?

147. La question de validité du mariage de la fille enlevée est préjudicielle; elle est de la compétence exclusive des tribunaux civils.

148. Les délits commis par les *fournisseurs* ne peuvent être poursuivis que sur la dénonciation du gouvernement.

149. Du délit d'*offense envers les chambres; quid* si la chambre offensée avait été dissoute antérieurement?

150. Des délits d'offense, diffamation, ou injures envers la personne des *souverains*, des *chefs des gouvernemens étrangers* et des agens diplomatiques.

151. Des *diffamations* et des *injures* contre les *cours, tribunaux ou autres corps constitués*. Ces délits sont différens de celui *d'excitation au mépris ou à la haine contre une ou plusieurs classes de personnes*. La garde nationale est-elle un *corps constitué?* les formalités imposées aux *actes administratifs* doivent-elles être remplies lorsqu'il s'agit d'une délibération prise par un corps administratif pour dénoncer une injure dont il croit avoir à se plaindre?

152. Des *diffamations* et des *injures contre les particuliers;* de celles contenues dans les discours et les

écrits destinés à la défense des parties devant les tribunaux; art. 23 de la loi du 17 mai 1819.

153. 1° *Des discours et des écrits auxquels s'applique l'article 23 de la loi du 17 mai 1819*; cet article ne s'applique ni aux discours tenus dans les affaires qui ne comportent qu'une instruction par écrit; ni aux discours tenus hors de l'audience; ni aux écrits publiés dans les affaires qui ne comportent qu'une instruction orale; l'article 23 n'a en vue que les discours tenus et les écrits produits devant une juridiction compétente pour en réprimer les écarts; ce qu'on doit entendre par un écrit-produit.

154. 2° Des *diffamations* et des *injures qui concernent les parties qui figurent dans la cause;* l'article 23 s'applique à tous les faits *diffamatoires* qui sont *relatifs à la cause*, et à toutes les *injures*, qu'elles y soient relatives ou non; l'imputation de *faits* diffamatoires, *étrangère à la cause*, ne donne ouverture à l'action publique et à l'action civile que quand le tribunal saisi de la cause les a *réservées;* il faut que la réserve soit *expresse;* il faut, de plus, que le tribunal indique les faits auxquels s'applique cette réserve; il faut enfin qu'il déclare que les faits étaient étrangers à la cause.

155. 3° Des *diffamations* et des *injures qui concernent les tiers;* l'imputation des *faits diffamatoires* contre les tiers donne lieu à l'action publique et à l'action civile, sans que ces actions aient été réservées par le tribunal saisi de la cause; mais il faut que ces faits aient été *étrangers à la cause;* les simples *injures* ne donnent pas lieu à ces actions; le tiers diffamé n'est pas obligé d'attendre, pour poursuivre la réparation qui lui est due, que le procès qui a donné lieu à la diffamation soit jugé définitivement.

156. Mais, en ôtant le caractère de délits aux *injures* et aux imputations de *faits diffamatoires* qui sont *relatifs à la cause,* adressés à des tiers, l'article 23 de la loi

du 17 mai n'a pas entendu priver les tiers du droit d'en poursuivre la réparation devant les tribunaux civils.

157. Les délits contre la police de la *librairie* et de l'*imprimerie* peuvent être poursuivis d'office, sans attendre la dénonciation du directeur général de la librairie.

158. Les délits de *chasse*, en temps permis, sur le terrain d'autrui, ne peuvent être poursuivis que sur la plainte des propriétaires; quand même le propriétaire serait une commune; à moins que le délit n'eût été commis dans un bois communal; il en est autrement des délits de chasse *en temps prohibé;* et du délit de *port d'armes sans permis.*

159. Les délits de pêche ne peuvent être poursuivis que sur la plainte des propriétaires riverains ou des fermiers dont les droits ont été lésés.

160. Les délits *forestiers*, commis dans les bois des *particuliers*, peuvent être poursuivis d'office, sans attendre la plainte des propriétaires.

161. Les délits prévus par des lois spéciales, et qui ont porté atteinte à des intérêts privés, peuvent, comme tous autres délits, être poursuivis d'office, sans attendre la plainte des parties lésées; examen de l'opinion contraire émise par M. Legraverend.

§ 2e. *De la suspension de l'action civile.*

162. L'action en réparation du dommage causé par un crime, par un délit ou par une contravention, lorsqu'elle est portée devant le tribunal civil, doit être suspendue jusqu'au jugement définitif de l'action publique, soit que celle-ci l'ait précédée, soit qu'elle l'ait suivie.

163. Mais il faut que l'action publique ait été réellement *intentée;* il ne suffit pas qu'elle ait été provoquée; exception en matière de faux.

164. Pour que le tribunal saisi de l'action civile soit dans l'obligation de surseoir, il n'est pas nécessaire que

les poursuites du ministère public aient été suivies d'un mandat quelconque contre l'inculpé.

165. Le sursis ne peut être ordonné qu'autant que l'action civile et l'action publique ont les mêmes faits pour objet.

166. Une ordonnance de la chambre du conseil ou un arrêt de la chambre d'accusation, non attaqué, portant qu'il n'y a lieu à suivre sur l'action publique, suffit pour rendre à l'action civile son libre cours.

§. 3e *Des questions préjudicielles.*

167. Difficultés que présente cette matière; ce qu'on doit entendre par *questions préjudicielles*.

168. Démonstration du principe que *tout juge compétent pour statuer sur un procès, le devient pour statuer sur toutes les questions qui s'élèvent incidemment à ce procès;* conséquence : le juge criminel est compétent pour décider les questions de droit civil qui se rattachent au fait de la prévention, à moins que ces questions n'aient été formellement distraites de la juridiction criminelle, pour être attribuées à une autre juridiction.

169. Application du principe au cas où le délit réside dans le contrat même qui donne lieu à l'action publique; exemple : la simulation de dettes en matière de faillite; l'escroquerie; l'usure.

170. Lorsque le contrat civil et le délit dont il est l'élément, forment des actes distincts, dont l'un a été préexistant à l'autre; la question préjudicielle de l'existence de ce contrat, ou de son exécution, ou de son interprétation, reste encore dans le domaine du juge criminel; exemples : la violation d'un dépôt, d'un mandat; la sincérité de traites qui ont été détournées; la propriété d'un ouvrage littéraire qui a été contrefait; examen de l'opinion contraire professée par M. Toullier.

171. Mais alors le juge criminel demeure soumis, pour la recherche et l'admission des preuves, à toutes les

règles qui sont imposées aux tribunaux civils.

172. Application de ce dernier principe au délit de destruction ou de soustraction d'un titre.

173. Même application aux délits de violation de dépôt ou de mandat; d'abus d'un blanc-seing; de destruction d'une contre-lettre ayant pour objet de modifier une obligation antérieure; au crime de faux serment; le juge criminel est compétent pour décider s'il existe ou non un commencement de preuve par écrit.

174. Quand la preuve testimoniale n'est pas admissible, la voie de la plainte est interdite, non seulement aux parties qui se prétendent lésées, mais elle l'est également au ministère public.

175. Ce que doit faire le juge criminel quand on porte devant lui une plainte sur laquelle la preuve testimoniale n'est pas admissible; il ne doit pas surseoir et renvoyer les parties devant le tribunal civil; il ne doit pas se déclarer incompétent; il doit déclarer *l'action non-recevable quant à présent.*

176. Du cas où, le juge criminel ayant mal à propos admis la preuve testimoniale, les débats conduisent à la découverte d'un commencement de preuve par écrit qui la rend régulière; du cas où la déclaration affirmative du jury est intervenue sur un crime dont la preuve testimoniale n'était pas admissible.

177. Quand l'existence d'un délit dépend de l'interprétation d'un acte ou d'un contrat, le juge du délit a le droit de l'interpréter.

178. De l'application de ce principe aux actes émanés de l'autorité administrative; exception en matière d'interprétation des baux consentis par cette administration.

180. Ce principe s'applique certainement à l'interprétation de baux des biens communaux consentis par l'autorité municipale; examen de la jurisprudence de la cour de cassation.

181. Des *exceptions* auxquelles est soumis le principe

que le juge compétent pour connaître de la prévention l'est également pour connaître des questions de droit civil qui s'y rattachent.

ART. 1er. *Des questions d'état.*

182. Ce qu'on entend par *question d'état;* l'exception, en ces matières, ne résulte que des articles 326 et 327 du code civil ; ces articles ne doivent s'entendre que de *l'état* et *de la filiation des enfans;* l'action publique n'est suspendue jusqu'au jugement de la question d'état, que quand elle a pour résultat de mettre cet état en question.

183. De la filiation et de ses preuves.

184. Du *délit de suppression d'état* et des différentes manières dont il peut être commis ; le faux est un des moyens de le commettre.

185. Des motifs qui ont déterminé le législateur à attribuer exclusivement aux tribunaux civils le jugement des questions qui concernent l'état et la filiation des enfans, et à n'ouvrir la voie criminelle à ceux qui veulent revendiquer l'état dont ils croient avoir été frustrés, et à ceux qui veulent expulser de leur famille l'étranger qui s'y est frauduleusement introduit, qu'après le jugement définitif de ces questions.

186. État de la jurisprudence sur cette matière.

187. Les articles 326 et 327 du code civil s'appliquent même au cas où il s'agit de la suppression de l'état *d'un enfant naturel.*

188. Lorsque les parties intéressées ne réclament pas, le ministère public peut-il poursuivre le crime de suppression d'état? examen de l'opinion de M. Merlin ; imperfections de la législation sur cette question.

189. L'article 327 du code civil ne se borne pas à surseoir au jugement de l'action publique pour la poursuite du crime de suppression d'état ; il interdit de *l'intenter* tant que la question d'état n'est pas jugée ; ainsi

les juges saisis mal à propos de cette action doivent la rejeter d'office; la cour de cassation doit suppléer d'office au moyen de cassation résultant de la violation des articles 326 et 327; en annulant les poursuites, les juges doivent ordonner la mise en liberté des prévenus; *quid* si l'accusé ne s'est pas pourvu contre l'arrêt de mise en accusation?

190. Les articles 326 et 327 ayant uniquement pour but d'empêcher que l'état d'un enfant ne soit préjugé par le jugement criminel, l'action publique doit suivre son cours ordinaire : 1° lorsque le délit commis à l'égard d'un enfant est punissable quel que soit son état; exemple : l'exposition d'un enfant; l'omission de la déclaration de sa naissance à l'officier de l'état civil; la suppression de la personne d'un enfant; 2° lorsque la criminalité d'un faux, commis dans un acte de naissance, peut résulter d'une cause étrangère à l'enfant, de telle sorte que sa filiation ne soit pas nécessairement mise en question; jurisprudence de la cour de cassation; 3° lorsqu'il s'agit de la supposition d'un enfant à une femme qui n'est point accouchée, lorsque cette supposition n'a pas été accompagnée de la production d'un enfant que l'on ait tenté d'introduire dans une famille; 4° lorsqu'il s'agit de décider provisoirement une question d'état qui ne se rattache pas au fait de l'accusation; exemple.

191. Les délits qui ont pour objet la supposition ou la suppression de l'état d'époux, ne sont pas soumis à l'exception établie par les articles 326 et 327 du code civil, quand même ces délits influeraient sur l'état des enfans; examen de l'opinion de M. Merlin.

192. Examen d'un arrêt de cour royale qui a décidé le contraire.

193. Lorsqu'un accusé de bigamie oppose la nullité de l'un des deux mariages dont le concours constitue le crime, le juge criminel est-il compétent pour statuer sur cette nullité? examen de l'opinion de M. Carnot sur

cette question; le juge criminel est compétent pour statuer sur la validité du second mariage.

194. Il ne l'est pas pour statuer sur la validité du premier mariage; pourquoi? il est obligé de surseoir; *quid* si l'accusé ne peut plus avoir pour contradicteur son conjoint ou les héritiers de celui-ci?

195. Les nullités qui peuvent vicier les mariages d'un accusé de bigamie ne doivent pas être prononcés d'office; il est obligé de les proposer; les nullités n'ont point lieu de plein droit.

196. Il ne suffit pas que l'accusé de bigamie oppose la nullité de son premier mariage, pour que le juge criminel soit obligé de surseoir; il faut encore que la nullité soit du nombre de celles dont il lui est permis de se prévaloir. Des nullités *absolues* et des nullités *relatives;* l'accusé de bigamie peut-il se prévaloir d'une nullité relative qui lui est personnelle et qu'il n'a pas couverte? examen de la doctrine de la cour de cassation sur cette question.

197. Quoiqu'incompétent pour statuer sur la nullité du premier mariage, le juge criminel a caractère pour décider si le prévenu est ou non recevable à se prévaloir de l'espèce de nullité qu'il invoque; pourquoi? opinion de M. Merlin; état de la jurisprudence.

198. L'exception tirée de la nullité de l'un des mariages est péremptoire; l'accusé de bigamie peut s'en prévaloir, même pour la première fois, devant la cour d'assises.

199. Les effets de la question préjudicielle en matière de bigamie ne sont pas les mêmes qu'en matière de suppression d'état; pourquoi? l'action contre le bigame est légalement intentée; ainsi, pendant l'instance civile sur la validité du premier mariage, l'accusé est obligé de garder prison.

ART. 2. *Des questions concernant la propriété des immeubles et autres droits immobiliers.*

200. Lorsque le prévenu se prévaut d'un droit de propriété ou de tout autre droit réel sur l'immeuble qui a été l'objet du fait qui donne lieu aux poursuites, et que cette exception légitimerait le fait, si elle était fondée, le juge criminel doit en renvoyer le jugement à la juridiction civile ; jurisprudence.

201. Peu importe que le prévenu fonde son droit de propriété sur un titre ou sur une *possession* suffisante pour lui faire acquérir le droit dont il se prévaut.

202. Mais si l'objet du délit était un objet *mobilier*, l'exception de propriété resterait de la compétence du juge criminel.

203. Il en serait de même si la *possession* alléguée par le prévenu ne portait que sur la simple jouissance des fruits d'un immeuble, et si elle se trouvait ainsi distincte de la propriété de l'immeuble lui-même ; ainsi le juge criminel est compétent pour décider si un individu a la possession annale d'un terrain.

204. Ainsi le juge criminel est compétent pour interpréter les baux ; jurisprudence.

205. L'exception fondée sur l'existence d'un droit réel, qui légitime le fait incriminé, est de la compétence des tribunaux civils, tel qu'un droit de servitude.

206. Quand une exception donne lieu à une question préjudicielle qui sort de la compétence du juge criminel, il ne peut s'ériger en juge civil pour la décider ; mais il doit surseoir aux poursuites jusqu'à la décision du tribunal compétent ; il n'en reste pas moins, pour cela, juge de l'action qui a provoqué l'exception ; il doit donc en conserver la connaissance.

207. Il ne suffit pas, pour nécessiter le sursis, que le prévenu allègue qu'il a un droit réel sur l'immeuble ob-

jet du délit ; le juge n'est obligé d'admettre l'exception que quand elle réunit trois conditions.

1°. *Elle doit être de nature à ôter au fait tout caractère de délit.*

208. Le juge ne doit rien ordonner d'inutile ; ainsi, quand l'exception invoquée par le prévenu ne détruit pas le délit, en la supposant fondée, le juge doit la rejeter.

209. Application de ce principe : 1° aux délits commis par des usagers.

210. 2° Aux délits commis au préjudice du possesseur *animo Domini.*

211. 3° Aux délits commis en contravention à des jugemens et à des actes de l'autorité administrative ; exemples : une coupe de bois faite par des usagers au mépris d'un jugement qui le leur défendait ; un enlèvement de bornes plantées en exécution d'un arrêté administratif ; la rentrée en possession, avec violence, de terrains affermés par l'autorité municipale, etc.

212. Cependant le propriétaire ou le possesseur qui a agi contrairement à un acte de l'autorité administrative, est recevable à élever la question préjudicielle, lorsque le droit qu'il invoque est antérieur à cet acte, et que cet acte n'a pas eu pour objet direct d'en régler l'exercice ; exemple.

213. 4° Aux contraventions aux arrêtés du pouvoir municipal intervenus dans les matières de sa compétence ; exemple.

2° *L'exception doit être personnelle à celui qui l'invoque.*

214. Lorsque le délit est punissable, quel que soit le propriétaire de l'immeuble qui en a été l'objet, le prévenu ne peut opposer que cet objet immeuble appartient à telle personne plutôt qu'à telle autre ; ainsi il ne peut prétendre que le bois où le délit forestier a été commis n'appartient pas à l'état, mais à des tiers ; ainsi le tribunal ne peut, après avoir reconnu l'existence d'un délit,

surseoir à prononcer sur les réparations civiles, jusqu'à ce que l'autorité compétente ait déclaré quel est le véritable propriétaire du terrain où le dommage a eu lieu.

215. Application de cette règle aux habitans qui invoquent, au nom de la commune dont ils font partie, un droit réel qui justifie le fait qui donne lieu aux poursuites.

216. Marche que doivent suivre les habitans qui veulent se prévaloir des droits qui appartiennent à leur commune.

217. *Quid* si le prévenu prétend qu'il a agi par ordre d'un tiers, dont il n'a fait qu'exercer les droits?

3°. *L'exception doit être accompagnée d'un commencement de preuve.*

218. La simple allégation du prévenu qu'il a un droit réel sur l'immeuble, objet du délit, ne suffit pas pour autoriser le sursis; pourquoi? exemple.

219. Quand le tribunal accueille l'exception préjudicielle, à la charge de quelle partie doit-il mettre les diligences nécessaires pour la faire juger? C'est à la charge du prévenu, y eût-il une partie civile en cause; pourquoi?

220. Le tribunal doit fixer un délai au prévenu pour justifier de ses diligences.

221. Dans quels cas les jugemens qui ne fixent pas ce délai encourent la cassation; si le tribunal a simplement *omis* de fixer le délai, il peut, par un jugement postérieur, réparer cette omission.

222. Quand le prévenu ne justifie pas de ses diligences dans le délai qui lui a été fixé, il doit être passé outre au jugement du délit.

223. Lorsque le tribunal accueille la question préjudicielle, et ordonne qu'il sera sursis aux poursuites, il ne peut ordonner aucun provisoire sur ce qui fait la ma-

tière de cette question ; examen de l'opinion contraire de M. Carnot.

224. *Quid* si, pendant la durée du sursis, le prévenu renouvelle ou continue les faits qui ont donné lieu aux poursuites ? Le juge criminel doit-il condamner à raison de ces nouveaux faits ?

225. Des délits d'anticipation, dégradation ou encombrement des chemins publics ; renvoi.

ART. 3. *De quelques autres questions préjudicielles.*

226. En matière de *contributions indirectes*, quand le fond du droit est contesté, l'exception doit être renvoyée devant le tribunal civil.

227. En matière *d'octroi*, le fond du droit ne peut jamais être contesté devant le tribunal saisi de la contravention; pourquoi ; examen d'un arrêt de la cour de cassation qui a étendu cette règle aux *droits d'entrée* perçus dans l'intérêt du trésor.

228. En matière de délit de *dénonciation calomnieuse*, la vérité ou la fausseté des faits imputés donne lieu à une question préjudicielle qui est de la compétence exclusive de l'autorité saisie de la connaissance de ces faits par la dénonciation ; pourquoi ; jurisprudence.

229. Mais la mission de cette autorité se borne à prononcer sur l'existence de ces faits; elle n'a point à s'occuper de la moralité de la dénonciation ; cet examen entre dans le domaine du juge saisi de la poursuite en dénonciation calomnieuse ; cette poursuite peut précéder la décision de l'autorité chargée de statuer sur la vérité des faits imputés; dans ce cas, le juge doit surseoir à prononcer jusqu'à ce que cette décision soit intervenue.

230. Les faits qui font la matière de la dénonciation sont suffisamment jugés par une ordonnance de la chambre du conseil portant qu'il n'y a lieu à suivre ; *quid* si le prévenu du délit de dénonciation calomnieuse se prévaut

devant le tribunal de charges nouvelles survenues depuis l'ordonnance de la chambre du conseil?

231. En matière de *diffamation*, il doit être sursis au jugement de la prévention, lorsque les faits imputés ont été dénoncés par le prévenu, ou qu'ils ont donné lieu à l'action publique.

232. Mais il faut 1° que les faits imputés soient punissables selon la loi, et qu'ils aient été dénoncés en temps utile pour en autoriser la poursuite.

233. Il faut 2° que les faits aient été dénoncés au juge compétent, ou que le ministère public ait commencé une poursuite; dans ce dernier cas, le tribunal ne peut pas refuser à surseoir; la dénonciation faite à un tribunal étranger ne peut autoriser un sursis; examen de l'opinion contraire de M. Carnot; il faut que le prévenu n'ait pas abandonné sa dénonciation; lorsque la diffamation a compris des faits punissables et d'autres qui ne le sont pas, la dénonciation des premiers doit faire surseoir sur le tout; la dénonciation des faits punissables n'autorise pas à donner à la personne qui en est l'objet des qualifications injurieuses; les faits dénoncés doivent être les mêmes que ceux qui motivent la plainte en diffamation.

234. Le sursis doit être ordonné quand même l'imputation des faits diffamatoires aurait *précédé* la dénonciation de ces faits.

235. Le sursis peut-il être ordonné quand les faits diffamatoires ont été imputés à un fonctionnaire public, dans l'exercice ou à l'occasion de l'exercice de ses fonctions?

236. *Le délit de recel de la personne d'un déserteur* ne peut être jugé que quand l'autorité militaire a décidé que l'état de désertion était constant; cette décision ne doit pas nécessairement résulter du jugement d'un conseil de guerre.

237. En matière de *détournement* commis par *les*

comptables et dépositaires publics, l'autorité administrative doit décider d'abord la question préjudicielle de savoir si le comptable est *reliquataire*.

238. Lorsque le délit ne peut résulter que de l'interprétation d'un *traité diplomatique*, le gouvernement a seul le droit de donner cette interprétation.

239. Le citoyen poursuivi pour s'être refusé *au service de la garde nationale*, qui soutient qu'il a été illégalement porté sur les contrôles, élève une question préjudicielle qui n'est pas de la compétence du conseil de discipline du corps.

240. Principes arrêtés par la cour de cassation pour la guider dans le jugement des questions préjudicielles.

SECTION DEUXIÈME.

Des causes qui proviennent de la qualité des personnes inculpées.

241. Motifs qui ont fait subordonner à une autorisation préalable l'exercice de l'action publique et de l'action civile contre certaines personnes.

242. Texte des lois qui prescrivent cette autorisation ; division de cette section.

§ 1er. *Des personnes qui ne peuvent, à raison des fonctions dont elles sont revêtues, être poursuivies sans autorisation, même pour les délit privés qu'elles commettent.*

243. Des ministres.

244. Des conseillers d'état.

245. L'article 7 de la constitution de l'an VIII n'ayant prévu que le cas où les ministres et les conseillers d'état se rendraient coupables de crimes, hors de l'exercice de leurs fonctions, par qui doivent-ils être jugés en matière correctionnelle ?

246. Des ministres, des conseillers d'état et maîtres des requêtes en service extraordinaire ou honoraire.

247. Des pairs de France.

248. Des membres de la chambre des députés des départemens.

§ 2. *Des personnes qui ne peuvent être poursuivies, pour des délits relatifs à leurs fonctions, qu'en vertu d'une autorisation.*

249. Ce qu'on doit entendre par *agens du gouvernement* ; extension arbitraire qui a été donnée à cette qualification ; nomenclature des fonctionnaires et des agens des administrations qui ne peuvent être poursuivis sans autorisation.

250. Nomenclature des agens qui peuvent être poursuivis sans autorisation.

251. Une autorisation est-elle toujours nécessaire pour poursuivre les *maires et adjoints* des communes ?

252. Une autorisation n'est pas nécessaire pour poursuivre les agens de l'autorité administrative, pas même les préfets, lorsqu'ils ont agi comme officiers de police judiciaire.

253. Les ecclésiastiques peuvent-ils être poursuivis sans autorisation, pour des faits relatifs à l'exercice de leur ministère ? ils ne sont pas fonctionnaires publics, et l'article 75 de la constitution de l'an VIII ne leur est pas applicable ; ils sont régis par une législation spéciale qui résulte de la loi du 18 germinal an X ; texte de cette loi qui définit le cas d'abus.

254. Les articles de cette loi qui attribuent au conseil d'état la connaissance des abus sont encore en vigueur ; le décret du 25 mars 1813, qui abrogeait ces articles, n'a jamais été susceptible d'exécution ; jurisprudence de la cour de cassation.

255. Les délits commis par les ecclésiastiques, dans l'exercice de leur ministère, sont de véritables cas d'abus ; cette vérité résulte des termes de la loi du 18 germinal an X ; elle résulte surtout de la discussion qui a

eu lieu au conseil d'état, sur la section du Code pénal intitulée : *des troubles apportés à l'ordre public par les ministres du culte dans l'exercice de leur ministère.* Sous l'empire cette vérité a été reconnue par le gouvernement ; ainsi les poursuites contre les ecclésiastiques ne peuvent avoir lieu que d'après un renvoi du conseil d'état.

256. Les délits résultant des attaques que des ecclésiastiques peuvent avoir dirigées, dans l'exercice de leur ministère, contre le gouvernement ou la personne de son chef, ne sont point exceptés de la nécessité d'un renvoi du conseil d'état ; examen d'une jurisprudence contraire nouvellement établie par la cour de cassation.

257. L'autorisation du conseil d'état est-elle nécessaire pour poursuivre les agens du gouvernement destitués ou démissionnaires au moment des poursuites ?

258. Ce qu'on doit entendre par *faits relatifs aux fonctions* des agens du gouvernement ; la jurisprudence s'est écartée du véritable esprit de la loi, dans l'interprétation qu'elle a donnée à ces expressions de l'article 75 de la constitution de l'an VIII ; exemple.

259. Il ne faut pas confondre cet article 75 avec les articles 483 et 484 du Code d'instruction, qui règlent le mode de mise en jugement des fonctionnaires de l'ordre judiciaire.

§ 3. *Des autorités chargées de donner l'autorisation ; de la marche à suivre ; des effets d'une poursuite non autorisée.*

260. Le conseil d'état est chargé de donner l'autorisation ; les directeurs généraux la donnent quand il s'agit des agens de leur administration ; les préfets la donnent quand il s'agit des receveurs particuliers ou percepteurs des contributions directes.

261. L'attribution donnée en cette matière au conseil d'état est légale et nécessaire.

262. Aucune autorisation n'est nécessaire pour constater les délits imputés aux agens du gouvernement et procéder aux informations.

263. Mais on ne peut décerner contre eux aucun mandat, ni leur faire subir aucun interrogatoire, hors le cas de flagrant délit; les personnes comprises dans le § Ier de cette section peuvent être arrêtées dans le cas de flagrant délit.

264. La partie lésée ne peut se pourvoir en autorisation devant le conseil d'état, avant d'avoir porté sa plainte à l'autorité judiciaire.

265. Le conseil d'état statue sur le vu des informations produites devant lui; il ne se borne pas à examiner si quelque intérêt politique ou administratif se trouve mêlé à la poursuite; mais il prononce sur les charges elles-mêmes; en cela, il a empiété sur le pouvoir judiciaire; ses décisions sont-elles définitives?

266. Le droit de poursuivre est limité aux personnes et aux délits mentionnés dans l'autorisation.

267. Les poursuites non autorisées, et les jugemens qui en sont la suite, sont nuls; une chambre d'accusation ne peut procéder à l'appréciation des charges, même pour décider qu'il n'y a pas lieu à suivre, avant que la mise en jugement des fonctionnaires ait été autorisée; cependant les jugemens qui acquittent ne peuvent être cassés, sous prétexte que la poursuite n'aurait pas été autorisée.

268. C'est à l'autorité judiciaire, et non au conseil d'état, qu'il appartient de décider de la qualité de l'agent inculpé, de la qualité dans laquelle il a agi, et si les poursuites ont ou non besoin d'être autorisées.

269. L'action civile est-elle, dans tous les cas, soumise à la nécessité d'une autorisation, comme l'est l'action publique?

270. De la poursuite des délits commis par les fonctionnaires de l'ordre judiciaire; renvoi.

SECTION TROISIÈME.

Des causes qui proviennent des conflits élevés par l'autorité administrative.

271. Ce qu'on entend par conflits d'attribution ; de leurs effets.

272. Il ne peut être élevé de conflits dans les affaires de la compétence des cours d'assises ou des tribunaux de simple police ; dans quel cas on peut en élever dans les affaires correctionnelles ?

273. Un conflit ne peut être élevé après les jugemens en dernier ressort et les arrêts définitifs ; ni même après les jugemens définitifs en premier ressort, quand les parties y ont acquiescé.

274. Des conditions et des formes des conflits, lorsque l'affaire est pendante devant le tribunal de première instance correctionnel.

275. Lorsque l'affaire est pendante devant le tribunal d'appel correctionnel.

276. Les tribunaux sont-ils juges des formes et de la légalité des conflits élevés par l'autorité administrative ? et ne sont-ils obligés de surseoir que quand les conflits leur paraissent recevables et réguliers ?

CHAPITRE QUATRIÈME.

DES CAUSES QUI ÉTEIGNENT L'ACTION PUBLIQUE ET L'ACTION CIVILE.

277. Il existe cinq causes générales qui éteignent l'action publique ; quelques unes de ces causes influent sur l'action civile.

SECTION PREMIÈRE.

Du décès du prévenu.

278. Le décès du prévenu éteint l'action publique ; peu importe la nature du fait qui y donnait lieu ; peu

importe qu'il ait été condamné, si le jugement n'avait pas encore acquis l'autorité de la chose jugée ; une cour d'assises qui a condamné un contumax au moment où il était déjà décédé, doit rapporter son arrêt ; le décès de l'auteur principal n'éteint pas l'action publique contre les complices.

279. Le décès d'un prévenu de contravention aux lois fiscales éteint-il l'action de la Régie pour la condamnation à *l'amende*? ou cette action peut-elle être reportée contre les héritiers ?

280. Le décès du prévenu éteint-il l'action publique pour la *confiscation* des choses saisies en contravention ?

281. La condamnation aux frais n'est pas éteinte par le délit du prévenu ; conséquences qui résultent de cette règle.

282. Le décès du prévenu n'éteint pas l'action civile ; quand cette action est intentée, le décès du prévenu fait-il cesser la compétence de la juridiction criminelle? examen des opinions divergentes de MM. Carnot et Legraverend ; solution de la question.

283. Si le condamné par contumace meurt dans les cinq ans, la partie civile qui a obtenu contre lui des dommages-intérêts est obligée d'intenter une nouvelle action contre ses héritiers.

SECTION DEUXIEME.

De la prescription.

284. La prescription de *l'action publique* diffère de la prescription de la *peine*.

285. Motifs qui ont fait admettre la prescription de l'action publique.

286. Aucun crime n'est exclu de la prescription.

287. La prescription est de droit public ; le prévenu est recevable à l'opposer en tout état de cause ; le juge doit même l'appliquer d'office ; conséquences qui résultent de ces principes.

288. Un prévenu ne peut pas renoncer à la prescription et demander à être jugé ; pourquoi ?

289. La chambre du conseil et la chambre d'accusation sont tenues de faire jouir les prévenus du bienfait de la prescription, lorsqu'elle leur est acquise.

290. Division de cette section.

§ 1er. *Du temps requis pour prescrire.*

291. Comment était fixé le terme de la prescription avant le Code d'instruction criminelle.

292. Le Code d'instruction a assigné des termes différens pour l'accomplissement de la prescription des crimes, des délits et des contraventions de police.

293. Les crimes, les délits et les contraventions prévus par le Code pénal sont soumis à la prescription fixée par le Code civil, quand même des lois antérieures leur auraient assigné une prescription différente ; exemples.

294. La prescription établie par le Code d'instruction est également applicable aux crimes, aux délits et aux contraventions qui ne sont punis que par des lois spéciales, lorsque ces lois n'ont pas fixé de temps pour la prescription ; exemple : le délit d'habitude d'usure.

295. La prescription de l'action publique contre des faits commis sous l'empire d'une législation abrogée, doit être réglée par la loi nouvelle, si elle est plus favorable au prévenu.

296. Par quel temps se prescrit l'action publique contre les crimes commis par les individus âgés de moins de seize ans ? Examen des principes posés, sur cette question, dans plusieurs arrêts de la cour de cassation.

297. Le temps de la prescription doit être réglé, non d'après le titre de l'accusation et la nature de la juridiction qui en est saisie, mais d'après la qualification que le jugement donne aux faits ; conséquences qui résultent de ce principe.

298. De la prescription des *délits forestiers ;* le Code

forestier a établi une prescription uniforme, quel que soit le propriétaire du bois où le délit a été commis; quand les prévenus sont-ils réputés avoir été *désignés* dans les procès-verbaux ?

299. La prescription de trois ou de six mois n'est pas applicable aux adjudicataires de coupes pour les délits qu'ils commettent, ni pour ceux dont ils répondent.

300. De la prescription du délit de défrichement de bois.

301. La prescription fixée par le Code forestier n'est applicable aux délits de coupe, d'enlèvement ou mutilation d'arbres, qu'autant qu'ils ont été commis dans les bois et forêts.

302. Cette prescription n'est pas applicable aux malversations des agens de l'administration forestière, ni aux tentatives de corruption qui seraient exercées envers eux.

303. De la prescription des *délits de pêche.*

304. De la prescription des *délits ruraux;* ce qu'on entendpar délit rural.

305. De la prescription des *délits de chasse* dans un bois communal, et dans un bois de l'état.

306. De la prescription du délit de chasse dans les boisd e la couronne.

307. De la prescription du *délit de port d'armes sans permis;* examen de la jurisprudence de la cour de cassation.

308. De la prescription des contraventions, en matière de *contributions indirectes.*

309. De la prescription des contraventions en matière de douanes.

310. De la prescription des délits commis par la *voie de la presse ou tout autre moyen de publication;* cette prescription s'applique-t-elle aux délits prévus par la loi du 25 mars 1822 ?

311. Des conditions auxquelles est soumise la pre-

scription de six mois, établie en faveur des délits commis par la voie de la presse.

312. La prescription des délits résultant de la première publication d'un écrit, couvre-t-elle les délits résultant d'une nouvelle publication ; examen de l'opinion de M. Legraverend sur cette question.

313. De la *prescription des poursuites contre les délits* commis par voie d'écrits, de gravures, etc.

314. De la prescription des délits contre la police de la *librairie et de l'imprimerie.*

315. De la prescription des délits contre la *police des journaux et écrits périodiques.*

316. Les *crimes* prévus par les lois spéciales restent soumis à la prescription particulière qu'elles ont établie.

317. Les prescriptions qui se comptent par *année* ne sont accomplies que quand la dernière année est révolue.

318. Comment doit se faire le calcul des mois en matière de prescription ; est-ce d'après le calendrier grégorien, date par date, en supposant le mois de trente jours? Examen de l'opinion de M. Legraverend.

319. Dans l'espace de temps requis pour la prescription, doit-on comprendre le jour où le délit a été commis?

§ 2. *De l'époque à laquelle commence la prescription.*

320. La prescription court *du jour* où les crimes, les délits ou les contraventions ont été commis ; ainsi elle ne court pas pendant le temps qu'ils se commettent.

321. Ainsi les *crimes successifs* ne se prescrivent qu'à partir du jour où ils ont entièrement cessé ; ce qu'on entend par crimes successifs.

322. La bigamie n'est pas un crime successif, pourquoi?

323. Il n'en est pas de même des crimes d'*arrestation illégale et de séquestration de personnes.*

324. Ni du rapt.

325. Ni de l'*usage fait sciemment d'une pièce fausse;* examen de l'opinion de M. Carnot; ni de l'*abus d'un blanc-seing.*

326. Ni des crimes commis par des *rassemblemens armés;* ni des *associations* de malfaiteurs; ni de la *désertion;* ni de l'*évasion des forçats.*

327. La prescription du délit d'*habitude d'usure* ne commence qu'à partir du dernier fait d'usure; la perception d'intérêts usuraires, plus de trois ans après leur stipulation, est-elle un fait d'usure qui doit servir de point de départ à la prescription? le délit d'*escroquerie*, quand il est joint au délit d'usure, ne se prescrit qu'avec le dernier.

328. Quand commence la prescription du crime de *banqueroute frauduleuse?*

329. Quand commence la prescription des contraventions résultant du refus d'*obtempérer aux arrêtés de l'autorité municipale concernant la petite voirie?*

330. La prescription du délit de *dénonciation calomnieuse* ne commence qu'à partir de la décision qui est intervenue sur la vérité ou la fausseté des faits imputés.

331. Quand commence la prescription des délits ruraux?

332. La prescription des *délits forestiers et de pêche* ne commence qu'à partir du jour où ils ont été constatés par des procès-verbaux; si le même fait avait été constaté deux fois, le premier procès-verbal servirait de point de départ; la prescription ne court qu'à partir de la clôture du procès-verbal; mais elle court pendant le délai fixé pour son affirmation et son enregistrement.

333. Quel est le point de départ de la prescription de ces délits, quand ils n'ont pas été constatés par des procès-verbaux?

§ 3. *Des causes qui interrompent la prescription.*

334. Comme en matière civile, l'interruption de la

prescription de l'action publique a pour effet de faire considérer comme non avenu tout le temps qui s'est écoulé avant l'acte interruptif ; mais toutes les causes d'interruption admises dans le droit civil ne le sont pas dans le droit criminel ; pourquoi ? exemples de ces causes.

335. Mais quand l'obstacle qui s'oppose à l'exercice de l'action provient de la loi, la prescription ne court pas; par exemple, quand les poursuites sont subordonnées au jugement d'une question préjudicielle.

336. La prescription est interrompue par la demande en autorisation de poursuivre certains fonctionnaires; examen de l'opinion de M. Legraverend et Favart de Langlade.

337. Elle est également interrompue, quand le prévenu poursuivi tout à la fois pour un crime et pour un délit n'est mis en accusation qu'à raison du crime ; la prescription ne court pas en faveur du délit jusqu'au jugement définitif sur le crime ; *quid* si le délit était connexe au crime ?

338. Un jugement définitif de condamnation fait cesser le cours de la prescription de l'action publique ; un jugement qui est susceptible d'être réformé n'est pas un jugement définitif.

339. Il résulte de là : 1° que la prescription court pendant l'appel interjeté par le prévenu d'un jugement rendu contre lui ; 2° qu'elle court postérieurement au jugement qui l'a condamné par défaut, lorsqu'on a négligé de le lui signifier.

340. L'arrêt par *contumace* qui intervient contre un accusé fugitif fait cesser la prescription de l'action publique, et donne cours à la prescription de la *peine ;* pourquoi ? ainsi le condamné ne peut invoquer que cette dernière prescription, quand il se représente ou qu'il est arrêté.

341. Est-il recevable à demander l'annulation de la pro-

cédure et de l'arrêt, pour soutenir ensuite que c'est la prescription à l'*action*, et non celle de la *peine* qui a couru?

342. La prescription est interrompue par des *actes d'instruction ou de poursuite;* ce qu'on doit entendre par ces actes.

343. Mais il faut que ces actes aient été faits par un fonctionnaire ayant caractère pour poursuivre sur le fait du délit.

344. Il résulte de ce principe, que la prescription n'est pas interrompue : 1° par des actes de poursuites faites devant un tribunal étranger ; 2° par un procès-verbal émané d'un fonctionnaire qui n'aurait pas eu caractère pour le dresser ; 3° par des actes faits par un procureur du roi ou un juge d'instruction incompétent, ou par des actes qui sortiraient des limites de leurs pouvoirs.

345. Pour qu'un acte d'instruction ou de poursuite interrompe la prescription, il n'est pas nécessaire qu'il soit dirigé contre tel ou tel prévenu ; il suffit qu'il ait pour objet de poursuivre l'auteur du délit.

346. Tout acte de poursuite en matière correctionnelle interrompt la prescription ; ce n'est pas seulement la *citation* qni produit cet effet ; conséquence de ce principe.

347. Ce principe s'applique aux délits prévus par des lois spéciales ; exemple : en matière forestière.

348. Ce principe s'applique à la prescription des délits ruraux ; examen de l'opinion contraire par M. Bourguignon ; jurisprudence.

349. Ce principe s'applique à la prescription des délits de chasse ; l'interruption de la prescription de ce délit n'agit pas sur la prescription du délit de port d'armes sans permis.

350. En toute matière, la prescription ne peut être

interrompue que par *des actes;* de *simples réserves* sont impuissantes.

351. Les poursuites de la partie civile interrompent-elles la prescription de l'action publique? examen de l'opinion de M. Carnot.

352. Discussion de cette question; quand la partie civile a porté son action devant les tribunaux civils, ses poursuites ne peuvent influer sur l'action publique.

353. Suite de cette discussion; quand la partie civile a porté son action devant la juridiction criminelle, elle ne met pas en mouvement l'action publique; elle n'en empêche donc pas la prescription; excepté: 1° quand elle use du droit de citer directement le prévenu à l'audience; 2° quand, le ministère public ayant joint son action à la sienne, elle use du droit de former opposition à l'ordonnance de la chambre du conseil qui ordonne la mise en liberté du prévenu.

354. Mais les poursuites du ministère public interrompent la prescription de l'action civile; pourquoi?

355. Malgré la condamnation du prévenu sur les poursuites du ministère public seul, la prescription de l'action civile est toujours réglée par le Code d'instruction, et non par le Code civil; examen d'un arrêt de cour royale qui décide le contraire.

356. La citation donnée au prévenu par le ministère public ou par la partie civile pour comparaître devant un juge qui se trouve être incompétent, interrompt-elle la prescription?

357. Une citation nulle pour vice de forme n'interrompt pas la prescription; une citation donnée à trop bref délai n'est pas nulle en matière correctionnelle; elle l'est en matière de simple police; une citation n'est pas nulle pour indiquer un jour d'audience autre que celui fixé par le réglement du tribunal; *quid* si la copie de la citation donnée au prévenu ne porte pas de date,

et que son échéance soit postérieure à l'accomplissement de la prescription ?

358. Quand il s'agit d'une prescription réglée par des lois particulières et plus courte que celle fixée par le Code d'instruction, et que cette prescription a été interrompue par des actes de poursuite, la prescription qui recommence à partir de ces actes, continue-t-elle à être réglée par ces lois particulières, ou l'est-elle par le Code d'instruction? cette question est difficile; examen de la jurisprudence de la cour de cassation; principe qui doit servir à la résoudre; disposition particulière aux délits commis par la voie de la presse ou de tout autre moyen de publication.

359. Des règles particulières à la prescription des *contraventions de police* prévues par le Code pénal; le Code d'instruction exige qu'il intervienne un jugement définitif dans des délais déterminés.

360. Cependant, la prescription en ces matières est interrompue quand l'obstacle qui s'oppose aux poursuites provient de la loi; l'effet de cette interruption est de soumettre la prescription à un nouveau cours.

361. Le Code d'instruction présente sur cette matière plusieurs lacunes; *quid* si la partie qui a obtenu un jugement de simple police, en premier ressort, laisse écouler une année sans le signifier?

362. Le pourvoi en cassation contre le jugement de simple police, et l'arrêt de cassation qui en est la suite, interrompent-ils la prescription? examen de l'opinion de M. Carnot.

§ 4. *De l'influence de la prescription de l'action publique sur l'action civile.*

363. L'action civile se prescrit par le même temps que l'action publique; excepté en matière de délits commis par la voie de la presse ou de tout autre moyen de publication; l'action civile doit être intentée dans les mêmes

délais que l'action publique, quand même la partie lésée voudrait la porter devant la juridiction civile; mais dès qu'elle est intentée, dans le délai utile, devant la juridiction civile, elle n'est soumise, pour tout ce qui tient à la procédure et à sa conservation, qu'aux formalités et aux délais fixés par les lois qui concernent les instances civiles.

364. La prescription de l'action publique n'emporte pas nécessairement la prescription de l'action civile.

365. La plainte régulièrement portée par la partie lésée, jointe à la déclaration qu'elle se constitue partie civile, interrompt la prescription de l'action civile.

366. La prescription de l'action civile éteint tout à la fois l'action en dommages-intérêts et celle en restitution.

367. Mais cette règle ne s'applique qu'à l'action qui naît du délit, et non à l'action qui résulte d'un contrat civil préexistant, dont la violation constitue le délit; application de ce principe à l'action résultant de la violation d'un dépôt, de l'abus d'un mandat, du détournement commis par les comptables.

368. La prescription établie par le Code d'instruction n'est pas applicable aux actions qui n'ont pas pour base nécessaire un délit; application de ce principe.

369. La prescription de l'action civile n'ôte pas la faculté de se prévaloir, à titre d'exception, des faits qui auraient pu servir de base à cette action, si elle eût été formée en temps utile; ainsi on est toujours recevable à se pourvoir en faux incident contre un acte qu'on nous oppose; à en demander la nullité pour cause de violence ou de dol.

SECTION TROISIÈME.

De la chose jugée.

370. De l'importance et de l'ancienneté de la maxime

non bis in idem; elle est, dans notre législation, un principe d'ordre public.

371. Il en résulte qu'un condamné ne peut être poursuivi de nouveau sous prétexte que la peine qui lui a été infligée est trop légère.

372. L'exception résultant de la chose jugée peut être opposée en tout état de cause; l'accusé ne peut y renoncer; le juge doit l'appliquer d'office.

373. Le jugement de cette exception doit précéder toute décision sur la forme ou sur le fond.

374. Division de cette section.

§ 1er. *Des actes qui peuvent produire la chose jugée, et des effets particuliers de chacun de ces actes.*

375. Du sens des mots *acquitté légalement* employés par l'article 360 du Code d'instruction; ils n'empêchent pas que les jugemens rendus par des tribunaux incompétens ou illégalement composés n'acquièrent l'autorité de la chose jugée, quand on n'a pas pris contre eux les voies de réformation ou de cassation ouvertes par la loi.

376. Ces jugemens ne peuvent être cassés que dans l'intérêt de la loi; telle est la règle générale.

377. Mais n'existe-t-il pas des cas extraordinaires pour lesquels la loi a autorisé la cassation au profit ou au préjudice des parties, quoique les arrêts, jugemens ou actes n'aient point été attaqués dans les délais prescrits par le Code d'instruction? importance et difficulté de la question; dispositions de l'ancien droit criminel; des constitutions de 1791 et de l'an 3; des articles 80 et 88 de la loi du 27 ventose an 8; la cassation dont parlent ces deux articles n'est pas la même; les effets devaient en être différens; disposition des articles 441 et 442 du Code d'instruction; ils ne sont que la répétition des articles 80 et 88 de la loi de l'an 8.

378. Examen des opinions émises sur la question

par MM. Legraverend, Favart de Langlade, Bourguignon et Merlin.

379. Tableau de la jurisprudence de la cour de cassation sur la question; examen d'un arrêt du 2 avril 1831 qui renverse cette jurisprudence.

380. Solution de la question : la cour de cassation a le droit de casser, sur la provocation du gouvernement, au préjudice ou au profit des parties, les arrêts, les jugemens et les actes judiciaires qui n'ont point encore été attaqués par les parties, ou qu'elles sont non recevables à attaquer à raison de l'expiration des délais; opinion que l'on doit concevoir de cette législation.

381. Nomenclature des actes qui sont susceptibles de produire la chose jugée.

ART. 1er. *Des ordonnances d'acquittement rendues par les présidens des cours d'assises; des arrêts et des jugemens rendus par les cours et tribunaux en matière criminelle, de police correctionnelle et de simple police.*

382. Tous ces actes sont susceptibles de produire la chose jugée.

383. Il en est de même des arrêts qui prononcent sur l'identité des individus condamnés et ensuite repris.

ART. 2. *De la déclaration du jury.*

384. Ces déclarations existent par elles-mêmes, et indépendamment des arrêts auxquels elles ont donné lieu; elles ont l'autorité de la chose jugée.

ART. 3. *Des ordonnances des chambres du conseil, et des arrêts des chambres d'accusation.*

385. De l'objet et de la nature de ces actes.

386. Les arrêts des chambres d'accusation portant qu'il n'y a pas lieu à suivre, ont l'autorité de chose jugée, qu'ils soient intervenus en matière criminelle ou en matière correctionnelle, ou de simple police.

387. Il en est de même des ordonnances des chambres

du conseil quand elles n'ont pas été attaquées dans le délai légal ; opinion de MM. Legraverend, Bourguignon et Merlin.

388. Mais ces arrêts et ces ordonnances perdent l'autorité de la chose jugée, s'il survient contre le prévenu des *charges nouvelles ;* ce qu'on doit entendre par charges nouvelles.

389. Les charges nouvelles peuvent-elles être recherchées et provoquées par les officiers de police judiciaire et par le ministère public ? Examen de l'opinion de M. Carnot.

390. Les arrêts des chambres d'accusation et les ordonnances des chambres du conseil portant qu'il n'y a pas lieu à suivre, ne sont pas révoqués par la survenance de charges nouvelles, lorsqu'au lieu d'être fondés sur l'insuffisance des charges, ils sont motivés sur l'appréciation en *droit* des faits de la poursuite ; telle serait une décision portant que l'action publique est éteinte par la prescription, la chose jugée, l'amnistie, etc.

391. Mais que devrait-on décider s'il survenait des charges nouvelles qui changeassent la nature des faits sur lesquels est fondée la décision *en droit*, et leur donnassent un autre caractère ?

§ 2. *Des conditions qui doivent concourir pour constituer la chose jugée.*

392. Quatre conditions sont nécessaires.

ART. 1er. *Il faut qu'il existe une décision qui ait le caractère d'un jugement, et qui soit susceptible d'exécution.*

393. Application de ce principe.

ART. 2. *Il faut que la décision soit devenue irrévocable.*

394. Tant qu'il existe une voie ouverte pour faire réformer ou annuler une décision, un jugement ou un arrêt, il n'a point l'autorité de la chose jugée.

395. Cependant les arrêts rendus par contumace, qui absolvent l'accusé, ont l'autorité de la chose jugée; pourquoi?

396. Cette règle a lieu dans le cas où, l'accusation portant sur plusieurs crimes distincts, l'accusé a été absous sur quelques uns d'entre eux.

397. Mais il ne faut pas confondre avec des crimes principaux et distincts, les simples circonstances aggravantes qui ont été écartées par l'arrêt de condamnation; cet arrêt n'a pas l'autorité de la chose jugée sur ces circonstances; pourquoi? conséquences qui résultent de cette règle.

398. Le contumax condamné comme n'étant coupable que d'un simple délit, ne peut pas acquiescer à cette condamnation pour éviter d'être jugé de nouveau sur toute l'accusation; pourquoi? opinion de M. Merlin.

ART. 3. *De l'identité des parties.*

399. En matière criminelle, le jugement est réputé rendu avec toutes les parties intéressées; ainsi une partie civile ne peut saisir de son action un tribunal correctionnel ou de simple police, lorsque le prévenu a déjà été jugé.

400. Les arrêts et les jugemens n'ont l'autorité de la chose jugée que relativement aux prévenus qui y ont été parties; mais quand un jugement devenu irrévocable a décidé que le délit n'a pas existé, le ministère public peut-il poursuivre, soit des complices, soit un autre auteur principal? Il le peut quand le délit peut avoir eu indifféremment pour auteur tel ou tel individu; il ne le peut pas quand le délit est d'une telle nature que la personne qui en a été accusée pouvait seule s'en rendre coupable; exemple; examen de la jurisprudence.

401. Si le délit qui donne lieu aux poursuites devait avoir pour élément nécessaire un délit antérieur, et qu'il fût jugé que ce délit n'a pas existé, ce jugement aurait autorité sur la poursuite.

ART. 4. *De l'identité des délits.*

402. Ce qu'on doit entendre par les mots *le même fait* employés par l'art. 360 du Code d'instruction; tous les cas particuliers où il s'agit de savoir si c'est le même fait qu'on donne à juger, se rangent dans trois hypothèses.

403. *Première hypothèse :* Lorsque les nouvelles poursuites ont pour objet un fait distinct et séparé de celui qui a été jugé, alors le jugement qui a été rendu est sans autorité; application de ce principe.

404. Il ne faut pas cependant considérer comme faits distincts des faits particuliers qui ne sont que des circonstances inhérentes au fait qui a été jugé; exemple en matière de vol.

405. Quand un délit ne peut résulter que de la réunion de plusieurs faits, le jugement qui est intervenu embrasse les faits compris dans la poursuite et ceux qui y ont été omis; exemple : le délit d'habitude d'usure, celui de favoriser habituellement la débauche.

406. Un individu qui a été jugé sur une accusation de complicité résultant de quelques uns des faits énoncés au Code pénal, peut-il être poursuivi à raison d'autres faits de complicité qui n'ont pas fait la matière du jugement? Il ne peut l'être qu'à raison de nouveaux faits de recélé.

407. *Deuxième hypothèse :* Le fait qui donne lieu à ces nouvelles poursuites était *connexe* à celui qui a été jugé. Le jugement a autorité lorsqu'il exclut l'instance de ce fait; exemple.

408. Mais le fait connexe peut servir de base à de nouvelles poursuites, quand il n'est pas lié d'une manière indivisible au fait déjà jugé. Cela était vrai sous la législation de brumaire; cela l'est plus évidemment aujourd'hui; application de ce principe.

409. *Troisième hypothèse :* Un même fait a engendré

plusieurs délits : l'acquittement sur l'accusation d'un des délits fait-il obstacle à la poursuite des autres? La question est controversée ; la solution résulte de la différence de la législation établie par le Code de brumaire de celle établie par le Code d'instruction ; jurisprudence de la cour de cassation.

410. Dans les trois hypothèses que l'on vient de parcourir, les nouvelles poursuites du ministère public ne sont-elles recevables qu'autant qu'il a fait ou qu'on lui a accordé des réserves pour les intenter? Examen de l'article 361 du Code d'instruction ; jurisprudence.

411. Les règles établies dans ces trois hypothèses, s'appliquent-elles aux décisions qui résultent d'ordonnances de la chambre du conseil ou d'arrêts rendus par la chambre d'accusation?

412. Les décisions, jugemens et arrêts qui interviennent sur l'action publique, n'apportent aucun obstacle à l'exercice de l'action disciplinaire contre les magistrats et les officiers ministériels.

§ III. *De l'influence qu'exerce sur l'action publique la chose jugée au civil, et réciproquement de l'influence qu'exerce sur l'action civile la chose jugée au criminel.*

413. MM. Toullier et Merlin ont traité de l'influence du civil sur le criminel, et réciproquement ; ils ont adopté des systèmes opposés ; exposition de ces systèmes.

414. Examen de la question ; l'action publique et l'action civile ont un objet identique, savoir l'existence d'un fait qui est à la fois punissable et dommageable; cette identité d'objet n'existât-elle pas, qu'il était dans la puissance de la loi d'affranchir de cette condition le jugement qui doit exercer l'autorité de la chose jugée ; elle en a réellement affranchi les jugemens civils qui interviennent sur les questions d'état.

415 *Premier principe :* La chose jugée sur la question

préjudicielle a autorité sur l'action qui lui était subordonnée.

416. *Deuxième principe :* Quand le ministère public poursuit la répression des crimes, des délits ou des contraventions, il agit aux risques et périls de tous les intéressés; pour lui, ils sont réellement parties dans l'instance et dans le jugement qui intervient.

417. *Troisième principe :* L'autorité de la chose jugée sur la question préjudicielle est limitée à ce qui a été formellement décidé par le jugement.

Ces trois principes servent à résoudre toutes les difficultés de la matière : division de ce paragraphe.

Art. 1er. *De l'influence, sur l'action publique, de la chose jugée au civil.*

418. Si la question jugée au civil était préjudicielle à l'action publique, le jugement a autorité sur cette action ; exemples.

419. Si le jugement civil décide, par exemple, que l'état d'un enfant a été supprimé à l'aide d'un faux, ce jugement a-t-il autorité, au criminel, sur la question de savoir si un faux a été commis ?

420. Si l'instance civile n'était pas préjudicielle à l'action publique, le jugement est sans autorité sur cette action ; application de cette règle.

Art. 2. *De l'influence, sur l'action civile, de la chose jugée au criminel.*

421. Pas de difficulté quand la partie lésée a figuré dans l'instance criminelle; le jugement criminel a autorité sur son action, et il la préjuge.

422. En est-il de même quand la partie lésée ne s'est pas constituée partie civile ? Trois hypothèses se présentent.

Première hypothèse : Le jugement criminel déclare que le fait est constant, et que l'accusé est coupable.

423. Dans cette hypothèse, le condamné ne peut plus mettre en question, devant le juge civil, sa culpabilité et l'existence du fait; pourquoi? examen de l'opinion de M. Toullier.

Deuxième hypothèse : Le jugement criminel déclare que le fait n'existe pas, ou que l'accusé ne l'a pas commis.

424. Dans l'un et l'autre de ces deux cas, la partie civile ne peut plus mettre en question l'innocence du prévenu acquitté; jurisprudence.

425. Application de ce principe à une poursuite en faux incident civil; si le prévenu acquitté est partie dans l'instance civile, la voie de faux incident est fermée, car la pièce a été vérifiée avec lui.

426. Mais que décider si le prévenu acquitté n'est pas partie dans l'instance civile? les tiers intéressés à ce que la pièce soit déclarée fausse, peuvent-ils encore prendre contre elle la voie du faux incident? Ils ne le peuvent pas; pourquoi? état de la jurisprudence.

Troisième hypothèse: Le jugement déclare simplement que le fait n'est pas constant, ou que l'accusé n'est pas coupable.

427. La déclaration que le fait n'est pas constant, ou que l'accusé n'est pas coupable, n'exclut ni l'existence de ce fait, ni la participation de l'accusé au délit; le juge civil a toute latitude pour y prononcer; jurisprudence.

428. Peu importe que l'accusation ait porté sur un faux en écriture publique ou sur un faux en écriture privée; la voie du faux incident civil reste ouverte contre la pièce; pourquoi? jurisprudence.

429. Le principe que l'autorité de la chose jugée sur la question préjudicielle est limitée à ce qui a été formellement décidé par le jugement, sert de base aux articles 358, 359 et 366 du Code d'instr., sur les dommages-intérêts que la cour d'assises est autorisée à accorder à l'accusé acquitté ou à la partie civile.

430. Ainsi la cour d'assises n'est pas obligée, dans tous les cas, d'accorder à l'accusé déchargé de l'accusation des dommages-intérêts contre son dénonciateur; jurisprudence.

431. Ni d'en refuser à la partie civile contre l'accusé absous; jurisprudence.

432. Ni de lui en accorder contre l'accusé condamné; jurisprudence.

433. Mais il n'est pas permis à la cour d'assises de se mettre en contradiction avec la déclaration du jury; exemple.

434. Les tribunaux civils ont, pour apprécier les conséquences qui résultent de la déclaration du jury, la même latitude que les cours d'assises.

435. Lorsque l'action publique a été portée devant un tribunal correctionnel ou de police, et que le prévenu a été absous, l'action civile de la partie lésée ne peut-elle être intentée qu'autant que le jugement d'absolution la lui a réservée?

436. L'absolution de l'accusé, fondée sur son état de démence au moment de l'action, ne préjuge pas la poursuite en interdiction qui est formée contre lui; malgré un jugement de police qui ordonne la démolition, dans un certain délai, de constructions qui menacent la sûreté de la voie publique, l'autorité municipale peut prescrire qu'elle se fera dans un délai plus court.

437. Un acte peut toujours être attaqué par d'autres causes que celles qui ont servi de base à la poursuite et au jugement; jurisprudence.

Art. 3 *De l'influence qu'exercent, sur l'action civile, les ordonnances de la chambre du conseil et les arrêts de la chambre d'accusation, portant qu'il y a lieu à suivre.*

438. Ces effets ne peuvent être plus étendus que ceux attachés aux arrêts et aux jugemens définitifs; jurisprudence.

439. Mais quand ils sont positifs sur le fait de la prévention, et qu'ils déclarent que le délit n'a pas été commis ou que le prévenu n'en est pas l'auteur, ont-ils autorité sur l'action civile ? Examen de la jurisprudence.

440. *Quid* si la partie lésée a figuré comme partie civile dans la poursuite ?

441. Des effets des ordonnances et des arrêts des chambres d'accusation qui ont caractère définitif et irrévocable.

SECTION QUATRIÈME.

De l'amnistie.

442. Définition de l'amnistie.

443. Le droit de faire grâce n'emporte pas celui d'interdire des poursuites.

444. Cependant le droit d'amnistie est constitutionnel; pourquoi?

445. Des différentes espèces d'amnisties.

446. L'amnistie éteint-elle l'action civile ? examen de l'opinion de M. Legraverend.

447. L'amnistie est un acte de la puissance souveraine; conséquences qui en résultent.

448. L'amnistie est un acte irrévocable.

449. C'est aux tribunaux qu'il appartient de décider de l'étendue et des effets des actes d'amnistie.

450. Principes qui doivent les guider.

451. L'amnistie profite-t-elle aux complices ?

452. L'amnistie couvre-t-elle les faits accessoires aux délits amnistiés ? jurisprudence.

453. L'amnistie accordée aux délits forestiers ne couvre pas les malversations commises par les adjudicataires des coupes.

454. L'amnistie profite-t-elle aux individus condamnés à raison du délit amnistié, lorsque l'acte d'amnistie ne le dit pas expressément ?

SECTION CINQUIÈME.

De la condamnation du prévenu à une peine plus forte que celle que lui feraient encourir les délits antérieurs à cette condamnation.

455. Des règles suivies avant le Code d'inst. sur l'accumulation des peines.

456. Le Code d'instruction s'est prononcé contre l'accumulation des peines, art. 365 et 379; il résulte de ces articles que, par sa condamnation à la peine la plus forte, un coupable expie tous les délits moins graves qu'il a commis avant cette condamnation.

457. C'est là un principe général; son application est indépendante de l'époque à laquelle le condamné est mis en jugement, et de celle à laquelle les nouveaux faits ont été découverts.

458. Il résulte de ce principe, que la condamnation à la peine la plus forte éteint l'action publique pour la poursuite des délits moins graves; examen des motifs d'un arrêt qui renferment une doctrine contraire.

459. Ce qu'on doit entendre par ces mots, *la peine la plus forte, la peine la plus grave*, employés par les articles 365 et 379 du Code d'inst.; la gravité des peines dépend d'abord de leur *nature*, et entre celles de la même nature, de leur *espèce*.

460. La gravité des peines de la même *espèce* ne doit-elle pas se calculer aussi d'après leur *durée?* Tableau de la jurisprudence; elle a résolu affirmativement la question; elle est conforme à l'esprit du Code d'instruction; pourquoi? conséquences qui en résultent.

461. Des délits auxquels ne s'applique pas la défense d'accumuler les peines; Code pénal; jurisprudence.

462. Est-il vrai que la défense d'accumuler les peines ne s'applique qu'aux délits ordinaires, et non à ceux qui sont prévus par des lois spéciales? Distinction entre les

lois spéciales antérieures et celles qui sont postérieures au Code d'instruction.

463. Est-il vrai que, comme l'a jugé la cour de cassation, les peines pécuniaires peuvent toujours être accumulées avec les peines corporelles?

464. Le principe qui défend d'accumuler les peines ne fait pas obstacle à l'exercice de l'action civile; il n'est pas applicable à la poursuite des délits commis postérieurement à une première condamnation.

FIN DE LA TABLE.

TRAITÉ

DE

L'ACTION PUBLIQUE

ET DE

L'ACTION CIVILE.

NOTIONS PRÉLIMINAIRES.

N° 1. *L'action publique* est celle qui appartient à la société pour la punition des atteintes portées à l'ordre social. Son objet est l'application des peines.

L'action civile est celle qui appartient à tout individu qui a souffert un dommage par suite d'un fait puni par la loi. Son objet est la réparation du préjudice causé par le fait à des intérêts privés (1).

2. Quelle est la nature de ces deux actions; quelles sont les différences qui les distinguent? s'étendent-elles à tous les délits, quels qu'en soient les auteurs, quels que soient les lieux où ils ont été commis?

A quels fonctionnaires, à quelles personnes appartient l'exercice de ces deux actions?

(1) Code du 3 brumaire an 4, art. 4, 5 et 6. Code d'instr., art. 1 et 2.

Quelles sont les causes qui peuvent en suspendre le cours?

Par quelles causes sont-elles éteintes?

L'examen de ces questions sera l'objet de ce livre : il est important de savoir à qui appartient le droit de réclamer la réparation des faits qui portent atteinte à l'ordre public et aux intérêts privés, comment ce droit se conserve, et comment il se perd. C'est ainsi que nous serons conduits à rechercher, à fixer les premières bases de notre législation criminelle.

CHAPITRE PREMIER.

DE LA NATURE ET DE L'ÉTENDUE DE L'ACTION PUBLIQUE ET DE L'ACTION CIVILE.

3. L'action publique et l'action civile ne se proposent pas le même but; l'objet de l'une est l'application des peines; l'objet de l'autre la réparation du dommage causé par le délit. Elles sont donc instituées pour protéger des intérêts divers; la conservation de l'ordre public est le fondement de la première, et l'intérêt privé est le mobile de la seconde. Deux actions qui diffèrent ainsi, et dans le principe qui leur sert de base et dans leur but, ne sont certainement pas de la même nature.

Je parlerai d'abord des différences qui les distinguent; je m'occuperai ensuite de leur étendue.

SECTION PREMIÈRE.

De la nature de l'action publique et de l'action civile; des différences qui existent entre elles.

4. Les lois pénales sont destinées à protéger, à maintenir le lien social en réprimant les faits qui portent atteinte au gouvernement établi, à la personne des citoyens ou à leurs propriétés; et il est vrai de dire que l'action publique appartient à la société tout entière, car elle a pour but sa conservation.

Mais l'exercice de cette action doit-il être abandonné à tous les citoyens indistinctement, ou doit-il être délégué à des magistrats? Les individus lésés par le délit doivent-ils participer à cet exercice? Les législateurs de tous les pays ont eu à résoudre ces questions; ils ne les ont pas décidées d'une manière uniforme.

Pour se former des idées justes sur la nature de l'action publique et de l'action civile telles qu'elles sont dans la législation actuelle, il est indispensable de constater ce qu'elles étaient dans la législation ancienne. Je ne dirai que ce que je croirai nécessaire pour éclaircir des questions sur lesquelles on ne paraît pas encore bien d'accord.

5. Le droit d'accuser, c'est-à-dire de forcer un citoyen à se justifier de l'imputation d'un délit ou d'un crime, et à lutter, faible et isolé, contre les forces réunies de la loi et de ses ministres, ne peut être qu'un des attributs de la souveraineté;

l'exercice de ce droit doit donc être en harmonie avec la constitution du pays où il s'exerce.

Aussi voit-on que, dans les anciennes républiques, les accusations étaient populaires; à Rome, par exemple, tout citoyen pouvait se porter accusateur d'un délit public. « Il n'y avait point, » disent les continuateurs de Denisart (1), de ma» gistrature établie pour accuser et poursuivre; c'é» tait une charge commune, *cuilibet ex populo*. Cha» que citoyen la regardait comme une portion de » sa souveraineté. » Si, au jour fixé pour l'audience, l'accusateur ne comparaissait pas, l'accusation était rayée et l'affaire finie; c'est pour cela que la loi exigeait de celui-ci, non seulement le serment de ne point abandonner l'accusation, mais encore de garder prison pendant l'instance et de donner caution de persister dans l'accusation jusqu'au jugement. Cependant on distinguait les *délits publics* des *délits privés*. L'action contre ces derniers n'était permise qu'à ceux qui en avaient éprouvé un dommage; et l'on ne reconnaissait de *délits publics* que ceux qui étaient déclarés tels par la loi. Les crimes de lèse-majesté, de meurtre, de faux, de péculat, d'adultère, de rapt, de sacrilége, etc., étaient des délits publics; le vol, le recélé, la fraude, l'injure, les coups, etc., n'étaient que des délits privés.

Cette législation a trouvé dans Filangieri (2) un

(1) Tome X, page 89. — (2) Liv. 3, chap. 2.

vif admirateur. Montesquieu (1) en portait un autre jugement : « On suivit sous les empereurs » les maximes de la république ; et d'abord on vit » paraître un genre d'hommes funestes, une troupe » de délateurs. Quiconque avait bien des vices et » bien des talens, une âme bien basse et un esprit » ambitieux, cherchait un criminel dont la con- » damnation pût plaire au prince ; c'était la voie » pour aller aux honneurs et à la fortune. »

Cependant les lois avaient essayé de prémunir l'innocent contre la calomnie ; mais toutes leurs précautions furent vaines ; on les multiplia, on ajouta à celles qui existaient déjà, on ne fit que rendre plus manifeste leur impuissance ; c'est sans doute ce qui a fait dire à l'avocat-général Servan (2) :

« Si l'esprit de la république veut que chaque » citoyen ait pour le bien public un zèle sans bornes, » la nature du cœur humain, plus infaillible dans » son action que l'esprit du gouvernement civil, » exige que chaque homme ait un zèle de préférence » et sans bornes pour l'intérêt de ses passions. Ainsi, » l'institution de la liberté des accusations, au lieu » de favoriser le bien public, excite et favorise d'a- » bord l'intérêt des passions particulières.

» Dans la meilleure des républiques, un méchant » se flatte d'échapper à une juste accusation, et » l'homme de bien ne se flatte point d'échapper à

(1) Esprit des lois, liv. 6, chap. 8. — (2) De l'influence de la philosophie sur l'instruction criminelle, pag. 17.

» une fausse; cette institution est donc plus pro-
» pre à intimider les bons citoyens qu'à contenir
» les mauvais. Elle répand sur toute la société civile
» des germes affreux et féconds de haines hérédi-
» taires, de divisions, d'inimitiés et de factions. Un
» tel principe ne paraît convenable que dans un
» gouvernement tellement bon, que nul citoyen
» ne serait tenté d'en accuser un autre. »

6. En France, la forme du gouvernement étant monarchique, le droit d'accuser appartenait au roi; il l'exerçait par des magistrats qu'il instituait à cet effet; ces magistrats formaient un corps qu'on appelait le *ministère public*. Ainsi l'action publique était déléguée au prince, qui la déléguait à son tour à des officiers de son choix.

« L'établissement d'une partie publique, dit
» M. Henrion de Pansey (1), c'est-à-dire d'un fonc-
» tionnaire obligé, par le titre de son office, de
» surveiller les actions des citoyens, de dénoncer
» aux tribunaux tout ce qui pourrait troubler
» l'harmonie sociale, et d'appeler l'attention des
» juges et la vengeance des lois sur tous les crimes,
» même sur les moindres délits, est un des plus
» grands pas que les hommes aient faits vers la ci-
» vilisation, et cette institution appartient aux
» temps modernes. »

Montesquieu avait dit avant lui (2): « Nous avons
» aujourd'hui une loi admirable; c'est celle qui

(1) De l'autorité judiciaire en France, chap. 14. — (2) Esprit des lois, liv. 6, chap. 8.

» veut que le prince, établi pour faire exécuter les » lois, prépose un officier dans chaque tribunal » pour poursuivre en son nom tous les crimes; de » sorte que la fonction des délateurs est inconnue » parmi nous; et si le vengeur public était soup- » çonné d'abuser de son ministère, on l'obligerait » de nommer son dénonciateur. »

7. Mais la délégation de l'action publique faite au roi n'était pas entière; comme à Rome, on distinguait, en France, les délits publics des délits privés. Les *délits publics* étaient ceux que l'on punissait de peines afflictives ou infamantes; ils étaient poursuivis par les officiers du ministère public. *Les délits privés*, c'est-à-dire ceux qui n'entraînaient que des peines moindres, ne pouvaient être poursuivis que par les parties offensées. Si elles gardaient le silence, si elles transigeaient, si ayant formé leur action elles s'en désistaient, l'affaire était terminée, le ministère public ne pouvait agir d'office (1). Tout le système de l'ancien droit criminel sur cet objet est renfermé dans l'article 19, titre 25 de l'ordonnance de 1670, qui porte :

« Enjoignons à nos procureurs et à ceux des » seigneurs de poursuivre incessamment ceux qui » sont prévenus de crimes capitaux, ou auxquels » il écherra peine afflictive; nonobstant toutes » transactions et cessions de droits faites par les

(1) Jousse, Traité de la justice criminelle, t. Ier, p. 4, 568, 572, 576; t. III, p. 8 et 63; Nouveau Denisart, *Vis*, *Accusation* et *Délit*.

» parties ; et à l'égard de tous les autres, seront » les transactions exécutées, sans que nos pro- » cureurs et ceux des seigneurs puissent en faire » aucune poursuite. »

Mais autant la distinction entre les délits publics et les délits privés était bien marquée à Rome, puisqu'il n'y avait de délits publics que ceux que la loi qualifiait tels, autant elle l'était peu en France. Cela tenait à ce que la législation n'avait défini qu'un petit nombre de délits ; à ce que le caractère pénal des actions répréhensibles et la mesure des peines n'étaient souvent déterminés que par la jurisprudence des parlemens et l'opinion des criminalistes.

8. La délégation de l'action publique faite par le roi à ses officiers pour la poursuite des délits publics, n'était pas tellement exclusive que les parties lésées ne participassent à son exercice; on tenait à la vérité pour constant qu'au ministère public seul appartenait de requérir l'application des peines; mais lorsque le plaignant se constituait partie civile, il pouvait obliger le ministère public de joindre son action à la sienne : « Lors- » qu'il y a une partie civile, dit Jousse (1), et que » le crime est de nature à exiger la poursuite du » ministère public, les procureurs du roi ou fis- » caux doivent intervenir et se joindre à la partie » civile. »

Il y a plus; quand une partie civile était en

(1) Tome Ier, page 576.

cause, les poursuites se faisaient à sa diligence; c'est elle qui dirigeait l'instruction, qui recherchait les témoins et faisait une partie des actes; c'est ce qu'établissait l'article 8, titre 3 de l'ord. de 1670, en disant : « S'il n'y a point de *partie civile*, les procès seront poursuivis à la diligence » et sous le nom de nos procureurs ou des procu» reurs de justice seigneuriale. »

C'est ce qui a fait dire à Jousse (1) : « Dans le » cas de jonction de la partie publique à la partie » civile, la partie civile est toujours préférée à la » partie publique pour la poursuite de l'accusation; » elle est aussi nommée dans tous les actes de la » procédure, et ces actes se font sous son nom et à » sa requête, le procureur du roi ou fiscal est seu» lement joint aux qualités. Quand la partie civile » néglige d'agir, de faire assigner les témoins, soit » pour être entendus, soit pour être récolés ou » confrontés, ou de faire quelque autre procédure, » le juge doit, sur la réquisition de la partie pu» blique, fixer un délai dans lequel cette partie » civile sera tenue de faire venir les témoins, etc., » et faute par cette partie de le faire, le juge doit » ordonner que les témoins seront assignés à la » diligence du procureur du roi, aux frais de la » partie civile. »

Cependant l'action civile était parfaitement distincte de l'action publique.

« Comme la plupart des crimes, dit Jousse (2),

(1) T. III, p. 71. — (2) T. Ier, p. 561.

» offensent non seulement la société civile, mais » encore les particuliers, on peut considérer dans » chaque crime deux intérêts différens; le premier » qui regarde le public, et le second qui regarde » les particuliers.

» Les crimes, en tant qu'ils troublent la société » civile, la religion et le gouvernement, exigent » une vengeance publique et une punition exem» plaire; et en tant qu'ils blessent les particuliers » dans leurs personnes, leur honneur ou leurs » biens, ils exigent une réparation et des domma» ges et intérêts à l'égard des personnes offensées » ou de ceux qui les représentent.

» De cette considération naissent deux manières » différentes de poursuivre les crimes : la première » qui regarde la poursuite du crime par rapport à » l'intérêt public, et qui ne peut être dirigée que » contre l'auteur du crime et ses complices; la » seconde qui regarde la réparation du crime par » rapport aux particuliers offensés, et qui peut » être intentée tant contre l'auteur du crime, que » contre ses héritiers.

» La poursuite des crimes, considérée par rap» port à l'intérêt public, c'est-à-dire, en ce qui » concerne la peine, n'appartient en France qu'aux » officiers à qui le roi a confié ce soin, et à qui l'on » a donné pour cette raison le nom de *partie pu» blique*....

» Quant à la seconde manière de poursuivre les » crimes, c'est-à-dire, en ce qui touche la répara» tion et les intérêts civils, tous ceux qui ont reçu

» quelque offense, soit en leur personne, soit en » leur honneur, soit en leurs biens, sont en droit » d'exercer cette action et de poursuivre la con- » damnation des dommages et intérêts qui résul- » tent de l'offense qui leur a été faite; mais ils ne » peuvent jamais conclure à la peine publique. On » a donné à ces derniers le nom de *parties civiles*.

» Ainsi, dans notre usage, deux sortes de per- » sonnes concourent à la punition du crime; 1° la » *partie civile*, qui demande la réparation de l'of- » fense qui lui a été faite, et des dommages et in- » térêts; 2° la *partie publique*, qui poursuit la pu- » nition du crime, et la condamnation à la peine » qu'il mérite........

» Ces deux différentes manières de poursuivre » les crimes donnent lieu à deux sortes d'actions; » l'une qu'on appelle *civile* et l'autre qu'on nomme » *criminelle*. »

C'est ainsi qu'était réglé l'exercice de l'action publique et de l'action civile, au moment de la révolution de 1789.

9. L'Assemblée nationale s'étant saisie du pouvoir constituant, donna à la France un gouvernement nouveau; elle sépara, divisa, répartit tous les pouvoirs et se trouva ainsi en présence de toutes les questions que soulève le droit d'accuser.

Que ce droit soit un attribut nécessaire de la souveraineté, c'est ce qui ne pouvait être méconnu; et par l'article 3 de la déclaration des droits de l'homme, elle avait proclamé que « Le principe » de toute souveraineté réside essentiellement dans

» la nation ; nul corps, nul individu ne peut exer- » cer d'autorité qui n'en émane expressément. »

Mais les accusations seraient-elles populaires, ou le droit de les intenter serait-il délégué? c'est ce qu'il fallait d'abord déterminer.

On reconnut qu'il devait être délégué.

« L'accusation populaire, dit Thouret, à la » séance du 4 août 1790, a de grands inconvéniens. » Quand tout le monde est chargé de veiller, il » arrive un moment où personne ne veille, et quand » chacun peut accuser, l'esprit de parti, les pré- » ventions vulgaires, les préjugés et les ressenti- » mens individuels, peuvent trop aisément trou- » bler la tranquillité publique, sous prétexte de » l'assurer. Conservons donc le sage établissement » d'un officier public chargé d'accuser. »

Mais à qui l'exercice de l'action publique sera-t-il délégué? est-ce au roi? Thouret dit sur cette question :

« Mais si l'accusation publique, au lieu de rester » une action populaire, devient la commission » d'un officier, peut-il rester douteux que cet of- » ficier est l'homme du peuple, préposé pour l'in- » térêt de la nation à l'exercice de ses droits? Il » doit donc être un des fonctionnaires élus et nom- » més par le peuple; car sa fonction est une de » celles que le peuple a spécialement intérêt de ne » confier qu'à des hommes dont il soit sûr, et qu'au- » cun intérêt différent du sien ne puisse écarter de » l'exacte observation de leur devoir. »

On objecta à Thouret que l'Assemblée nationale

avait, dans l'intérêt du pays, délégué au roi le pouvoir exécutif, et que l'accusation publique était une fonction naturelle de ce pouvoir; il répondit :

« Il est vrai que tous les pouvoirs publics sont » ceux de la nation, que tous lui sont avantageux » dans l'esprit et dans l'objet de leur institution, et » cependant il existe, par la nature même des » choses, une distinction très-essentielle à maintenir entre les attributions que la nation peut utilement faire, et celles qu'elle a spécialement intérêt de se réserver pour les exercer plus directement » par ses délégués électifs. Si le premier principe » est que le peuple ne doit confier que les fonctions » qu'il ne peut pas remplir lui-même, la seconde » maxime est que, dans l'exercice de ses délégations, » il ne doit pas abandonner à son représentant héréditaire ce qu'il peut confier aux représentans de » son choix. Le premier n'agit qu'en sub-déléguant, » et le pouvoir national sub-délégué par le roi » devient aisément, dans l'opinion trompée par ce » circuit, pouvoir royal. D'ailleurs, dans une monarchie, le pouvoir exécutif résidant aux mains » d'un seul, a toujours un intérêt, une tendance » et des moyens qui peuvent devenir funestes aux » droits et à la liberté de tous. Tenons-nous donc » attachés au principe de la démarcation sévère » des fonctions entre le pouvoir exécutif et les représentans électifs du peuple : en l'appliquant » à l'accusation publique, nous reconnaîtrons d'abord, par la nature de cette fonction, qu'elle ne

» peut pas être une attribution constitutionnelle » de la couronne. »

Enfin, on lui objecta qu'un décret précédent avait délégué au roi le ministère public pour l'exercer par des officiers de son choix ; que l'officier du roi devenait inutile s'il n'était pas constitué accusateur. Il répondit à la séance du 10 août :

« 1° Que, quelle que soit l'attribution des com- » missaires du roi, l'accusation non comprise, il » est choquant que cette considération soit propo- » sée comme une raison de les rendre accusateurs, » si d'ailleurs il n'est pas bon qu'ils le soient ;

» Qu'il reste aux commissaires du roi assez de » fonctions sans celle d'accuser, pour qu'ils soient » encore des officiers utiles........ Je finis par ce » mot, seul digne du patriotisme et des lumières » de cette assemblée ; c'est qu'en général et en toute » hypothèse, quelque resserrée que puisse être la » fonction d'un agent du pouvoir exécutif, ce ne » peut jamais être une raison de déléguer au roi » une fonction populaire, pour qu'il en accroisse » le pouvoir et l'influence de son agent. »

C'est par de pareils raisonnemens que Thouret domina l'assemblée et l'emporta.

Les art. 1 et 2, chap. 5 de la constitution, portèrent : « Le pouvoir judiciaire ne peut, en aucun » cas, être exercé par le corps législatif ni par le roi.

» La justice sera rendue gratuitement par des » juges élus à temps par le peuple, et institués » par lettres patentes du roi, qui ne pourra les » refuser.

« L'accusateur public sera nommé par le peuple. »

Ainsi l'accusation publique fut déléguée et le fut directement par le peuple.

En vertu de ce principe, le décret du 16-29 septembre 1791 chargea de la poursuite des crimes et délits : 1° *les juges de paix;* ils devaient recevoir les plaintes, constater les faits, entendre les témoins, faire arrêter les prévenus; 2° *des accusateurs publics;* ils étaient chargés de soutenir devant les tribunaux criminels les accusations qui y étaient renvoyées par un jury; ils devaient, en outre, surveiller les officiers de police de leurs départemens; 3° *des commissaires du roi;* ils étaient simplement chargés d'assister aux débats, de requérir l'application de la loi d'après la déclaration du jury, et de faire exécuter les jugemens.

Ainsi, le gouvernement restait absolument étranger à la poursuite des crimes et des délits; les juges de paix, fonctionnaires nommés par le peuple, n'obéissaient à l'impulsion d'aucun magistrat supérieur, car le droit de surveillance de l'accusateur public n'emportait pas celui de les diriger; et, ce qui est pire, ils réunissaient deux caractères incompatibles dans toute bonne législation, celui de partie poursuivante et de juge instructeur. Quant aux commissaires du roi, ils n'étaient qu'une superfétation; ils furent supprimés par un décret du 20 octobre 1792, qui réunit leurs fonctions à celles des accusateurs publics.

10. Le Code des délits et des peines du 3 bru-

maire an 4, décrété sous l'empire de la constitution de l'an 3, conserva le système établi par la constitution de 1791 et le décret du 16-29 septembre de la même année; il rétablit même les commissaires du roi, sous le titre de *commissaires du pouvoir exécutif.* Cependant il introduisit dans cette législation des améliorations notables : il distingua soigneusement l'action publique de l'action civile, et ne permit l'exercice de la première qu'aux fonctionnaires spécialement établis à cet effet (1). A la vérité, il admit les parties civiles à concourir à la rédaction de l'acte d'accusation (2). Mais il ne fit par là que les associer à l'exercice d'une action déjà intentée par la volonté du magistrat à qui son exercice était confié; il ne leur donna pas le droit de l'intenter directement. Enfin ce code disposa (3) :

« Tout délit donne essentiellement lieu à une » action publique. »

Ainsi toute distinction entre les délits publics et les délits privés se trouve proscrite.

On remarque même, dans la constitution de l'an 3, un commencement de retour aux anciens principes; car, aux termes de l'art. 234, l'action publique, devant les tribunaux correctionnels, devait être exercée par un *commissaire du pouvoir exécutif nommé et destituable par le directoire;* et aux termes de l'art. 241, ce commissaire devait exercer les fonctions du ministère public auprès du

(1) Art. 5 et 6. — (2) Art. 226 et 227. — (3) Art. 4.

directeur du jury, magistrat chargé de rédiger l'acte d'accusation et de faire délibérer le jury sur son contenu.

11. Le gouvernement consulaire, monarchique par le fait, succéda au directoire; dès-lors l'action publique fut déléguée au chef de l'état, et il l'exerça par l'organe d'officiers de son choix. Les articles 41 et 63 de la constitution de l'an 8, portent que le premier consul nomme tous *les juges criminels et civils; les commissaires du gouvernement près les tribunaux;* et que la *fonction d'accusateur public près d'un tribunal criminel sera remplie par le commissaire du gouvernement.* Le sénatus-consulte du 28 floréal an 12, organique de l'empire, vint confirmer et renforcer ces dispositions en déclarant, art. 1er: « La justice se rend, au nom de l'empereur, par les officiers qu'il institue ».

C'est sous l'empire de ces constitutions qu'ont été décrétés le Code d'instruction criminelle et la loi du 28 avril 1810, qui règlent aujourd'hui l'exercice de l'action publique et de l'action civile. La Charte a maintenu ces lois. Nous allons voir jusqu'à quel point elles se rapprochent ou s'éloignent de la législation qui les a précédées.

12. L'article 45 de la loi du 28 avril 1810, porte:

« Les procureurs généraux exerceront l'action » de la justice criminelle dans l'étendue de leur » ressort. »

Ainsi, comme sous l'ancienne monarchie, l'action publique appartient au chef de l'état; elle est exercée, en son nom, par des fonctionnaires qu'il choisit et qu'il peut révoquer à volonté.

C'est là une conséquence juste et nécessaire du principe monarchique de notre gouvernement. Où réside la puissance exécutive doit résider l'action de la justice criminelle, attribut essentiel de cette puissance. En effet, le droit de poursuivre la punition des crimes et des délits n'est autre chose que le droit de provoquer l'exécution des lois pénales; l'ôter au chef de l'état pour le confier à un autre pouvoir, ce serait diviser la puissance exécutive et choquer la nature du gouvernement monarchique.

L'action publique est, à la vérité, une des branches du pouvoir judiciaire, et le prince doit déléguer le droit de juger; « car, s'il jugeait lui-même, » la constitution, dit Montesquieu (1), serait dé» truite, les pouvoirs intermédiaires dépendans » anéantis; on verrait cesser toutes les forma» lités des jugemens; la crainte s'emparerait de » tous les esprits; on verrait la pâleur sur tous les » visages; plus de confiance, plus d'honneur, plus » d'amour, plus de sécurité, plus de monarchie... » De plus, il perdrait le plus bel attribut de sa sou» veraineté, qui est celui de faire grâce : il serait » insensé qu'il fît et défît ses jugemens : il ne vou» drait pas être en contradiction avec lui-même. » Il doit déléguer d'une manière si absolue le droit de juger qu'il ne puisse l'ôter à ceux qu'il en a

(1) Esprit des lois, liv. 6, chap. 5.

investis, ni participer aux jugemens qu'ils ont à rendre ; car il retiendrait ce droit s'il pouvait concourir à son exercice, ou retirer sa délégation à ceux qui ne les rempliraient pas suivant ses vues. Mais entre le droit de juger et celui de poursuivre, la distance est infinie : *juger*, c'est appliquer la loi, c'est le propre du pouvoir judiciaire ; *poursuivre*, c'est veiller à l'exécution des lois, c'est le propre de la puissance exécutive.

Si l'action publique n'appartenait pas au chef du gouvernement ; s'il était obligé de la déléguer d'une manière aussi absolue que le droit de juger, à qui la confierait-il? est-ce aux juges eux-mêmes? mais alors le pouvoir d'accuser et celui de juger se trouveraient dans les mêmes mains, et il résulterait de cette réunion un pouvoir inquiétant pour la liberté civile. Se dessaisira-t-il de l'action publique en faveur d'autres fonctionnaires, qui ne seront pas des juges, mais qui, comme ceux-ci, seront indépendans de lui? mais comment comprendre un ministre de la justice responsable, avec des procureurs généraux inamovibles, et une puissance exécutive sans direction sur l'action publique, étrangère, conséquemment, à l'exécution des lois qui intéressent le plus éminemment la sûreté de l'État et celle des citoyens?

Il faut donc reconnaître, malgré l'Assemblée nationale, que l'exercice de l'action publique est une des fonctions du pouvoir exécutif, qu'il doit se la réserver, non pour l'exercer personnellement, pas plus qu'il ne peut exercer personnellement le commandement militaire et l'autorité administrative, mais en ne la déléguant qu'à des fonctonnaires de son choix, qui agissent en son nom, qu'il dirige, qu'il peut révoquer.

Quelle est la nature de la direction que la puissance exécutive doit conserver sur ceux de ses agens auxquels elle confie l'exercice de l'action publique? c'est ce que j'examinerai dans le chapitre second (1).

13. L'action publique appartient donc au roi. Mais doit-on, comme autrefois, distinguer les *délits publics* des *délits privés?* Le Code d'instruction criminelle ne porte pas, comme le Code du 3 brumaire an 4, que tout délit donne essentiellement lieu à une action publique; mais il n'en a pas moins adopté ce principe; en effet, l'article 4 dispose : « La renonciation à l'action civile ne » peut arrêter ni suspendre l'exercice de l'action » publique. » Ces termes sont absolus; ils n'admettent aucune distinction. Dans le projet soumis à la discussion du conseil d'état, on en avait établi une; l'article portait que « la renonciation à l'ac» tion civile ne peut arrêter ni suspendre la pour» suite d'une contravention ou d'un délit, *lorsqu'ils sont de nature à blesser l'ordre public* ». Mais on fit observer (2) que tous les délits blessent l'ordre public, qu'il fallait prendre garde d'affaiblir un principe certain en faveur de quelques cas parti-

(1) V. *infrà* nos 91 et 95.

(2) Procès-verbal du 17 fructidor an 12.

culiers qui ne se présentent que très-rarement; en conséquence, le conseil d'état rejeta la rédaction qui lui était proposée et adopta celle qui forme aujourd'hui l'article 4 du Code.

14. Les parties lésées par le délit participent-elles à l'exercice de l'action publique?

L'article 1er du Code d'instruction répond à cette question; il porte :

« L'action pour l'application des peines n'*appar-* » *tient* qu'aux fonctionnaires auxquels elle est » confiée par la loi. »

Cet article est fort explicite, il le paraîtra bien davantage si l'on fait attention aux motifs qui ont déterminé le législateur à adopter le principe qu'il consacre.

Dans le projet soumis à la discussion du conseil d'état, l'article portait simplement : « L'action » publique pour l'application des peines est exer- » cée par les fonctionnaires établis à cet effet. »

Cette rédaction ne parut pas bien claire, M. Siméon, rapporteur de la commission, l'expliqua en disant (1) : « L'article tend à établir que » l'application de la peine ne pourra être poursui- » vie par la partie offensée, mais seulement par le » ministère public. » Ainsi expliqué, l'article fut adopté, *sauf rédaction*. On le reproduisit à la séance du 31 mai 1808, tel qu'il est rédigé aujourd'hui, et il passa sans observations. Le pré-

(1) Procès-verbal du 17 fructidor an 12.

sident de la commission de législation en a exposé les motifs en ces termes :

« La loi qui va être soumise à votre sanction a » pour objet la première division de l'instruction » criminelle, celle qui concerne la poursuite des » délits. Je ne m'arrêterais pas sur les dispositions » préliminaires, qui ne renferment que des prin- » cipes peu contestés, si l'un de ces principes ne » méritait, par son importance, d'occuper un mo- » ment votre attention ; c'est celui qui établit l'ac- » tion publique sans distinction contre tous les » délits, et qui la rend indépendante de toutes les » transactions et de tous les intérêts privés.

» C'était tout le contraire chez les anciens : la » poursuite de tous les délits était abandonnée à » l'animosité et à la vengeance privée. Le premier » acte de la justice, qui doit toujours être exempt » de passions, s'exerçait sous l'impression du res- » sentiment. Le grand éclat que l'éloquence a ré- » pandu sur les accusations publiques n'a pu ca- » cher à la postérité leur dangereuse influence; et » leurs funestes effets introduisaient la vengeance » privée dans la justice même, qui avait pour ob- » jet de la prévenir.

» Nos lois modernes ont remis la poursuite des » délits entre les mains des magistrats, et l'accu- » sation a pris le caractère d'impartialité de la loi » dont ils sont les organes; mais si l'on considère » les progrès successifs de nos lois criminelles, on » verra combien d'efforts il a fallu au législateur » pour arriver au principe du nouveau code. L'an-

» cienne ordonnance criminelle n'avait pas même » osé établir le principe sans exception, et les » transactions des citoyens pouvaient, dans cer- » tains cas, arrêter les poursuites du ministère » public : tant le funeste principe de la vengeance » privée avait conservé d'empire! tant il faut vaincre » d'obstacles pour lutter avec succès contre les » passions humaines !

» Ce fut cependant au milieu même de la lutte » des passions et de tous les vains sophismes » qui rapp laient l'accusation publique des an- » ciens, que ce principe important fut proclamé » sans exception. On le trouve dans nos codes in- » termédiaires de 1791 et de brumaire; mais la loi » qui vous est proposée pouvait seule fai e de ce » principe une base fondamentale de notre justice » criminelle. »

Ainsi les parties lésées n'exercent point l'action publique; mais cet exercice, abandonné aux fonctionnaires que la loi désigne, *est indépendant de tous les intérêts privés :* cette vérité *est une des bases fondamentales de notre justice criminelle.* La loi ne permet pas que la *vengeance privée s'introduise dans la justice même qui a pour objet de la prévenir.* Elle remet la poursuite *entre les mains des magistrats,* afin qu'elle ait *le caractère d'impartialité de la loi dont ils sont les organes.* Ce n'est pas comme sous l'empire de l'ordonnance de 1670, au nom des parties, et sous leur direction, que s'instruisent les procédures criminelles; ce n'est pas seulement le droit de requérir l'application des peines qui est exclusivement réservé aux magistrats du ministère public; c'est l'*action même* qui tend à provoquer cette application; et c'est pour cela, sans doute, que le Code d'instruction criminelle a abrogé la disposition du Code de brumaire qui admettait la partie civile à concourir à la rédaction de l'acte d'accusation; qu'il veut (1) que cet acte soit dressé par le procureur général et qu'il borne les droits de la partie civile à présenter des mémoires à la chambre des mises en accusation (2).

J'aurai souvent occasion d'appliquer les conséquences des principes que je viens d'établir.

15. Ce n'eût pas été assez de concentrer dans les mains du magistrat l'exercice de l'action publique; il fallait encore en assurer l'indépendance. On conçoit, en effet, que cette action ne protégerait qu'imparfaitement l'ordre public, si elle ne pouvait être intentée qu'autant qu'elle serait excitée par une plainte ou par une dénonciation; qu'elle perdrait ce caractère d'impartialité dont la loi a voulu la marquer profondément, si elle était obligée de céder aux provocations des tiers ou des parties qui se prétendent lésées; qu'elle pourrait devenir oppressive, si son exercice pouvait, dans tous les cas, être excité par les tribunaux institués pour la juger. Je vais discuter ces trois propositions.

16. Que l'action publique puisse s'exercer sans

(1) Art. 241. — (2) Art. 217.

avoir été provoquée par une plainte ou par une dénonciation, c'est une vérité qu'on ne saurait méconnaître sans imprimer, en quelque sorte, à tous les délits le caractère de *délit privé* dont les lois romaines et l'ancien droit criminel avaient marqué certains faits punissables, caractère que les lois nouvelles ont entièrement effacé, et lorsque l'article 4 du Code d'instruction a posé ce principe que la *renonciation à l'action civile ne peut arrêter l'exercice de l'action publique*, il a affranchi le ministère public de l'obligation d'attendre, pour agir, la plainte des parties lésées, et, à plus forte raison, les dénonciations des tiers qui n'ont aucun intérêt direct à la répression des délits. Telle est donc la nature de l'action publique, que, n'ayant d'autre objet que l'intérêt de la société, son exercice est de droit général et n'est subordonné à aucune sorte de provocation. Le Code d'instruction criminelle confirme cette vérité : « Le procureur du roi, porte l'article 47, in-» struit, soit par une dénonciation, *soit par toute* » *autre voie*, qu'il a été commis dans son arron-» dissement un crime ou un délit......, sera tenu » de requérir le juge d'instruction d'ordonner qu'il » en soit informé, etc. »

« Le procureur général, dit l'article 274, soit d'of-» fice, soit par les ordres du ministre de la justice, » charge le procureur du roi de poursuivre les » délits dont il a connaissance. »

Le principe que l'action publique est indépendante de toute espèce de provocation était même reconnu sous l'empire du Code du 3 brumaire ; la cour de cassation l'a sanctionné dans l'espèce suivante : Une plainte en faux fut portée, au nom des héritiers Charlier, par un fondé de pouvoirs ; une instruction criminelle en fut la suite. Mais ces héritiers, ayant été interrogés, déclarèrent que la plainte avait été portée à leur insu et qu'ils la désavouaient. Cependant la cour spéciale refusa d'annuler la procédure ; elle se déclara compétente et prononça la mise en accusation. Les accusés se pourvurent en cassation et soutinrent que, la plainte étant désavouée, la procédure n'avait plus de base ; que d'ailleurs cette plainte était irrégulière dans sa forme. La cour a rejeté le pourvoi (1) par des motifs qui retracent parfaitement les principes de la matière :

« Attendu que l'action publique est essentiellement la base de toute poursuite au grand criminel ; que l'action privée, qui n'a jamais pour objet que la réparation civile, n'est, dans aucun cas, qu'accidentelle et accessoire dans ces poursuites ; que tout arrêt rendu dans cette matière, par une cour de justice criminelle, a donc nécessairement pour fondement l'exercice de l'action publique ; que si le ministère public n'a point donné de plainte personnelle, et si l'arrêt se réfère à des faits portés dans une plainte particulière d'une partie privée, cette plainte n'est pas réputée pour cela, et sous sa qualité de

(1) 9 janvier 1808, Dalloz, t. Ier, p. 213.

» plainte d'une partie privée, avoir été l'objet et » le point d'appui de l'exercice de la juridiction » criminelle; que cette plainte est censée devenue, » dans ce cas, le fait du ministère public, qui est » réputé de droit se l'être appropriée: et que la » juridiction criminelle agit toujours ainsi sur » l'impulsion du ministère public, agent et dé» positaire exclusif de l'action publique, qui a pour » objet la punition des délits. »

Ces principes avaient déjà été reconnus par un arrêt du 8 prairial an 11 (1), qui décide que, quand même une plainte serait irrégulière et qu'ainsi le plaignant n'eût pas dû être admis à former sa demande en réparation civile, cette circonstance ne peut entraîner la nullité de la procédure et du jugement, en ce qui concerne l'action publique. La cour a de nouveau consacré ce dernier point par un arrêt du 4 mars 1830 (2) : « Attendu que l'action du ministère public pour » la poursuite des crimes et l'action civile étant » indépendantes l'une de l'autre, le défaut d'in» térêt de la partie civile ne peut vicier la procé» dure criminelle dans laquelle elle est intervenue. »

C'est en appliquant les mêmes principes que la cour de cassation a annulé, le 11 juin 1813 (3), le jugement d'un tribunal de police qui, en se fondant sur l'absence de toute plainte de la partie lésée, déclarait le ministère public non recevable

---

(1) Dalloz, t. I, p. 207. — (2) *Ibid.*, vol. de 1830, p. 157. — (3) *Ibid.*, t. I, p. 215.

à poursuivre un individu, prévenu d'avoir conduit dans un champ emblavé de froment une charrue attelée de deux chevaux, contravention prévue par l'article 475 § 10 du Code pénal.

Le 2 avril 1830, la cour a cassé (1) le jugement d'un tribunal de police qui déclarait le ministère public non recevable à poursuivre les auteurs de bruits injurieux et nocturnes, troublant le repos des habitans (art. 479 n° 8 du Code pénal), sous prétexte que les habitans n'avaient pas jugé convenable de porter plainte.

Une cour royale avait refusé de mettre en accusation un notaire poursuivi pour avoir commis un faux dans un acte de vente ; elle s'était fondée sur ce que les parties intéressées n'avaient pas rendu plainte. Son arrêt a été cassé, le 2 août 1821 (2) : « Attendu que le faux commis par un » notaire, dans l'exercice de ses fonctions, est un » crime, et donne conséquemment lieu à l'action » publique; qu'il importe donc fort peu que les » individus dénommés dans l'acte de vente du » 13 août 1818 ne se soient pas portés parties » civiles, et n'aient pas même été les dénonciateurs » du crime : que la renonciation à l'action civile » ne pouvant ni arrêter ni suspendre l'exercice de » l'action publique, la cour n'a pu s'autoriser du » silence des parties intéressées dans l'acte dont il

(1) Dalloz, 1830, p. 193. — (2) Bull., p. 345. Dalloz, t. J, p. 73.

» s'agit, pour se dispenser de faire droit au réquisitoire du procureur général. »

Cette règle générale, que l'action publique peut s'exercer sans avoir été provoquée par la plainte des parties lésées, est cependant soumise à quelques exceptions que j'examinerai, chapitre 3.

17. J'ai dit (n° 15) que l'action publique est indépendante, parce qu'elle n'est pas nécessairement mise en mouvement par les dénonciations des tiers et les plaintes des parties lésées. Cette proposition est contredite par presque tous les auteurs qui ont écrit sur le Code d'instruction criminelle ; ainsi, suivant M. Carnot (1) et M. Bourguignon (2), le procureur du roi est obligé de renvoyer au juge d'instruction les dénonciations et les plaintes qui lui sont adressées, lui parussent-elles mal fondées ; il ne peut surtout s'en dispenser quand les plaignans déclarent se porter parties civiles, M. Dalloz (3) présente ces opinions comme n'admettant aucune controverse. M. Legraverend (4) pense que, lorsque les délits ont peu d'importance, le ministère public doit éviter de grever le trésor public par des poursuites qui seraient souvent sans résultat. Ces auteurs n'approfondissent pas, ils ne discutent pas même la

---

(1) De l'Instr. crim., 2e édit., t. I, p. 295, 303, 306, 309, etc. — (2) Jurisp. du Code crim., t. 1, p. 166. — (3) Jurispr. générale, t. XI, p. 214 et 218. — (4) Tom I, p. 7, 2e édit.

question que j'examine; on voit qu'elle leur paraît complétement décidée par les articles 47, 64, 66, 67, 68, 70 du Code d'instruction criminelle et l'article 160 du décret du 18 juin 1811, sur les frais de justice. Ces articles portent : Article 47 : « Hors les cas énoncés aux articles 32 et 46, le pro- » cureur du roi instruit, soit par une dénoncia- » tion, soit par toute autre voie, qu'il a été commis » dans son arrondissement un crime ou un délit..... » *sera tenu* de requérir le juge d'instruction d'or- » donner qu'il en soit informé, etc. » — Art. 64 : « Les plaintes qui auraient été adressées au procu- » reur du roi *seront par lui transmises au juge d'in-* » *struction avec son réquisitoire...* » — Art. 70 : « Le » juge d'instruction compétent pour connaître de » la plainte, *en ordonnera* la communication au » procureur du roi, *pour être par lui requis* ce qu'il » appartiendra. »

Les articles 66, 67 et 68 règlent la manière dont les plaignans peuvent se constituer parties civiles; enfin l'article 160 du décret du 18 juin 1811 porte : « En matière de police simple ou correc- » tionnelle, la partie civile qui n'aura pas justifié » de son indigence sera tenue, avant toutes pour- » suites, de déposer au greffe ou entre les mains du » receveur de l'enregistrement la somme présu- » mée nécessaire pour les frais de la procé- » dure. »

Séparés de ce qui les précède, isolés du système auquel ils se rattachent, les articles 47 et 64 paraissent, en effet, imposer au ministère public l'obligation absolue de poursuivre sur toutes les dénonciations et plaintes qui lui sont adressées; mais ce n'est pas sur ces articles seulement qu'il faut arrêter son attention.

18. L'une des plus graves questions que l'on ait agitées lors de la discussion du Code d'instruction criminelle, a été celle de savoir si les fonctionnaires chargés de la poursuite des crimes et des délits auraient, en même temps, la mission de les constater et d'en recueillir les preuves. Le projet du Code proposait d'investir le même magistrat de cette double fonction, et cette disposition trouva dans le conseil d'état des partisans assez nombreux. On finit cependant par reconnaître en principe que la partie publique ne pouvait point réunir à ses fonctions celles de juge instructeur; que, hors les cas de flagrant délit, il devait lui être interdit de constater les faits et de procéder aux informations; que ce droit n'appartenait qu'à un magistrat indépendant, au juge d'instruction; que c'était à lui que le ministère public devait s'adresser. Les articles 47 et 64 ne sont que l'expression de cette détermination et la consécration de ce système. L'article 47 en comporte la preuve, puisqu'il dit: « *hors les cas* énoncés dans les articles 32 et 46, etc. » Ces cas sont ceux de flagrant délit; et lorsqu'il ajoute que *le procureur du roi sera tenu de requérir le juge d'instruction d'ordonner qu'il en soit informé*, c'est seulement pour exprimer que le procureur du roi ne pourra pas procéder lui-même aux informations, comme

il le peut dans le cas de flagrant délit. C'est dans le même esprit qu'est rédigé l'article 64. D'après le projet soumis au conseil d'état (1), le ministère public devait, après avoir reçu la plainte des parties, » entendre les témoins et faire, pour constater le » crime ou le délit, en découvrir ou en suivre les » auteurs, toutes perquisitions, visites, procès-» verbaux et poursuites nécessaires. » L'article 64 du Code d'instruction est destiné à l'empêcher de faire tous ces actes et à en charger le juge d'instruction; c'est pourquoi il enjoint au procureur du roi de transmettre à ce dernier magistrat les plaintes avec son réquisitoire.

L'article 70 est encore une conséquence du même système. On ne pouvait pas interdire aux officiers du ministère public de constater les délits, de procéder aux informations, etc., et donner en même temps aux juges d'instruction la faculté d'agir directement sur les plaintes des parties; car c'eût été les charger tout à la fois de poursuivre et de constater les délits; c'eût été rentrer précisément dans le système que l'on venait de rejeter. C'est pour cela que l'article 61 du Code d'instr. porte : « Hors les cas de flagrant délit, le » juge d'instruction ne fera aucun acte d'instruc-» tion et de poursuite, qu'il n'ait donné communi-» cation de la procédure au procureur du roi. » C'est pour cela que l'article 70 oblige les juges d'in-

(1) Art. 22, 33 et 37.

struction à communiquer d'abord au procureur du roi les plaintes qu'ils reçoivent et d'attendre ses réquisitoires.

Les articles 47, 64 et 70 ont été rédigés d'une manière d'autant plus positive, qu'ils sont destinés à prévenir le retour de la confusion qui avait existé jusqu'alors dans les pouvoirs des procureurs du roi et des juges d'instruction; en effet, sous l'empire de la loi du 16-29 septembre 1791, et du Code de brumaire, les juges de paix réunissaient légalement les deux attributions; sous l'empire de la loi du 7 pluviose an 9, qui avait pour objet de les séparer en confiant celles de juge instructeur aux directeurs du jury, et celles du ministère public aux magistrats de sûreté; ces derniers avaient fini par envahir les fonctions des autres, dans ce qu'elles avaient de relatif au droit de constater les délits et d'en rassembler les preuves (1). Les articles précités ont pour but d'empêcher le retour d'un semblable abus; mais pendant la longue discussion à laquelle ils ont donné lieu au conseil d'état (2), on ne s'occupa point de la question de savoir si le ministère public serait ou non obligé d'agir sur toutes les plaintes et les dénonciations qui lui parviendraient.

Quant aux articles 66, 67, 68 du Code d'instruction, et 160 du décret du 18 juin 1811,

(1) Voyez les procès-verbaux du conseil d'état, séance du 7 juin 1808. — (2) Voyez les procès-verbaux des 4, 7, 11 et 18 juin 1818.

ils supposent que le ministère public a intenté son action, et ils se bornent à régler, pour ce cas, les droits et les devoirs des parties civiles, sans décider si cette action était ou non facultative de sa part.

Il me paraît résulter de ces réflexions que les différens articles que je viens d'examiner sont en dehors de la question que je discute, et qu'il faut chercher ailleurs les principes qui peuvent servir à la résoudre.

19. Ces principes se trouvent dans l'article 1er du Code d'instruction et dans les discussions qui en manifestent l'esprit (1). L'action publique *n'appartient qu'aux fonctionnaires auxquels elle est confiée par la loi ; elle est indépendante de tous les intérêts privés*, elle a été remise *aux mains des magistrats* afin qu'elle ait constamment le *caractère d'impartialité de la loi dont ils sont les organes.* Telles sont les garanties que la loi a instituées pour protéger le repos et l'honneur des citoyens contre des poursuites téméraires ou injustes. Que deviennent ces garanties, si le ministère public est obligé de céder à toutes les plaintes, à toutes les dénonciations qu'on lui apporte, et de traduire devant le juge d'instruction ou de livrer aux tribunaux, sans qu'aucun examen lui soit permis, quiconque lui est signalé comme coupable d'un délit? L'action publique a été réservée aux magistrats, pour empêcher que *la vengeance privée ne s'introduise dans*

(1) V. *supà*, n° 14.

le sanctuaire de la justice instituée pour la désarmer et la prévenir ; mais les fonctionnaires que la loi en a rendus dépositaires ne sont plus, dans le système que je combats, que des instrumens offerts à toutes les haines, à toutes les vengeances; instrumens fort dangereux, puisqu'une fois mis en mouvement, il n'appartient qu'aux tribunaux de les arrêter (1).

Ce n'est pas cela que la loi a voulu ; son texte, son esprit, tout le prouve. Décider que les procureurs généraux ou leurs substituts n'ont pas le droit de délibérer sur les plaintes qui leur sont portées, qu'ils ne sont pas les premiers appréciateurs de l'opportunité ou de la justice des poursuites, c'est corrompre l'institution du ministère public, c'est la détourner de son but principal, c'est l'employer à faire tout le mal qu'elle est destinée à prévenir.

20. On insiste cependant, et l'on dit : quand les plaignans se constituent parties civiles, le ministère public est forcé de poursuivre, parce que 1° la loi donne aux parties lésées par un délit la faculté de porter leur demande en dommages et intérêts devant les juges de l'action publique; 2° parce que les parties civiles mettent le trésor à couvert de toute perte, en consignant les sommes nécessaires pour le paiement des frais.

Ces raisonnemens ne sont que spécieux.

L'article 3 du Code d'instruction dispose : « L'action civile peut être poursuivie en même temps et devant les mêmes juges que l'action publique. »

(1) Voir *infrà*, n° 26.

Il résulte de là que les juges saisis de l'action publique peuvent l'être aussi de l'action civile; mais l'article suppose que l'action publique est intentée, que des juges en sont saisis; d'ailleurs ce n'est jamais qu'accessoirement à cette action que les tribunaux criminels peuvent statuer sur les intérêts civils; mais l'article ne dit point, il n'est pas destiné à dire, que le ministère public sera forcé de former son action pour donner à la partie lésée la facilité de se réunir à lui.

Si l'on objecte que la partie lésée par un délit a un intérêt réel à ce que son action en dommages et intérêts soit plutôt portée devant un tribunal de répression que devant la juridiction civile; que la procédure y est plus simple, plus rapide; que les voies d'enquête y sont plus larges; qu'il n'est pas loisible au ministère public de la priver de tous ces avantages, en refusant de poursuivre sur sa plainte, je répondrai : que la faculté de porter une action civile devant un tribunal criminel est une véritable exception aux règles qui déterminent l'ordre des juridictions; que cette exception est soumise à la condition que les faits qui servent de base à la demande donnent lieu en même temps à une poursuite de la part du ministère public; que la première ne peut être que l'accessoire de l'autre. — Que le citoyen qui se prétend lésé par des faits qu'il qualifie crimes, délits ou contraventions, puisse poursuivre librement la réparation du dommage qui en a été la suite, cela est juste, cela est nécessaire; aussi les tribunaux civils lui sont-ils ouverts, et il n'a pas besoin de l'assistance du ministère public pour être autorisé à y porter ses réclamations. Mais quand il s'agit d'appeler sur l'auteur de ces mêmes faits les peines prononcées par la loi, il n'y a que le magistrat, organe du souverain, qui doive, qui puisse décider de la justice et de l'opportunité de sa poursuite.

Je ne dirai qu'un mot sur les considérations tirées de ce que les parties civiles mettent le trésor public à couvert de toute perte, en consignant d'avance les frais de la procédure. L'indépendance de l'action publique est destinée à garantir les citoyens contre des poursuites passionnées, injustes; cette indépendance ne doit point fléchir devant la considération que le plaignant fait l'avance des frais. Ce n'est là qu'une mesure fiscale qui n'est même prescrite que dans les matières de police simple ou correctionnelle (1), et qui se trouve en harmonie avec les dispositions législatives qui mettent les dépens à la charge des parties civiles, quand même elles n'auraient pas dénoncé les faits et qu'elles ne se présenteraient qu'au moment du jugement (2). Les mesures fiscales sont complétement en dehors des règles qui déterminent la nature de l'action publique.

21. Je crois avoir répondu aux auteurs qui prétendent que l'action publique est nécessairement mise en mouvement par les plaintes et les dénonciations qui parviennent aux fonctionnaires aux-

(1) Décret du 18 juin 1811, art. 160. — (2) *Ibid.*, art. 157; Code d'inst., art. 162, 194 et 368.

quels la loi en a confié l'exercice; je compléterai la dissertation à laquelle je viens de me livrer en opposant à ces auteurs deux autorités : la cour de cassation et le conseil d'état, lors de la discussion du Code d'instruction criminelle.

On a vu que le Code du 3 brumaire an 4 admettait la partie civile à concourir à la rédaction de l'acte d'accusation; ce code ne dit pas, comme le Code d'instruction, que l'action publique n'*appartient* qu'aux fonctionnaires auxquels elle est confiée par la loi; ses dispositions sont bien moins impératives (1). Ainsi on pouvait, sous son empire, élever des doutes sur l'indépendance de l'action publique; mais la cour de cassation a eu soin de les dissiper dans les motifs d'un arrêt du 10 messidor an 12 (2).

« Attendu que si des articles 226 et 227 du Code » du 3 brumaire an 4, il paraît résulter que la » partie civile participe aussi à l'exercice de l'ac» tion publique; cette participation n'est qu'un » accessoire de l'exercice de l'action publique, » qu'elle naît de cet exercice, et ne peut avoir » d'effet sans son concours; qu'effectivement » l'article 5 du Code du 3 brumaire an 4 dis» pose que l'action publique a pour objet de » punir les atteintes portées à l'ordre social, et » qu'elle est exercée, au nom du peuple, par des » fonctionnaires établis à cet effet; — que des » articles 15 et suivans de la loi du 7 pluviose an 9,

(1) Voyez l'art. 5. — (2) Dalloz, t. VIII, p. 599.

» il suit aussi que la partie privée n'a point l'exer-
» cice de l'action publique; qu'elle peut seulement
» la provoquer par la voie de la plainte ou de la
» dénonciation, dans les mains du ministère pu-
» blic; que l'effet de ce droit de provocation est
» même soumis à la discrétion et à la volonté de
» cet agent de l'autorité. »

À plus forte raison, la cour de cassation a-t-elle dû reconnaître les mêmes principes sous l'empire du Code d'instruction qui a précisé avec tant de soin l'objet de l'action publique et l'objet de l'action civile; c'est aussi ce qu'elle a fait par un arrêt du 8 décembre 1826 (1).

Les procès-verbaux du conseil d'état sont plus positifs encore. On s'occupa, à la séance du 7 vendémiaire an 13, de la discussion de l'article 213 du projet de code d'instruction qui correspond à l'article 358 du code actuel, et il s'agissait de savoir quel recours l'accusé absous aurait contre ses accusateurs. M. Cambacérès dit : « Il ne faut
» pas donner à l'accusé absous le droit indéfini de
» poursuivre son dénonciateur, mais seulement
» autoriser la cour criminelle à le lui permettre;
» la cour n'accordera pas une telle permission
» lorsqu'elle verra que le dénonciateur a été de
» bonne foi, qu'il a été induit en erreur par des
» indices graves. Cette limitation est d'autant plus
» juste, que ce n'est ici ni le dénonciateur ni la
» partie civile qui donnent le mouvement : le ma-

(1) Bull., pag. 715. Dalloz, 1827, pag. 356.

» gistrat de sûreté n'est pas forcé de déférer à leur » opinion, la loi veut qu'il suive la sienne, et » qu'après avoir reçu la dénonciation, il n'insiste » qu'autant qu'il estime lui-même qu'il y a lieu à » poursuite. Comment punir un particulier qui » dénonce une erreur que l'autorité publique a » partagée avec lui ? »

M. Target dit « qu'en effet on ne peut plus » punir dans le dénonciateur que la mauvaise foi » et les machinations; l'erreur ne saurait donner » un motif de recours dans nos formes actuelles, » car elle aurait enfin été partagée non seulement » par le magistrat de sûreté, mais encore par le » jury d'accusation. Or l'équité ne permettrait pas » d'imposer une peine au dénonciateur pour une » méprise tellement naturelle qu'elle a séduit un » juge et un jury. »

Le procès-verbal porte : « L'article est renvoyé » à la section pour le rédiger conformément aux » observations faites dans le cours de la discussion. »

Cette discussion manifeste la pensée, l'intention du législateur ; il n'est plus permis de douter maintenant que *ce n'est ni le dénonciateur ni la partie civile qui donnent le mouvement* à l'action publique; que le ministère public *n'est pas forcé de déférer à leur opinion*, *que la loi veut qu'il suive la sienne, et qu'après avoir reçu une dénonciation, il n'insiste qu'autant qu'il estime lui-même qu'il y a lieu à poursuite.*

Pourquoi en serait-il autrement? pourquoi l'action publique serait-elle asservie aux dénonciations des tiers ou aux plaintes des parties lésées? serait-ce à cause de l'intérêt public qui exige que les délits soient dénoncés, poursuivis et punis? Mais le ministère public a été institué précisément pour empêcher les citoyens d'y veiller en intentant des accusations. Serait-ce l'intérêt des parties? mais les tribunaux civils leur sont ouverts pour y porter les actions civiles qui peuvent résulter des délits dont ils croient avoir à se plaindre.

22. Telle est donc la règle générale; la loi a veillé à ce qu'on ne pût pas en abuser; car elle a soumis l'exercice de l'action publique à une exacte surveillance et elle a limité cette règle par d'utiles exceptions.

1° Une partie qui croit avoir à se plaindre du refus de poursuivre qu'elle essuie de la part d'un procureur du roi, a la faculté de s'adresser au procureur général, et de celui-ci au ministre de la justice; l'article 274 du Code d'instruction dispose : « Le procureur général, soit d'office, soit » sur les ordres du ministre de la justice, charge le » procureur du roi de poursuivre les délits dont il » a connaissance. » Il est invraisemblable que ces fonctionnaires se concertent jamais pour comprimer des plaintes légitimes (1).

2° Dans les cas de flagrant délit ou réputés tels, le procureur du roi ou ses auxiliaires, ou le juge d'instruction, sont tenus de se transporter sur les lieux, sans aucun retard, et de constater les

(1) Voyez chap. 2, n° 91.

faits (1) ; ainsi on ne doit pas craindre que le ministère public puisse, par un refus déplacé, laisser dépérir les preuves, ou s'effacer des traces qu'il faut saisir au premier instant, parce que les moindres retards pourraient les faire évanouir.

3° Enfin en matière de contraventions, de procès et de délits correctionnels, les parties lésées ont le droit de citer directement le prévenu devant les tribunaux de répression, et de mettre ainsi en mouvement l'action publique, puisque ces tribunaux doivent statuer sur les réparations civiles qui sont réclamées, et appliquer aux contraventions et aux délits les peines prononcées par la loi (2). Ce droit de citation directe ainsi limité à des faits peu graves, ne présente guère de dangers, parce qu'il y aura toujours une différence immense pour la réputation d'un citoyen d'être poursuivi par une partie privée, ou de l'être par le ministère public; d'être cité à une audience où sa justification peut être aussi publique, aussi prompte que l'imputation, ou d'être l'objet d'une procédure secrète, comme l'est celle qui se fait devant le juge d'instruction sur la plainte des parties.

23. J'ai dit enfin que l'action publique est indépendante des tribunaux institués pour la juger.

Les tribunaux se trouveraient tout à la fois investis du droit de poursuivre, d'accuser et de

---

(1) Code d'inst., art. 32, 46, 49, 50 et 59.

(2) *Ibid.*, art. 64, 145 et 182.

juger, s'il leur était permis d'enjoindre au ministère public de citer devant eux les citoyens pour répondre sur les faits qu'ils leur imputeraient. Je ne sais quel modérateur on pourrait opposer à un pouvoir aussi exorbitant pour l'empêcher de devenir oppressif : ce pouvoir n'existe pas. L'action publique n'obéit qu'à l'impulsion spontanée du fonctionnaire à qui l'exercice en est confié par la loi, ou des partes lésées par le délit, dans les cas exceptionnels où celles-ci peuvent citer directement le prévenu.

La cour de cassation a eu quelquefois à réprimer des entreprises des tribunaux sur l'indépendance de l'action publique. Ainsi une cour royale, chambre des appels de police correctionnelle, saisie d'une plainte en dénonciation calomnieuse, avait sursis à prononcer jusqu'à ce que l'autorité judiciaire eût statué sur la vérité ou la fausseté des faits dénoncés; la cour s'était, en cela, conformée à la loi; mais elle avait, en même temps, enjoint au ministère public de poursuivre à raison de ces faits; l'arrêt a été cassé dans cette disposition, sur la réquisition du procureur général, le 8 décembre 1826 (1).

Une autre cour royale, chambre des appels de police correctionnelle, avait ordonné qu'un individu qui paraissait, d'après l'instruction, avoir participé au délit sur lequel elle avait à statuer, serait mis en cause à la diligence du ministère pu-

---

(1) Bull., p. 715; Dalloz, 1827, p. 356.

blic ; cet arrêt a été cassé le 27 novembre 1828 (1), par les motifs que voici : « Attendu que par l'ar- » ticle 22 du Code d'instruction criminelle, le mi- » nistère public est chargé de *la recherche et de la* » *poursuite* de tous les crimes et délits dont la con- » naissance appartient aux tribunaux correction- » nels et aux cours d'assises ; que par l'article 29 » dudit code, les autorités constituées et les fonc- » tionnaires publics ne sont tenus de *donner avis* » qu'au ministère public des crimes et délits dont » ils acquièrent la connaissance ; qu'il est de l'es- » sence même du ministère public d'être absolu- » ment indépendant dans l'exercice de ses fonc- » tions ; qu'ainsi les tribunaux ne peuvent lui » prescrire de faire des poursuites correctionnelles » ou criminelles que dans les cas qui, dérogeant » au principe général, sont spécialement détermi- » nés par la loi ; qu'il n'y a, dans la législation, » que deux cas où les tribunaux peuvent ordonner » au ministère public de faire des poursuites : l'un » est celui prévu par l'art. 235 du Code d'instruc- » tion criminelle, qui donne aux cours royales, » chambres des mises en accusation, le droit, dans » toutes les affaires et d'office, d'ordonner des pour- » suites, des informations, tant que lesdites cham- » bres n'auront pas décidé s'il y a lieu de pronon- » cer sur la mise en accusation ; l'autre cas est » celui prévu par l'article 11 de la loi du 20 avril » 1810, qui donne aux cours royales, toutes les

(1) Bull., p. 903 ; Dalloz, 1829, p. 39.

» chambres assemblées, le droit de mander le pro-
» cureur général pour lui enjoindre de poursuivre
» à raison des faits qui leur auraient été dénoncés
» par un de leurs membres; mais qu'aucune dispo-
» sition législative n'ayant autorisé les chambres des
» appels de police correctionnelle à ordonner au
» ministère public de faire des poursuites, ces
» chambres restent soumises au principe général
» qui laisse au ministère public le droit de faire
» des poursuites criminelles quand il le juge néces-
» saire et convenable au bien de la justice. »

La cour de cassation a consacré les mêmes règles, sous l'empire du Code du 3 brumaire an 4; ainsi elle a jugé, le 18 brumaire an 8 (1), qu'un tribunal de pairs, saisi d'une action purement civile, ne pouvait, sous prétexte que le fait avait le caractère d'une contravention de police, renvoyer l'affaire devant le tribunal de police, et que ce dernier tribunal ne pouvait, sans commettre un excès de pouvoir, connaître de l'affaire qui lui était ainsi déférée.

24. Le principe de l'indépendance de l'action publique est cependant soumis à deux exceptions, ainsi que le dit l'arrêt du 27 novembre 1828 que je viens de citer. Ces deux exceptions résultent de l'article 11 de la loi du 20 avril 1810 et de l'article 235 du Code d'instruction criminelle.

(1) Dalloz, t. III, p. 448. — V. dans le même sens, un arrêt de la cour de cassation du 24 avril 1834. Dalloz, p. 352; et un autre arrêt du 6 novembre 1834. Dalloz, 1835, p. 74.

L'article 11 de la loi du 20 avril 1810, sur l'organisation judiciaire, porte : « La cour impériale » pourra, toutes les chambres assemblées, entendre les dénonciations qui lui seraient faites par » un de ses membres, de crimes et de délits ; elle » pourra mander le procureur général pour lui » enjoindre de poursuivre à raison de ces faits, ou » pour entendre le compte que le procureur général lui rendra des poursuites qui seraient commencées. »

Quoique cet article ne paraisse être que la conquence de l'article 9 du Code d'instruction qui porte que la police judiciaire, telle qu'elle est définie par l'article 8, *sera exercée sous l'autorité des cours royales*, il a été vivement combattu au conseil d'état et même rejeté : « Il y aura toujours, » dit M. Treilhard, quelque danger à mettre en » conflit la cour et le procureur général; cet officier doit être laissé en entier sous la main du » gouvernement et n'être stimulé que par lui. »

L'empereur dit qu'il « considère cet article » comme le plus important du projet; mais il » n'atteint pas le but qu'on s'est proposé. Le gouvernement d'un grand état ne pouvant voir lui-même ce qui se passe sur tous les points du » vaste territoire qu'il régit, il a paru nécessaire de » donner à des autorités locales le pouvoir de stimuler la partie publique lorsqu'elle sommeille ; » mais pour remplir cet objet il n'est par besoin » d'un acte direct de la part des cours impériales ; » ce serait supposer au procureur général un délit

» dont il peut n'être pas coupable. On pourrait » opérer ainsi : le membre de la cour impériale qui » croirait qu'un délit demeure impuni remettrait » sa dénonciation au président, celui-ci la commu- » niquerait au procureur général qui déduirait les » motifs qui l'empêchent de poursuivre la dénon- » ciation, et ces motifs seraient envoyés au grand » juge ; dès lors le gouvernement serait saisi et » pourrait stimuler le procureur général, s'il était » négligent, l'encourager s'il était faible.

» M. Treilhard pense que ce système produirait » tout l'effet qu'on veut obtenir et préviendrait tous » les inconvéniens que l'on craint.

» La proposition de sa majesté est adoptée (1). »

L'article fut alors rédigé dans ce sens (2) ; mais depuis, l'ancienne rédaction a été reprise, et, sans la soumettre de nouveau à la discussion du conseil d'état, on l'a insérée dans la loi. M. Treilhard en a expliqué les motifs au corps législatif en ces termes : « Les cours impériales jouiront encore » d'un pouvoir plus étendu : elles auront le droit » de se faire rendre compte par les procureurs » généraux de l'état des affaires criminelles qui » s'instruisent, même d'activer et d'ordonner des » poursuites sur des faits qui leur paraîtraient in- » téresser l'ordre public ; attribution bien conso- » lante pour le pauvre et pour le faible, et qui » doit avertir l'homme puissant que le crédit, la

(1) Procès-verbal du 13 novembre 1804. — *Ibid.*, séance du 11 décembre 1804.

»fortune et tous les avantages dont il se prévaut »ne le sauveront pas des poursuites et des peines »qu'il aurait pu mériter. »

Le rapporteur de la commission de législation s'exprime à peu près dans les mêmes termes :

« Le chapitre premier est terminé par un article »qui donne le droit aux cours impériales d'enten- »dre, les chambres assemblées, les dénonciations »faites par leurs divers membres, des crimes et »des délits qu'ils croiraient impunis; et elles sont »autorisées, dans ce cas, à mander le procureur »général pour lui prescrire de poursuivre ces cri- »mes et ces délits, ou pour entendre son rap- »port.

» Vous apprécierez, messieurs, cette sollicitude »du législateur qui ne veut laisser aucun crime »impuni, et qui fait surveiller par la cour impé- »riale tout entière celui à qui la loi a confié la »surveillance générale. »

Ainsi les cours royales peuvent, toutes les chambres assemblées, *enjoindre* au procureur général de poursuivre les crimes et les délits qu'elles croient impunis. Mais remarquez quelles précautions la loi a prises, quelles solennités elle a exigées avant d'autoriser cette restriction à l'indépendance de l'action publique; l'injonction de poursuivre ne peut partir que de la cour tout entière; cette injonction doit être provoquée par une dénonciation formelle de la part d'un des membres; cette dénonciation doit porter sur un crime ou un délit d'une nature assez grave pour que le premier président ait cru devoir convoquer les chambres, aux termes des articles 61 et 62 du décret du 6 juillet 1810, ou pour qu'un des membres ait requis cette convocation conformément à l'article 63.

Cette surveillance accordée à la cour tout entière sur l'exercice de l'action publique, peut être utile, et l'abus n'en est point à craindre. Les occasions de l'exercer doivent être fort rares; jusqu'ici, du moins, on en a eu peu d'exemples.

25. La seconde exception au principe que l'action publique est indépendante des tribunaux, résulte de l'article 235 du Code d'instruction, qui porte: « Dans toutes les affaires, les cours royales, » tant qu'elles n'auront pas décidé s'il y a lieu de » prononcer la mise en accusation, pourront d'office, soit qu'il y ait ou non une instruction commencée par les premiers juges, ordonner des » poursuites, se faire apporter les pièces, informer ou faire informer, et statuer ensuite ce qu'il » appartiendra. »

Par ces mots *cours royales*, on doit entendre les *chambres d'accusation*, puisque ce sont ces chambres et non les *cours royales*, chambres réunies, qui statuent sur les mises en accusation.

Mais il ne faut pas confondre le droit dont cet article investit les chambres d'accusation, avec celui que confie aux cours royales, chambres réunies, l'article 11 de la loi du 20 avril 1810. L'article 235 a un autre objet, celui d'autoriser les chambres d'accusation soit à évoquer l'instruction des affaires, lorsqu'elles aperçoivent des inconvéniens à la laisser aux juges inférieurs ; soit à ordonner, dans les affaires dont elles sont saisies, des poursuites contre d'autres personnes que celles qui figurent dans la procédure, ou à raison des délits connexes qui n'auraient pas été compris dans les réquisitions du ministère public. Cet article suppose évidemment que l'action publique est intentée ; c'est ce qui résulte non seulement de ces mots : *dans toutes les affaires*, et de ceux-ci : *tant qu'elles n'auront pas décidé s'il y a lieu de prononcer la mise en accusation*, mais encore de l'exposé des motifs par l'orateur du gouvernement. « Comme cette cour, a-t-il dit, est à portée, » par la nature de ses attributions, de connaître » les relations des affaires entre elles, et les points, » souvent délicats, par lesquels elles se rapprochent et se tiennent, elle peut informer ou faire » informer d'office sur les faits survenus à sa con» naissance. »

En effet, puisque les chambres d'accusation sont érigées en chambres d'instruction, il était utile et nécessaire même de leur donner le droit de faire porter l'instruction sur toutes les personnes, sur tous les faits qui se rattachent aux affaires dont elles sont saisies, sans les obliger d'attendre les réquisitions du ministère public.

Mais les chambres d'accusation ne sont point autorisées à prendre la place des cours royales, chambres assemblées, et à enjoindre au procureur général de diriger des poursuites à raison de crimes ou de délits qui n'auraient encore été l'objet d'aucune recherche, ou qui ne se rattacheraient à aucune affaire actuellement en instruction. Non seulement les termes de l'article 225 résistent à une pareille interprétation; mais l'article 11 de la loi du 20 avril 1810 la repousse. Cet article n'a confié qu'à la cour royale, *tout entière*, le droit de donner au procureur général une impulsion; il a réglé les conditions sous lesquelles ce droit serait exercé; c'est la dénonciation d'un des membres de la cour. Il a réglé les garanties qui doivent prémunir contre l'abus qu'on en ferait; c'est l'assemblée de toutes les chambres de la cour. Comment admettre que le législateur ait eu l'intention d'investir des mêmes droits une simple chambre d'accusation? qu'il l'en ait investie sans expliquer comment elle serait saisie de la connaissance des faits qui motiveraient les poursuites qu'elle ordonnerait? Comment admettre cette supposition, lorsque l'on voit le conseil d'état rejeter l'article 11 de la loi du 20 avril, parce qu'il donne aux cours royales, sur l'exercice de l'action publique, un droit d'impulsion qu'il voulait réserver au gouvernement seul? Enfin la loi du 20 avril 1810 est postérieure au Code d'instruction criminelle; pourquoi l'article 11 y aurait-il été inséré, si l'exception qu'il établit au principe de l'indépendance de l'action publique existait déjà dans l'article 235 du Code d'instruction?

Ces deux articles ne sont donc pas constitutifs

d'une seule et même attribution. L'un a pour objet de provoquer l'action publique lorsqu'elle sommeille; l'autre d'autoriser les chambres d'accusation à s'attribuer l'instruction, lorsque la poursuite a été intentée, et à l'étendre à toutes les personnes et à tous les faits qui peuvent se rattacher à l'affaire. Le premier de ces articles suppose qu'il y a inertie de la part du ministère public; son but est de le contraindre à agir. L'autre suppose qu'il a agi; son but est de donner à son action tout le développement dont elle est susceptible.

Par l'article 11 de la loi d'avril, le prévenu est cependant exposé à trouver parmi ses juges des magistrats qui ont voté pour l'injonction, et qui peuvent, par là, avoir conçu des préventions; c'est un danger contre lequel on ne se rassure qu'en réfléchissant que tout se borne, de la part des chambres assemblées, à dire au procureur-général *poursuivez;* qu'elles n'interviennent pas dans l'instruction; qu'elles ne font aucun des actes de la procédure, et qu'elles ne jugent pas; que d'ailleurs l'esprit qui animait la majorité de la cour, lorsqu'elle a donné l'injonction, peut fort bien ne pas se rencontrer dans la chambre qui sera appelée à juger; qu'enfin celle-ci n'a aucun motif de se considérer comme liée par la démarche des chambres assemblées.

Mais le danger serait grave s'il appartenait à une chambre d'accusation composée de cinq juges, de signaler au procureur général les crimes et les délits qu'elle doit poursuivre; de lui désigner les prévenus qu'il doit lui livrer. Cette chambre, après s'être constituée ainsi partie poursuivante, se trouverait ensuite appelée comme chambre d'instruction à constater les faits, à procéder aux informations, à décerner des mandats; et, comme chambre d'accusation, elle jugerait de la gravité des charges, elle décréterait de prise de corps, elle livrerait qui bon lui semblerait aux cours d'assises ou aux tribunaux correctionnels. Un tel pouvoir serait monstrueux, et rien ne pourrait l'empêcher de devenir oppressif. Je répète qu'il n'existe pas.

26. Mais si l'action publique est indépendante des tribunaux, c'est seulement quand il s'agit de l'intenter; car elle leur est entièrement soumise dès qu'ils en ont été saisis, et ils en sont saisis dès qu'elle est formée. Quelle que soit l'opinion du ministère public, elle ne lie pas les juges; ils doivent prononcer avec la plus grande indépendance (1). « Comme toute la force des conclusions » des gens du roi, dit M. d'Aguesseau (2), elle » ne consiste que dans ce qui tend véritablement » au bien public et au plus grand bien de cette » nature; les juges ne sont pas obligés de les sui- » vre et d'y conformer exactement leurs décisions. » Ils peuvent ou y suppléer, ou en retrancher, ou » décider même le contraire de ce qui est requis » par les gens du roi, s'ils croyaient y être obligés

(1) Voyez *infrà*, n° 32. — (2) Lettre du 11 mars 1739,

» par les règles de la justice et par le zèle qu'ils » ont pour l'intérêt commun de la société. Ainsi, » quand on dit que tous les juges sont en quel- » que sorte procureurs généraux, c'est une expres- » sion qui signifie, dans ce premier sens, qu'ils » sont en droit de faire d'office ce qu'ils estiment » que le procureur général aurait dû faire. »

Je déduirai les conséquences qui résultent de ce principe quand je parlerai des juges d'instruction et des tribunaux.

27. On a vu que l'action publique a pour base l'intérêt public, que son exercice n'est confié qu'aux fonctionnaires désignés par la loi, que son objet unique est l'application des peines. L'action civile, de son côté, a pour mobile l'intérêt privé; son exercice n'appartient qu'à ceux qui ont été lésés par un crime, par un délit ou par une contravention (1). Son objet unique est la réparation du dommage.

Puisque ces deux actions diffèrent et de but et d'agent, il en résulte qu'elles ont chacune une existence indépendante, que chacune se régit par des règles qui lui sont propres.

28. Ainsi ces deux actions peuvent n'être point intentées simultanément; le ministère public peut exercer la sienne, sans que la partie lésée par le délit soit obligée d'agir en même temps pour obtenir la réparation du dommage qu'elle a souffert.

Le sieur de Selves, poursuivi par le ministère

---

(1) Code d'inst., art. 1er, et *infrà*, n° 123.

public, avait prétendu que la partie lésée devait intervenir, afin qu'il fût statué en même temps sur les dommages-intérêts. La cour royale de Paris refusa d'ordonner cette mise en cause, par le motif que cette partie ne pouvait être contrainte à agir. Pourvoi en cassation et rejet, par arrêt du 30 juillet 1819, au rapport de M. Chasle (1).

Réciproquement la partie lésée peut former devant la juridiction civile sa demande en dommages-intérêts, quoique le ministère public n'ait dirigé aucune poursuite au criminel. Trois arrêts de la cour de cassation, rapportés par Dalloz (2), consacrent cette vérité : « Attendu, porte celui du » 21 décembre 1813, que l'action civile en répara- » tion du dommage causé par un crime, un délit » ou une contravention, peut être exercée indé- » pendamment de l'action publique à laquelle le » crime, le délit ou la contravention donnent » lieu. »

29. Ainsi il peut arriver que le ministère public soit non recevable à intenter son action, ou à en continuer la poursuite, et cependant que l'action civile subsiste et reste entière ; réciproquement le ministère public peut avoir conservé le droit d'agir, et la partie civile être, par une circonstance quelconque, non recevable à réclamer la réparation du dommage qu'elle a souffert. L'action civile et l'action publique sont sans doute soumises à

(1) Cet arrêt n'a pas été imprimé. — (2) Tome Ier, p. 205.

des causes d'extinction qui leur sont communes (1); mais, ainsi qu'on le verra dans la suite, ces causes n'agissent pas nécessairement et en même temps sur les deux actions; elles peuvent frapper sur l'une d'elles et laisser subsister l'autre.

30. Ainsi la partie civile peut renoncer à son action, transiger, s'en désister lorsqu'elle l'a formée (2), tandis que le ministère public ne peut renoncer à la sienne.

Cependant, en matière de faux, les transactions des parties sont soumises à une condition prescrite par l'article 249 du Code de procédure civile, qui porte : « Aucune transaction sur la » poursuite du faux incident ne pourra être exé» cutée, si elle n'a été homologuée en justice, » après avoir été communiquée au ministère pu» blic, lequel pourra faire à ce sujet telles réqui» sitions qu'il jugera à propos. »

Les auteurs qui ont écrit sur le Code de procédure civile, ne s'accordent pas sur le véritable sens de cet article. Suivant M. Deniau (3), l'homologation n'est qu'une simple formalité à laquelle le tribunal ne peut jamais se refuser, parce qu'elle n'a d'autre but que d'avertir le ministère public, pour qu'il recherche si un faux a ou non existé. Suivant M. Carré (4), le tribunal a, au contraire, toute latitude pour accorder ou refuser l'homologation. M. Pigeau dit : « On peut

(1) V. chap. 4. — (2) Code d'inst., art. 4 et 66. — (3) Pag. 183. — (4) Question 958.

» transiger sur l'intérêt civil d'un délit ; ainsi on » le peut sur celui qui résulte d'un faux, et les » parties étant libres de disposer de leurs droits, » la transaction n'a pas besoin d'être, à cet égard, » approuvée de la justice pour être exécutée. » Mais s'il s'agit de l'exécuter en ce qui concerne » l'intérêt public, elle ne peut l'être, si elle n'a » pas été homologuée..... Si donc, en vertu de » cette transaction, on voulait empêcher l'instruc» tion du faux, ou le jugement, ou faire faire la » remise des pièces aux parties, témoins ou dépo» sitaires, pour faire opérer leur suppression, la» cération, etc., on ne le pourrait qu'après l'ho» mologation. » Et plus bas : « Si le ministère » public présume qu'il y a crime non éteint..... » il peut demander la continuation de la pour» suite, pour voir s'il ne résultera pas de la pro» cédure des indices de faux qui conduisent à une » poursuite criminelle. »

M. Pigeau me paraît avoir saisi les véritables principes, mais en avoir porté trop loin les conséquences. Il est certain que le législateur n'a point eu en vue, dans l'article 249 précité, les intérêts privés des parties, et que l'homologation de la transaction n'est exigée qu'autant que celle-ci pourrait préjudicier à l'ordre public, à qui il importe que les preuves d'un crime ne soient point soustraites à la connaissance du ministère public. D'ailleurs, les articles 246 et 247 du même Code prononçant une amende contre le demandeur en faux qui succombe ou qui se désiste après que sa demande a été admise, il fallait bien assurer l'exécution de ces articles. Il suit de là que, si la transaction est intervenue avant l'admission de la demande, elle n'a pas besoin d'être homologuée. D'une part, il n'y a point d'amende encourue; d'autre part, il n'y a pas de pièces déposées au greffe, ou de jugement qui ordonne ce dépôt. Mais dès que le dépôt de la pièce est ordonné ou effectué, que des pièces de comparaison ont été produites, l'homologation devient indispensable. Le défendeur à l'inscription de faux ne peut se soustraire à l'obligation de faire le dépôt de ces pièces, obligation qui trouve sa sanction dans l'article 409 du Code pénal. Le greffier ne peut se dessaisir du dépôt qui lui a été fait; les minutes tirées des dépôts publics ne peuvent y être réintégrées; à plus forte raison ces pièces ne peuvent recevoir aucune rectification sans l'autorisation du tribunal. Le ministère public intervient, non pour demander, non pour que le tribunal ordonne, comme le dit M. Pigeau, que le procès civil soit continué, que la procédure en faux incident s'achève, car on ne peut forcer les parties à poursuivre un procès sur lequel elles se sont accordées, mais pour examiner s'il y a lieu à intenter l'action publique en faux principal, et à conserver les pièces qui ont été produites, ou à faire déposer celles dont la production a été ordonnée. En homologuant la transaction, quant aux intérêts privés des parties, le tribunal a le droit, non seulement de condamner à l'amende encourue, mais encore d'ordonner, dans l'intérêt de la vindicte publique, tout ce qui peut servir à constater l'existence du faux, ou aider à en découvrir les auteurs. Voilà, ce me semble, le véritable sens de l'article 249 du Code de procédure civile.

31. La transaction où le désistement de la partie lésée éteignent l'action civile; mais ils sont sans influence sur l'action publique. L'article 4 du Code d'instruction criminelle porte : « La » renonciation à l'action civile ne peut arrêter ni » suspendre l'exercice de l'action publique. » Déjà le Code civil, article 2046, avait dit : « On peut » transiger sur l'intérêt civil qui résulte d'un délit; » la transaction n'empêche pas la poursuite du » ministère public. » C'est sur le même principe qu'est fondé l'article 249 du Code de procédure civile, que je viens d'examiner; c'est aussi en appliquant ce principe que la cour de cassation a jugé, le 6 septembre 1811 (1), qu'un individu coupable d'un délit d'escroquerie peut et doit être condamné, encore bien qu'il ait, avant toutes poursuites, restitué la somme escroquée.

On a vu précédemment (2) qu'il n'en était pas ainsi dans l'ancien droit criminel; que les transactions faisaient cesser les poursuites de la partie publique, lorsqu'elles n'avaient pas pour objet *des crimes capitaux auxquels il écherra peine afflictive.* C'était la conséquence de la distinction que

---

(1) Bull., pag. 256; Dalloz, t. Ier, p. 215. — (2) V. n° 7.

l'on établissait alors entre *les crimes publics et les crimes privés*, distinction proscrite par le Code du 3 brumaire an 4 et par le Code actuel.

32. Le ministère public ne peut transiger sur son action, cela est évident; il ne peut même pas s'en désister : dès qu'elle est formée, elle doit suivre le cours que la loi lui assigne.

Tant que le ministère public garde le silence, il y a présomption légale que l'ordre public n'a pas été troublé ; mais dès qu'il a rendu plainte, ce n'est pas à lui, c'est aux tribunaux qu'il appartient de décider s'il y était bien ou mal fondé. Il est sans doute permis au ministère public de reconnaître que les charges produites par l'instruction sont insuffisantes pour établir soit l'existence du délit, soit la culpabilité du prévenu ; il peut même reconnaître qu'il s'est trompé; mais de pareilles déclarations ne sont que l'expression de son opinion personnelle : elles n'ont pas plus d'autorité que les réquisitions qu'il donne pour la mise en prévention ou la condamnation du prévenu; car il n'a mission ni pour condamner ni pour absoudre; ce pouvoir n'est confié qu'aux tribunaux.

Une cour de justice criminelle avait décidé qu'elle était sans pouvoir pour condamner l'accusé, parce que le ministère public n'avait requis contre lui l'application d'aucune peine. Elle s'était fondée sur l'article 5 du Code du 3 brumaire an 4, qui, comme l'article 1er du Code actuel, porte que l'action publique est exercée par des fonctionnaires spécialement établis à cet effet. Son arrêt fut cassé dans l'intérêt de la loi, le 14 pluviose an 12 (1), par des motifs qui ont conservé toute leur autorité sous la législation actuelle.

« Attendu que les jugemens soumis à la censure du tribunal ont fait évidemment une application fausse et abusive du principe consacré par » l'article 5 du Code des délits et des peines ; que » l'action publique, à laquelle donne nécessairement lieu toute espèce de délit, ne peut être » exercée que par les fonctionnaires spécialement » établis à cet effet; qu'il résulte de ce principe » que les officiers du ministère public ont seuls » qualité pour intenter, au nom de la société, une » action pénale contre le délinquant; mais qu'il » ne suit pas de là que l'action pénale, une fois » intentée, qu'une fois les tribunaux saisis légalement par là de cette action, il dépende de l'officier du ministère public de la rendre illusoire » par les conclusions qu'il croit devoir donner à » décharge..... Que si les prévenus lui paraissent » innocens; ou s'il pense qu'aucune disposition » du Code pénal ne leur est applicable, alors, organe de la loi, il propose en cette qualité le rejet » de la demande qu'il a formée, comme agent de » la société; mais la demande qu'il a formée n'en » subsiste pas moins; le tribunal qu'il en a cons-

(1) Dalloz, t. XI, p. 32. V. arrêt du 6 déc. 1834. Dalloz, 1835, p. 157. Arrêt du 28 mars 1835. Dalloz, p. 256.

» titué juge n'en demeure pas moins saisi, et c'est » à la conscience des magistrats à décider. S'il en » était autrement, après que le ministère public » aurait, à la suite des débats, donné ses conclu- » sions en faveur des prévenus, il deviendrait im- » possible au tribunal de rendre même un juge- » ment d'absolution; ces conclusions emportant, » en effet, désistement de l'action publique, l'ac- » tion publique serait éteinte de plein droit, il » ne resterait plus rien à juger, les juges ne pour- » raient plus délibérer. »

Non seulement le ministère public ne peut pas se désister de l'action qu'il a formée; mais, par une conséquence nécessaire, il ne peut pas se désister des recours qu'il a exercés pour conserver cette action et la porter devant les tribunaux supérieurs, lorsqu'elle a échoué devant une première juridiction. Le ministère public est l'agent de la société; c'est au nom, c'est dans l'intérêt de celle-ci qu'il agit, et non dans un intérêt qui lui est personnel. Dès qu'il a fait un acte, cet acte ne lui appartient plus; il ne lui est point permis de le rétracter; la loi s'en empare, elle le défère aux tribunaux; il ne peut pas les en dessaisir. — Ainsi il ne peut se désister ni de l'appel qu'il a interjeté d'un jugement correctionnel (1), ni d'un recours en cassation qu'il a exercé (2).

(1) Arrêt du 26 février 1827, Bull., p. 55; Dalloz, p. 380.

(2) Arrêt du 24 brum. an 7; Dalloz, t. XI, p. 32, 2 mars 1827, Bull., p. 133; Dalloz, p. 158. Arrêt du 3 janv. 1834; Dalloz, p. 169.

Il ne peut même pas renoncer à la faculté d'exercer les recours que la loi a ouverts contre les jugemens intervenus sur ses poursuites; ainsi on ne peut opposer à l'appel qu'il a interjeté, au recours en cassation qu'il a formé, dans les délais de la loi, l'acquiescement qu'il a pu donner à la décision qu'il attaque, ni l'exécution qu'elle a reçue par ses ordres ; on ne peut même pas lui opposer que cette décision est conforme aux réquisitions qu'il a prises, que c'est lui-même qui l'a provoquée (1); car il ne peut aliéner, ni directement, ni indirectement, les droits dont il a été investi pour assurer l'exécution des lois et le maintien du bon ordre. Je reviendrai dans la suite sur ces principes.

33. De ce que l'action publique n'a pour objet que l'application des peines, et l'action civile la réparation d'un dommage privé, s'ensuit-il que ces deux actions doivent nécessairement être portées devant des juridictions différentes, savoir : l'action publique devant un tribunal de répression, et l'action civile devant un tribunal civil ?

Il est certain que l'action publique ne peut être portée que devant une juridiction criminelle. Ainsi, un juge-de-paix saisi, comme juge civil, d'une demande en dommages-intérêts fondés sur une contravention de police, ne pourrait, sous

(1) Arrêts des 25 février 1813, Bull., p. 89, 26 février 1826, 26 mai 1827, Bull., p. 447, Dalloz, p. 433 ; arrêt du 7 février 1835, Dalloz, p. 439.

prétexte qu'il est en même temps juge de police, appliquer des peines au défendeur qu'il trouverait convaincu du fait qui a donné lieu à la demande (1).

Je ne connais d'exception à cette règle que pour le cas où la séparation de corps est prononcée par le tribunal civil contre la femme, pour cause d'adultère. Ce tribunal doit alors la condamner, sur les réquisitions du ministère public, à un emprisonnement de trois mois à deux ans (2); et il fait ainsi un acte de la juridiction des tribunaux correctionnels.

34. Il n'en est pas de même de l'action civile. Aux termes de l'article 3 du Code d'instruction, « l'action civile peut être poursuivie en même » temps et devant les mêmes juges que l'action » publique.

» Elle peut aussi l'être séparément. Dans ce cas, » l'exercice en est suspendu tant qu'il n'a pas » été prononcé définitivement sur l'action publi» que, etc. »

Ainsi la partie lésée a la faculté d'opter entre la juridiction civile et la juridiction criminelle; mais cette option est soumise à des règles.

La première est que la partie lésée ne peut porter sa demande en dommages-intérêts devant un tribunal de répression, qu'autant que ce tri-

---

(1) Arrêts des 9 thermidor an 9, Dalloz, t. IX, p. 513, 1er avril 1813, Bull., p. 159, Dalloz, t. III, pag. 439.

(2) Code civil, art. 298 et 308.

bunal se trouve saisi, en même temps, de l'action publique.

Le juge criminel ne peut connaître de l'action civile qu'accessoirement à l'action publique portée devant lui. Ce principe, qui résulte des lois qui déterminent la compétence des juridictions, est clairement énoncé dans l'article 3 du Code d'instruction : l'action civile *peut être poursuivie en même temps et devant le même juge que l'action publique;* ce qui suppose nécessairement que l'action publique est intentée et qu'un juge se trouve saisi.

L'article 8 du Code de brumaire était conçu dans les mêmes termes, et la cour de cassation l'a expliqué par un arrêt du 16 janvier 1806 (1), en disant que « l'action civile ne peut appartenir » aux tribunaux criminels que lorsqu'elle est exer» cée accessoirement à l'action publique ; mais » que lorsqu'elle agit sans son concours, elle ren» tre essentiellement dans le domaine civil ».

Ainsi, la partie lésée par un délit ne peut traduire devant le tribunal de répression les personnes civilement responsables, qu'autant que le prévenu y est traduit lui-même; car, sans lui, le tribunal n'a point à prononcer sur l'application de la peine, l'action publique n'est pas mise en mouvement; il n'existe qu'une simple action civile (2).

Ainsi, lorsque, par une cause quelconque, l'ac-

(1) Dalloz, t. I, p. 204. — (2) Arrêt du 11 septembre 1818,

tion publique est éteinte, l'action civile ne peut être ni intentée, ni reproduite devant le juge criminel (1).

Et comme l'incompétence des tribunaux de répression pour prononcer sur les intérêts civils, quand ils ne sont pas saisis de l'action publique, tient à la matière, qu'elle est absolue et d'ordre public, elle peut être proposée en tout état de cause. « Attendu, porte l'arrêt du 11 septembre » 1818, cité ci-dessus, que, dans l'état de séparation des actions publique et civile, l'incompétence du tribunal de police pour statuer sur l'action du réclamant, était matérielle et absolue ; » qu'elle a donc pu être proposée en tout état de » cause, et conséquemment être accueillie comme » moyen valable d'appel. »

35. L'option laissée à la partie lésée, entre la juridiction civile et la juridiction criminelle, est soumise à une autre règle, d'après laquelle la partie qui a choisi la voie civile pour demander la réparation du dommage dont elle se plaint, n'est pas recevable à abandonner cette voie pour s'adresser ensuite à la juridiction criminelle. Elle est liée par l'option qu'elle a faite. Cette règle, née sous l'ancienne législation (2), est fondée,

---

Dalloz, t. X, p. 802, et 24 mai 1830, Dalloz, 1831, p. 17. Arrêt du 5 juillet 1833, Dalloz, p. 323.

(1) Arrêt du 9 mai 1812, Dalloz, t. II, p. 581.

(2) Jousse, t. III, p. 11. — Nouveau Dénisart, t. X, p. 108 et 197. — Ordonnance de 1667, t. XVIII, art. 2.

dit M. le président Barris (1), « sur l'humanité et » même la justice, qui ne permettent pas qu'on » traîne ainsi un accusé d'une juridiction devant » une autre, et qu'on décline, à son préjudice, » celle qu'on a volontairement saisie, parce qu'on » ne la croira peut-être pas favorable aux de- » mandes qu'on a formées devant elle. »

La jurisprudence a fréquemment proclamé cette règle, tant sous l'empire du Code de brumaire que sous le Code actuel. L'article 8 du premier et l'article 3 du second, en déclarant que, dans le concours de l'action civile et de l'action publique, intentées séparément, l'exercice de l'action civile *est suspendu* jusqu'au jugement définitif de l'action publique, décident nettement qu'il n'est pas permis au demandeur d'abandonner cette action pour la reproduire devant le juge de l'action publique.

Ainsi, celui qui a réclamé, par la voie civile, la restitution d'un dépôt volontaire, ne peut ensuite rendre plainte devant le tribunal correctionnel, en violation d'un dépôt (2).

Celui qui poursuit devant le tribunal civil la réparation du dommage qu'il a éprouvé, ne peut, quoiqu'il n'ait pas été statué sur sa demande, intervenir devant le tribunal de répression saisi

---

(1) Rép. de jurisprudence, v° Délit, § 1er, t. IV, p. 264.

(2) Arrêts des 3 floréal an 10 et 21 mars 1811. Dalloz, t. V, p. 91 et 92, février 1832, p. 186.

de l'action dirigée par le ministère public, à raison du fait qui à causé ce dommage (1).

Celui qui a saisi le juge de paix d'une action possessoire résultant de l'enlèvement d'une récolte, ne peut porter devant le tribunal correctionnel une plainte en soustraction frauduleuse de cette même récolte (2).

36. Toutefois, la règle qui veut que la partie lésée ne soit pas recevable à abandonner la voie civile qu'elle a choisie, pour prendre la voie criminelle, est soumise à quelques exceptions. La première résulte de l'article 250 du Code de procédure civile. « Le demandeur en faux pourra toujours se pourvoir par la voie criminelle en faux » principal, et, dans ce cas, il sera sursis au ju» gement de la cause, à moins que les juges n'es» timent que le procès ne puisse être jugé indé» pendamment de la pièce arguée de faux. »

M. le président Barris (3) indique une autre exception, « c'est lorsque les tribunaux civils ont » été saisis sur une demande dont les élémens pa» raissent absolument civils. Si, depuis l'introduc» tion de cette demande, il se découvre des faits » qu'on avait dû ignorer, et qui puissent donner » à l'affaire un caractère criminel, on doit être, » dans ce cas, admis à intenter une action crimi» nelle. Pour que la voie civile puisse exclure la

(1) Arrêts du 18 messidor an 12, Dalloz, t. Ier, p. 206.

(2) Arrêts du 9 mai 1828, Bull., p. 354, Dalloz, p. 242.

(3) Rép. de jurisprudence, v° Délit, § 1er.

» voie criminelle, il faut qu'elle ait été prise avec » choix et en connaissance de cause. La cour de » cassation a plusieurs fois admis cette modifica- » tion au principe général, qu'elle a du reste » consacré par plusieurs de ses arrêts ».

Cette doctrine est au surplus conforme à la loi 22, Cod. *de furtis et servo corrupto*, § 2.

Le principe est encore susceptible d'une autre exception : c'est lorsque le tribunal devant lequel la partie lésée a porté sa demande, se déclare incompétent pour en connaître. En effet, pour que cette partie soit réputée avoir fait son option et renoncé par là à l'une des voies que la loi lui permettait de prendre, il faut que le tribunal qu'elle a choisi soit légalement saisi et qu'il ait le droit de statuer sur sa demande. S'il n'est pas saisi, s'il n'a pas le droit de prononcer, il est évident que la partie se trouve, après la déclaration d'incompétence, dans la même situation qu'avant d'avoir formé son action.

La chambre civile de la cour de cassation a consacré cette exception par un arrêt du 21 novembre 1825 (1). Un individu en avait cité un autre devant le tribunal de simple police, à raison d'un fait d'injures. Le tribunal se déclara incompétent, parce que les injures avaient un caractère de diffamation qui les rendait de la compétence du tribunal correctionnel. Après ce jugement, le plaignant cita son adversaire devant

(1) Dalloz, 1826, p. 49.

le même juge-de-paix, jugeant civilement, conformément à l'article 10, § 6, titre 3, de la loi du 24 août 1790; mais celui-ci se déclara encore incompétent, en se fondant sur ce que, le demandeur ayant, dans le principe, pris la voie criminelle, il ne lui était pas loisible de l'abandonner. Ce jugement a été cassé :

« Attendu que la loi du 24 août 1790 attribue » aux juges-de-paix la connaissance des actions » civiles pour injures verbales; que le § 6 excepte » bien de l'attribution les injures pour lesquelles » *les parties se sont pourvues par la voie criminelle ;* » mais que de ces expressions mêmes il suit que, » pour qu'il y ait lieu à cette exception, il faut » que le tribunal de police ait été saisi de l'action » et y ait statué définitivement; que, d'une part, » le tribunal de police n'est point réellement saisi » de l'action, lorsqu'au lieu de recevoir la plainte, » il s'est déclaré incompétent pour en connaître; » que par suite, en ce cas, le juge-de-paix de» meure compétent pour connaître de l'action » civile. »

A plus forte raison, le plaignant serait-il fondé à recourir à la voie civile, si le tribunal de répression s'était déclaré incompétent, par le motif que le fait de la plainte ne constitue ni un délit ni une contravention.

37. On est d'accord que, sauf les exceptions que je viens d'indiquer, la partie lésée qui a choisi la voie civile, n'est pas recevable à l'abandonner pour prendre la voie criminelle. Mais

celle qui a pris d'abord la voie criminelle peut-elle y renoncer, se désister de sa plainte, et porter son action devant le tribunal civil? Je ne me serais pas fait cette question, si je ne lisais, dans l'arrêt que je viens de citer, un motif surabondant, qui porte : « Et enfin le prévenu est non » recevable à s'opposer à ce que la partie use de » ce droit, puisqu'il est sans intérêt pour se plain- » dre qu'elle préfère une voie douce à la voie ri- » goureuse qu'elle avait prise antérieurement. » M. Merlin (1) professe la même doctrine, en disant : « Comme il m'est permis de renoncer à » mon propre avantage, et que mon adversaire » ne serait pas recevable à se plaindre de ce que » je n'use pas contre lui de toute la rigueur de » mon droit, je peux, après avoir rendu plainte » d'un délit qui m'a causé un dommage et avant » qu'il y ait été statué, prendre la voie civile, » comme je peux, après avoir intenté l'action pos- » sessoire, m'en désister et revenir à l'action pé- » titoire. »

Je ne pense pas que cette doctrine puisse être admise : elle ne repose que sur ce que le prévenu est sans intérêt pour se plaindre que le demandeur passe de l'action la plus rigoureuse à la plus douce. Cette considération pouvait être d'un grand poids dans l'ancien droit criminel, parce que la partie était seule poursuivante dans les

---

(1) Quest. de droit, v° Option, § 1er, n° 4, t. VI, p. 84, et p. 623 du Supplément de la 2e édit.

matières de petit criminel, que c'était elle *qui animait la poursuite*, comme disent les anciens criminalistes (1); mais aujourd'hui que les parties civiles ne participent point à l'exercice de l'action publique, qu'elles ne sont que demanderesses à fins civiles; que le ministère public, instruit de l'existence des faits par la plainte ou par la citation, a incontestablement le droit de retenir l'affaire et de la poursuivre d'office, il est impossible d'apercevoir l'avantage que le prévenu peut recevoir de la renonciation du plaignant, lorsqu il ne la donne que pour reporter son action devant le tribunal civil; il reste exposé à subir deux procès au lieu d'un. Aussi, dans l'état actuel de la législation, il n'y a plus de motifs pour adopter la distinction que j'examine. C'est, sans doute, ce qui a fait dire à M. le président Barris (2) : « Il est un principe commun à tous ces » tribunaux, c'est que la partie qui pourrait à son » choix prendre la voie civile ou la voie criminelle, » n'est pas recevable à revenir sur ce choix, et » qu'en prenant une de ces voies, elle s'est fermée » l'autre sans retour. »

Sauf cependant le cas où, ainsi qu'on l'a vu, le tribunal de répression se déclarerait incompétent.

38. L'action civile peut être poursuivie en même temps et devant les mêmes juges que l'action publique; mais ces deux actions n'en demeurent pas

---

(1) V. *suprà*, n°s 7 et 8. — (2) *Loc. cit.*

moins distinctes; leur objet ne se confond jamais. Par l'une, le ministère public provoque, dans l'intérêt de la société, l'application d'une peine; par l'autre, la partie civile réclame, dans son intérêt privé, la réparation d'un dommage; chacune de ces parties ne peut agir que dans l'intérêt de l'action qui lui est propre.

Il résulte de là, non seulement que le ministère public n'est pas recevable à requérir des dommages-intérêts au profit de la partie lésée, si celle-ci n'est point intervenue pour les réclamer (1). mais encore qu'il n'est pas recevable à interjeter appel de la disposition d'un jugement qui refuse à cette dernière les réparations civiles auxquelles elle avait conclu (2).

Reciproquement, l'appel interjeté par la partie civile seule, n'empêche pas le jugement d'acquérir l'autorité de la chose jugée contre l'action publique; cet appel n'autorise pas le tribunal supérieur qui en est saisi à condamner le prévenu, s'il a été acquitté, ou à aggraver la peine qui lui a été infligée. C'est, au surplus, ce qui résulte de l'art. 202 du Code d'instruction : « La faculté » d'appeler appartiendra...... 2° à la partie civile » quant à ses intérêts civils seulement. » Les mo-

---

(1) Arrêts des 16 janvier 1808 et 16 novembre 1821, Dalloz, t. Ier, p. 63 et 204. Bull., p. 502, année 1821.

(2) Arrêt de rejet du 13 décembre 1821, non imprimé : le sieur de Roi, d'Auxerre, contre Guichard et Grinet.

numens de la jurisprudence sur cette question sont nombreux (1).

De même, lorsque la partie civile s'est laissé condamner par défaut, l'opposition qu'elle a formée n'empêche pas le jugement de subsister dans celles de ses dispositions qui concernent l'action publique; car, cette action ayant été jugée contradictoirement avec le prévenu, l'opposition de la partie civile n'autoriserait pas le tribunal à examiner de nouveau l'affaire sous le rapport de la vindicte publique et à appliquer des peines à celui-ci. C'est ce que la cour de cassation a jugé le 29 floréal an 9 (2), sous l'empire du Code de brumaire, dont le Code actuel a conservé et renforcé le principe; « Attendu... qu'en cet état, le jugement rendu contradictoirement avec le commissaire du gouvernement et les prévenus était définitif, qu'à l'égard de la partie civile défaillante et sur son opposition, le tribunal criminel avait pu examiner de nouveau l'affaire, réformer son premier jugement, quant à ce qui touchait aux intérêts civils seulement, mais qu'il n'avait pu, à raison de cette opposition, faire revivre une action éteinte, en prononçant les peines de la prison et de l'amende qui en sont la suite; que sous ce chef, le tribunal criminel a excédé ses pouvoirs (3). »

---

(1) V. notamment un arrêt du 1er mai 1818. Bull., p. 171. Arrêt du 27 fév. 1835. Dalloz, p. 181. — (2) Dalloz, t. IX, p. 763. — (3) V. pour d'autres conséquences du principe, *infrà*, nos 140, 351, 352.

C'est encore par une conséquence des mêmes principes que la cour de cassation a jugé que la partie civile qui a porté son action en dommages-intérêts devant le tribunal de police correctionnelle n'est pas recevable à proposer ensuite l'incompétence de ce tribunal sous prétexte que les faits sont de la compétence de la cour d'assises. Il s'agissait, dans l'espèce, d'une plainte en détention arbitraire; la partie lésée en avait saisi le tribunal correctionnel et avait obtenu des dommages-intérêts; ne les trouvant pas assez considérables, elle se pourvut en cassation en se fondant sur ce que le tribunal était incompétent, parce que le fait était qualifié crime par la loi. Mais la cour, « Attendu que la réclamante a elle-même saisi la juridiction correctionnelle; qu'elle est sans qualité pour contester la compétence, sous le rapport de l'action publique, et que le ministère public n'a élevé aucune réclamation, rejette (1). »

39. Toutefois le principe que les actions publique et civile demeurent séparées, quoique portées devant le même juge; que les actes de la partie civile sont sans influence sur l'action publique, et réciproquement que les actes de la partie publique n'influent point sur l'action civile, reçoit deux exceptions : 1° en matière de prescription; 2° en matière d'opposition formée par la partie civile aux ordonnances de la chambre du conseil portant qu'il y a lieu de mettre le prévenu

(1) Arrêt du 12 octobre 1816, non imprimé.

en liberté. J'examinerai dans la suite ces deux exceptions (1).

40 Le principe posé par l'article 1er du Code d'instruction portant que l'action pour l'application des peines n'appartient qu'aux fonctionnaires auxquels elle est confiée par la loi; celui établi par l'art. 4 qui veut que la renonciation à l'action civile ne puisse arrêter ni suspendre l'action publique, reçoivent de notables modifications à l'égard de la poursuite des délits en matière de contributions indirectes, de douane, d'eaux et forêts. Ces matières sont régies chacune par une législation spéciale dont je vais exposer les règles.

1° *En matière de contributions indirectes.*

41. De l'ensemble des dispositions de diverses lois et décrets sur les contributions indirectes (2), il résulte formellement que, non seulement l'administration des contributions indirectes a le droit de transiger avec le prévenu de contravention et d'éteindre par là les poursuites (3), mais encore que les poursuites elles-mêmes ne peuvent être intentées que par l'administration, qu'elle seule a le droit de faire prononcer par les tribunaux correctionnels les confiscations et les amendes encourues par les prévenus.

---

(1) V. *infrà*, chap. 4, n° 354.

(2) V. loi du 5 ventose an 12, art. 88, 89, 90; le décret du 5 germinal an 12, art. 23; celui du 1er germinal an 13, chap. 7; l'ordonnance du 3 janvier 1821, art. 10.

(3) V. *infrà*, nos 48 et 49.

L'exercice de l'action publique, en cette matière, appartient donc à la régie; elle lui appartient exclusivement aux officiers du ministère public. De là plusieurs conséquences : la première que quand le procureur du roi dirige lui-même les poursuites, le tribunal doit le déclarer non recevable dans son action. C'est ce que la cour a jugé, à mon rapport, le 18 janvier 1828 (1).

« Attendu, sur le premier chef de l'arrêt attaqué, qu'aux termes de l'article 90 de la loi du 5 ventose an 12, et de l'article 23 du décret du 5 germinal suivant, le droit de poursuivre la répression des contraventions aux lois sur les contributions indirectes, n'appartient qu'à la régie, qu'ainsi l'arrêt attaqué s'est exactement conformé à la loi.

» La cour rejette le pourvoi du procureur général contre le chef de l'arrêt qui réforme le jugement du tribunal correctionnel de Besançon, et déclare le ministère public non recevable dans ses poursuites contre Antoine Rax, prévenu d'avoir débité du vin sans déclaration préalable et sans licence. »

La cour avait rendu une pareille décision, les 26 août 1825 et 11 novembre 1826 (2).

La seconde conséquence qui résulte de cette règle, est que le ministère public est non recevable à se pourvoir en cassation contre un jugement

(1) Bull., p. 31; Dalloz, p. 99.
(2) Dalloz, 1825, p. 415, et 1826, p. 333.

qui acquitte le prévenu. La cour l'a ainsi jugé à mon rapport le 25 août 1827 (1), « attendu, » porte l'arrêt, que *la loi ne lui accorde aucune ac- » tion en cette matière* ». Par la même raison, il ne peut interjeter appel d'un pareil jugement.

La troisième conséquence est que les décisions et les jugemens qui interviennent entre le prévenu et le ministère public, sans la participation de la régie, sont sans autorité contre elle; ainsi une ordonnance de la chambre du conseil ayant déclaré qu'il n'y avait lieu à suivre, à défaut de charge, sur la poursuite du ministère public, contre un individu prévenu de contravention aux lois sur la fabrication des poudres à tirer, la cour de cassation a jugé que cette ordonnance ne faisait pas obstacle à ce que la régie recommençât les poursuites. « Attendu, porte l'arrêt (2)... qu'à la verité » une instruction a été faite contre lesdits Soudai » et Prin, dans les formes généralement prescrites » par le Code d'instruction criminelle, à la suite » de laquelle il a été rendu par la chambre des » vacations du tribunal de première instance de » Paris, une ordonnance portant qu'il n'y avait » pas lieu de suivre; mais que ladite instruction, » ayant été faite sans la participation, et même à » l'insu de la régie, ne pouvait, d'après les dispo- » sitions des lois et décrets ci-dessus cités, porter » aucun préjudice à l'action de ladite régie, d'où

(1) Dalloz, p. 507. — (2) Arrêt du 24 février 1820. Bull., p. 84; Dalloz, t. IV, p. 179.

» il suit que ladite ordonnance n'a pu, à l'égard de » la régie, acquérir l'autorité de la chose jugée. »

Cependant ces règles me paraissent susceptibles d'exception, dans le cas prévu par l'art. 46 de la loi du 28 avril 1816, qui prononce la peine d'emprisonnement contre les fraudes commises à l'aide d'escalade, par souterrain ou à main armée. Le ministère public doit seul avoir action pour l'application de cette peine corporelle, comme il l'a seul, en pareil cas, en matière de douane, ainsi que je l'expliquerai dans un instant (1).

42. Remarquez que ces règles s'appliquent à toutes les matières qui ont été placées dans les attributions de la régie, postérieurement à la loi et aux décrets de l'an 12 et de l'an 13. C'est aussi ce que jugent les arrêts précités des 26 août 1825, 11 novembre 1826 et 25 août 1827.

Cependant, en matière de contravention aux lois relatives à la surveillance du titre et à la perception des droits de garantie des matières d'or et d'argent, le ministère public peut exercer les poursuites aussi bien que la régie; il tient ce droit de l'article 102 de la loi du 19 brumaire an 6, qui porte que le procès-verbal constatant les contraventions « sera remis au ministère public près le tribunal » correctionnel, qui demeure chargé de la pour- » suite ». On avait prétendu qu'il était dépouillé de ce droit par les lois et les décrets de l'an 12 et de l'an 13, qui organisent l'administration des

---

(1) V. *infrà*, n° 45.

contributions indirectes, et placent les droits de garantie dans ses attributions; mais la cour de cassation a redressé cette erreur par plusieurs arrêts, notamment par celui du 13 février 1806 (1). Toutefois le ministère public ne peut poursuivre que sur la remise qui lui est faite du procès-verbal de contravention, parce qu'en cette matière l'action publique doit avoir nécessairement pour base un procès-verbal dressé par les employés du bureau de garantie ou des contributions indirectes, c'est ce qui résulte des articles 101, 102, 105 de la loi du 19 brumaire an 6, et de l'art. 1er du décret du 28 floréal an 13; c'est ce que la cour a jugé par plusieurs arrêts (2). Il convient de remarquer cependant que les contraventions commises par les marchands ambulans d'ouvrages d'or et d'argent en venant s'établir en foire, peuvent être constatées par les maires, adjoints ou commissaires de police, et poursuivies d'office. C'est ce qui résulte des articles 92, 93 et 94 de la loi du 19 brumaire an 6; c'est ce que reconnaît l'arrêt du 15 avril 1826, précité.

Enfin la régie n'a pas le droit de transiger sur les contraventions aux lois qui concernent la garantie des matières d'or et d'argent. Telle est la disposition expresse du décret du 28 floréal an 13; elle ne peut conséquemment arrêter les poursuites qui sont commencées.

---

(1) Dalloz, t. IV, p. 224. — (2) Arrêt du 5 nov. 1825; Dalloz, 1826, p. 169, et 15 avril 1826; *ib.*, p. 235. Bull., p. 199.

2° En matière de douanes.

43. Il y a deux espèces de contraventions en matière de douanes : les unes sont de la compétence des juges-de-paix ; les autres sont de la compétence des tribunaux correctionnels. Les premières ne donnent lieu qu'à une action purement civile; les autres provoquent en même temps l'action publique.

Les contraventions de la compétence des tribunaux correctionnels sont :

1° Les contraventions aux lois sur l'exportation des grains et farines (1) ;

2° Toutes les importations, par terre, d'objets prohibés, et toute introduction frauduleuse d'objets tarifés, dont le droit serait de 20 francs par quintal métrique et au dessus (2) ;

3° Les importations frauduleuses tentées sur les côtes hors de l'enceinte des ports de commerce (3);

4° Les contraventions à la loi du 24 avril 1806, relative à la taxe établie sur les sels, lorsque la fraude a été commise par une réunion de trois individus ou plus, ou même par un seul individu, lorsqu'il se trouve en état de récidive (4) ;

5° Les contraventions au titre 6 de la loi du 28 avril 1816, sur la recherche, dans l'intérieur, des tissus de fabrique étrangère prohibés (5) ;

---

(1) Loi du 26 ventose an 5, art. 6. — (2) Loi du 28 avril 1816, art. 41. — (3) Lois des 17 décembre 1814, art. 15; 27 mars 1817, art. 12; 21 avril 1818, art. 34. — (4) Loi du 17 décembre 1814, art. 30 et 31. — (5) Art. 66 de cette loi.

6° Le fait des individus coupables d'avoir participé à un acte de contrebande comme assureurs, ou comme ayant fait assurer, ou comme intéressés d'une manière quelconque dans un fait de contrebande (1).

44. Toutes ces contraventions sont punies d'emprisonnement, d'amende et de confiscation, excepté celles énoncées aux numéros 1 et 5, qui sont affranchies de la peine d'emprisonnement. Or, de même qu'en matière de contributions indirectes, ces amendes, ces confiscations sont non seulement des *peines*, mais encore *la réparation civile* du dommage que la fraude, en général, fait éprouver à l'Etat; de là la nécessité de donner à l'administration des douanes le droit de poursuivre la répression de ces contraventions dans l'intérêt du trésor, et de participer ainsi à l'exercice de l'action publique. Ce droit lui est conféré par les lois qui règlent la procédure en cette matière, notamment par la loi du 15 août 1793, article 3, qui porte : « La confiscation des marchandises et autres effets ainsi saisis, sera poursuivie » à la requête des régisseurs des douanes, avec » amende » ; ce droit lui a été maintenu par plusieurs arrêts de la cour de cassation, notamment ceux des 8 thermidor an 8, 26 vendémiaire et 1er germinal an 9 (2). Voici les motifs de celui du 26 vendemiaire an 9.

(1) Loi des 28 avril 1816, art. 53, et 21 avril 1818, art. 37.

(2) Dalloz, t. VI, p. 448 et 449; Quest. de droit, t. III, p. 508.

« Considérant que la régie des douanes est un
» établissement public, chargé non seulement de
» constater les contraventions aux lois par les-
» quelles l'introduction ou les sorties de certaines
» denrées et marchandises sont ou prohibées ou
» assujetties au paiement des droits; que ces fonc-
» tions sont attribuées sans distinction à la régie
» pour les poursuites qui se font, tant devant les
» tribunaux civils que devant ceux de police cor-
» rectionnelle, ce qui résulte de la nécessité évi-
» dente de confier à l'intérêt des agens publics
» l'exercice habituel de ces poursuites, ainsi que de
» la disposition expresse des lois, entre autres de
» l'article 1er du titre 12 de la loi du 22 août 1791,
» des articles 5 et 6 de la loi du 14 fructidor an 3,
» de l'article 16 de la loi du 10 brumaire an 5, de
» l'article 14 du titre 4 de la loi du 9 floréal an 7,
» de l'article 6 de la loi du 26 ventose an 5, et de
» l'article 89 de la loi du 27 ventose an 8; desquelles
» dispositions il résulte non seulement qu'aucune
» loi n'a interdit à la régie des douanes le droit de
» poursuivre les contrevenans dont les délits sont
» attribués aux tribunaux de police correction-
» nelle, comme ceux dont la connaissance est at-
» tribuée aux tribunaux civils, mais encore que
» le droit de la régie, à cet égard, est fondé sur l'in-
» térêt que la loi lui accorde dans les confiscations,
» et que ce droit lui étant encore formellement
» attribué, quant au pourvoi en cassation, puisque
» le commissaire du gouvernement n'est chargé de
» défendre les intérêts de la république que sur les

» mémoires qui lui sont fournis par les agens de » l'administration publique, régisseurs et prépo- » sés, il faut en conclure que le droit de pour- » suivre, tant en première instance qu'au tribu- » nal d'appel, ne peut être contesté à la régie. »

C'est par des motifs semblables que la cour a jugé que l'administration des douanes pouvait, malgré l'acquiescement du ministère public, interjeter appel des jugemens correctionnels endus en cette matière; que l'appel indéfini de l'administration saisissait le tribunal supérieur de la connaissance de toute l'affaire, quand même le ministère public ne se serait pourvu que contre un des chefs du jugement (1).

45. L'administration des douanes participe donc à l'exercice de l'action publique pour la répression des contraventions. Mais comme cette participation n'est fondée que sur ses intérêts civils, elle est limitée aux poursuites nécessaires pour faire appliquer aux contrevenans les amendes et les confiscations prononcées par la loi; elle ne s'étend point aux poursuites qui ont pour objet les peines corporelles, telles que l'emprisonnement; ce n'est pas que l'assignation donnée par l'administration des douanes n'autorise le tribunal correctionnel à condamner le prévenu à la peine d'emprisonnement, dans le cas où il l'a encourue; ce n'est là

(1) Arrêts des 25 juillet et 19 décembre 1806, Rép. de jurisprudence, t. Ier, p. 402 et 404; 19 mars 1807, Dalloz, t. VI, p. 452; 29 mars 1828, Dalloz, p. 199.

que l'effet ordinaire des citations données par toutes les parties civiles indistinctement; mais l'administration des douanes n'est pas plus recevable que toute autre partie civile à attaquer un jugement parce qu'il n'a pas prononcé contre le prévenu la peine d'emprisonnement. L'administration avait soutenu le contraire; mais sa prétention a été rejetée par un arrêt du 23 février 1811 (1) : «Attendu que la peine d'emprisonnement est une » peine personnelle dont l'application ne peut être » poursuivie que par les fonctionnaires chargés de » l'exercice de l'action publique ; que l'administra- » tion des douanes n'a d'action que relativement » aux condamnations qu'il peut y avoir lieu de » prononcer dans son intérêt particulier ; que, » dans l'espèce, le prévenu ayant été acquitté par le » jugement du tribunal correctionnel, et la partie » publique ne s'étant point rendue appelante de ce » jugement, l'action publique se trouvait éteinte ; » qu'ainsi en prononçant, en cet état et sur le seul » appel de la régie, une peine de six mois d'em- » prisonnement contre le réclamant, la cour de » justice criminelle a violé, etc., etc. »

46. J'ai dit que l'administration des douanes *participe* à l'exercice de l'action publique en ce qui concerne les poursuites en condamnation à l'amende et aux confiscations; c'est à dessein que je me suis servi de cette expression, parce que, à la différence de l'administration des contributions

(1) Bull., p. 54.

indirectes, cette action ne lui appartient pas exclusivement, et que le ministère public a le droit de l'exercer pour elle. Il paraît que l'administration des douanes est d'une autre opinion; car je lis dans le *Répertoire de la nouvelle législation*, par M. Favard de Langlade, à l'article *Douanes*, rédigé par M. David, administrateur des douanes, ce qui suit (1) : « En douane, une simple contra» vention ne donne pas lieu à des peines, mais à » une réparation civile du dommage causé à l'État... » L'action qui naît de cette contravention est tout-à-fait étrangère au ministère public; elle appartient » exclusivement à l'administration, qui l'exerce en » son nom et à son profit : c'est une action civile. »

Cette doctrine est en opposition formelle avec la jurisprudence de la cour de cassation; en effet, la cour a jugé 1° que le ministère public a qualité pour représenter la régie des douanes; que dès lors celle-ci ne peut former tierce opposition contre un jugement rendu sur les conclusions du procureur du roi en se fondant sur ce qu'elle n'a pas été partie dans l'instance (2).

2° Que le ministère public a le droit, dans ces matières, de requérir une instruction préalable, et de faire statuer la chambre du conseil sur les résultats de cette instruction (3).

3° Que, dans toute affaire de douanes de la com-

(1) T. II, p. 225. — (2) Arrêt du 16 messidor an 13, Dalloz, t. VI, p. 450. — (3) Arrêt du 3 septembre 1824, Bull., p. 329; Dalloz, t. VI, p. 450.

de cassation sur la question dont je m'occupe.

47. L'administration des douanes a, comme l'administration des contributions indirectes, le droit de transiger avec les prévenus et les condamnés. Ce droit lui est confié par un arrêté des consuls du 14 fructidor an 10, qui porte : « L'administration des douanes est autorisée à transiger sur les » procès relatifs aux contraventions aux lois qui » régissent cette partie du revenu public, soit » avant, soit après le jugement. » Le motif donné à cette disposition est « que s'il importe à l'intérêt » public de réprimer sévèrement la fraude, il est » aussi de l'équité de ne pas appliquer rigoureu- » sement les peines de la fraude à ceux auxquels » on ne peut reprocher qu'une erreur ou l'igno- » rance des réglemens ». Une ordonnance du roi, en date du 30 janvier 1822, dispose, article 10 : « Dans les affaires résultant des procès-verbaux de » saisie ou de contravention, les transactions délibé- » rées en conseil d'administration seront définitives » 1° par l'approbation du directeur général, lors- » que lesdites condamnations n'excéderont pas » 3,000 francs; 2° par l'approbation du ministre » des finances lorsqu'il y aura eu dissentiment en- » tre le directeur général et le conseil d'adminis- » tration, et dans tous les cas, lorsque le montant » des condamnations excédera 3,000 francs. »

M. Legraverend (1) prétend que les transactions de l'administration des douanes ne peuvent por-

(1) T. Ier, p. 655.

ter que sur les amendes et les confiscations encourues par les contrevenans ou prononcées contre eux, et non sur les peines corporelles; il en donne pour raison que « cette administration ne peut »jamais être investie d'un pouvoir qui n'appartient »pas même au souverain, et qu'il se garderait bien »d'ailleurs de revendiquer, *celui de suspendre le* »*cours de la justice;* ni se substituer au souverain »dans l'exercice d'un autre pouvoir dont le sage »exercice est si doux à son cœur, et ne doit ja- »mais être délégué, celui d'anéantir, *par voie de* »*grâce*, l'effet des condamnations et des peines »publiques». Il ajoute que le comité de législation du conseil d'état avait préparé un avis conforme à cette opinion.

La cour de cassation a, par deux arrêts du 30 janvier 1820 (1), adopté une doctrine différente. Voici ses motifs : « Attendu que l'arrêt du 14 fruc- »tidor an 10, en ordonnant qu'il pourrait, en tout »état de cause, être statué administrativement sur »les procès de fraude, lorsqu'il aurait été reconnu »qu'il serait contre l'équité d'appliquer rigoureu- »sement les peines de la fraude, n'a point fait de »distinction entre les peines pécuniaires et les »peines personnelles; que, d'après les motifs qui »l'ont fait rendre, son vœu ne serait pas rempli, »si, lorsqu'il y a eu transaction sur un délit de »fraude ou de contrebande entre l'administration »des douanes et le prévenu, l'action publique

(1) Bull., p. 265 et 268; Dalloz, t. VI, p. 429.

pétence des tribunaux correctionnels, le ministère public est toujours *partie principale* et non *partie jointe*, quoique la régie ait elle-même poursuivi l'affaire; qu'il a le droit de procéder par voie d'action et conséquemment d'interjeter appel du jugement rendu en première instance, encore bien que la régie, partie poursuivante, ait laissé passer le délai fixé par la loi pour en appeler (1).

Ces décisions sont bien positives sur la question; mais aucun des arrêts n'explique pourquoi le ministère public est toujours partie principale en matière de douanes, pourquoi il représente l'administration, tandis qu'il ne la représente pas en matière de contributions indirectes, et que, dans ce dernier genre d'affaires, il n'a pas la voie d'action; il n'est donc pas inutile de rechercher les raisons de ces différences.

Les contraventions aux lois concernant les contributions indirectes ne sont passibles que de simples amendes et de la confiscation; j'ai dit que ces peines participent de la nature des réparations civiles, que c'est pour cela que la poursuite en a été exclusivement abandonnée à la régie. Les contraventions aux lois sur les douanes, au contraire, entraînent le plus ordinairement, en outre des amendes et confiscations, la peine d'emprisonnement dont le ministère public a seul le droit de requérir l'application (2). Or, on ne saurait ad-

---

(1) Arrêt du 21 novembre 1828; Dalloz, 1829, p. 24.

(2) V. n° 45, ci-dessus.

mettre que la poursuite d'un fait unique appartienne à deux autorités différentes, indépendantes l'une de l'autre; il faut absolument que l'une des actions soit principale et dominante, et telle doit être incontestablement celle du ministère public. En effet, l'action contre une contravention en matière de douanes est essentiellement pénale; l'emprisonnement est une peine, l'amende, la confiscation sont des peines, quoiqu'ici un caractère civil vienne s'y mêler; c'est le tribunal correctionnel qui est appelé à prononcer, et là, l'action publique n'appartient qu'aux gens du roi, à moins d'une exception formellement établie par la loi. Tout concourt donc à démontrer que, si la douane participe à l'action publique pour la condamnation à l'amende et à la confiscation, les officiers du ministère public l'exercent dans toute sa plénitude. C'est pour cela qu'en matière de saisie, à l'intérieur, de tissus de fabrique étrangère prohibés, ces contraventions, bien qu'elles n'entraînent pas la peine d'emprisonnement, doivent être poursuivies par les procureurs du roi, aux termes de l'article 66 de la loi du 28 avril 1816 : « Les » poursuites seront dirigées par le procureur du » roi, et les délinquans seront condamnés à la » confiscation des marchandises avec amende de » 500 francs (1). »

Voilà, ce me semble, les raisons qui expliquent et justifient la jurisprudence de la cour

---

(1) *V. l'art. 43 de la loi du 21 avril 1818.

»pouvait encore être intentée ou suivie devant les »tribunaux, puisqu'il est expressément défendu »aux juges d'excuser les contrevenans sur l'inten»tion, et que lorsque le fait matériel de la contra»vention a été régulièrement constaté, ils ne »peuvent se dispenser de prononcer, dans toute »leur rigueur, les peines portées par la loi. »

Ces motifs me paraissent sans réplique. L'arrêté du 14 fructidor an 10, qu'a maintenu l'article 58 de la loi du 28 avril 1814, déroge, pour la matière spéciale des douanes, aux règles générales sur lesquelles M. Legraverend a fondé son opinion.

Ce que la cour de cassation a dit des transactions qui interviennent pendant la poursuite, s'applique naturellement à celles qui interviennent après la condamnation du prévenu; elles doivent faire cesser son emprisonnement; car le droit que le décret du 14 fructidor confère à l'administration a la même étendue, soit avant, soit après le jugement.

M. Legraverend ajoute que les transactions ne peuvent arrêter l'action publique à raison des crimes et des délits commis sur la personne des douaniers; cette proposition est incontestable : en effet, l'arrêté du 14 fructidor et l'ordonnance du 30 janvier déterminent les objets sur lesquels ces transactions peuvent porter; ce sont les *saisies et les contraventions aux lois qui régissent cette partie du revenu public.* Si, à ces contraventions, se joignent des crimes ou des délits accessoires, tels que des voies de fait, des faux, etc., etc., ces faits qui constituent des infractions aux lois pénales qui obligent et protégent tous les citoyens, et dont les preuves existent en dehors des procès-verbaux des employés, échappent à l'appréciation de la régie et rentrent dans l'attribution exclusive des tribunaux de répression et du ministère public. Au surplus, il ne paraît pas que l'administration prétende étendre jusque-là son droit de transiger. Il fut un temps cependant où des instructions ministérielles lui en avaient donné la faculté; mais c'est à l'époque où une loi du 13 floréal an 11 prononçait la peine de mort, celle des travaux forcés, applicables par des tribunaux d'exception, contre des faits accessoires de la contrebande, punis, depuis la restauration, de simples peines correctionnelles; il fallait bien atténuer les effets d'une législation si violente; d'ailleurs, il ne faut pas, sous un régime constitutionnel, se régler sur ce qu'autorisait un gouvernement despotique.

48. Ce que je viens de dire des transactions en matière de douanes, s'applique aux transactions en matière de contributions indirectes. Ces dernières ne peuvent couvrir les crimes et les délits ordinaires qui sont connexes aux contraventions. Il n'est pas moins évident que la transaction intervenue sur une contravention, accompagnée des circonstances aggravantes prévues par l'article 46 de la loi du 28 avril, met le prévenu à l'abri de la peine d'emprisonnement qu'il a encourue ou qui a été prononcée contre lui; la cour a jugé

ces deux points par un arrêt du 26 mars 1830(1).

49. Il est bien clair que les transactions consenties par l'administration des douanes ou des contributions indirectes n'éteignent les poursuites qu'à l'égard des prévenus avec lesquels elles ont été passées, et que l'action subsiste contre les autres prévenus du même fait de contravention. Cependant une cour royale avait décidé que les transactions faites avec les auteurs d'un acte de contrebande, rendait le ministère public et l'administration non recevable à poursuivre les individus qui avaient participé à ces actes comme entrepreneurs ou intéressés. La cour de cassation a nécessairement improuvé cette doctrine, « attendu que les transactions faites entre l'administration des douanes et des prévenus ou des condamnés pour faits de contrebande ou de fraude, ne peuvent profiter qu'à ceux en faveur desquels elles ont été consenties, et, en conséquence, ne peuvent point porter obstacle aux poursuites qu'il y a lieu d'exercer contre d'autres individus auteurs ou complices de la fraude (2) ».

3° *En matière de délits forestiers et de pêche fluviale*

50. La loi du 15-29 septembre 1791, titre 9, a conféré à l'administration forestière le droit de

(1) Dalloz, p. 185.

(2) Arrêt du 26 août 1820 : le ministère public contre Roget, non imprimé.

poursuivre la répression des délits forestiers. Ce droit lui a été conservé par le Code d'instruction criminelle (1); tout en reconnaissant cependant que le procureur du roi peut exercer directement les mêmes poursuites. Enfin est arrivé le Code forestier du 21 mai 1827, qui complète, développe les dispositions et fixe le dernier état de la législation à cet égard. Les articles 159, 183 et 184 portent : Article 159. « L'administration » forestière est chargée, tant dans l'intérêt de » l'État, que dans celui des autres propriétaires » de bois et forêts soumis au régime forestier, » des poursuites en réparation de tous délits et » contraventions commis dans ces bois et forêts, » sauf l'exception mentionnée en l'article 87.

» Elle est également chargée de la poursuite » en réparation des délits et contraventions spé- » cifiés aux articles 134, 143 et 219.

» Les actions et poursuites seront exercées par » les agens forestiers, au nom de l'administration » forestière, sans préjudice du droit qui appartient » au ministère public. »

Article 183. « Les agens de l'administration des » forêts peuvent, en son nom, interjeter appel des » jugemens, et se pourvoir contre les arrêts et » jugemens en dernier ressort; mais ils ne peu- » vent se désister de leurs appels sans son autori- » sation spéciale. »

Art. 184. « Le droit attribué à l'administration

---

(1) Articles 9, 182.

» des forêts et à ses agens de se pourvoir contre » les jugemens et arrêts par appel, ou par recours » en cassation, est indépendant de la même fa» culté qui est accordée par la loi au ministère » public, lequel peut toujours en user, même lors» que l'administration ou ses agens auraient ac» quiescé aux jugemens et arrêts. »

Les bois et forêts soumis au régime forestier sont spécifiés dans l'article 1er du Code forestier, qui porte : « Sont soumis au régime forestier et » seront administrés conformément aux disposi» tions de la présente loi :

» 1° Les bois et forêts qui font partie du do» maine de l'État;

» 2° Ceux qui font partie du domaine de la cou» ronne ;

» 3° Ceux qui sont possédés à titre d'apanage » et de majorats réversibles à l'État ;

» 4° Les bois et forêts des communes et des sec» tions de commune ;

» 5° Ceux des établissemens publics;

» 6° Les bois et les forêts dans lesquels l'État, la » couronne, les communes ou les établissemens » publics, ont des droits de propriété indivis avec » des particuliers. »

Toutes ces dispositions sont fort claires : l'article 174 complète le système qu'elles consacrent, et porte : « Les agens forestiers ont le droit d'ex» poser l'affaire devant le tribunal et sont enten» dus à l'appui de leurs conclusions. » L'article 185 de l'ordonnance réglémentaire du 1er août 1827, ajoute que l'agent chargé de la poursuite doit avoir aux audiences une place particulière, à la suite du parquet.

51. Ces dispositions établissent, comme on voit, plusieurs exceptions aux règles qui concernent l'exercice de l'action publique et de l'action civile. Il en résulte :

1° Que l'administration est compétente pour provoquer l'application des peines proprement dites, savoir, l'amende et l'emprisonnement, dans tous les cas où ces peines sont prononcées par le Code forestier (1).

2° Que par ses poursuites, que par ses actes, l'administration forestière intente et conserve l'action publique. Je ferai remarquer cependant qu'elle ne peut pas interjeter appel d'un jugement correctionnel intervenu sur la seule poursuite du procureur du roi. La cour de cassation l'a ainsi jugé par arrêt du 7 février 1806 (2), sous l'empire de la loi du 15-29 septembre 1791 (3), qui, comme le Code forestier, donnait à l'administration le droit d'appeler. Cette décision conserve son autorité sous le Code actuel ; car, pour pouvoir interjeter appel d'un jugement, il faut y avoir été partie. Mais le ministère public peut certainement appeler d'un jugement intervenu sur les poursuites de l'administration forestière, parce qu'il

---

(1) * Arrêt du 8 mai 1835, Dalloz, p. 272.

(2) Rép. de jurisprudence, t. Ier, p. 392.

(3) Art. 17, tit. 9.

est nécessairement partie dans tous les jugemens correctionnels (1).

3° Que l'administration forestière et le ministère public exercent même les actions civiles des propriétaires lésés par les contraventions et les délits, et poursuivent, dans leur intérêt, la réparation civile du dommage qu'ils ont éprouvé (2).

52. Cependant l'administration forestière n'exerce ni l'action publique, ni l'action civile résultant des délits et contraventions commis dans les bois et forêts qui font partie du domaine de la couronne. Ces bois et forêts sont exclusivement régis et administrés par le ministre de la maison du roi (3), et, aux termes de l'article 87 du Code forestier, « les agens et gardes des forêts de la » couronne sont en tout assimilés aux agens et » gardes de l'administration forestière, tant pour » l'exercice de leurs fonctions que pour les pour- » suites des délits et contraventions ».

L'article 159 du Code forestier est donc applicable à ces agens ; ils exercent donc l'action publique ; ainsi ils peuvent poursuivre, interjeter appel, et faire, dans l'intérêt de la liste civile, tout ce que l'administration forestière est autorisée à faire dans l'intérêt des autres propriétaires de bois soumis au régime forestier. Un tribunal

(1) Arrêt du 4 avril 1806, Dalloz, t. XI, p. 31, et 20 mars 1830, Dalloz, p. 175.

(2) *Arrêt du 8 mai 1835, Dalloz, p. 272. V. *infrà*, n° 55.

(3) Code forestier, art. 86.

leur avait dénié ce droit; mais son jugement a été cassé (1).

53. Les délits commis dans les bois particuliers non soumis au régime forestier, et dans ceux des communes exceptées de ce régime par l'article 90 du Code, ne peuvent pas être poursuivis par l'administration, excepté dans les cas où ils portent préjudice à l'intérêt public. Ces cas sont déterminés par les articles 134, 143 et 219 : ils sont relatifs, 1° à la conservation des arbres destinés soit au service de la marine, soit au service des ponts-et-chaussées pour les travaux du Rhin; 2° au défrichement des bois. Hors ces cas, l'administration n'a pas d'action; c'est ce qui résulte de l'article 159. La poursuite des délits s'exerce par le ministère public seul pour ce qui concerne l'application des peines, et par la partie lésée pour les réparations civiles qui lui sont dues. Le Code forestier a levé les doutes qui existaient à cet égard.

54. La poursuite des délits contre la police de la pêche fluviale appartient aux agens spéciaux chargés par le gouvernement de la police de la pêche, dans l'intérêt général, et ils exercent, conjointement avec les officiers du ministère public, toutes les poursuites et actions en réparation de ces délits. C'est ce qui résulte des articles 36, 60 et 61 de la loi du 15 avril 1829.

Art. 36. « Le gouvernement exerce la surveil-

(1) Arrêt du 5 novembre 1829, Dalloz, p. 376.

» lance et la police de la pêche dans l'intérêt gé- » néral. En conséquence, les agens spéciaux par » lui institués à cet effet, ainsi que les gardes cham- » pêtres, éclusiers des canaux et autres officiers de » la police judiciaire, sont tenus de constater les » délits qui sont spécifiés au titre IV de la pré- » sente loi, en quelques lieux qu'ils soient com- » mis; et lesdits agens spéciaux exerceront, con- » jointement avec les officiers du ministère public, » toutes les poursuites et actions en réparation de » ces délits. »

Les articles 60 et 61 ne sont que la répétition des articles 183 et 184 du Code forestier, qui sont transcrits ci-dessus (1); et tout ce que j'ai dit ci-dessus (n° 51) s'applique ici.

Dans ce moment, *les agens spéciaux* dont parlent ces articles sont ceux de l'administration forestière. Mais le droit de poursuivre accordé à ces agens ne s'étend qu'aux délits qui violent les dispositions des lois et ordonnances qui règlent la police de la pêche dans l'intérêt général, et qui sont spécifiés par le titre IV de la loi, tels que la pêche en temps ou avec des engins prohibés; c'est ce qui résulte de l'article 36. Quant aux délits qui ne lèsent que les droits privés des adjudicataires, la même loi dit, article 67 : « Les » poursuites et actions seront exercées au nom et » à la poursuite des parties intéressées. »

55. De ce qu'en matière de délits commis dans

(1) V. n° 50.

les bois et forêts soumis au régime forestier; de ce qu'en matière de délits contre les lois et ordonnances qui règlent la police de la pêche, dans l'intérêt général, les actions civiles pour la réparation des dommages sont exercées par l'administration et le ministère public, faut-il conclure que les parties lésées ne sont pas maîtresses de leurs actions, qu'elles ne peuvent les exercer directement, ni transiger sur leurs droits? Non, sans doute. Les lois qui créent, en cette matière, une exception au droit commun, ont eu pour but de prévenir des délits qui sont de nature à se renouveler fréquemment; et, pour y parvenir, elles ont voulu en assurer la complète réparation. Le législateur a nécessairement pensé que si les parties lésées n'obtenaient la réparation du préjudice qu'elles ont éprouvé qu'autant qu'elles se constitueraient parties civiles, il arriverait le plus ordinairement que, pour éviter les chances d'un procès, elles garderaient le silence; leur inaction eût été un encouragement pour les délinquans, et la loi a permis à l'administration et au ministère public d'agir pour elles, et dans leur intérêt. Mais ces parties ne sont point, pour cela, privées du droit d'agir elles-mêmes; elles peuvent poursuivre ou intervenir dans l'instance, si elle est liée; elles peuvent transiger; sauf à celles qui ont besoin d'une autorisation, telles que les établissemens publics et les communes, à s'en pourvoir.

Il résulte de là que les parties ne pourraient pas former tierce-opposition aux jugemens qui refuseraient de leur adjuger les restitutions et les dommages-intérêts demandés en leur nom par le ministère public ou l'administration, puisque ceux-ci les représentent légalement; mais si ces derniers avaient omis de conclure aux réparations civiles, et que le tribunal se fût borné à statuer sur l'action publique, elles auraient certainement le droit de porter leur action civile, car cette action serait restée entière.

56. Le droit conféré aux administrations des contributions indirectes, des douanes, des eaux et forêts, d'exercer l'action publique, ou de participer à son exercice, ne peut être étendu à d'autres administrations. Ce droit est, comme je l'ai dit, une exception aux règles générales, et cette exception ne peut résulter que de la loi. L'administration de la loterie y avait prétendu; elle se fondait sur ce que le délit de loterie clandestine, prévu par l'article 410 du Code pénal et la loi du 9 germinal an 6, porte préjudice aux recettes de l'État et compromet l'intérêt particulier du trésor; qu'aux termes de la loi du 9 germinal an 6 (1), elle est chargée du recouvrement des amendes et autorisée à disposer du quart; mais la cour royale de Lyon n'a point admis cette prétention, « attendu, porte l'arrêt, qu'aucune loi ne » lui a confié le droit de poursuite ni de réquisi- » tion pour l'application des peines d'amende et

(1) Art. 7, 8 et 9.

» d'emprisonnement ». L'administration s'est pourvue en cassation, et son pourvoi a été rejeté (1).

SECTION II.

De l'étendue de l'action publique et de l'action civile.

57. Il n'y a plus aujourd'hui, par rapport au ministère public, de différence entre les délits qui attaquent plus ou moins directement l'ordre social ; la distinction établie par l'ancien droit criminel entre les *délits publics* et les *délits privés* est abolie (2). La société tout entière est réputée offensée par le délit commis à l'égard d'un de ses membres ; l'ordre public est réputé troublé par toute infraction aux lois qui protégent les personnes ou les propriétés, et conséquemment tout crime, tout délit, toute contravention, donne indistinctement lieu à l'action publique. Si, comme je l'expliquerai dans le chapitre III, il y a quelques faits punissables dont la poursuite est subordonnée à une plainte ou à une dénonciation, ce n'est que par exception au principe que je viens de poser, et cette exception ne peut résulter que d'une disposition expresse de la loi.

58. La loi n'a pu reconnaître, dans aucun des membres de la société, la faculté de troubler l'ordre et de violer impunément les lois pénales. Tous les Français sont égaux devant la loi, quels que

---

(1) Arrêt du 30 novembre 1821, Dalloz, t. IX, p. 905.
(2) V. *suprà*, nos 7, 8 et 13.

soient d'ailleurs leurs titres et leurs rangs (1) ; il n'y a que la personne du roi qui soit inviolable et sacrée (2); ainsi l'action publique s'étend à toute personne indistinctement.

59. Les lois de police et de sûreté obligent tous ceux qui habitent le territoire (3). Il ne peut, à cet égard, exister de différence entre les citoyens et les étrangers. L'action publique s'étend donc aux étrangers qui commettent dans le royaume des crimes, des délits ou des contraventions, soit qu'ils ne fassent qu'y passer, soit qu'ils y résident. La qualité d'étranger ne peut, en effet, être un titre pour violer impunément la loi du territoire sur lequel on se trouve. L'étranger devient sujet de la loi du pays où il se transporte ; il est soumis à la puissance publique de ce pays. S'il commet un délit, il est justiciable de ses tribunaux; c'est un principe du droit des gens admis chez toutes les nations.

Peu importe qu'il ait commis ce délit au préjudice d'un autre étranger. Lorsque la loi prohibe certaines actions et qu'elle émet des peines contre ceux qui les commettent, elle statue, abstraction faite de la qualité des personnes contre lesquelles ces actions sont dirigées, à moins que la criminalité du fait ne résulte uniquement de cette qualité. La raison en est qu'il est de l'honneur et

---

(1) Charte constitutionnelle, art. 1er.

(2) *Ib.*, art. 13 de l'ancienne, et 12 de la nouvelle.

(3) Code civil, art. 3.

de l'intérêt du gouvernement que la personne et les biens des étrangers soient protégés contre tout délit, à l'égal de la personne et des biens des Français eux-mêmes. Aussi la cour de cassation a-t-elle rejeté (1) le pourvoi du nommé Carcano, Espagnol, contre un arrêt qui l'avait condamné à la peine des travaux forcés à perpétuité, pour crime de meurtre sur la personne d'un autre Espagnol qui se trouvait en France comme lui.

60. La protection que les lois françaises accordent aux étrangers s'étend même à ceux qui n'habitent pas notre territoire; il suffit que le délit qui leur porte préjudice y ait été commis.

La France ne doit pas être un foyer d'agression contre les étrangers; on ne peut y publier impunément des libelles qui blessent l'honneur de ceux-ci, y fabriquer des faux qui attaquent leur fortune, en faire partir des menaces de mort et d'incendie. Un pays qui tolérerait de tels actes se déclarerait en état d'hostilité contre toutes les règles du droit des nations et de la civilisation; il serait difficile de dire jusqu'où pourrait s'étendre l'agression, où s'arrêteraient les représailles.

La cour de cassation a rendu deux arrêts qui viennent à l'appui de ma proposition. Paul-Désiré Mary avait été déclaré coupable « d'avoir menacé » d'assassinat S. A. R. le prince d'Orange, par plu- » sieurs lettres à lui adressées de Paris à Bruxelles,

---

(1) Arrêt du 29 décembre 1814, au rapport de M. Rateau, non imprimé. V. cependant *infrà*, nos 79 et suiv.

» ladite menace faite avec ordre de déposer une » somme d'argent dans un lieu indiqué en France». En conséquence de cette déclaration du jury, l'accusé fut condamné à la peine des travaux forcés à temps, conformément à l'article 305 du Code pénal. Il se pourvut en cassation et soutint d'abord que le crime n'avait pas été commis en France, mais en Belgique, puisque c'était là que ses lettres étaient adressées; ensuite que, S. A. R. le prince d'Orange étant étranger et résidant en pays étranger, les lois françaises ne lui devaient aucune protection. Le pourvoi a été rejeté (1): « Attendu, sur les deux premiers moyens, pris » du statut personnel et de l'insuffisance des ques» tions soumises au jury, que la question pré» sentée au jury était conforme dans l'énonciation » du fait imputé et de ses circonstances à l'arrêt » de renvoi, et que la réponse affirmative du jury » sur la question ainsi posée a suffi pour justifier » l'application de la loi pénale. »

Un sieur Wilson, Anglais, résidant en France, avait publié, en France, un écrit diffamatoire contre d'autres Anglais résidant à Bruxelles. Poursuivi et condamné en vertu de la loi du 17 mai 1819, il se pourvut en cassation et soutint que l'ordre public n'avait pu être troublé, en France, par une plume étrangère qui avait attaqué des étrangers demeurant sur un sol étranger; il disait que les

(1) Arrêt du 31 janvier 1822, au rapport de M. Olivier, non imprimé.

tribunaux français n'avaient pas à se rendre tributaires de devoir de justice envers des individus qui ne tenaient au pays par aucun lien. Le pourvoi a été rejeté (1) : « Attendu que la disposition de »l'article 3 du Code civil portant que les lois de »police et de sûreté obligent tous ceux qui habi»tent le territoire est générale et absolue ; qu'elle »s'applique aux étrangers résidant en France, »comme aux Français d'origine ; attendu que les »lois des 17 et 26 mai 1819 et 25 mars 1822 sont »au nombre des lois de police et de sûreté ; at»tendu que, d'après l'article 23 du Code d'instruc»tion criminelle, comme d'après les anciennes lois, »le juge du lieu du délit et celui du domicile du »prévenu sont également compétens pour con»naître du fait imputé ; attendu que, dans l'es»pèce, au moment où le fait a été commis, »Wilson, Anglais d'origine, habitait en France, à »Saint-Omer ; qu'il était prévenu d'avoir diffamé, »par la publication faite à Saint-Omer et à Paris, »d'un écrit imprimé, les sieurs Nortchey et con»sorts, Anglais, habitant à Bruxelles ; qu'à raison »de ce fait il était justiciable du tribunal de »Saint-Omer sous le double rapport de sa rési»dence et du lieu du délit ; que dès-lors en con»firmant le jugement qui avait rejeté son déclina»toire, fondé sur ce qu'il était Anglais d'origine, »et que l'ouvrage par lui publié portait contre des »Anglais non résidant en France, la cour royale de

(1) Arrêt du 22 juin 1826, Dalloz, p. 387.

» Douai, loin d'avoir violé les règles de compé» tence et les dispositions des lois des 17 et 26 mai » 1819, et 25 mars 1822, s'y est au contraire » exactement conformée. »

61. Mais ce droit de punir les crimes, les délits et contraventions commis en France, quelle qu'en soit la nature, quelles que soient les personnes qui en ont souffert, n'a d'autre fondement que le droit de souveraineté, et ce droit de souveraineté est nécessairement limité à notre territoire; l'autorité des lois françaises expire aux frontières du royaume. D'ailleurs des délits commis sur une terre étrangère ne peuvent avoir blessé l'ordre public en France. On devrait donc tenir pour incontestable que l'action publique ne s'étend pas aux délits commis en pays étranger. Cependant ce principe a toujours rencontré dans son application bien des difficultés, et il n'a jamais été admis qu'avec des restrictions plus ou moins nombreuses. Il est essentiel de constater quel était l'état de l'ancienne législation à cet égard, parce qu'on en saisira mieux l'esprit de la législation actuelle.

Dans l'ancien droit criminel, les délits commis hors du royaume n'étaient point soumis à des règles uniformes; on distinguait les délits commis par l'étranger au préjudice d'un autre étranger; les délits commis par l'étranger au préjudice d'un Français, et réciproquement; enfin les délits commis par un Français au préjudice d'un autre Français.

1° S'il s'agissait d'un délit commis par un étranger au préjudice d'un autre étranger, on ne pouvait le poursuivre en France, à moins que le coupable ne fût venu s'y réfugier et que la partie lésée n'eût rendu plainte; mais, dans ce cas même, l'accusé pouvait demander son renvoi devant le juge du pays où l'on prétendait que le délit avait été commis (1). Cependant le plaignant pouvait obtenir l'arrestation provisoire de l'accusé, et le faire livrer au juge; il n'appartenait qu'au gouvernement de délivrer cet ordre d'arrestation (2). Si le délit avait quelques suites en France, par exemple si les choses volées y avaient été exposées en vente, l'accusé devait y être jugé, il était non recevable à demander son renvoi devant le juge du lieu du délit. Toutefois l'arrêt du 25 mars 1782, que je viens de citer, avait décidé qu'on ne pouvait poursuivre en France un Anglais inculpé d'un crime de rapt, commis en Angleterre, et qui avait conduit en France la personne enlevée.

2° S'il s'agissait d'un crime commis par un étranger au préjudice d'un Français, les tribunaux de France ne devenaient compétens qu'autant que cet étranger était arrêté sur notre territoire, que le Français avait porté plainte, et que la preuve du délit pouvait y être faite facilement. Si cepen-

---

(1) Jousse, t. Ier, p. 425 et 426; Nouveau Dénisart, v° Délit, § 4, n° 2; arrêt du parlement de Paris, du 25 mars 1782, Quest. de droit, t. IV, p. 13.

(2) Arrêt du conseil d'état, du 27 avril 1782.

dant l'accusé était venu fixer son domicile en France, la compétence était acquise à nos tribunaux sans aucune de ces conditions (1).

S'il s'agissait d'un crime commis par un Français au préjudice d'un étranger, les tribunaux de France pouvaient en connaître.

3° Enfin s'il s'agissait d'un crime commis par un Français au préjudice d'un autre Français, et, à plus forte raison, s'il s'agissait de crime de lèse-majesté ou de contrefaçon de nos monnaies, la compétence de nos tribunaux était incontestable (2).

Il résulte de ce que je viens de dire que le principe que l'action publique ne peut s'étendre aux délits commis sur le territoire d'une autre souveraineté, n'était pas méconnu, mais qu'il était subordonné à deux autres; 1° que le Français qui n'a pas abdiqué sa patrie demeure, quant à sa personne, soumis aux lois de son pays; 2° que la loi française protége le Français, quel que soit le pays où il se trouve.

Le Code du 3 brumaire an 4 adopte le premier de ces deux principes, et abandonne complétement le second; il porte, article 11 : « Tout Français qui se sera rendu coupable hors le territoire de la république, d'un délit auquel les lois françaises infligent une peine afflictive et infamante, est jugé et puni en France lorsqu'il y est

(1) Jousse, t. Ier, p. 422.

(2) *Ib.*, p. 428; Nouveau Denisart, v° Délit, § 4, n° 5.

» arrêté. » Cet article, comme on le voit, exclut les délits qui ne sont punissables que de peines correctionnelles; mais il ne fait aucune distinction entre les crimes commis au préjudice des Français et ceux commis au préjudice d'étrangers. L'article 12 déclare justiciables de nos tribunaux les étrangers qui contrefont, altèrent ou falsifient nos monnaies ou papiers monnaies, ou émettent hors de notre territoire des monnaies et papiers contrefaits. L'article 13 porte : « A l'égard des dé» lits de toute autre nature, les étrangers qui sont » prévenus de les avoir commis hors du territoire » de la république, ne peuvent être jugés ni punis » en France; mais sur la preuve des poursuites » faites contre eux dans le pays où ils les ont com» mis, si ces délits sont du nombre de ceux qui » attentent aux personnes ou aux propriétés, et » qui, d'après les lois françaises, emportent peine » afflictive ou infamante, ils seront condamnés par » les tribunaux correctionnels à sortir du territoire » français, avec défense d'y rentrer jusqu'à ce » qu'ils se soient justifiés devant les tribunaux » compétens. »

Tel était l'état des deux législations qui ont précédé le Code d'instruction criminelle.

62. Toute cette matière est réglée aujourd'hui par les articles 5, 6 et 7 du Code d'instruction qui portent :

Art. 5. « Tout Francais qui se sera rendu coupa» ble, hors de France, d'un crime attentatoire à » la sûreté de l'État, de contrefaçon du sceau de

» l'État, de monnaies nationales ayant cours, de
» papiers nationaux, de billets de banque autorisés
» par la loi, pourra être poursuivi, jugé et puni
» en France d'après les dispositions des lois fran-
» çaises. »

Art. 6. « Cette disposition pourra être étendue
» aux étrangers qui, auteurs ou complices des
» mêmes crimes, seraient arrêtés en France, ou
» dont le gouvernement obtiendrait l'extradition. »

Art. 7. « Tout Français qui se sera rendu cou-
» pable, hors du territoire du royaume, d'un
» crime contre un Français, pourra, à son retour en
» France, y être poursuivi et jugé, s'il n'a pas été
» poursuivi et jugé en pays étranger, et si le Fran-
» çais offensé a rendu plainte contre lui. »

Lorsque le système conservé par ces articles fut soumis à la discussion du conseil d'état, il y rencontra une vive opposition (1), parce qu'on crut y voir une violation du principe qu'il n'appartient qu'au souverain sur le territoire duquel un délit a été commis, d'en poursuivre et faire punir les auteurs; cependant on finit par s'accorder, et, tout en reconnaissant la vérité du principe, on crut nécessaire de le modifier dans les cas prévus par les trois articles que je viens de transcrire.

Mais ces cas ne sont que des exceptions à une règle générale; hors ces cas, cette règle domine; c'est même par respect pour elle que les articles

(1) V. les procès-verbaux des 4 sept. et 13 déc. 1804.

5 et 6 n'ont pas été rédigés d'une manière impérative, que le mot *pourra*, qui n'était pas dans le projet, y a été inséré, et que le conseil d'état a voulu rendre leurs dispositions facultatives (1).

Ainsi le Code d'instruction criminelle, bien différent des deux législations qui l'ont précédé, fait prévaloir le principe que chaque individu n'est soumis, quant à ses actions, qu'aux lois du pays dans lequel il se trouve; que les lois criminelles sont essentiellement territoriales, que la puissance à laquelle il appartient de punir est celle chez laquelle l'ordre public a été troublé. C'est ce que disait l'orateur du gouvernement, en présentant au corps législatif les articles 5, 6 et 7 du Code d'instruction : « Ces articles n'ont été adoptés » qu'après une longue et profonde discussion.

» Sans doute la règle générale, en cette matière, » est que le droit de poursuivre un crime n'appar- » tient qu'au magistrat du territoire sur lequel il a » été commis, ou du territoire sur lequel le crime » s'est prolongé.

» Mais il est des attentats tels que ceux énoncés » en l'article 6, qui attaquent la sûreté et l'essence » même de tous les états, dont l'intérêt commun » des nations doit provoquer la poursuite, lors- » que le coupable a l'audace de se montrer dans » le sein du gouvernement qu'il a voulu détruire.

» Quant au Français qui a attenté, hors du terri-

(1) Procès-verbaux des 4 septembre et 15 décembre 1804.

» toire, à la vie d'un autre Français, il est évident » qu'il a blessé les lois de son pays.

» Les dispositions de ces articles sont justes et » certainement très-morales. »

Aussi, pour les deux cas exceptionnels dont il s'agit, le ministère public est averti qu'il ne doit agir qu'avec mesure et après un mûr examen; la poursuite est facultative, la loi ne la commande pas; le procureur du roi doit comprendre conséquemment qu'il convient, avant d'intenter l'action publique, qu'il prenne les ordres du procureur général.

Cela posé, je vais examiner séparément les articles 5, 6 et 7 du Code d'instruction.

63. L'exception établie par l'article 5 est limitée aux crimes attentatoires à la sûreté de l'État (ils sont définis dans le chapitre premier, titre I, livre 3 du Code pénal), et aux crimes de contrefaçon du sceau de l'État, de monnaies nationales ayant cours, de papiers nationaux, de billets de banque autorisés par la loi, crimes prévus par les articles 132, 133 et 139 du même Code. Il ne s'agit pas là de crimes douteux et arbitraires qui ont ce caractère chez une nation et ne l'ont pas chez une autre, mais de faits qui partout sont réputés criminels; ils compromettent essentiellement la sûreté de l'État contre lequel ils sont dirigés; les uns attaquent son existence, les autres ruinent son commerce et son crédit à l'étranger; il a le droit de les punir, car il a le droit de faire tout ce qui

tend à sa conservation et d'empêcher tout ce qui peut lui nuire.

Remarquez que l'article 5 ne subordonne pas la poursuite à l'arrestation du Français qui serait inculpé de l'un des crimes qu'il prévoit; conséquemment il peut être jugé, quoique absent, et condamné par contumace.

64. L'exception établie par l'article 6 autorise à étendre aux étrangers les dispositions de l'article 5, lorsqu'ils se sont rendus auteurs ou complices des crimes prévus par le dernier article, à condition cependant que ces étrangers auront été arrêtés en France, ou que le gouvernement aura obtenu leur extradition.

C'est aux cas prévus par ces deux articles qu'est limité l'exercice de l'action publique contre les étrangers à raison des délits qu'ils ont commis en pays étranger; ainsi il n'est pas douteux aujourd'hui que l'on ne peut poursuivre, en France, un étranger pour un crime commis par lui en pays étranger au préjudice d'un Français; cela est certain, quand même cet étranger se présenterait sur notre territoire, qu'il aurait pour complice un Français, et que, conformément à l'article 7, la partie lésée aurait rendu plainte contre ce dernier. C'est ce que la cour de cassation a décidé par arrêt du 2 juin 1825 (1), au rapport de M. Ollivier. Dans l'espèce de cet arrêt Michel Bouscail, Français, était poursuivi à raison d'une tentative d'as-

(1) Non imprimé.

sassinat suivie de vol, commise de complicité avec trois Espagnols, sur le territoire espagnol, contre la personne d'un Français qui en avait rendu plainte. Les trois Espagnols furent arrêtés en France, mais la cour royale, chambre des mises en accusation, déclara que les tribunaux français étaient incompétens pour les juger; elle motiva son arrêt sur les articles 5, 6 et 7 du Code d'instruction criminelle. Le procureur général se pourvut en cassation; son principal moyen était fondé sur ce que le Code d'instruction ne dit pas, comme l'article 13 du Code du 3 brumaire an 4, que, hors les cas qu'il a prévus, les étrangers prévenus d'avoir commis des crimes hors du territoire du royaume ne peuvent être jugés et punis en France; d'où le procureur général induisait que l'article 6 du Code d'instruction criminelle n'était qu'indicatif et non limitatif de la compétence des tribunaux de France; son pourvoi a été rejeté: « Attendu » que la juridiction de chaque état est nécessaire- » ment bornée par les limites du territoire; que » les lois françaises n'admettent que deux excep- » tions à cette règle, savoir : lorsqu'il s'agit de » crimes attentatoires à la sûreté de l'État, de » contrefaçon du sceau de l'État, de monnaies » nationales ayant cours, de billets de banque au- » torisés par la loi, ou de crimes commis par des » Français contre des Français; que dans la première » de ces hypothèses, le droit de légitime défense et » de sa propre conservation proroge la juridiction » de chaque souverain sur les étrangers qui ren-

» trent dans leur territoire, après avoir commis, » hors de ce territoire, le crime prévu par l'article » 5 du Code d'instruction; que la deuxième est la » conséquence de ce principe de droit public, que » les Français qui voyagent ou habitent en pays » étranger, quoiqu'ils soient sujets à temps du » souverain dans les états duquel ils se trouvent, » ne cessent pas pour cela d'être sujets du roi de » France, et, comme tels, protégés par la loi fran- » çaise; d'où il suit qu'ils demeurent justiciables » des tribunaux français lorsqu'ils rentrent en » France, quand ils ont violé les lois en attentant » à la sûreté ou à la propriété de leurs compa- » triotes, quel que soit le lieu où le crime a été » commis; que dès-lors l'arrêt attaqué, en jugeant » que des Espagnols qui ont attaqué des Français » sur le territoire espagnol, ne sont pas justiciables » des tribunaux français quand ils sont arrêtés en » France, lors même qu'ils auraient des complices » français qui seraient justiciables de ces tribu- » naux, n'a ni méconnu les règles de sa compé- » tence, ni violé aucune disposition de la loi. »

Peu importe même que le territoire sur lequel le crime a été commis par un étranger au préjudice d'un Français soit occupé par des troupes et administré par des autorités françaises; cette occupation, cette administration ne communiquent pas aux habitans le titre de Français, ni au territoire la qualité de territoire françats; une telle communication ne peut résulter que d'un acte de réunion émané de l'autorité publique; le territoire demeure donc étranger. Une cour d'assises avait décidé le contraire; elle s'était déclarée compétente pour connaître d'un crime commis en Catalogne, par un Espagnol sur un Français, au moment où le pays était occupé et administré par les Français; son arrêt fut cassé (1).

Enfin il n'est pas douteux que le ministère public ne pourrait pas aujourd'hui traduire un étranger devant le tribunal correctionnel pour le faire condamner à sortir du territoire français, sous prétexte qu'il se trouve dans le cas prévu par le 2e alinéa de l'article 13 du Code de brumaire. Non seulement cet article est abrogé par le Code d'instruction, mais encore l'expulsion d'un étranger de notre territoire n'est plus qu'une mesure de haute administration qui appartient exclusivement au gouvernement, conformément à la loi du 28 vendémiaire an 6.

65. Les dispositions de l'article 6 du Code d'instruction sont de toute justice, lorsque les crimes prévus par l'article 5 ont eu des suites en France; mais lorsqu'ils n'en ont pas eu, peut-on les invoquer contre l'étranger? cette question a été agitée au conseil d'état, lors de la discussion du projet du Code; elle avait d'abord été décidée pour la négative. « Les rédacteurs de l'article, dit » M. Cambacérès (2), ont apparemment supposé » que l'étranger auquel ils l'appliquent viendrait

(1) Arrêt du 22 janvier 1818. Bull., p. 23. Dalloz, t. III, p. 409. — (2) Séance du 4 septembre 1804.

» en France, après avoir contrefait nos monnaies, nos effets publics ou le sceau de l'Etat. » S'il en est ainsi, il ne reste plus d'incertitude » En effet, la contrefaçon n'est un délit qu'autant » qu'elle a des suites en France. Un étranger qui, » par curiosité, imiterait nos effets publics et ne se » servirait pas de son ouvrage ou l'anéantirait, ne » se rendrait pas coupable ; pour qu'il nous nuise, » il est nécessaire qu'il introduise en France et » qu'il y mette en circulation la fausse monnaie ou » les faux billets qu'il a fabriqués. Sa présence sur » notre territoire suffit pour établir contre lui la » présomption qu'il est venu dans cette intention. » La question paraît donc devoir être résolue affirmativement, toutefois en expliquant que l'article n'est applicable qu'au cas où l'on a fait » usage, en France, des choses falsifiées. »

Le procès-verbal de la séance porte : « Le conseil décide affirmativement les trois questions (1) » auxquelles *S. A. S. le prince archi-chancelier de* » *l'empire* (M. Cambacérès) a ramené la discussion » des articles 5 et 6, et admet les amendemens qu'il » a proposés. »

Cependant lorsque l'article 6 fut présenté à la séance du 13 décembre suivant, il ne contenait pas l'amendement arrêté à la séance du 4 septembre, et la discussion s'engagea de nouveau, sur l'observation de M. *Bigot Préameneu* : « qu'il se-

---

(1) M. Cambacérès avait discuté les trois questions que faisaient naître les articles 5, 6 et 7 du Code d'inst. criminelle.

» rait dangereux de paraître déclarer dans un Code » qu'il est permis de machiner inpunément contre » la France......; que le crime est consommé aus- » sitôt que la contrefaçon des monnaies se trouve » achevée; que les lois punissent la simple tenta- » tive du crime, comme si elle avait eu toutes ses » suites »; sur celles de M. *Bérenger* : « qu'il ne se- » rait pas exact de dire que le crime ne nuit à la » France qu'autant qu'il a été continué en France: » avec une fausse commission, un individu peut » se faire passer pour un ambassadeur de notre » gouvernement, et nous susciter des ennemis » parmi les puissances. On peut, sans introduire » la fausse monnaie en France, la répandre en » Allemagne et discréditer ainsi nos monnaies. » Le conseil rejeta l'amendement de M. Cambacérès. Le procès-verbal porte ; « Le conseil rejette l'amen- » dement tendant à ne donner d'effet à l'article 6, » qu'autant qu'il y a eu commencement d'exécu- » tion en France.

» Il arrête que la disposition sera rendue facul- » tative par la rédaction suivante : « Cette dispo- » sition *pourra* être étendue aux étrangers. »

Au surplus, quoique l'article 6 ne fasse aucune distinction entre les crimes spécifiés dans l'article 5, personne ne contredit, au conseil d'état, l'observation faite par quelques membres qu'il pourrait arriver qu'en agissant dans son pays contre la France, un étranger n'ait fait qu'obéir à ses devoirs; qu'on ne devrait pas le punir d'avoir exercé des hostilités contre nous, si nous étions en guerre avec sa nation; qu'il fallait, sur ce sujet, se régler par le droit des gens, et que ce qu'il autorise entre les nations en guerre, ne saurait être imputé à crime.

On a dû remarquer que la rédaction de l'article 6 n'est pas bien nette : en effet l'article 5 porte que le Français *pourra* être poursuivi et jugé en France ; il ne fallait pas dire que la disposition de cet article *pourra* être étendue à l'étranger ; car c'est dire *qu'il sera facultatif* d'user à l'égard de l'étranger de *la faculté* réservée contre le Français. Mais ce n'est là qu'un pléonasme destiné à faire ressortir davantage l'intention du législateur, de ne soumettre à l'action publique les faits dont il s'occupe, que dans les cas où l'intérêt de l'État pourra l'exiger. Il ne faut pas en conclure, avec M. Carnot (1), que le gouvernement s'est seulement réservé, comme éventualité, le pouvoir d'étendre aux étrangers les dispositions de l'article 5, pouvoir qu'aucune loi ne lui a encore accordé. L'article 6 serait un non-sens, s'il fallait lui donner cette interprétation ; car le gouvernement n'a jamais besoin de se réserver la faculté de solliciter une loi pour le cas où il en aura besoin. Le sens du mot *pourra*, est parfaitement fixé par la discussion qui a eu lieu au conseil d'état; on vient d'en voir l'analyse, l'orateur du gouvernement l'a d'ailleurs expliqué en disant au corps législatif : « L'article 6 *applique* la même disposi-

(1) T. Ier, p. 120.

» tion (celle de l'article 5) aux étrangers qui, au- » teurs ou complices des mêmes crimes, seraient » arrêtés en France, ou dont le gouvernement » obtiendrait l'extradition. »

66. Il résulte de l'article 6 que l'exercice de l'action publique contre l'étranger est subordonné à son arrestation, soit qu'elle ait eu lieu en France, soit qu'elle ait été la suite de son extradition. Il résulte de là qu'on ne peut le poursuivre tant qu'il est absent, et qu'on ne peut le juger par contumace.

Il faut encore que l'arrestation de l'étranger ait eu lieu loyalement; car si, par exemple, il avait été entraîné sur le territoire français par violence, s'il y avait été attiré par supercherie, les tribunaux ne considéreraient certainement pas comme accomplie la condition dont la loi fait dépendre leur compétence; il en serait de même si l'étranger ne s'était trouvé sur le territoire français que par l'effet d'une force majeure. On aime à se rappeler, comme de l'aurore de meilleurs jours, le bel arrêté des consuls du 18 frimaire an 8, en faveur des émigrés naufragés à Calais : « Considérant qu'il » est hors du droit des nations policées de profiter » de l'accident d'un naufrage pour livrer, même » au juste courroux des lois, des malheureux » échappés aux flots : arrêtons, etc. » Je parlerai bientôt de l'extradition (1).

Un étranger entendu comme témoin dans une instruction formalisée en France, à raison d'un des

(1) V. n° 74 et suivans.

crimes prévus par l'article 5 du Code d'instruction, pourrait-il être arrêté et jugé conformément à l'article 6, si l'on découvrait qu'il s'est rendu complice du crime? Il faut distinguer : si le témoin a été trouvé et cité en France, et qu'il ait déféré à cette citation, je crois que rien ne s'oppose à son arrestation et à sa mise en jugement. Si, au contraire, il a été cité en pays étranger, d'après l'autorisation du gouvernement auquel il est soumis, il n'arrive en France que sous la garantie que sa personne sera libre et respectée; son arrestation, quelles que fussent les charges, constituerait un abus de confiance, une violation du droit des gens. Je raisonne ici d'après les principes généraux du droit, et pour le cas où aucun traité diplomatique avec la nation à laquelle l'étranger appartient, ne déroge à ces principes.

67. L'action publique peut-elle être exercée contre les gens de mer étrangers qui commettent des délits à bord de leurs bâtimens dans un port, dans une rade, dans une baie française? Un avis du conseil d'état du 28 octobre 1806, approuvé le 20 novembre suivant, répond à cette question.

« Le conseil d'état....., considérant qu'un vais» seau neutre ne peut être indéfiniment considéré » comme lieu neutre, et que la protection qui lui » est accordée dans les ports français, ne saurait » dessaisir la juridiction territoriale, pour tout ce » qui touche aux intérêts de l'Etat; qu'ainsi le » vaisseau neutre admis dans les ports de l'Etat » est de plein droit soumis aux lois de police qui

» régissent le lieu où il est reçu; que les gens de » son équipage sont également justiciables des » tribunaux du pays, pour les délits qu'ils y com» mettraient *même à bord, envers des personnes étran» gères à l'équipage*, ainsi que pour les conven» tions civiles qu'ils pourraient faire avec elles; » mais que si, jusque-là, la juridiction territoriale » est hors de doute, il n'en est pas ainsi à l'égard » des délits qui se commettent à bord du vaisseau » neutre, de la part d'un homme de l'équipage » envers un autre homme du même équipage; » qu'en ce cas, les droits de la puissance neutre » doivent être respectés, comme s'agissant de la » discipline intérieure du vaisseau, dans laquelle » l'autorité locale ne doit pas s'ingérer, toutes les » fois que son secours n'est pas réclamé, ou que » la tranquillité du port n'est pas compromise;

» Est d'avis que cette distinction indiquée par le » rapport du grand-juge, et conforme à l'usage, » est la seule règle qu'il convienne de suivre en » cette matière (1). »

68. Quels sont, quant à la poursuite des délits et à l'exécution des jugemens criminels, les effets de la réunion d'un pays étranger au territoire du royaume? Ces effets sont indiqués par des décisions intervenues lors de la réunion de plusieurs vastes contrées à la France.

Un arrêt de la cour de cassation, du 11 juin

---

(1) * Arrêt du 7 septembre 1832. Dalloz, 417.

1808 (1), décide qu'un Génois, poursuivi dans sa patrie pour un crime, a pu être arrêté en France, postérieurement à la réunion de la Ligurie au territoire français, et jugé contradictoirement : « Attendu que le droit d'asile dont se pré-» vaut le condamné n'est point un droit person-» nel aux fugitifs, mais seulement un effet des » droits respectifs de souveraineté, qui cesse par » la réunion de deux territoires sous la même do-» mination. »

Le même motif sert de base à un arrêté du directoire exécutif du 7 ventose an 5, qui décide que les individus condamnés au bannissement avant la révolution, qui se sont réfugiés dans des pays réunis depuis à la France, ne peuvent continuer d'y résider.

Enfin un avis du conseil d'état du 31 mai 1806, approuvé le 4 juin suivant, décide « qu'en matière » personnelle les étrangers ne sont justiciables que » de leurs juges naturels et domiciliaires; mais » qu'en matière de police et de délits, ils sont aussi » justiciables des tribunaux du lieu où le délit a » été commis; que les jugemens prononcés contre » eux, en ces matières, peuvent être mis à exécu-» tion sur leurs propriétés situées en France, et » même sur leurs personnes, si on peut s'en sai-» sir; que la réunion de leur territoire à l'empire » français ne peut leur donner, contre l'exécution

---

(1) Répert. de jurisprudence, t. XV, p. 382.

» des jugemens prononcés contre eux, en ces ma- » tières, une exception dont ils ne jouissaient pas » avant d'y être incorporés; qu'en conséquence, » l'administration de l'enregistrement peut pro- » céder au recouvrement des amendes prononcées » par les tribunaux français contre les étrangers » devenus Français par la réunion de leur pays au » territoire français ». Il s'agissait dans l'espèce de jugemens rendus en France contre ces étrangers, antérieurement à la réunion.

69. La troisième exception au principe que les lois criminelles sont essentiellement territoriales, que la puissance à laquelle il appartient de punir est essentiellement celle chez laquelle l'ordre public a été troublé, résulte, ainsi qu'on l'a vu, de l'article 7 du Code d'instruction, aux termes duquel « tout Français qui se sera rendu » coupable, hors du territoire du royaume, d'un » *crime* contre un Français, pourra, à son retour » en France, y être poursuivi et jugé, s'il n'a été » poursuivi et jugé, en pays étranger, et si le Fran- » çais offensé rend plainte contre lui. »

Puisque cet article a limité l'action publique et la compétence des tribunaux de France aux crimes commis par un Français contre un Français, il n'est pas douteux que l'on ne pourrait pas poursuivre la répression d'un crime commis en pays étranger, par un Français contre un étranger; le Code d'instruction a réformé sur ce point l'ancienne législation et celle établie par le Code du 3 brumaire.

Mais on demande si l'article 7 autorise la poursuite, non seulement des crimes, mais aussi celle des *délits* commis par les Français au préjudice de Français. M. Carnot (1) est d'avis que l'article ne s'applique qu'aux faits qualifiés *crimes*; M. Legraverend (2) prétend au contraire qu'il s'étend aux simples délits; M. Bourguignon (3) embrasse la même opinion; un arrêt de la cour royale de Colmar, du 23 août 1820 (4), l'a pleinement adoptée. Les partisans de cette dernière opinion la fondent principalement sur l'article 24 du Code d'instruction, qui porte : « Ces fonctions (de procureur du roi), lorsqu'il s'agira de *crimes* ou de *délits* commis hors du territoire français, dans les cas énoncés aux articles 5, 6 et 7, seront remplies, etc. »; donc, dit-on, les simples délits sont compris dans l'article 7, aussi bien que les crimes. M. Carnot répond que, dans le projet du Code d'instruction soumis à la délibération du conseil d'état, l'article 7 comprenait les *crimes* et les *délits*, mais que le mot *délit* en a été retranché; que si ce mot est resté dans l'article 24, c'est uniquement parce qu'on a oublié de l'en faire disparaître. On remarque, en effet, que l'article 5 du projet portait : « Tout Français qui, hors du territoire de France, aura commis un *crime* attentatoire à la sûreté de l'Etat, ou *contre la personne d'un Français*, sera poursuivi, etc. » On voit que cet article se bornait à déférer à nos tribunaux les

(1) T. Ier, p. 122 et 126. — (2) T. Ier, p. 99. — (3) T. Ier, p. 70. — (4) Dalloz, t. III, p. 409.

crimes commis contre la *personne* d'un Français. Il fut adopté à la séance du 4 septembre 1804, et la discussion prouve que l'on n'avait en vue que des faits graves. L'article fut reproduit à la séance du 13 décembre suivant et à celle des 3 mai 1808 et 26 août suivant, et il portait : « Tout » Français qui se sera rendu coupable, hors du » territoire de l'empire, d'un *crime* ou d'un *délit* » contre un Français, pourra, etc. » Cette nouvelle rédaction donnait au principe sur lequel repose l'article une extension qu'il n'avait pas dans le premier projet; car il ne s'arrête pas aux seuls attentats contre les personnes, il comprend ceux contre l'honneur et la fortune des Français; il ne limite pas l'action publique aux seuls faits qualifiés *crimes*, il l'étend aux *délits*. Il fut cependant adopté sans aucune discussion et sans qu'on eût rendu compte des motifs des changemens qu'il avait éprouvés; on demanda seulement que sa disposition fût restreinte au cas où le Français n'aurait pas été poursuivi et jugé dans le pays étranger, et cet amendement fut adopté. Mais lors de la communication faite à la commission de législation, le mot *délit* fut retranché de l'article; il le fut également dans le projet de loi; il n'est pas dans la loi. Il est impossible de ne pas croire qu'il a été supprimé à dessein. On ne peut que présumer les motifs qui ont déterminé à faire cette suppression; mais ils s'offrent naturellement à l'esprit : on n'a pas voulu que l'exception à un principe que l'on s'était décidé à maintenir, portât sur des faits sans gravité, comme le sont ceux que la loi qualifie délits : on a senti qu'il ne fallait déroger à une règle importante que quand il y avait un intérêt réel à s'en écarter.

70. L'action publique, dans le cas prévu par l'article 7 du Code d'instruction est subordonnée à plusieurs conditions : il faut 1° que le Français inculpé soit de *retour en France;* ainsi on ne peut le poursuivre tant qu'il continue à résider en pays étranger, ou même si sa présence en France n'est qu'accidentelle. En effet, la loi ne dit pas qu'il suffit que le Français soit *arrêté* en France, ou qu'il y ait reparu; elle dit qu'il faut qu'il y soit de *retour*. C'est aussi l'opinion de M. Carnot (1).

2° Il faut que le Français n'ait pas été *poursuivi et jugé* en pays étranger; car s'il a été jugé, tout est consommé. Ceci est conforme à l'ancien droit criminel (2). L'article 7 portait d'abord *s'il n'a pas été poursuivi en pays étranger.* La commission de législation demanda qu'on ajoutât et *jugé;* c'est ce qui a eu lieu; mais elle voulait que l'on mît en outre et *puni*, cette proposition n'a pas été adoptée. Il résulte de là que le Français qui reviendrait en France, pendant les poursuites dirigées contre lui chez l'étranger, et peut-être pour s'y soustraire, pourrait être traduit devant les tribunaux de France, nonobstant ces poursuites; mais que, s'il avait été jugé et acquitté en pays étranger, on ne pourrait, en France, exercer contre lui l'action

(1) T. Ier, p. 124. — (2) Rép. de jurisp., t. XI, p. 528.

publique, sous prétexte qu'il n'a pas été puni. Peu importerait que cette absolution fût motivée sur ce que les lois de ce pays ne qualifient point délit le fait de la plainte, tandis que les lois françaises y attachent ce caractère; l'article 7 n'établit aucune distinction : en épuisant leur compétence, les tribunaux étrangers épuisent celle des tribunaux de France.

M. Carnot (1) demande ce qu'il adviendrait si le Français, condamné en pays étranger, se réfugiait en France pour échapper aux suites de cette condamnation; il pense que le jugement ne pourrait recevoir son exécution en France, et que ce défaut d'exécution ne pourrait autoriser une nouvelle poursuite. Cette opinion ne peut pas être contredite.

Quant aux réparations civiles que le Français offensé a obtenues des tribunaux étrangers, M. Carnot enseigne que celui-ci ne peut en poursuivre le paiement en France qu'après y avoir fait déclarer son titre exécutoire, et que les tribunaux ne peuvent lui donner leur sanction qu'après un examen préalable, lors duquel le condamné doit être admis à débattre ses droits. Pas de difficulté à cet égard; un arrêt de la cour de cassation du 19 avril 1819, a consacré ces principes; le Journal du Palais, qui le rapporte (2), contient sur cette matière une discussion bien approfondie.

(1) Tome Ier, p. 123. —(2) T. LIV, p. 321, ancienne collection.

Mais le même auteur paraît croire que les tribunaux de France seraient obligés de tenir pour constant le fait déclaré par les tribunaux étrangers, et qui a motivé les réparations civiles. M. Bourguignon (1) lui répond avec raison : « Les » preuves que l'on prétendrait faire résulter des » procédures et jugemens rendus en pays étran- » ger, ne peuvent être considérées par les tribunaux » de France que comme de simples renseignemens. » Si les tribunaux étrangers pouvaient imprimer » le caractère de *preuve légale* aux faits résultant » de leurs procédures ou déclarés constans par » leurs jugemens, ils exerceraient en France leur » *autorité*, et seraient les véritables juges du procès; » l'examen préalable dont les tribunaux français » sont chargés avant de rendre les jugemens étran- » gers exécutoires, ne serait plus qu'une vaine » forme, et l'indépendance française serait violée. » Au surplus, l'exécution de ces jugemens peut être requise, quoique le Français condamné ne soit pas de retour dans sa patrie; cela est évident.

3° Il faut que le Français offensé ait rendu plainte (2). Cette plainte doit assurément être

(1) T. Ier, p. 77.

(2) * Si le *Français offensé* est mort, s'il a été victime d'un assassinat, d'un meurtre, la plainte peut être formée par *ses parens*, lors même qu'ils ne seraient pas *ses héritiers*. En ce cas, « le droit de plainte est nécessairement transmis à tous les » individus de la famille du défunt, non par droit d'hérédité, » mais par droit d'affection pour la personne décédée de mort » violente ». Arrêt du 17 août 1832. Dalloz, 1833, p. 29.

revêtue des formalités prescrites par les articles 31 et 65 du Code d'instruction criminelle; mais le plaignant n'est pas obligé de se constituer partie civile, car la loi ne l'exige pas.

M. Carnot (1) émet l'opinion que le Français offensé a le droit de se désister de sa plainte, et que ce désistement fait tomber les poursuites du ministère public; je crois cette opinion bien fondée; en voici la raison : la faculté de poursuivre, donnée au ministère public dans l'article 7, n'est qu'une exception au principe général qui lui interdit ce droit, et cette exception ne résulte que de l'existence de la plainte; ainsi la plainte est le principe de la compétence du ministère public et des tribunaux de France. Donc, si elle est retirée, la compétence doit cesser. Et, en cela, la poursuite des délits commis en pays étranger diffère de celle des délits commis en France; à l'égard de ceux-ci, la compétence du ministère public est de droit général; s'il en est quelques uns qu'il ne peut poursuivre avant d'y avoir été provoqué par une plainte, cette condition n'est qu'une exception; dès qu'elle est remplie, l'action publique doit suivre librement son cours, et le désistement du plaignant ne peut pas l'arrêter (2).

Le Français engagé dans les liens d'un premier mariage, qui en contracte un second en pays

---

(1) T. Ier, p. 127.

(2) V. *infrà* chap. 3, n° 131.

étranger avec une étrangère, peut-il, à son retour en France, y être poursuivi sur la plainte de celle-ci, comme coupable du crime de bigamie? La cour de cassation a décidé affirmativement cette question (1) : « Attendu que, d'après le § 3 » de l'article 3 du Code civil, les lois concernant » l'état et la capacité des personnes, régissent les » Français même résidant en pays étranger; que, » d'après l'article 12 du même Code, l'étrangère » qui épouse un Français suit la condition de son » mari; que lors donc que Georgiana Hutchinson » est devenue l'épouse du demandeur, elle est » aussi devenue Française; que l'instant où ces » deux qualités se sont simultanément fixées sur » elle est indivisible; qu'il n'a donc pas existé un » moment où le crime qu'a pu former le mariage » contracté avec elle, ait pu être réputé commis » envers une étrangère.....; que le crime que le » demandeur est accusé d'avoir commis à Lon- » dres, par son mariage avec elle, avant que son » premier mariage fût dissous, rentre dans l'ap- » plication de l'article 7 du Code d'instruction » criminelle; que, d'après cet article, le deman- » deur peut être poursuivi et jugé en France, à » raison de ce crime, si ladite Hutchinson y a » rendu plainte contre lui. » M. Bourguignon (2) » fait, sur cet arrêt, les observations suivantes :

« M. Legraverend n'a point été touché des mo-

(1) Arrêt du 18 fév. 1819, Bull., p. 79; Dalloz, t. II, p. 240.

(2) T. Ier, p. 73.

» tifs de cet arrêt, qu'il croit contraire à la loi. » Dans son opinion, la disposition du Code civil » portant qu'une étrangère qui aura épousé un » Français suivra la condition de son mari, lui » donne en France, ou respectivement à la France, » les droits civils d'une Française, mais ne lui enlève » pas la qualité d'étrangère qu'elle avait au mo- » ment où le mariage a été contracté. S'il n'exis- » tait pas, comme dit l'arrêt, un moment où le » crime que peut former le mariage contracté » avec elle, puisse être réputé commis envers une » étrangère, il faudrait soutenir qu'un *Français* » n'épouse jamais une *étrangère*, et que l'article 12 » du Code civil est un non-sens. Il serait impos- » sible de concilier ce système avec la disposition » du Code pénal, qui veut que l'on considère et » qu'on punisse la *tentative* du crime comme le » crime même; car si l'on nie, malgré le Code » civil, qu'un *Français* puisse épouser une *étran-* » *gère*, on ne niera pas qu'il ne puisse le tenter.

» Cette argumentation me paraît plus spécieuse » que solide. Il est bien certain qu'une étrangère » ne serait pas fondée à se plaindre d'une pareille » *tentative*, par la raison qu'avant, lors et depuis » la tentative, elle n'aurait pas cessé d'être étran- » gère. Mais peut-on raisonner d'un cas à l'autre? » Et de ce qu'elle n'est pas admissible dans un » cas où elle n'est point devenue Française, faut- » il conclure qu'elle soit sans action dans un autre » cas où elle doit être considérée comme receva- » ble? Si l'épouse était étrangère avant le mariage,

» elle est devenue ou réputée Française dès l'ins-
» tant du mariage ; sa bonne foi et la cérémonie
» ont suffi pour lui conférer la jouissance de ce
» titre, qui est l'un des effets civils du mariage ;
» et lorsque c'est dans ce moment qu'elle a reçu
» l'outrage objet de sa plainte, comment la re-
» pousserait-on par cela seul qu'avant l'outrage
» elle était encore étrangère? Elle doit être admise
» à se plaindre comme Française, puisqu'elle a été
» outragée par un acte qui lui conférait la jouis-
» sance du titre de Française. »

71. Toutes ces restrictions mises à l'exercice de l'action publique contre les Français qui se rendent coupables de crimes, en pays étranger, ne sont pas applicables aux Français chargés chez l'étranger d'une mission de leur gouvernement, lorsque les délits qu'il s'agit de poursuivre sont relatifs à cette mission. En effet, un agent du gouvernement en pays étranger, est toujours, en ce qui concerne ses fonctions, réputé présent en France; il n'est jamais absent, relativement au gouvernement qui lui a donné sa confiance. La cour de cassation l'a ainsi jugé par un arrêt du 23 fructidor an 13 (1). Il s'agissait d'un Français, payeur du trésor public en Suisse, chargé en cette qualité de payer les soldes de retraite, etc., aux militaires suisses employés au service de France avant la première révolution. Il était prévenu d'avoir détourné à son profit les fonds pu-

(1) Rép. de jurisp., t. III, p. 279.

blics qui lui étaient confiés; or, s'il se fût agi de tout autre crime, il n'aurait pu, aux termes de l'article 11 du Code de brumaire, être jugé en France, parce qu'il n'avait pas été arrêté; sa qualité détermina donc la compétence.

72. Le principe que les lois criminelles sont essentiellement territoriales, que le droit de punir n'appartient qu'à la puissance chez laquelle l'ordre public a été troublé, s'oppose-t-il à ce qu'on poursuive, en France, les auteurs du délit, lorsque ce délit, commencé en France, ne s'est accompli que sur un territoire étranger, ou que, commencé sur le dernier territoire, il s'est achevé sur le nôtre? La discussion des articles 5, 6 et 7 du Code d'instruction, au conseil d'état, ne présente rien de bien positif sur cette question; on remarque seulement que *M. Defermon* ayant dit que l'article 5 du projet, qui forme aujourd'hui l'article 7 du Code, lui paraissait être « pour le » cas où deux Français, dans l'intention, par » exemple, d'échapper aux lois sur les duels, » iraient se battre dans l'étranger; pour celui en» core où un Français attirerait son ennemi peu » au-delà des frontières, lui porterait le poignard » dans le sein, et rentrerait dans ses foyers », *M. Treilhard*, qui combattait l'article, répondit « que les deux hypothèses présentées par *M. De*» *fermon* sont étrangères à l'article 5; car, dans » l'un et l'autre cas, le crime ayant été prémé» dité et commencé en France, il n'est pas be» soin de cet article pour le déférer à nos tribu-

» naux ». Mais *M. Oudart* releva cette assertion en disant : « Le crime, a dit M. Treilhard, n'est pas » entièrement commis chez l'étranger quand il a » été prémédité en France.

» Le crime appartient au pays où il a été exé- » cuté, si ce n'est dans le cas où la pensée même » est un crime, comme lorsqu'il y a complot con- » tre l'État ; comme lorsqu'il y avait convention de » duel, alors que nos lois mettaient le duel au » nombre des crimes. »

M. Treilhard répliqua : « Certainement il n'y » a pas de crime, tant qu'il n'y a encore qu'un » projet qui demeure dans la pensée ; mais quand » la pensée est suivie d'exécution, alors le crime » remonte au temps où il a été prémédité. Par » exemple, les démarches qu'un assassin aurait » faites, les ruses qu'il aurait employées pour » attirer sa victime au-delà des frontières, feraient » partie du crime (1). »

La discussion en resta là. Plus tard, et lors- qu'il exposa au corps législatif les motifs de la loi, M. Treilhard dit « que le droit de poursuivre le » crime n'appartient qu'au magistrat du territoire » sur lequel il a été commis, ou du territoire sur » lequel *il s'est prolongé* ».

Il résulte bien de cette discussion que, dans l'opinion de M. Treilhard, les tribunaux de France doivent se considérer comme compétens pour ju- ger les délits commencés sur leur territoire, ou

(1) Procès-verbal du 4 septembre 1804.

qui s'y sont prolongés; mais quels sont les actes qu'il est permis de considérer comme constituant un *commencement* ou une *présomption* de délit assez caractérisés pour déterminer la compétence de l'autorité judiciaire en France? Je crois que cette question ne peut se résoudre qu'en remontant au principe même de la compétence territoriale des tribunaux criminels. Ce principe, ainsi que je l'ai dit, n'est autre chose que le droit qu'a le souverain de faire punir les actions coupables, lorsque ces actions sont commises dans l'étendue de sa souveraineté. Ainsi, quand un délit qui s'est consommé en pays étranger, a été préparé en France par des faits auxquels nos lois infligent une peine; quand un délit, commencé ou achevé sur un territoire étranger, s'accomplit ou se perpétue en France à l'aide de faits que nos lois réputent criminels, la compétence de nos tribunaux n'est pas douteuse, et elle doit s'étendre non seulement aux actes qui se sont passés sur leur territoire, mais encore à ceux qui se sont passés chez l'étranger, lorsqu'ils sont inséparablement liés aux autres. Mais cette compétence ne me paraît pas exister lorsque les faits, commencés en France, et qui ont servi à préparer, achever ou perpétuer le crime commis sur le territoire étranger, sont en eux-mêmes des faits innocens aux yeux de nos lois; car ces lois n'ont point été offensées; le principe de la compétence manque, il devient conséquemment impossible de la proroger aux faits qui se sont passés sur le territoire étranger.

Je vais donner des exemples de l'application de cette doctrine.

Lors de l'arrêt du 31 janvier 1822 (1), la compétence des tribunaux français n'était pas douteuse, parce que les lettres adressées à S. A. R. le prince des Pays-Bas avaient été écrites en France, mises à la poste en France, et que le Code pénal défend les menaces écrites d'assassinat. Le crime ne s'était achevé que sur le territoire belge, mais il avait commencé en France par des écrits que nos lois punissent.

Une question de compétence analogue à cette dernière s'est présentée devant la cour de cassation, dans l'espèce que voici. Des individus avaient tenté d'introduire, à main armée, sur le territoire français, des marchandises de contrebande. Poursuivis par les douaniers, ils s'étaient réfugiés sur le territoire hollandais, et, assistés d'autres individus, ils avaient commis des actes de violence sur les douaniers, dont l'un fut tué. La cour spéciale se déclara incompétente, par le motif que la rébellion n'avait pas eu lieu dans l'étendue de son ressort, mais en pays étranger. La cour de cassation cassa cet arrêt (2): « Attendu que les faits, » divisés par succession de temps et par la localité, » ne forment cependant qu'un fait unique, dont » les faits particuliers ne sont que les circonstan-

---

(1) V. *suprà*, n° 60.

(2) Arrêt du 21 novembre 1806. Rép. de jurisp., t. III, p. 692, v° Contrebandes, n° 4.

» ces; que dans le fait les divers individus ont » différemment figuré, mais que le résultat est la » tentative d'introduction de contrebande, avec » attroupement, port d'armes, violences, voies de » fait et meurtre d'un préposé, puisqu'ils n'ont eu » lieu que pour soustraire les marchandises de » contrebande à la saisie à laquelle la tentative » d'introduction avait donné lieu. » Cet arrêt a été rendu sur les conclusions de M. Merlin.

Un commerçant, domicilié dans le royaume des Pays-Bas, fit faillite. Au nombre de ses créanciers se trouvaient plusieurs maisons françaises. Des poursuites en banqueroute frauduleuse furent dirigées contre lui, en France, pour avoir, entre autres faits, détourné, au préjudice de ses créanciers, des marchandises déposées en France. Mis en accusation, il attaqua l'arrêt, et fit valoir pour moyen de défense que sa faillite ayant eu lieu à Tournai, royaume des Pays-Bas, les tribunaux français étaient incompétens pour connaître des faits de fraude qui pouvaient s'y rattacher. Ce moyen a été rejeté par arrêt du 1er septembre 1827 (1), rendu à mon rapport: « Attendu que la » faillite en elle-même n'est point un délit; que » le crime de banqueroute ne gît que dans la » fraude dont le failli se rendrait coupable; que » ce crime n'est point nécessairement par sa na- » ture commis au lieu du domicile du failli; que » si des faits de fraude se sont passés ailleurs, le

(1) Bull., p. 763; Dalloz, p. 493.

» domicile de ce failli ne peut plus déterminer » exclusivement, comme en matière civile, la » compétence des tribunaux ; que, dans l'espèce, » la fraude consiste spécialement dans un enlève- » ment de marchandises concerté entre les deman- » deurs et le failli ; que ces marchandises étaient » en France lorsque la soustraction s'en est opé- » rée; que cette soustraction est constitutive de » banqueroute frauduleuse, aux termes du n° 2 » de l'article 593 du Code de commerce; que cette » soustraction, commise en France, était préjudi- » ciable aux créanciers français; que c'est donc » réellement en France que le crime de banque- » route et les faits de complicité qui motivent la » mise en accusation des demandeurs ont été » commis. »

On conçoit encore que la compétence des tribunaux français ne saurait être contestée, s'il s'agissait d'un meurtre commis en tirant, du territoire français, un coup de fusil sur un homme placé sur un territoire étranger, et réciproquement; qu'il faudrait décider de même s'il s'agissait d'une détention arbitraire effectuée en pays étranger et continuée en France, ou de tout autre crime successif (1); qu'enfin si un individu, après avoir commis un vol sur notre frontière, tuait sur le territoire étranger la partie lésée qui l'y aurait poursuivi, il pourrait être jugé en France tout à la fois sur le vol et sur le meurtre qui y serait

(1) V. *infrà*, chap. 3, n° 321.

connexe; car, dans tous ces cas, les faits qui se sont passés sur notre territoire constituent des délits et des crimes, abstraction faite des délits et des crimes auxquels ils sont joints.

Mais je ne pense pas que les tribunaux de France soient compétens pour connaître d'un vol commis en pays étranger, parce que les objets volés ont été vendus en France. Le fait de vendre des objets mobiliers n'a rien de punissable en lui-même; pour le juger criminellement, dans l'espèce, il faudrait que l'autorité française déclarât préalablement l'existence du vol, et se constituât vengeresse d'un délit commis contre les lois d'un souverain étranger, et qu'elle en fît l'application au coupable; car elle ne pourrait suivre les nôtres soit pour décider que les faits constituent réellement un vol, soit pour déterminer la peine qu'on doit lui appliquer.

Il faudrait, sous l'empire du Code actuel, juger, comme l'arrêt du parlement de Paris du 25 mars 1782, que j'ai cité, qu'on ne peut poursuivre en France un crime de rapt commis en pays étranger, quoique la personne enlevée ait été amenée en France. En effet, la présence sur notre territoire de la personne enlevée n'est pas un fait défendu par la loi; il ne trouble pas l'ordre public, nos tribunaux n'ont pas à s'occuper des causes qui l'ont produit.

73. Quelles que soit les limites que la loi ait mises à l'exercice de l'action publique pour la poursuite des crimes et des délits commis en pays

étranger, elles ne sont pas imposées à l'exercice de l'action civile pour la réparation du dommage que ces crimes et ces délits ont causé aux personnes qui en ont souffert ; il est vrai de dire que, sous ce rapport, l'action civile a plus d'étendue que l'action publiqne.

En effet, aux termes de l'article 14 du Code civil, « l'étranger, même non résidant en France, » pourra être cité devant les tribunaux français » pour l'exécution des obligations par lui contrac- » tées en France avec un Français; il pourra être » traduit devant les tribunaux de France pour les » *obligations* par lui contractées en *pays étranger* » envers *des Français* ». Aux termes de l'article 1370 du même Code, conforme en cela aux dispositions du droit romain, une *obligation* peut aussi bien résulter d'un fait portant le caractère de délit que d'une convention expresse. « Certains » engagemens se forment sans qu'il intervienne » aucune convention ni de la part de celui qui s'o- » blige, ni de la part de celui envers lequel il est » obligé.

» Les unes résultent de l'action seule de la loi; » les autres naissent *d'un fait personnel* à celui qui » se trouve obligé.....

» Les engagemens qui naissent *d'un fait person-* » *nel* à celui qui se trouve obligé, résultent ou de » quasi-contrats, ou des *délits* ou quasi-délits. »

Il résulte de là que l'étranger peut être traduit devant les tribunaux de France pour la réparation du dommage résultant d'un délit qu'il a commis en pays étranger au préjudice d'un Français. Il en doit être ainsi, parce que le motif principal qui a déterminé l'adoption de l'article 14 du Code civil, s'applique d'une manière tout aussi évidente aux obligations qui naissent d'un délit, qu'à celles qui résultent d'une convention expresse. Ce motif a été que les jugemens rendus en pays étranger n'étant point exécutoires en France, ce serait dénier la justice aux Français que de ne pas les autoriser à traduire devant leurs juges naturels un débiteur étranger.

Il n'est même pas nécessaire que l'étranger soit trouvé en France, pour qu'on puisse le traduire devant les tribunaux français (1). Cette condition avait bien été insérée dans la première rédaction de l'article 14, mais elle en a été retranchée après une conférence entre le conseil d'état et le tribunat.

Réciproquement, les Français peuvent être traduits devant les tribunaux de France pour la réparation civile des délits par eux commis en pays étranger, au préjudice d'étrangers. C'est ce qui résulte de l'article 15 du Code civil. « Un Français pourra être traduit devant un tribunal de » France, pour des obligations par lui contractées » en pays étranger, même envers un étranger. »

74. Il me reste à parler de l'extradition, cette condition à laquelle l'article 6 du Code d'instruc-

---

(1) Arrêt de la chambre des requêtes du 7 septembre 1808, Dalloz, t. VI, p. 462.

tion subordonne en partie la compétence des tribunaux de France pour juger les étrangers prévenus des crimes spécifiés en l'article 5, et de laquelle peut dépendre, dans beaucoup de cas, l'efficacité des poursuites dirigées contre des Français eux-mêmes.

L'extradition est l'acte par lequel un gouvernement fait arrêter sur son territoire le prévenu d'un crime commis sur un autre territoire, et le livre à la puissance qui le réclame, afin de pouvoir le juger ou le punir.

Au moment où j'écris (1), le gouvernement français déclare que jamais il n'accordera d'extradition, et qu'il n'en sollicitera point. Il vient de notifier à la confédération suisse, qu'il renonce aux dispositions des traités de septembre 1798, novembre 1803, juillet 1828, par lesquels les deux états s'étaient garantis l'extradition réciproque des prévenus de crimes d'état, d'assassinat, d'empoisonnement, d'incendie, de faux sur les actes publics, de fabrication de fausse monnaie, etc. Je ne me crois pas dispensé, pour cela, de parler de l'extradition, de rechercher les principes sur lesquels elle repose, et les limites dans lesquelles elle doit se renfermer. Si l'extradition est un acte du droit des gens ; si elle est l'exercice d'un droit de la part du gouvernement qui l'accorde, qu'importe qu'on dise aujourd'hui que l'on n'en veut plus ? Un principe ne périt pas

(1) Juin 1831.

parce qu'on le délaisse ou qu'on le viole; il vit, et plus tard il reprend tout son empire (1). J'examine le fondement du droit d'extradition.

Un individn est prévénu d'avoir commis un délit dans un état; il fuit, il arrive sur le territoire d'une autre souveraineté; mais le gouvernement offensé le réclame; quels sont les droits et les devoirs de l'état dans lequel le prévenu s'est réfugié? est-il obligé de céder, sans examen, à la demande qui lui est faite? non sans doute. Un gouvernement ne doit certainement pas demeurer sourd à cette voix qui nous demande de secourir nos semblables malheureux; parce qu'un individu est forcé de fuir sa patrie, il ne perd point sa qualité d'homme, ni le droit d'habiter quelque part sur la terre. Mais aussi les nations se doivent une assistance mutuelle, elles se doivent tout ce qu'un intérêt légitime les autorise à réclamer. Le gouvernement dont on sollicite une extradition, doit examiner les motifs de cette demande; il en est le juge; lui contester ce droit, ce serait mettre en question son indépendance, ce serait offenser sa dignité. Si le fugitif est pour-

(1) * L'auteur avait raison. Le 22 novembre 1834, un traité a été conclu entre la France et la Belgique, *pour assurer, par une convention d'extradition, la répression des crimes commis sur leurs territoires respectifs*. Ce traité a été publié par ordonnance du 19 décembre de la même année. On y retrouve les règles qui étaient observées depuis long-temps au ministère de la justice pour l'extradition, et qui sont rappelées ici.

suivi pour un fait qui n'est pas très-grave, il est permis de ne voir en lui qu'un malheureux; s'il est innocent, il faut se hâter de le protéger; s'il est un proscrit, victime des factions qui déchirent son pays, lui refuser l'asile qu'il implore, le livrer, ce serait commettre un acte de barbarie et de lâcheté.

Mais quand un de ces crimes qui frappent au cœur la société, ou qui révoltent l'humanité entière, a porté le désordre et l'effroi dans un état, le gouvernement sur le territoire duquel le coupable s'est réfugié peut-il refuser de procurer l'exécution des mandats d'arrestation émanés de la puissance offensée? certes l'état qui réclame a un intérêt légitime; car il a le droit de faire tout ce qui tend à sa conservation, tout ce qui tend à assurer le maintien de l'ordre sur son territoire; or, punir les crimes, et surtout les grands crimes, est pour un état une condition de vie. Le gouvernement auquel la demande s'adresse a aussi un intérêt légitime à y déférer, non seulement parce que les nations se doivent une assistance mutuelle, mais encore parce qu'en se refusant à l'office qu'on lui demande, il s'ôterait le droit de le réclamer à son tour, si la nécessité s'en présentait; et qui peut lui répondre qu'elle ne surviendra jamais?

Cet intérêt réciproque qu'ont les nations de s'accorder l'extradition des prévenus de grands crimes, est sans contredit la loi suprême qui doit régler, en cette matière, leurs droits et leurs devoirs. D'ailleurs, quelles considérations pourrait-on opposer à cet intérêt si immense, si sacré? serait-ce que la dignité du gouvernement exige de lui de ne point livrer ceux qui ont cherché un asile sur son territoire ? J'ai déjà dit que chaque état est maître d'agir selon sa conscience et conséquemment à sa dignité ; que l'arrestation du prévenu est un acte entièrement libre de sa part. On ne fera pas sans doute consister la dignité d'une nation dans le refuge assuré, dans la protection que peuvent y trouver les malfaiteurs de tous les pays ! serait-ce le droit qu'acquiert à la protection d'un gouvernement l'étranger qui arrive sur son territoire? ce droit ne repose que sur la loi naturelle, et cette loi nous apprend que, si l'on doit asile et protection à l'homme plus malheureux que coupable, on ne doit rien à celui qui fuit l'action régulière des lois d'un pays dont il a troublé l'ordre par un grand crime. On ne doit pas oublier qu'il existe pour tous les pays civilisés des principes de vie qui leur sont en quelque sorte communs ; que ces principes ne peuvent être attaqués dans un état, sans que cette atteinte se fasse plus ou moins ressentir dans les autres ; c'est pourquoi il y a des crimes qui placent hors du droit des gens ceux qui s'en rendent coupables. Ecoutons Vattl (1) :

« Si la justice de chaque état doit, en général, » se borner à punir les crimes commis dans son

---

(1) Liv. 1er, chap. 19.

» territoire, il faut excepter de la règle ces scélé» rats qui, par la qualité ou la fréquence habi» tuelles de leurs crimes, violent toute sûreté pu» blique, et se déclarent les ennemis du genre » humain; les empoisonneurs, les incendiaires, » les assassins de profession peuvent être exter» minés partout où on les saisit; car ils attaquent » et outragent toutes les nations, en foulant aux » pieds les fondemens de leur sûreté commune. » C'est ainsi que les pirates sont envoyés à la po» tence par les premiers entre les mains de qui » ils tombent. Si le souverain du pays où des » crimes de cette nature ont été commis en ré» clame les auteurs pour en faire la punition, on » doit les lui rendre, comme à celui qui est prin» cipalement intéressé à les punir exemplairement; » et comme il est convenable de convaincre les » coupables et de leur faire leur procès dans » toutes les formes, c'est une seconde raison pour» quoi on livre ordinairement les malfaiteurs de » cet ordre aux états qui ont été le théâtre de » leurs crimes. »

On a bien discuté sur le plus ou le moins du droit d'extradition; mais jusqu'à présent on ne l'avait pas nié; Beccaria lui-même a beaucoup accordé à quelques unes de ces idées philanthropiques dont l'exagération a tant contribué à affaiblir le frein salutaire des lois; Beccaria (1), en parlant des traités par lesquels les nations con-

(1) § 28 (§ 21, *Asili*, de l'édition italienne).

viennent de se rendre mutuellement les coupables, les considère comme un moyen efficace de prévenir les crimes. Les criminalistes s'accordent à reconnaître l'existence et l'utilité du droit d'extradition appliqué aux grands crimes ; dans tous les temps la France l'a adopté.

75. Ce qu'on vient de lire fait assez voir que l'extradition est un acte de haute administration, tout-à-fait du domaine du gouvernement; que les tribunaux sont sans qualité pour la solliciter directement de la puissance chez laquelle le prévenu s'est réfugié, ou pour l'accorder sur la demande de la puissance qui la réclame, si cette demande leur est adressée.

Lorsqu'un prévenu s'est soustrait par la fuite à l'exécution des mandats décernés contre lui, en France, et que l'on sait chez quelle nation il s'est retiré, le procureur-général doit rendre compte au ministre de la justice de l'état de la procédure; si le ministre pense que l'affaire est assez grave, et les charges assez positives pour que l'extradition soit nécessaire, il transmet la demande du procureur général au ministre des affaires étrangères, et ce dernier s'adresse aux agens diplomatiques français établis auprès de la puissance dont on veut solliciter les bons offices.

Si un gouvernement étranger demande l'arrestation en France d'un individu qui s'y est réfugié, c'est au roi qu'il appartient de l'ordonner, il peut la prescrire quand même il n'existerait avec le gouvernement auquel il l'accorde, aucun traité diplomatique qui stipule les cas d'extradition; la cour de cassation l'a décidé ainsi par les motifs qu'on va lire (1) :

« Attendu que le droit de livrer un étranger » prévenu de crime ou de délit, dans le pays dont » il est originaire, aux tribunaux de ce pays, ne » tire point son origine des traités conclus avec » les puissances étrangères, mais des droits que » le roi tient de sa naissance et en vertu desquels » il maintient les relations de bon voisinage avec » les états voisins; qu'il est donc inutile de re- » chercher si les traités qui déterminent les rap- » ports de la France avec le royaume des Pays- » Bas contiennent ou non des dispositions relati- » ves à l'extradition; que ces principes, loin de » porter atteinte aux droits qu'a le roi d'accorder » sa protection et d'assurer un asile dans ses états » aux infortunés qui s'y réfugient, le laissent au » contraire l'arbitre suprême de l'usage qui doit » être fait de cette haute et belle prérogative; que » dès-lors l'arrestation d'un étranger sur le terri- » toire français, en vertu d'une ordonnance du roi » prescrivant son extradition, constitue une déten- » tion légale. »

Cette doctrine est encore admissible aujourd'hui, quoique le chef du gouvernement ne tienne de *sa naissance* aucun droit de souveraineté; l'extradition, en effet, est du droit des gens,

(1) Arrêt du 30 juin 1827, Bull., p. 541. Dalloz, p. 288.

et le chef de l'État est encore chargé de maintenir avec les autres états des relations amicales.

76. J'ai dit qu'il appartenait au gouvernement auquel une demande en extradition est adressée, d'en examiner les motifs et de s'y refuser; il lui est donc permis de ne l'accorder que sous des conditions, et ces conditions doivent être scrupuleusement observées.

Il en est une notamment qui est toujours sous-entendue quand elle n'est pas expressément énoncée; c'est que l'extradition n'est accordée que pour l'objet déterminé dans la demande qui en a été faite. Il résulte de là que l'individu arrêté ne peut pas être mis en jugement pour un crime autre que celui qui a motivé son arrestation. M. Legraverend (1) rapporte deux circonstances lors desquelles cette règle a été appliquée. Dans l'une et dans l'autre, des individus déjà condamnés en France par contumace, avaient commis de nouveaux crimes, et c'est à raison de ces nouveaux crimes que le gouvernement avait demandé et obtenu leur extradition; ils furent acquittés. Il s'agit alors de savoir si on les retiendrait pour les juger contradictoirement sur les faits qui avaient motivé leur condamnation par contumace? « Si » l'individu, dit M. Legraverend, avait réclamé » lui-même ce jugement, il n'y aurait pas eu de » question dans l'espèce, attendu qu'il s'agissait » d'un Français condamné pour un crime commis

(1) T. Ier, p. 111.

» en France : mais comme cet individu réclamait » au contraire contre sa mise en jugement de ce » chef, il fut décidé que, l'extradition n'ayant été » autorisée que pour le crime politique, et à raison » de sa gravité, ce serait violer le principe du droit » des gens que de ne pas s'en tenir réciproque- » ment à l'objet de l'extradition, et de faire statuer » par un jugement contradictoire sur le fait qui » avait motivé sa condamnation par contumace; » que le condamné devait, sous ce rapport, être » remis dans la même situation qu'au moment de » son extradition, puisqu'il n'avait point été livré » à raison de son jugement de contumace, aux » autorités françaises; et cet individu fut en con- » séquence réconduit par l'ordre du gouvernement » français, et remis au gouvernement qui n'avait » autorisé son extradition que pour son crime po- » litique dont il avait été reconnu non coupable. »

77. J'emprunte à M. Legraverend les remarques suivantes (1) : « 1° Il ne peut pas y avoir lieu » d'autoriser l'extradition d'un étranger condamné » en France pour un crime commis sur le terri- » toire français, avant qu'il ait subi sa peine;

» 2° L'extradition étant autorisée par le roi sur » le rapport du ministre de la justice, les procu- » reurs généraux de S. M. sont nécessairement » chargés de requérir l'exécution des ordonnances » royales en cette partie, et s'il appartient à l'au- » torité administrative de faire conduire les indi-

(1) T. Ier, p. 112.

» vidus dont l'extradition est autorisée sur les » points où ils doivent être remis aux autorités des » gouvernemens étrangers, ce transport ne peut » régulièrement avoir lieu que d'après la réquisi- » tion que les procureurs-généraux de S. M. adres- » sent à cet égard à l'autorité administrative, en » lui notifiant les ordres du roi, et l'exécution de » ces ordonnances doit être constatée, soit par des » procès-verbaux, soit par des récépissés dressés » ou délivrés par les agens étrangers, chargés de » recevoir les individus qui sont remis aux gou- » vernemens respectifs, et que les agens de la » force publique sont tenus de retirer et de repré- » senter à l'autorité qui les a mis en mouvement. »

78. Jusqu'ici je ne me suis occupé que de l'extradition des *étrangers;* il me reste à examiner si les principes sur lesquels elle repose sont applicables aux régnicoles qui, après avoir commis un crime sur le territoire d'une souveraineté étrangère, rentrent dans leur patrie; et je me demande si le gouvernement français a le droit de faire arrêter un Français, pour le livrer à la puissance chez laquelle il a commis un crime.

Si on ne considérait cette question que sous le rapport du droit des gens, elle devrait se résoudre affirmativement; car la punition des grands coupables importe à tous les gouvernemens, et les intérêts de leurs sujets respectifs sont subordonnés aux intérêts de la société en général, et de l'état auquel ils appartiennent.

Mais ce n'est pas seulement le droit des gens

qu'il faut consulter : la liberté individuelle peut avoir reçu des lois positives d'un état des garanties telles que le gouvernement n'ait pas le droit de faire arrêter un citoyen à raison d'un crime commis sur un territoire étranger; il faut donc examiner quelles sont, à cet égard, les dispositions de nos lois.

Avant la révolution de 1789, la plénitude du droit de souveraineté résidait dans la personne du monarque; il le tenait de sa naissance, il était la loi vivante pour tout ce qui intéressait la sûreté extérieure de l'Etat et ses relations avec ses voisins; on ne doutait pas que le roi ne pût ordonner l'arrestation et l'extradition d'un de ses sujets.

Sous l'empire, un décret du 25 octobre 1811 avait déclaré que le chef du gouvernement avait le même droit; et il en réglait l'exercice.

L'ancienne monarchie fut rétablie par la restauration, sous les modifications contenues dans la Charte constitutionnelle; tous les droits que cette Charte n'avait point transportés à d'autres pouvoirs, continuaient d'appartenir à la couronne, et l'on s'accordait à reconnaître que le roi pouvait ordonner l'extradition d'un citoyen français. *MM. Carnot*, *Legraverend* et *Bourguignon* regardent le décret du 25 octobre 1811 comme ayant conservé toute son autorité ; et, dans le fait, des extraditions ont eu lieu conformément à ses dispositions.

Mais aujourd'hui que l'ancienne monarchie est renversée; que le préambule de la Charte de 1814 a été supprimé, parce qu'il rétablissait les fondemens de cette monarchie (1); que l'ordre de successibilité au trône établi par la loi salique a été interrompu; que le nouveau chef du gouvernement ne tient son droit que de la constitution de 1830, et que, par son serment, il a accepté la déclaration du 7 août; il est incontestable que les droits que cette constitution ne lui confère pas, demeurent par cela même dans le domaine de la loi. Or, aucune loi positive n'autorise l'arrestation d'un Français à raison d'un fait qui ne peut donner lieu en France à l'action publique, tel qu'un crime commis sur un territoire étranger. L'article 4 de la nouvelle constitution garantit la liberté individuelle et déclare que personne ne peut être poursuivi ni arrêté que dans les cas prévus par la loi, et dans la forme qu'elle prescrit; cet article n'est point modifié par le droit de souveraineté qui vivait dans la personne de nos rois; ce droit est éteint; un simple contrat le remplace; ses stipulations ne peuvent être étendues au profit du pouvoir. Le chef du gouvernement a bien, à la vérité, la faculté de faire des traités avec les puissances étrangères, mais seulement dans les limites de la constitution; il ne pourrait donc convenir avec elles que des extraditions de l'espèce dont je parle auraient lieu réciproquement; car, par là, il transporterait à

(1) Déclaration de la Chambre des députés et de la Chambre des pairs du 7 août 1830.

ces puissances un droit qu'il n'a pas sur les Français. De pareils traités n'auraient d'autorité qu'autant qu'ils seraient sanctionnés par une loi. Si la déclaration faite par le gouvernement qu'il n'accordera et ne réclamera à l'avenir aucune extradition, n'était relative qu'à l'extradition des Français, elle serait, comme on le voit, parfaitement conforme à la constitution politique de la France; aussi ne l'ai-je critiquée que parce qu'elle embrasse l'extradition même des étrangers qui se réfugient sur notre territoire, et celle des Français qui fuient sur un territoire étranger; c'est sous ce rapport seulement que cette déclaration me paraît en opposition avec les droits et les intérêts du gouvernement actuel.

79. Le principe que l'action publique s'étend à tous les crimes, délits et contraventions commis en France, quels qu'en soient les auteurs, reçoit une exception à l'égard des ambassadeurs et de tous autres représentans des puissances étrangères, ou chargés par elles d'une mission, que l'on désigne sous les noms d'*ambassadeurs extraordinaires*, d'*envoyés ordinaires*, d'*envoyés extraordinaires*, de *ministres plénipotentiaires*, de *ministres*, de *chargés d'affaires*, de *résidens*, *etc.*; ils sont indépendans des tribunaux du pays où ils exercent leur mission; ils ne peuvent être poursuivis par eux à raison des crimes, des délits ou des contraventions qu'ils commettent; ils ne relèvent que des tribunaux du pays qu'ils représentent.

Cette exception ne résulte pas d'une loi expresse; mais elle est fondée sur le droit des gens. Montesquieu en expose les motifs (1).

« Les lois politiques demandent que tout homme » soit soumis aux tribunaux criminels et civils du » pays où il est, et à l'animadversion du souverain.

» Le droit des gens a voulu que les princes s'en» voyassent des ambassadeurs, et la raison, tirée » de la nature de la chose, n'a pas permis que les » ambassadeurs dépendissent du souverain chez » qui ils sont envoyés, ni de ses tribunaux. Ils sont » la parole du prince qui les envoie, et cette pa» role doit être libre : aucun obstacle ne doit les » empêcher d'agir. Ils peuvent souvent déplaire, » parce qu'ils parlent pour un homme indépen» dant. On pourrait leur imputer des crimes, s'ils » pouvaient être punis pour des crimes; on pour» rait leur supposer des dettes, s'ils pouvaient être » arrêtés pour dettes. Un prince qui a une fierté » naturelle parlerait par la bouche d'un homme » qui aurait tout à craindre. Il faut donc suivre à » l'égard des ambassadeurs, les raisons tirées du » droit des gens, et non pas celles qui dérivent du » droit politique. Que s'ils abusent de leur être » représentatif, on le fait cesser, en les renvoyant » chez eux. On peut les accuser même devant leur » maître, qui devient par là leur juge ou leur » complice. »

Le projet du Code civil consacrait ces principes par une disposition portant : « Les étrangers re-

(1) Esprit des lois, liv. 26, chap. 21.

» vêtus d'un caractère représentatif de leur nation, » en qualité d'ambassadeurs, de ministres, d'en» voyés, ou sous quelque autre dénomination que » ce soit, ne seront point traduits ni en matière » civile, ni en matière criminelle, devant les tri» bunaux de France. Il en sera de même des étran» gers qui composent leur famille ou qui seront » de leur suite. » Cet article a été retranché; le tribunat l'avait réclamé, mais l'orateur du gouvernement (M. Portalis) répondit : « Ce qui re» garde les ambassadeurs appartient au droit des » gens. Nous n'avons point à nous en occuper dans » une loi qui n'est que de régime intérieur. »

80. Je n'entrerai point dans l'examen de l'opinion des publicistes qui ont discuté l'étendue et les limites des immunités dont doivent jouir les ambassadeurs et les autres ministres publics des puissances étrangères; ces opinions sont rapportées et examinées avec beaucoup de soin et de détails par les auteurs du nouveau Denisart (1) et par ceux du Répertoire de Jurisprudence (2). D'ailleurs le gouvernement est investi par une loi du 13 ventose an 2, du droit exclusif d'examiner les réclamations qui peuvent s'élever contre les ministres des puissances étrangères, et c'est à lui seul qu'il appartient de poser les limites des exceptions qui les concernent. La cour de cassation a rendu, le 29 thermidor an 8 (3), un arrêt par

(1) V° Ambassade. — (2) Ministère public. — (3) Questions de droit, t. VI, p. 134.

lequel elle a annulé, comme contraire à cette loi et attentatoire au droit des gens, un mandat d'arrêt décerné par un juge-de-paix, sous prétexte d'un délit de contrebande, contre John Davidson, envoyé du gouvernement britannique, en qualité de parlementaire; elle a donné acte au procureur général de la dénonciation qu'il déclarait porter contre ce juge-de-paix, comme prévenu de s'être rendu coupable, par un mandat d'arrêt, du crime d'arrestation arbitraire, et elle a ordonné le renvoi de cette dénonciation à la section des requêtes, pour y être statué.

81. On s'accorde généralement à reconnaître que l'indépendance dont jouissent les ministres publics s'étend à toutes les personnes de leur suite; que, comme eux, elles sont exemptes de la juridiction du pays où elles se trouvent. Mais cette indépendance se communique-t-elle aux Français qu'un ministre étranger prend à son service? Je ne le crois pas, et l'on a vu que si, dans le projet du Code civil, on avait inséré des dispositions qui affranchissaient de la juridiction de nos tribunaux les personnes de la suite des ambassadeurs, ces dispositions ne parlaient que des individus *étrangers*. Des Français ne peuvent, en effet, se soustraire à l'empire de nos lois, tant qu'ils résident dans le royaume. Cependant plusieurs des publicistes qui ont examiné la question la résolvent dans un sens opposé, *M. Girard de Raynevál* (1) notamment; il en donne pour raison

(1) Instit. du droit de la nature et des gens, p. 368.

« qu'un souverain qui permet à son sujet de servir un ministre étranger, le dégage, par là, tacitement, de ses liens et de ses devoirs comme » sujet. Ainsi, il est censé consentir qu'il jouisse » de l'indépendance que le service étranger lui » donne; c'est une espèce d'émancipation, et le » souverain n'a aucun titre pour réclamer contre » les effets quelconques de cette émancipation, » qui est son profit. » Cette raison peut être bonne pour décider qu'un Français qui accepte, avec l'autorisation du roi, une mission diplomatique de la part d'une puissance étrangère, et qui est reconnu en cette qualité, jouit des immunités accordées aux ministres publics, tout comme s'il était né sujet de la puissance qu'il représente; mais elle cesse d'être concluante quand il s'agit d'un Français qu'un ambassadeur étranger prend à son service. Ce Français ne se trouve investi d'aucune mission; le gouvernement que représente le ministre public ne lui a conféré aucune fonction; le roi ne peut ni l'autoriser à se mettre aux gages de ce ministre, ni l'en empêcher. Il reste donc Français, et conséquemment soumis aux lois de son pays.

Au surplus, tout en admettant le système de l'indépendance de la suite d'un ministre public, on convient que le ministre peut livrer à la justice locale ceux de ses domestiques qui ont commis des crimes ou des délits; que même les convenances lui prescrivent d'agir ainsi; qu'alors l'action publique s'exerce contre eux dans toute sa plénitude. C'est en cela, surtout, que l'indépendance des gens de la suite d'un ministre public diffère de la sienne; car il ne pourrait pas se soumettre volontairement à la justice criminelle du pays où il réside : la raison en est que son indépendance constitue un privilége qui intéresse la nation qu'il représente; conséquemment qu'il ne lui est pas libre d'y renoncer.

82. « Les hôtels des ambassadeurs, disent les » auteurs du nouveau Denisart (1), et autres mi- » nistres étrangers, sont des maisons de sûreté, qui » sont regardées, en quelque sorte, comme étant » hors du territoire dans lequel ils sont situés. On » ne peut, en général, y arrêter personne sans leur » permission, quand même ce ne serait pas quel- » qu'un de leur suite; mais si le ministre abuse » de ce privilége pour donner retraite à des mal- » faiteurs, l'on n'est point obligé de respecter un » asile ainsi profané. »

Selon Vattel, « c'est au souverain à décider, » dans l'occasion, jusqu'à quel point on doit res- » pecter le droit d'asile qu'un ambassadeur s'at- » tribue dans son hôtel ».

Je ne pense pas qu'on puisse aujourd'hui reconnaître en France de lieu d'asile. Les pouvoirs du gouvernement sont circonscrits dans des limites constitutionnelles qui ne lui permettent pas d'en tolérer. On doit assurément des égards aux ambassadeurs des puissances étrangères, et ceux-

(1) Ambassade, § 7.

ci se hâteraient certainement, dès qu'on leur en ferait la demande, d'expulser de leurs hôtels les prévenus qui s'y réfugieraient; mais s'il arrivait jamais qu'ils s'y refusassent, ou si un prévenu poursuivi par la clameur publique, ou échappé des mains de la force armée, venait à y pénétrer, je crois que les agens de la force publique pourraient s'introduire dans ces hôtels et y faire les perquisitions et les arrestations qu'ils sont autorisés à faire dans tout autre domicile.

83. Ce que j'ai dit des ministres publics des puissances étrangères et des gens de leur suite, ne s'applique point aux *consuls étrangers*. On donne le nom de *consuls* aux personnes qui ont commission de résider dans les villes et ports d'une domination étrangère, à l'effet d'y protéger le commerce de leur nation; ainsi les consuls ne sont point des ministres publics chargés de représenter leur gouvernement auprès d'un autre gouvernement; ils n'ont d'autre mission que de protéger les sujets de leur prince en ce qui regarde le négoce, et quelquefois de décider les difficultés qui s'élèvent entre eux à ce sujet. C'est ce qui a fait dire à M. Merlin (1) : « A l'égard des délits » dont un consul se rendrait coupable contre l'or- » dre public du pays où il exerce ses fonctions, » c'est aux juges des lieux qu'en appartient la con- » naissance. Les consuls n'ont pas, comme les am- » bassadeurs et les autres ministres publics, la

(1) Rép. de jurisp., v° Consuls français, § 2, n° 4.

» prétention d'être indépendans de la juridiction » de ces juges. »

La cour royale d'Aix a consacré cette distinction par un arrêt du 14 août 1829 (1), rendu dans l'espèce que voici : Deux individus étaient prévenus de s'être immiscés, à Marseille, dans les fonctions de courtiers-conducteurs de navires ; ils disaient pour leur défense, et comme moyen préjudiciel, qu'ils étaient attachés au consul général de Sardaigne, qu'ils avaient agi pour lui, qu'ils devaient conséquemment participer aux mêmes immunités que ce consul. L'arrêt décida que le consul n'aurait pu lui-même invoquer aucune immunité, qu'ainsi il n'en avait point communiqué aux prévenus.

CHAPITRE II.

DES FONCTIONNAIRES AUXQUELS EST CONFIÉE L'ACTION PUBLIQUE; DES PARTIES AUXQUELLES APPARTIENT L'ACTION CIVILE.

84. Je parlerai d'abord des fonctionnaires auxquels l'exercice de l'action publique est confié, de leur compétence générale, de leur hiérarchie, de leurs droits et de leur responsabilité; je dirai ensuite à quelles personnes appartient l'exercice de l'action civile.

(1) Dalloz, 1830, 2e partie, p. 116 et 117.

SECTION PREMIÈRE.

Des fonctionnaires auxquels est confiée l'action publique.

85. Il existe des rapports si intimes entre les fonctions qui ont pour objet la poursuite des délits et celles qui donnent la mission de les constater et d'en rassembler les preuves, que l'on est, au premier aperçu, exposé à les confondre. Ces fonctions sont différentes cependant ; les officiers du ministère public et les officiers de police judiciaire forment deux classes bien distinctes, et il importe beaucoup qu'il en soit ainsi. Si les mêmes fonctionnaires cumulaient, avec la mission de poursuivre, celle de constater les délits, de procéder aux informations, aux interrogatoires, etc., ils seraient chargés d'établir les preuves contre ceux mêmes dont ils sont les parties adverses. «Tous les citoyens trembleraient, disait le ministre des cultes au conseil d'état lors de la discussion de l'article 22 du Code d'instruction, s'ils voyaient dans le même homme le pouvoir de les accuser, et celui de recueillir ce qui peut justifier leur accusation.»

Il est vrai que l'article 9 du Code d'instruction met au nombre des officiers de police judiciaire les procureurs du roi et leurs substituts ; mais on verra, dans la suite, qu'ils ne peuvent agir en cette qualité que dans les cas de flagrant délit. Il est vrai encore que les commissaires de police, les maires et leurs adjoints sont, quoique officiers de police judiciaire, chargés des fonctions du ministère public; mais ce n'est qu'auprès des tribunaux de simple police et pour la répression des contraventions, qu'ils peuvent les exercer. Ces deux exceptions ne doivent donc point faire perdre de vue cette règle fondamentale de notre droit criminel, que le même fonctionnaire ne peut réunir le double caractère de partie poursuivante et de magistrat instructeur.

86. L'exercice de l'action publique n'appartient qu'aux fonctionnaires auxquels elle est confiée par la loi (1). Ces fonctionnaires sont :

1° Les procureurs généraux près les cours royales (2);

2° Les procureurs du roi près les tribunaux de première instance (3) ;

3° Les avocats généraux et les substituts du parquet près des cours royales (4);

4° Les substituts des procureurs du roi près les tribunaux de première instance (5);

5° Les commissaires de police, les maires et adjoints des maires chargés des fonctions du ministère public près les tribunaux de simple poce (6) ;

---

(1) Code d'inst., art. 1er. — (2) Loi du 20 avril 1810, art. 45. — (3) Code d'inst., art. 22. — (4) Loi du 20 avril 1810, art. 6 et 47. — (5) Code d'inst., art. 26 ; décret du 18 août 1810, art. 20 et suiv. — (6) Code d'inst., art. 144 et 145.

6° Le procureur général près la cour de cassation ;

7° Le procureur général près la cour des pairs.

Mais tous ces fonctionnaires n'exercent pas l'action publique avec la même étendue; les uns jouissent de la plénitude de cette action, les autres ne l'ont que restreinte à un certain genre d'affaires. Avant de parler de leurs droits et de leur responsabilité, il convient de s'occuper de leur compétence et de leur hiérarchie.

§ Ier. De la compétence générale et de la hiérarchie des officiers du ministère public.

87. La plénitude de l'action publique appartient aux procureurs généraux près les cours royales. L'article 45 de la loi du 20 avril 1810 porte : « Les procureurs généraux exerceront » l'action de la justice criminelle dans toute l'éten- » due de leur ressort... Ils auront la surveillance » de tous les officiers de police judiciaire du res- » sort. » L'article 47 ajoute : « Les substituts du » procureur général exercent la même action, » d'après les mêmes règles, *sous la surveillance et la* » *direction du procureur général.* » L'article 6 de la même loi fait connaître ce qu'on doit entendre par *substituts du procureur général*, il porte : « Les » fonctions du ministère public seront exercées, à » la cour impériale, par un procureur général im- » périal. Il aura des substituts pour le service des » audiences de la cour impériale, pour son par-

» quet, pour le service des cours d'assises et pour » les tribunaux de première instance.

» Les substituts créés pour le service des audien» ces des cours impériales portent le titre d'avocats » généraux.

» Ceux qui font le service aux cours d'assises » portent le titre de *procureurs impériaux criminels*.

» Ceux établis près des tribunaux de première » instance, portent le titre de procureurs impériaux.

» Les substituts créés pour le service du par» quet, ou pour résider auprès des cours d'assises, » sont répartis par le procureur général, les uns » pour faire auprès de lui le service du parquet, » les autres pour résider en qualité de procureurs » impériaux criminels dans les lieux où doivent » siéger les cours d'assises; et cependant le procu» reur général pourra changer, s'il le trouve con» venable, la destination qu'il aura donnée à cha» cun d'eux.

» Dans les cas d'absence ou d'empêchement des » avocats généraux, les substituts de service au » parquet pourront porter la parole aux audiences » de la cour impériale. »

Ainsi, l'action de la justice criminelle appartient aux procureurs généraux; elle leur appartient sans restriction; les autres fonctionnaires du ministère public établis près les tribunaux ne sont que leurs substituts, placés sous leur surveillance et soumis à leur direction.

C'est pour cela que les procureurs généraux peuvent recevoir les dénonciations et les plaintes qui leur sont adressées directement, soit par la cour royale, soit par un fonctionnaire public, soit par un simple citoyen, et qu'ils doivent en tenir registre (1); qu'ils peuvent même, d'office, charger les procureurs du roi de poursuivre les délits dont ils ont connaissance (2); qu'ils peuvent ordonner l'apport des pièces dans les matières criminelles, de police correctionnelle et même de simple police; déférer ces affaires à la chambre d'accusation, et présenter à celle-ci les réquisitoires qu'ils jugeront convenables; qu'ils ont le droit de se pourvoir en cassation contre les arrêts (3).

C'est pour cela qu'ils ont le droit de faire tous les actes de poursuite attribués aux procureurs du roi, et conséquemment d'interjeter appel des jugemens rendus dans les matières correctionnelles (4); de former opposition aux ordonnances des chambres du conseil portant que les prévenus seront mis en liberté, pourvu que leur opposition intervienne dans les vingt-quatre heures (5).

C'est pour cela que l'article 144 du Code d'instruction, après avoir dit que les fonctions du ministère public près les tribunaux de police

---

(1) Code d'instruct., art. 274. — (2) *Ibid.*, art. 275. — (3) *Ibid.*, art. 250, 298, 216 et 273. — (4) *Ibid.*, art. 202, arrêts des 1er juillet 1813, Bull., p. 350, Dalloz, t. XI, p. 34; et 14 mars 1817, Bull., p. 56, Dalloz, *ibid.* — (5) Arrêt du 14 avril 1814, non imprimé : pourvoi de la femme Odouard, contre un arrêt de la cour royale de Grenoble.

tenus par le juge-de-paix seront remplies par le commissaire de police du lieu où siége ce tribunal, ajoute : « S'il y a plusieurs commissaires » de police, le procureur général près la cour » royale nommera celui ou ceux d'entre eux qui » feront le service. »

C'est pour cela, enfin, que la loi leur a conféré, et n'a conféré qu'à eux, le droit d'intenter l'action publique contre les fonctionnaires dénommés dans les articles 479, 480, 483, 484 du Code d'instruction, et l'article 10 de la loi du 20 avril 1810.

C'est ainsi que l'action des procureurs généraux s'exerce sur tous les crimes, tous les délits, et même sur les simples contraventions de police. Cette action n'a, dans leurs mains, d'autres limites que celles du territoire des cours royales près desquelles ils sont établis ; et s'il existait quelques délits dont la poursuite leur fût ôtée, à raison de la nature des faits ou de la qualité des personnes, les fonctionnaires auxquels cette poursuite serait confiée ne seraient investis de l'action publique que d'une manière exceptionnelle ; ils se trouveraient, à l'égard du procureur général, dans la même condition que les tribunaux d'exception à l'égard des tribunaux ordinaires.

88. Puisque l'action publique est un des droits de la couronne (1), les procureurs généraux ne peuvent être que ses délégués, et conséquemment

(1) V. *suprà*, n° 12.

ils sont placés sous l'autorité du gouvernement; non qu'ils soient obligés de correspondre avec tous les ministres et d'en recevoir des ordres, selon que les affaires ont quelques points de contact avec les différens départemens ministériels; car on conçoit que la marche du parquet pourrait être entravée par des instructions ou des directions contraires; mais les procureurs généraux relèvent du ministre de la justice, organe légal et responsable du prince, pour tout ce qui concerne l'administration de la justice. Ce n'est qu'à lui qu'ils doivent rendre compte; c'est à lui qu'ils doivent en référer dans les affaires mixtes; ce n'est que par son intermédiaire qu'ils doivent correspondre avec les autres ministres. Eviter des rapports directs avec ceux-ci, c'est pour les procureurs généraux un devoir dont l'accomplissement n'intéresse pas moins l'administration de la justice que leur indépendance.

89. *Les procureurs du roi* « sont chargés de la » recherche et de la poursuite de tous les délits » dont la connaissance appartient aux tribunaux » de police correctionnelle et aux cours d'as- » sises (1). »

Pour assurer l'exécution de ces dispositions, le Code d'instruction porte, article 29 : « Toute au- » torité constituée, tout fonctionnaire ou officier » public qui, dans l'exercice de ses fonctions, » acquerra la connaissance d'un crime ou d'un

(1) Code d'inst., art. 22.

» délit, sera tenu d'en donner avis sur-le-champ » au procureur du roi près le tribunal dans le res» sort duquel ce crime ou délit aura été commis, » ou dans lequel le prévenu pourrait être trouvé, et » de transmettre à ce magistrat tous les renseigne» mens, procès-verbaux et actes qui y sont rela» tifs. » Article 30 : « Toute personne qui aura été » témoin d'un attentat, soit contre la sûreté pu» blique, soit contre la vie ou la propriété d'un » individu, sera pareillement tenue d'en donner avis » au procureur du roi, soit du lieu du crime ou délit, » soit du lieu où le prévenu pourra être trouvé. »

Les articles 31 et 63 autorisent le procureur du roi à recevoir les plaintes et les dénonciations. C'est à lui que les officiers de police auxiliaires doivent renvoyer les *dénonciations, procès-verbaux et autres actes par eux faits dans les cas de leur compétence* (1) ; et que tous officiers de police judiciaire, et le procureur général lui-même, doivent transmettre les dénonciations qui leur sont faites à raison des crimes et des délits qu'ils ne sont pas directement chargés de constater (2).

Hors les cas de flagrant délit, aucun acte de poursuite ne peut être fait par le juge d'instruction, s'il n'a été saisi par son réquisitoire (3).

Les tribunaux correctionnels sont saisis de l'action publique par la seule citation qu'il donne au

---

(1) Code d'inst., art. 53 et 274. — (2) *Ibid.*, art. 54. — (3) *Ibid.*, art. 61.

prévenu, et il a le droit d'interjeter appel de leurs jugemens (1).

Sa compétence s'étend même aux matières de simple police; en effet, les tribunaux correctionnels peuvent prononcer sur ces matières lorsque ni lui ni la partie civile n'ont demandé le renvoi (2); c'est devant ces tribunaux que se porte l'appel des jugemens de police (3); et il a le droit de se pourvoir en cassation contre les décisions qui interviennent sur cet appel (4). Enfin c'est à lui qu'il appartient de désigner, parmi les membres du conseil municipal de chaque commune, celui qui remplira les fonctions du ministère public près le tribunal de police tenu par le maire, lorsque l'adjoint sera empêché de les exercer (5).

Il résulte de toutes ces dispositions que les procureurs du roi jouissent, dans l'étendue de leur ressort, de la *plénitude de l'action publique* pour la poursuite des crimes et des délits; qu'ils *participent à l'exercice de cette action* pour la poursuite des contraventions de police.

Ce qu'il importe de bien remarquer, c'est que cette délégation de l'action publique leur est faite *directement*, qu'ils la tiennent de la loi, qu'elle seule en marque l'étendue et les limites; qu'ainsi elle leur appartient *personnellement*. Je fais cette observation parce que l'article 42 du décret du 6 juillet 1810 dispose que : « Toutes les fonctions du » ministère public sont spécialement et personnel-

(1) Code d'inst., art. 182 et 202. — (2) *Ibid.*, art. 192. — (3) *Ibid.*, art. 174. — (4) *Ibid.*, art. 177. — (5) *Ibid.*, art. 167.

» lement confiées aux procureurs généraux. Les » avocats généraux et les substituts ne participent » à l'exercice de ces fonctions que sous la direction » des procureurs généraux. » Et comme l'article 6 de la loi du 20 avril 1810 qualifie de *substituts du procureur général* les procureurs du roi, on pourrait en conclure que ces derniers sont simplement appelés à *participer* à l'exercice de l'action publique, à y participer dans les limites prescrites par le procureur général, et que cette action ne leur appartient point personnellement. Ce serait une grave erreur; elle est trop évidente pour qu'on puisse s'y arrêter; les textes du Code d'instruction criminelle sont positifs sur les attributions des procureurs du roi; d'ailleurs le décret du 6 juillet 1810 est uniquement destiné à organiser le service des cours royales, comme celui du 18 août suivant organise le service des tribunaux de première instance; l'article 42 et les suivans sont destinés à règler les rapports du procureur général avec les avocats généraux et les substituts du parquet, et non ses rapports avec le procureur du roi; c'est relativement aux premiers que toutes les fonctions du ministère public lui appartiennent, et non relativement aux procureurs du roi. Je vais parler de ses rapports avec ces derniers.

90. Les procureurs du roi sont soumis à la surveillance du procureur général et doivent obéir à sa direction (1).

---

(1) Loi du 20 avril 1810, art. 47.

Ils doivent, 1° aussitôt que les délits parviennent à leur connaissance, lui en donner avis, et *exécuter ses ordres relativement à tous actes de police judiciaire* (1);

2° Poursuivre les délits toutes les fois que le procureur général les en charge, soit d'office, soit sur les ordres du ministre de la justice, soit sur les plaintes et les dénonciations qui lui sont adressées directement (2).

Et puisque telle est la dépendance dans laquelle la loi a placé les procureurs du roi, il est clair qu'ils ne peuvent se dispenser de poursuivre sur les plaintes, les dénonciations, les procès-verbaux qui leur parviennent directement, qu'après en avoir référé au procureur général, et lorsque celui-ci a décidé qu'il n'y a pas lieu d'intenter l'action publique. Cette action est indépendante sans doute; mais les fonctionnaires auxquels son exercice est confié, ne sont pas indépendans les uns des autres; il existe entre eux un ordre hiérarchique; ils sont liés par des devoirs de subordination, et le fonctionnaire inférieur ne peut se soustraire à la direction de celui que la loi a constitué son chef. Comment comprendre qu'un procureur du roi puisse disposer à son gré de l'action publique, et, suivant son bon plaisir, s'abstenir de l'intenter lorsque la loi lui enjoint de donner au procureur général avis des délits *aussitôt qu'ils*

(1) Code d'inst., art. 27. — (2) *Ibid.*, art. 274 et 275.

parviennent à sa connaissance (1); de lui envoyer tous les huit jours une notice de *toutes* les affaires criminelles, de police correctionnelle ou de simple police qui sont survenues (2), et d'exécuter ses ordres relativement à tous actes de police judiciaire (3)? J'insiste sur cette observation parce que l'expérience m'a prouvé qu'elle était utile; j'ai eu quelquefois à réprimer de ces usurpations sur l'autorité du procureur général.

91. Quelque étroite que soit la dépendance des procureurs généraux à l'égard du ministre de la justice, et celle des procureurs du roi à l'égard des procureurs généraux, elle ne confère au fonctionnaire supérieur qu'un droit de direction purement administrative qui n'agit ni sur la validité ni sur l'omission des actes qui sont de la compétence de ses subordonnés.

L'action publique n'appartient point au ministre de la justice; il peut bien prescrire de l'intenter; mais la loi (4) ne l'autorise pas à en interdire l'exercice. L'action publique appartient aux procureurs généraux, mais elle appartient aussi aux procureurs du roi; les premiers peuvent ordonner aux seconds de faire des poursuites, mais ils ne peuvent le leur défendre (5). Les uns et les autres peuvent sans doute mettre mal à propos en mouvement l'action publique, et contrairement aux instructions qu'ils ont reçues; mais les tribunaux

---

(1) Code d'inst., art. 27. — (2) *Ibid.*, art. 249. — (3) *Ibid.*, art. 27. — (4) *Ibid.*, art. 274. — (5) *Ibid.*

n'en sont pas moins valablement saisis ; et l'improbation dont le ministre de la justice ou le procureur général frapperait les poursuites, n'empêcherait pas qu'elles ne suivissent le cours que la loi a tracé à la procédure criminelle. Ainsi, une cour royale avait jugé que l'action publique intentée contre un magistrat prévenu d'un délit de dénonciation calomnieuse était non recevable, parce que le ministre de la justice n'avait autorisé le procureur général qu'à provoquer des mesures de discipline contre ce magistrat; elle s'était fondée sur ce que la *suprême direction de toutes les actions publiques appartient à ce ministre.* La cour de cassation a improuvé cette doctrine par un arrêt rendu à mon rapport, le 22 décembre 1827(1): « Attendu » que c'est une erreur manifeste de prétendre que » le ministre de la justice a la suprême direction » de l'action publique pour la punition des crimes » et des délits; que cette direction est expressé» ment confiée aux cours royales par l'article 9 du » Code d'instruction criminelle; que l'article 11 de » la loi du 20 avril 1810 donne à ces cours le droit » de mander les procureurs généraux et de leur » enjoindre de poursuivre les crimes et délits; » qu'en conférant ainsi à des corps indépendans » la surveillance de l'action publique, qu'en les » autorisant à la mettre en mouvement, ces lois » ont créé, en faveur de la liberté civile, une de » ses plus fortes garanties; que l'arrêt attaqué a

(1) Bull., p. 957, Dalloz, 1828, p. 67 et suiv.

» formellement violé ces lois en décidant que l'action du ministère public contre le président Marcadier était non recevable, parce que le ministre de la justice ne l'avait autorisé qu'à exercer l'action disciplinaire, et non l'action publique ; qu'il résulte de tout ce qui vient d'être dit, que, si l'arrêt attaqué s'était borné à écarter, par les fins de non-recevoir qu'il adopte, les actions du ministère public et des parties civiles, il devrait être cassé ;

» Mais, attendu, etc. »

Une autre cour royale avait décidé que des poursuites dirigées contre un individu prévenu d'avoir acheté d'un militaire des armes de guerre étaient non recevables, parce qu'une circulaire du ministre de la justice promettait la remise de la peine à tous ceux qui, détenteurs de pareilles armes, les restitueraient dans un délai déterminé. La cour de cassation a cassé l'arrêt, le 28 juillet 1814 (1), « attendu que les ministres ne peuvent anéantir ni suspendre l'effet des lois pénales ; que ce droit n'appartient qu'au corps législatif et au roi, lorsqu'il veut user de son droit de faire grâce ».

Le droit de surveillance et de direction qui appartient au ministre de la justice sur les procureurs généraux, et à ces derniers sur les procureurs du roi, leur confère certainement la faculté

(1) Bull., p. 79, et arrêt identique du 14 avril 1815. Bull., p. 49.

de donner des ordres et de prescrire de faire tous les actes propres à conserver l'action publique, à l'exercer contre tels ou tels individus, et à la porter devant les tribunaux qui sont successivement appelés à la juger; mais si le procureur général, si le procureur du roi négligent ou refusent d'obéir à ces instructions, la prescription, les déchéances ne s'en accomplissent pas moins; les ordres les plus formels ne peuvent tenir lieu des actes qu'ils étaient destinés à provoquer et qui n'ont pas été faits. La responsabilité des subordonnés est engagée; ils ont encouru des reproches, même une révocation; mais les mesures administratives qu'on peut prendre contre eux n'atteignent ni le prévenu, ni la procédure, ni les jugemens qui sont intervenus. Les procureurs généraux ont, pour conserver l'action publique et la diriger, des pouvoirs qui manquent au ministre de la justice; ils ont la voie d'appel, dans les matières correctionnelles; ils peuvent requérir les chambres d'accusation d'évoquer l'instruction des affaires; ils peuvent enfin faire directement les actes qui sont de la compétence des procureurs du roi; mais ce sont là de véritables actes de poursuite, et il faut que ces actes interviennent, si un procureur général veut réparer les erreurs d'un procureur du roi; il ne lui suffirait pas, pour les redresser, de dire que le procureur du roi a agi contre ses ordres, qu'il a omis de faire ce qu'il lui avait prescrit.

Que l'on ne pense pas que ce que je dis de la nature de la direction que le ministre de la justice a le droit d'imprimer aux procureurs généraux, et ceux-ci aux procureurs du roi, accuse d'imperfection l'organisation du ministère public, en France : non, elle doit être telle que je viens de la montrer. L'action publique est indépendante, elle doit l'être, ou elle est exposée à aller contre son but, en devenant un instrument toujours à la disposition de la haine, de l'erreur ou de la mauvaise foi. Le gouvernement a le droit de la diriger, puisqu'elle est en partie essentielle à la puissance exécutive; mais cette indépendance et ce droit de direction ne doivent pas être tels que les ministres ou les gens du roi puissent à leur gré suspendre ou anéantir l'effet des lois pénales, et accorder, quand il leur plaît, l'impunité à des coupables. Une première garantie contre les abus qui peuvent résulter de l'indépendance de l'action publique se trouve dans le droit que la loi du 20 avril 1810 confère aux cours royales de mander les procureurs généraux et de leur enjoindre de poursuivre. Mais une autre garantie, beaucoup plus forte, résulte du pouvoir donné par la loi à des fonctionnaires d'intenter cette action, sans avoir besoin de l'assentiment d'autres fonctionnaires qui sont leurs supérieurs ; de l'intenter valablement, même contre les ordres de ceux-ci, sauf à répondre de leurs actes, sauf aux tribunaux à statuer sur les poursuites qui ont été dirigées. Par là, et à moins de supposer un concert répréhensible entre le procureur du roi, le procureur général et le ministre de la justice, il devient impossible de soustraire aux tribunaux un coupable, quel qu'il soit.

Mais supposez des procureurs du roi qui ne pourront agir que sous le bon plaisir des procureurs généraux; supposez des procureurs généraux investis du droit d'anéantir les poursuites commencées par les procureurs du roi, parce que ces poursuites leur déplaisent; vous arriverez nécessairement à un ministre de la justice qui pourra à son gré enchaîner l'autorité et la conscience des fonctionnaires du ministère public. Ainsi il pourra se placer au dessus des lois, leur imposer silence, user d'un droit plus immense que celui de faire grâce; car il pourra soustraire un coupable à la condamnation même qu'il aura méritée. Tout absolu qu'était le chef du gouvernement sous lequel nos codes criminels ont été promulgués, il n'a cependant voulu se réserver que le droit de faire grâce, et non celui d'anéantir, en faveur de quelques coupables privilégiés, l'action des lois.

On aurait à craindre des abus plus graves encore, si les délais de la prescription, de l'appel et du pourvoi en cassation étaient suspendus par cela seul que le ministre de la justice ou le procureur général aurait ordonné à son subordonné de faire des actes de poursuites, d'appel ou de pourvoi; car, à moins de prolonger indéfiniment ces délais, il faut supposer que c'est avant leur échéance que le ministre ou le procureur général a donné ses ordres, qu'ils ont été connus, qu'il a été possible de s'y conformer; mais comment constater ce fait, sans lequel ces ordres doivent être sans autorité? En admettant qu'on puisse avec certitude en fixer la date, pendant combien de temps tiendront-ils lieu de l'acte qui n'a pas été fait? pendant combien de jours, de mois, d'années, pourra-t-on les représenter, les exhumer pour les opposer à un homme qui a été absous, et le livrer aux chances d'un appel ou d'un pourvoi en cassation?

Il est juste et nécessaire que les officiers du ministère public répondent de leurs actes et de leurs omissions; mais leurs actes doivent aboutir aux tribunaux, et ceux-ci doivent les juger; mais leurs omissions doivent produire les mêmes effets légaux que si elles étaient le résultat d'une détermination juste et bien éclairée.

92. L'exercice de l'action publique n'appartient *personnellement* qu'aux procureurs généraux et aux procureurs du roi; les autres fonctionnaires du ministère public n'y participent que sous leurs ordres. « Le plan, dit M. Cambacérès au conseil » d'état, lors de la discussion de la loi sur l'orga- » nisation judiciaire (1), est de donner toute l'in- » tensité possible au ministère public; dans cette » vue, le pouvoir de poursuivre les délits est confié » au procureur impérial et au procureur général; » les autres fonctionnaires ne l'exercent que sous » leurs ordres; et pour faire apercevoir cette su- » bordination et mieux fixer le système, on a cru » devoir employer la dénomination de substituts. »

(1) Procès-verbal du 6 novembre 1804.

C'est en conséquence de ce principe, que l'article 42 du décret du 6 juillet 1810 porte que «toutes les fonctions du ministère public sont *spé-» cialement* et *personnellement* confiées aux procu-» reurs généraux. Les avocats généraux et les sub-» stituts ne *participent* à l'exercice de ces fonctions » que *sous la direction* des procureurs généraux».

Les avocats généraux sont spécialement chargés de porter la parole, *au nom du procureur général*, aux audiences civiles ou criminelles de la cour royale. Le procureur général les attache à la chambre à laquelle il croit leur service le plus utile (1). Les substituts du parquet sont spécialement chargés, *sous la direction immédiate du procureur général*, de l'examen et des rapports sur les mises en accusation; ils rédigent les actes d'accusation et assistent le procureur général dans toutes les parties du service intérieur du parquet (2). En cas d'absence, d'empêchement, et toutes les fois que les travaux du parquet l'exigent, ils sont suppléés et aidés par les avocats généraux (3).

93. Du principe que l'action publique n'appartient pas personnellement aux avocats généraux et aux substituts du parquet, qu'ils ne font qu'y participer sous la direction du procureur général, il résulte qu'ils ne peuvent intenter l'action publique, former un appel ou un pourvoi en cassation, qu'autant que celui-ci les y a autorisés. Il y

---

(1) Décret du 6 juillet 1810, art. 44. — (2) *Ibid.*, art. 45. — (3) *Ibid.*, art. 52; préambule du décret du 29 avril 1811.

aurait anarchie dans les parquets, si des fonctionnaires institués uniquement pour aider le procureur général, pouvaient usurper son autorité, faire, sous ses yeux et malgré lui, des actes qui engageraient l'action publique. Quel serait donc le sort de ces actes, s'ils se les permettaient? ils seraient nuls; ils ne saisiraient point le tribunal auquel ils aboutissent; le désaveu du procureur général suffirait pour les faire tomber.

Telle est la différence qui existe entre les fonctions de procureur du roi et celles des autres substituts du procureur général, que ceux-ci ne peuvent agir qu'en son nom, et ne tiennent que de sa délégation expresse ou tacite le droit de faire des actes de poursuites; tandis que le premier trouve en lui-même le principe de sa compétence, et a reçu de la loi le droit d'agir directement en son nom.

Il ne faut cependant pas conclure de là que chaque acte de procédure fait par un avocat général ou un substitut du parquet, ait besoin d'être accompagné d'une preuve quelconque du consentement du procureur général; la loi présume le consentement, et cette présomption ne doit céder que devant son désaveu. Régulièrement, tous les actes d'instruction doivent être rédigés au nom du procureur général, quoique signés par un autre officier du parquet; mais, le fussent-ils au nom de cet officier, ils sont valables, dès que le procureur général ne les désavoue pas. La loi n'a pas dû supposer que l'autorité de celui-ci serait usurpée par ses subordonnés ; on doit conséquemment admettre, jusqu'à preuve contraire, que ses substituts agissent de son consentement et en vertu des délégations qu'ils ont reçues de lui.

94. Les substituts du procureur du roi sont chargés, sous sa direction et conformément à la répartition qu'il en faite entre eux, de diverses fonctions :

1° Ils sont officiers de police judiciaire (1). L'article 17 du décret du 18 août 1810 porte : « Les procureurs impériaux qui auront quatre » substituts, pourront en désigner spécialement » deux pour remplir les fonctions d'officiers de po- » lice judiciaire. Notre procureur impérial à Paris » déléguera ces fonctions à six de ses substituts. » Les substituts ainsi délégués sont tenus de rési- » der chacun dans un arrondissement particulier » de la ville où siégera le tribunal de première in- » tance, et qui leur sera assigné par le procureur » impérial. » L'article 18 dispose que les procureurs du roi qui auront deux substituts pourront aussi en charger un spécialement des fonctions d'officier de police judiciaire. L'article 19 laisse le procureur du roi le maître de changer la destination qu'il aura donnée à ses substituts.

2° Ils sont chargés de porter la parole aux audiences civiles et correctionnelles du tribunal de première instance (2).

(1) Code d'inst., art. 9. — (2) Décret du 30 mars 1808, art. 82 ; décret du 18 août 1810, art. 19.

3° Ils assistent le procureur du roi dans le service intérieur du parquet (1).

Les substituts participent à l'exercice de l'action publique, mais sous la direction du procureur du roi ; car c'est à lui qu'elle appartient personnellement. On lit, à la vérité, dans l'article 42 de la loi du 20 avril 1810, que les fonctions de magistrat de sûreté sont supprimées, et qu'elles seront remplies par le procureur du roi ou son *substitut ;* et l'article 43 ajoute : « Les fonctions du » ministère public seront exercées, dans chaque » tribunal de première instance, par un substitut » du procureur général qui a le titre de procureur » impérial, et par des substituts du procureur im» périal dans les lieux où il sera nécessaire d'en » établir. » Mais il ne faut pas conclure de là que la loi a entendu donner au procureur du roi et à ses substituts, des pouvoirs égaux. Le but de cet article est révélé par les observations auxquelles a donné lieu, au conseil d'état, la discussion de la loi sur l'organisation judiciaire (2), et par les articles 22 et 26 du Code d'instruction criminelle. L'article 22 dispose que « les procureurs du roi » sont chargés de la recherche et de la poursuite » de tous les délits » ; et l'article 26, que « le pro» cureur du roi sera, en cas d'empêchement, rem» placé par son substitut ». Ainsi, l'action publique appartient personnellement au procureur du

(1) Décret du 18 août 1810, art. 23. — (2) V. *suprà*, n° 92.

roi ; elle n'est exercée par les substituts qu'autant qu'ils sont investis des fonctions mêmes du procureur du roi, parce qu'il y a lieu de remplacer celui-ci ; donc ils ne participent à l'exercice de cette action, hors le cas d'empêchement, qu'autant que le procureur du roi la leur délègue pour les cas et pour les actes qu'il désigne ; et il se trouve alors investi à leur égard du même droit de direction que le procureur général à l'égard des avocats généraux et des substituts du parquet. Ce que je dis doit paraître d'une telle évidence qu'on pensera peut-être que j'aurais pu me dispenser de l'exprimer ; mais j'y ai été conduit par deux arrêts de la cour de cassation, dont les motifs, beaucoup trop longs, me semblent s'écarter des principes de la matière.

La cour avait eu deux fois à décider la question de savoir si l'appel interjeté par un substitut d'un jugement correctionnel, lors duquel il remplissait les fonctions du ministère public, était recevable ; elle avait résolu affirmativement cette question (1), par le motif « que les attributions » données au substitut, lorsqu'il remplace le pro- » cureur du roi, sont les mêmes que celles qui ap- » partiennent à ce magistrat». Mais, dans une troisième affaire l'appel avait été interjeté par un substitut qui n'avait pas rempli les fonctions du ministère public ; la cour a cassé l'arrêt qui annulait

(1) Arrêts des 29 mars 1822, Bull., p. 138, Dalloz, t. XI, p. 25 ; et 14 mai 1825, Bull., p. 276, et Dalloz, p. 375.

cet appel; et on lit dans les motifs: « Attendu que » les attributions données aux substituts sont les » mêmes que celles qui sont données au procureur » du roi; que les fonctions du ministère public » sont indivisibles, et que les substituts peuvent » exercer toutes celles qu'exerce le procureur du » roi lui-même, sans qu'il soit besoin d'un mandat » de ce magistrat; que, dans l'espèce et en vertu » de l'article 43 de la loi du 20 avril 1810, le sieur » L'Homandie, attaché au tribunal de première in- » stance de Cahors en qualité de substitut du pro- » cureur du roi près ledit tribunal, avait, comme » le procureur du roi, et par sa seule qualité de » substitut, sans avoir besoin d'un mandat du pro- » cureur du roi, le droit d'interjeter appel d'un » jugement rendu par ce tribunal; attendu néan- » moins que la cour royale d'Agen a, par arrêt du » 4 décembre 1828, annulé l'appel du jugement » du tribunal de Cahors interjeté par le substitut » du procureur du roi, sur le motif que c'est au » procureur du roi qu'est réservé expressément » par la loi le droit d'interjeter appel des jugemens » en matière correctionnelle; que ce magistrat » ayant chargé un juge auditeur de porter la pa- » role dans ladite affaire, on ne pouvait plus pré- » sumer que le substitut eût reçu un mandat spé- » cial pour appeler, et qu'ainsi ce substitut n'avait » pas eu qualité pour interjeter cet appel; en quoi » cet arrêt a manifestement violé l'article 43 cité ci- » dessus (1). » Les motifs de cet arrêt pourraient

(1) Arrêt du 19 février 1829, Bull., p. 113, Dalloz, p. 353.

faire supposer que la cour de cassation a entendu reconnaître, dans tous les cas, aux substituts, un droit égal à celui du procureur du roi, dans l'exercice de l'action publique. Je ne crois pas que telle ait été l'intention de la cour. L'arrêt qu'on vient de lire a été rendu sur mes conclusions conformes; la décision attaquée avait dit que l'on ne pouvait pas présumer que le substitut eût reçu un mandat pour appeler, puisqu'il n'avait pas été chargé de soutenir la prévention devant le tribunal correctionnel; je répondis que le mandat se présumait tant que le procureur du roi ne désavouait pas l'acte fait par son substitut. C'est sur ce moyen de cassation que l'arrêt prononcé à l'audience a été motivé.

Un second arrêt, du 3 septembre 1829 (1), casse un jugement qui avait annulé l'appel interjeté par un substitut, parce que cet appel n'était pas formalisé au nom du procureur du roi; cet arrêt est motivé sur ce que « le ministère public » est indivisible ; qu'il existe entre tous les officiers » qui le composent, dans un tribunal, une com- » munauté de fonctions, de *droits et d'obligations;* » d'où il suit que l'acte d'un substitut du procu- » reur du roi a, aux yeux de la loi, toute l'autorité » et tout l'effet d'un acte émané du procureur du » roi lui-même. »

Si cette doctrine devait être prise à la lettre, il n'existerait plus de hiérarchie parmi les officiers du ministère public attachés à un même tribu-

(1) Bull., p. 527, Dalloz, p. 353.

nal ; plus de subordination, plus d'ordre dans les parquets ; le substitut ferait tous les actes qui lui plairaient à l'insu et contre le gré de son chef. Lorsqu'on discuta, au conseil d'état, les bases de l'organisation du ministère public en France, le grand-juge s'opposait à ce que les avocats généraux fussent subordonnés au procureur général ; il disait que leurs fonctions « exigent de grands » talens ; que cependant des hommes d'un mérite » distingué répugneront à les remplir, si on dégrade » cette magistrature ». L'empereur répondit : « Cet » inconvénient ne balance pas celui de livrer le » parquet à des tiraillemens (1). » Ces mots révèlent toute la pensée de la loi : chaque parquet n'a qu'un chef; les substituts ne sont que les organes de celui-ci, les agens de ses déterminations; il n'y a pas, il ne saurait y avoir entre lui et eux *une communauté de droits et d'obligations*. J'examinerai bientôt la valeur de cet adage : *Le ministère public est indivisible* (2)

95. Je viens de dire que les substituts ne sont que les organes du chef du parquet, que les agens de ses déterminations : cette proposition pourrait paraître trop absolue, on pourrait en tirer la cons quence que ces substituts sont obligés de sacrifier leur conscience à l'opinion du procureur général ou du procureur du roi, si je n'expliquais ma pensée, si je ne la renfermais dans ses vraies limites.

---

(1) Procès-verbal du 13 novembre 1804. — (2) V. *infrà*, nº 105.

Il faut distinguer, dans la procédure criminelle, les actes de poursuite et d'instruction qui précèdent le jugement, de ce jugement même. Le ministre de la justice peut prescrire à un procureur général, celui-ci à ses substituts, et le procureur du roi aux siens, de faire ou requérir tels et tels actes de procédure, une arrestation, une mise en prévention ou en accusation; de former tel appel, telle opposition, tel pourvoi en cassation. L'officier du ministère public qui reçoit ces ordres doit s'y conformer, quelle que soit son opinion personnelle; sans cela il n'aurait pas de supérieur, et l'article 27 du Code d'instruction n'admet aucun doute à cet égard; car il prescrit au procureur du roi d'exécuter les ordres du procureur général *relativement à tous actes de police judiciaire;* or la police judiciaire a pour objet, aux termes de l'article 8, de *rechercher* les crimes, les délits, les contraventions, *d'en rassembler les preuves*, *d'en livrer les auteurs aux tribunaux chargés de les punir.* Les articles 45 de la loi du 20 avril 1810, 42, 44 et 45 du décret du 6 juillet 1810 ne sont pas moins positifs, puisqu'ils n'admettent les avocats généraux et les substituts du parquet à exercer l'action publique, qu'au nom du procureur général et sous sa direction immédiate. Le ministre de la justice exerce sur les procureurs généraux les mêmes droits que ceux-ci sur les procureurs du roi; ce n'est là qu'une conséquence nécessaire de la direction que le gouvernement conserve sur l'action publique, puisque c'est de lui qu'elle émane. La responsabilité morale, et, s'il y a lieu, la responsabilité légale des actes repose entièrement sur le supérieur qui les a exigés.

Mais la déférence que les officiers du ministère public doivent aux ordres de leurs chefs est limitée aux actes d'instruction ; elle ne les lie pas quand il s'agit du jugement de l'affaire, et nul ne peut leur prescrire de requérir une condamnation, lorsque leur conviction s'y oppose ; nul ne peut les empêcher d'exprimer leur opinion sur un déclinatoire, sur une demande en renvoi à d'autres juges, quoiqu'il leur ait été prescrit de les requérir ou de s'y opposer. Un procureur du roi peut avoir reçu d'avance l'ordre d'appeler d'un jugement dans le cas où il ne prononcerait pas telle condamnation, ou ne donnerait pas aux faits telle qualification ; mais il n'est pas obligé de conclure à l'audience, dans le sens de ces ordres. Un procureur général peut être obligé à interjeter appel d'un jugement qui lui paraît bien rendu ; mais il n'est pas forcé de le soutenir.

C'est ainsi que la dépendance des officiers du ministère public a été entendue, au conseil d'état, lors de la discussion de l'article 542 du Code d'instruction, relatif aux demandes en renvoi pour cause de sûreté publique (1).

« *L'empereur* demande si le procureur impérial » est obligé, dans les affaires qui intéressent l'État, » à conclure conformément aux ordres du grand- » juge, ou s'il peut ne conclure que d'après son

(1) Art. 399 du projet, séance du 16 octobre 1804.

» opinion personnelle : par exemple, si le grand-
» juge lui ordonne de demander le renvoi d'une
» affaire à un tribunal déterminé, est-il obligé
» d'admettre les motifs qui ont déterminé cet ordre?

» *Le grand-juge* répond que le procureur général
» doit obéir, parce qu'il ne lui appartient point de
» prononcer sur ce que peut exiger la sûreté pu-
» blique; le ministre est censé avoir pris, à cet
» égard, l'ordre de sa majesté. Si le procureur gé-
» néral ignore les motifs de l'ordre ou *qu'il ne l'ap-*
» *prouve pas*, il lui est permis de déclarer qu'il
» conclut par exprès commandement.

» *M. Regnauld* (de Saint-Jean-d'Angély) pense
» que le procureur général devant tenir également
» la balance entre l'État et l'accusé, il lui est per-
» mis de peser les motifs de l'ordre qu'il reçoit et
» ceux qui s'opposent à son exécution : *Le procu-*
» *reur général doit être le défenseur de la justice et*
» *non de l'opinion du ministre;* son devoir l'oblige
» à exposer au tribunal, qui seul juge, les raisons
» pour et contre.

» *Le grand-juge* dit que sans doute le procureur
» général doit exposer toute l'affaire, mais qu'en-
» suite il doit conclure conformément aux ordres
» qu'il a reçus, en énonçant, s'il veut, qu'il conclut
» par exprès commandement; autrement, cet offi-
» cier n'aurait point de supérieur.

» *L'empereur* pense que, quand le procureur
» général a reçu des ordres, il doit s'y conformer
» dans ses conclusions: cet officier n'est point juge,
» il n'est que partie, et représente le gouverne-

» ment. C'est pour cette raison que, dans les lits » de justice, où le roi était présent et était instruit » de l'affaire, le procureur général concluait con» formément aux ordres du roi.

» *M. Cambacérès* dit qu'il faut distinguer; les » procureurs généraux concluaient conformément » aux ordres du roi, lorsqu'il s'agissait de l'enre» gistrement d'une loi; dans toute affaire particu» lière, ils concluaient conformément à leur opi» nion personnelle.

» *Le grand-juge* dit qu'il ne s'agit point ici d'af» faires particulières, mais d'affaires qui intéressent » la sûreté publique; que ce serait donner au pro» cureur général un pouvoir exorbitant et dange» reux, que de le constituer arbitre de ce que la » sûreté publique peut exiger.

» *M. Treilhard* dit : ..... Au reste, le procureur » général est obligé de se conformer aux ordres » qu'il reçoit pour entamer les poursuites; ensuite » *il devient l'homme de la justice, et les ordres supé» rieurs ne règlent plus ses conclusions.* Dans les lits » de justice, on ne présentait que des affaires d'un » intérêt général : le ministère public était obligé » de se conformer aux ordres du roi; et s'ils n'é» taient pas conformes à son opinion, il déclarait » qu'il concluait d'après l'exprès commandement » de sa majesté.

» La question, au surplus, est oiseuse; *car ja» mais le gouvernement ne dictera à un procureur gé» néral ses conclusions au fond.* »

Ainsi, le conseil d'état reconnaîtrait que l'on

peut prescrire au ministère public de faire certains actes, mais qu'on ne pourrait point lui imposer une autre opinion que la sienne. Et si l'on fait attention à l'époque à laquelle ce principe était professé, en présence de qui et sur quelle question, on reconnaîtra combien ce principe est vrai, et comme il concilie ce qu'exige l'intérêt du gouvernement et une bonne administration de la justice, avec le respect dû à la conscience et à la dignité des magistrats du ministère public.

Je ne crois pas que le principe soit modifié par les dispositions des articles 48 et 49 du décret du 6 juillet 1810, qui obligent les avocats généraux à soutenir à l'audience l'opinion personnelle du procureur général, du moins celle de la majorité du parquet; ces dispositions me paraissent s'appliquer aux matières civiles, et non aux matières criminelles, où il s'agit bien plus de points de fait que de points de doctrine; c'est ce que le décret fait suffisamment entendre par ces mots : *dans les causes importantes et ardues;* et par ceux-ci : *les conclusions seront prises à l'audience*, etc., *les conclusions qu'ils se proposent de donner;* car dans les matières criminelles, le ministère public est partie principale, il agit, *il requiert; donner des conclusions* ne doit s'entendre que du ministère public *partie jointe.* Au surplus, quel procureur général voudrait, dans une affaire criminelle, se prévaloir de ces dispositions? quel avocat général vouudrat s'y soumettre?

96. Nul ne peut être nommé officier du minis-

tère public, s'il n'est licencié en droit, et s'il n'a suivi le barreau pendant deux ans (1).

Les procureurs généraux doivent être âgés de trente ans accomplis. Il suffit que les avocats généraux et les substituts du parquet aient atteint leur vingt-cinquième année (2).

Les procureurs du roi doivent être âgés de vingt-cinq ans accomplis. Il suffit que leurs substituts aient atteint leur vingt-deuxième année (3).

Les procureurs généraux prêtent serment entre les mains du roi ou d'un commissaire délégué à cet effet par sa majesté (4).

Les avocats généraux et les substituts du parquet prêtent serment devant la cour royale, toutes les chambres assemblées. Les procureurs du roi et leurs substituts le prêtent devant la chambre où siége le premier président (5).

« C'est le serment, dit Loyseau (6), qui attribue » et accomplit en l'officier, l'ordre, le grade, et, » s'il faut parler ainsi, le caractère de son office, » et qui lui défère la puissance publique. » Il n'est pas douteux qu'un acte fait par un individu nommé à des fonctions publiques avant qu'il ait prêté serment, ne soit frappé d'une nullité radicale, comme provenant d'une personne sans pouvoirs; que

---

(1) Loi du 20 avril 1810, art. 64. — (2) *Ibid.*, art. 65. — (3) *Ibid.*, art. 64. — (4) Ordonnance du 3 mars 1815, art. 3; ordonnance du 18 septembre suivant, art. 4. — (5) Décret du 30 mars 1808, art. 26. — (6) Traité des offices, [illegible] 1er, chap. 4, n° 71.

conséquemment un magistrat du parquet ne peut, avant l'accomplissement de cette formalité, exercer l'action publique.

La réception du procureur général se fait devant la cour royale, les chambres assemblées (1). Par induction, la réception du procureur du roi se fait devant le tribunal de première instance tout entier. Mais les réceptions ne sont, puisque ces magistrats ont déjà prêté serment, qu'une simple installation, une reconnaissance d'identité; ils sont fonctionnaires publics quand ils marchent à cette solennité.

Les incompatibilités résultant de la parenté et de l'alliance entre les juges, jusqu'au degré d'oncle et de neveu inclusivement, sont applicables aux officiers du ministère public, soit que cette parenté ou alliance existe entre eux, soit qu'elle n'existe qu'entre eux et les juges (2).

Les procureurs généraux ne peuvent s'absenter de leur poste plus de trois jours sans avoir obtenu un congé du ministre de la justice, et plus de quinze jours, sans que le ministre ait pris les ordres du roi (3). Les avocats généraux, les substituts du parquet, les procureurs du roi ne peuvent s'absenter plus de trois jours sans un congé du procureur général; et plus de vingt-neuf jours, sans un congé du ministre de la justice (4). Les

---

(1) Décret du 30 mars 1808, art. 26. — (2) Loi du 20 avril 1820, art. 63. — (3) Décret du 6 juillet 1810, art. 24. — (4) *Ibid.*, art. 26.

substituts du procureur du roi peuvent obtenir de lui des congés de moins de huit jours; au-delà de ce temps, il appartient au procureur général de les leur délivrer; s'ils ont besoin d'un congé plus long, c'est le ministre de la justice qui a seul le droit de l'accorder (1). Les procureurs généraux et les procureurs du roi doivent énoncer dans les congés qu'ils donnent à leurs substituts, l'époque à laquelle ils devront commencer et finir; ils doivent, dans les trois jours de la délivrance, rendre compte au ministre de la justice des motifs de ces congés et du lieu où se proposent d'aller les magistrats qui les ont obtenus (2).

97. En cas d'absence ou d'empêchement, le procureur général est remplacé par le plus ancien des avocats généraux et, à défaut de ceux-ci, par le plus ancien des substituts du parquet (3). Le procureur du roi est remplacé par son substitut. S'il en a plusieurs, il est remplacé par le plus ancien de ceux qui ne sont pas chargés spécialement des fonctions d'officier de police judiciaire. En cas d'empêchement des substituts eux-mêmes, le procureur du roi est remplacé par un juge ou par un suppléant désigné par le tribunal (4). Enfin, l'article 3 de la loi du 10 décembre 1830 porte :

---

(1) Décret du 18 août 1810, art. 30. — (2) Ordonnance du 6 novembre 1822; circulaire du ministre de la justice. — (3) Loi du 20 avril 1810, art. 47. Décret du 6 juillet 1810, art. 50 et 51. — (4) Code d'inst., art. 26; décret du 18 août 1810, art. 20, 21 et 23.

« Les juges suppléans pourront être appelés aux » fonctions du ministère public, si les besoins du » service l'exigent. A Paris, le quart des juges sup- » pléans sera attaché au service du ministère pu- » blic, sous les ordres du procureur du roi. »

98. On lit dans quelques anciens criminalistes *que tout juge est officier du ministère public;* et Jousse (1) pose en principe que « les fonctions du » ministère public, quant à la poursuite des crimes, » résident nécessairement dans les juges ; et que, » par une conséquence nécessaire, les juges peu- » vent poursuivre la punition des crimes, et in- » former indépendamment des procureurs du » roi ». Il en donne pour raison que « si les juges » ne pouvaient suppléer aux fonctions des procu- » reurs du roi ou fiscaux, ceux-ci seraient entière- » ment les maîtres de faire ou non des poursuites » et de laisser les crimes impunis ». Il reconnaît cependant que le principe qu'il établit n'est pas d'une application générale et il dit : « Il faut ce- » pendant observer que, hors les cas de flagrant » délit, ou d'une dénonciation, le juge ne peut in- » former d'office, quoique le procureur du roi ou » fiscal le puisse par voie de plainte, parce que le » juge ne peut en même temps être plaignant et » juge, ce qui renferme deux qualités incompa- » tibles. »

Cette opinion ne saurait être suivie aujourd'hui; l'article 1er du Code d'instruction criminelle s'y

---

(1) T. III, p. 66.

oppose. L'article 11 de la loi du 20 avril 1810 a réglé le mode suivant lequel les cours royales peuvent d'office ordonner des poursuites, et l'on vient de voir comment et pourquoi les officiers du ministère public peuvent être remplacés. Déjà même M. Daguesseau, dans une lettre du 11 mars 1730, avait examiné l'adage que *tout juge est officier du ministère public*, et démontré qu'il n'était vrai qu'en deux sens: le premier que, quand les gens du roi refusaient de donner des conclusions dans une affaire, la cour, après les avoir avertis, pouvait commettre un conseiller pour les remplacer; l'autre, que les juges n'étaient pas obligés de suivre les conclusions des gens du roi; qu'ils pouvaient même ordonner ce que le ministère public avait négligé de demander ou de faire. Par cette lettre, M. Daguesseau transmettait au parlement de Rouen un arrêt du conseil du roi qui annulait un arrêt de ce parlement, rendu, les chambres assemblées, sur les réquisitions d'un conseiller qui, se transformant en procureur général, avait fait ordonner une nouvelle audition de témoins dans une affaire criminelle, quoique le procureur général eût déclaré que cette mesure était inutile, et même contraire à l'ordonnance.

99. La loi du 20 avril 1810 (1) et le Code d'instruction criminelle (2) avaient créé des *procureurs criminels*, substituts du procureur général,

(1) Art. 6. — (2) Art. 284 et suiv.

chargés de le remplacer près des cours d'assises, autres que celle du département où siégeait la cour royale. Ces magistrats remplissaient aussi les fonctions du ministère public pour l'instruction et le jugement des appels de police correctionnelle ; ils étaient chargés, en outre, de surveiller les officiers de police judiciaire du département dans lequel ils étaient établis : une loi du 25 décembre 1815 les a supprimés. Les fonctions du ministère public qui leur étaient dévolues ont été attribuées aux procureurs du roi près des tribunaux de première instance, chefs-lieux de cours d'assises ; leurs fonctions de surveillans ont été laissées directement à la charge des procureurs généraux. Cette institution me paraît regrettable, et l'économie que sa suppression a produite ne compense pas les avantages dont elle a frustré l'administration de la justice criminelle. Il y a par là solution de continuité dans la chaîne destinée à conduire dans la main du procureur général tous les officiers de police judiciaire du ressort de la cour; une surveillance active et soutenue sur tous les détails de l'administration est devenue plus difficile ; on s'est privé du moyen le plus certain de former d'habiles procureurs généraux, et de bien connaître les talens, les qualités morales de ceux à qui l'on confie de si hautes fonctions.

Les lois que j'ai citées, des décrets, des ordonnances, qu'il devient inutile de rappeler, instituaient des conseillers et des juges auditeurs, que les procureurs généraux et les procureurs du roi pouvaient attacher au service du parquet, et faire participer à l'exercice de l'action publique. Une loi du 18 décembre 1830 a supprimé totalement les juges auditeurs, et décidé qu'à l'avenir il ne serait plus nommé de conseillers auditeurs. Cette dernière institution paraît donc destinée à s'éteindre : je la crois peu regrettable.

100. Il y a deux sortes de tribunaux de simple police; les uns sont tenus par les juges-de-paix, les autres par les maires des communes.

Les fonctions du ministère public près du tribunal de police tenu par le juge-de-paix, sont remplies par le commissaire de police du lieu où siége le tribunal; s'il n'y en a point, elles le sont par le maire. S'il y a plusieurs commissaires de police, le procureur général près la cour royale nomme celui ou ceux d'entre eux qui feront le service (1).

Le Code d'instruction ne détermine pas la durée des fonctions des commissaires de police désignés par le procureur général; il résulte de là qu'il est loisible à celui-ci de leur retirer sa délégation quand le bien du service l'exige, et de la confier à d'autres commissaires de police.

Les fonctions du ministère public près des tribunaux de police tenus par les maires des communes, sont remplies par leurs adjoints : en l'absence de l'adjoint, ou lorsqu'il remplace le maire comme juge de police, le ministère public est

(1) Code d'inst., art. 144.

exercé par un membre du conseil municipal, désigné par le procureur du roi, pour une année entière (1).

101. Aux termes de l'article 144 du Code d'instruction, le maire chargé de remplir les fonctions du ministère public près du tribunal de police tenu par le juge-de-paix, peut *se faire remplacer par son adjoint*; c'est une faculté dont l'exercice n'est pas subordonné à l'empêchement où il serait d'exercer lui-même le ministère public. Il résulte de là que l'adjoint peut recevoir du maire une délégation générale, qui l'investisse de toutes les fonctions du ministère public. L'adjoint qui a reçu une pareille délégation peut donc agir, sans qu'il soit nécessaire d'exprimer que le maire est empêché; il peut intenter valablement l'action publique par une citation donnée à sa requête, lorsqu'il y mentionne qu'il agit en vertu de cette délégation (2); il conserve le caractère qu'on lui a communiqué, encore bien qu'il ait déclaré par écrit qu'il s'en démettait, si la renonciation n'a pas été acceptée (3); en effet, il ne lui était pas loisible de la refuser, elle était une charge inhérente à ses fonctions d'adjoint; il ne peut donc, par sa seule volonté, répudier l'une et conserver l'autre.

Lorsque le commissaire de police désigné par le procureur général est empêché, peut-il être

---

(1) Code d'inst., art. 167. — (2) Arrêt du 20 avril 1812, Bull., p. 367; Dalloz, t. XI, p. 27. — (3) Arrêt du 18 avril 1828, Bull., p. 282; Dalloz, p. 219.

remplacé par un autre commissaire de police, ou doit-il l'être soit par le maire, soit par l'adjoint de la commune ? Les dispositions de l'article 144 du Code d'instruction font naître cette question, parce qu'elles portent : « En *cas d'empêchement du commissaire de police, il sera remplacé par le maire*, etc. » M. Carnot (1) et M. Legraverend (2) pensent que le commissaire de police empêché peut être remplacé par un de ses collègues ; ils n'en disent pas la raison. J'adopte leur opinion, et voici pourquoi. L'article 144 du Code d'instrction a évidemment attaché aux fonctions de commissaire de police, les fonctions du ministère public près des tribunaux de police. La désignation que le procureur général est appelé à faire, lorsqu'il y a plusieurs commissaires de police dans le lieu où siége le tribunal, n'a pas pour objet de communiquer à celui qu'il désigne un caractère qu'il n'a pas, mais de déterminer, dans le concours de plusieurs qui tiennent de la loi l'aptitude d'exercer l'action publique, celui qui l'exerce en effet ; c'est une mesure d'ordre que prend le procureur général, et rien de plus. Quant au maire et aux adjoints, ils ne doivent remplir les fonctions du ministère public que quand tous les commissaires de police sont empêchés ; mais cet empêchement est légalement présumé quand ils les ont remplies en effet.

M. Legraverend (3) émet l'opinion que les mem-

(1) T. Ier, p. 598. — (2) T. II, p. 335. — (3) *Ibid.*, p. 343.

bres du conseil municipal peuvent, à défaut des commissaires de police, des maires et des adjoints, exercer le ministère public devant les tribunaux de police tenus par les juges-de-paix; M. Carnot (1) émet une opinion contraire. Je crois que M. Carnot a raison. L'article 167 du Code d'instruction n'autorise le procureur du roi à désigner l'un des membres du conseil municipal, pour remplir les fonctions du ministère public en remplacement des titulaires, que pour les tribunaux de police tenus par les maires et non pour ceux tenus par les juges-de-paix; or, on ne peut raisonner par analogie, et dire que ce que la loi a permis pour l'un, elle l'a implicitement permis pour l'autre; parce que ces tribunaux ne sont point placés sur la même ligne, et que leur compétence n'est pas la même. On remarque, en effet, que les juges de paix ont une pleine juridiction en matière de police; l'article 139 du Code d'instruction leur attribue la connaissance exclusive de certaines contraventions, et l'article 149 leur donne, pour toutes les autres, la concurrence avec les maires. La compétence de ces derniers, au contraire, est restreinte, par l'art. 166, dans des limites qu'ils ne peuvent dépasser. Or, la loi a bien pu trouver des garanties suffisantes dans un simple membre du conseil municipal, pour exercer le ministère public à raison de contraventions légères, sans qu'il soit permis d'en

(1) T. Ier, p. 599.

conclure qu'elle s'en est contentée lorsqu'il s'agit de contraventions plus graves; cette raison me paraît sans réplique (1).

Les commissaires de police peuvent, ainsi qu'on vient de le voir, être remplacés par le maire, ceux-ci par les adjoints, et ces derniers par un membre du conseil municipal, lorsqu'il s'agit d'un tribunal tenu par un maire; mais cela ne doit s'entendre que des maires, adjoints, membres des conseils municipaux des communes où siégent les tribunaux de police; le maire d'une commune voisine, par exemple, ne pourrait remplir les fonctions du ministère public près le tribunal de police siégeant dans une autre commune; c'est ce que la cour de cassation a jugé par arrêt du 29 février 1828 (2).

102. Les officiers du ministère public près des tribunaux de police exercent l'action publique contre toutes les contraventions de police qui sont de la compétence du tribunal près lequel ils sont placés, et c'est à eux que les officiers de police judiciaire doivent faire la remise des procès-verbaux et autres pièces relatives à ces contra-

---

(1)* Un arrêt de la cour de cassation du 10 septembre 1835 a décidé, comme l'auteur, que les fonctions du ministère public ne sont attribuées aux membres des conseils municipaux que dans le cas spécial prévu par l'article 167 du Code d'instruction, et que la disposition exceptionnelle de cet article ne peut être étendue au-delà de ses limites. Dalloz, p. 437.

(2) Bull., p. 140; Dalloz, p. 153.

ventions (1) ; mais ils ne peuvent intenter cette action dans aucune autre matière.

La cour de cassation a eu à décider la question de savoir si l'appel d'un jugement de police, interjeté par le condamné, avait été valablement signifié au procureur du roi près le tribunal de première instance, chargé de connaître de cet appel. Elle a jugé que l'appel était régulier, et en effet, la loi n'ayant pas réglé les formes de cet appel, la nullité dont on se prévalait n'avait aucun fondement; mais, au lieu d'appuyer son arrêt sur ce motif, elle a dit (2) : « Attendu que » le ministère public est indivisible; que les offi- » ciers qui l'exercent devant les tribunaux de » simple police sont les délégués ou les substituts » du procureur du roi du ressort, comme celui- » ci est lui-même le substitut du procureur géné- » ral; que dès-lors l'appel d'un jugement de sim- » ple police peut être utilement signifié au pro- » cureur du roi, etc. »

Est-il vrai que les fonctionnaires chargés du ministère public près les tribunaux de simple police, soient les *substituts* du procureur du roi du ressort ? je ne le crois pas; la loi n'a créé aucun rapport de subordination entre les premiers et les seconds; celui-ci n'est pas chargé de les diriger, il n'a pas le droit de leur donner des ordres;

---

(1) Code d'inst., art. 15, 20 et 21. — (2) Arrêt du 27 août 1825, Bull., p. 464 ; Dalloz, p. 444.* Arrêt semblable du 19 septembre 1834 ; Dalloz, p. 446.

il y a plus, il n'est pas compétent pour faire les actes qui leur sont attribués; ainsi la cour de cassation a jugé, le 6 août 1824 (1), qu'un procureur du roi ne pouvait pas se pourvoir en cassation contre un jugement en dernier ressort, rendu par un tribunal de police de son arrondissement, parce que les procureurs du roi *sont entièrement étrangers aux tribunaux de simple police;* ils n'y sont donc pas représentés par les fonctionnaires qui y exercent le ministère public; ces derniers ne sont donc pas leurs substituts. On a vu d'ailleurs que les procureurs du roi n'exercent pas la plénitude de l'action publique en matière de simple police; qu'ils participent seulement à cet exercice, dans les limites que la loi a indiquées (2). Mais il serait exact de dire que les fonctionnaires chargés du ministère public près les tribunaux de police sont substituts du procureur général, parce qu'à ce magistrat appartient la plénitude de l'action publique, même en matière de police (3), dans toute l'étendue du ressort de la cour royale.

103. Quelque élevées que soient les fonctions du procureur général près la cour de cassation, elles n'attribuent au magistrat qui en est revêtu ni l'exercice de l'action publique pour la poursuite des crimes, des délits et des contraventions,

---

(1) Dalloz, t. XI, p. 35. — (2) V. *suprà*, n° 89. — (3) V. *suprà*, n° 87.

ni même la direction de cette action; il y participe seulement dans quelques cas déterminés.

Ainsi lorsque la cour de cassation est saisie d'une dénonciation par laquelle soit un tribunal entier de première instance, ou de commerce, ou correctionnel, soit un ou plusieurs membres de cours royales sont inculpés d'avoir commis, dans l'exercice de leurs fonctions, un fait qualifié crime par la loi, le procureur général près la cour de cassation a le droit de faire les réquisitions nécessaires pour qu'il soit instruit sur cette dénonciation. La chambre des requêtes statue ensuite sur la mise en prévention, et la chambre civile sur la mise en accusation (1).

Ainsi, le procureur général a le droit de requérir de la cour de cassation le renvoi d'une affaire d'une cour royale à une autre, ou d'un tribunal, d'un juge d'instruction, à un autre tribunal, à un autre juge d'instruction, pour cause de suspicion légitime ou de sûreté publique (2).

Ainsi, il peut, dans les limites tracées par les articles 441 et 442 du Code d'instruction, demander d'office la cassation des autres jugemens et arrêts contre lesquels les parties ne se sont pas pourvues.

Ainsi, il porte devant la cour de cassation, avec l'autorisation du ministre de la justice, les

---

(1) Code d'inst., art. 485 et suiv. — (2) *Ibid.*, art. 542.

demandes en révision formées contre les arrêts de condamnation devenus définitifs (1).

Mais, hors ces cas, où le procureur général est partie principale, il n'est entendu, dans les affaires, que comme partie jointe; il *estime*, il *conclut*, mais il ne requiert pas.

J'ai dit que le procureur général près la cour de cassation n'avait pas la direction de l'action publique: cependant, aux termes de l'article 84 du sénatus-consulte du 16 termidor an 10, il doit *surveiller les procureurs généraux*. Mais cette surveillance, dont le mode et l'étendue n'ont été déterminés par aucun réglement, se borne naturellement à des observations, à des avis qu'il peut adresser aux procureurs généraux, et à faire connaître au ministre de la justice les abus graves qu'il a pu remarquer.

Je ne méconnais pas l'heureuse influence que cette surveillance, circonscrite même, comme je viens de le dire, pourrait, si elle était active et soutenue, exercer sur l'administration de la justice; je dis seulement qu'elle ne peut aller jusqu'à imprimer aux procureurs généraux une direction quelconque, dans l'exercice de l'action publique. Je suis très-persuadé que le procureur général près la cour de cassation qui rechercherait personnellement tous les abus que révèlent les procédures criminelles, et qui se ferait rendre compte par les avocats généraux de ceux qu'ils

(1) Code d'inst., art. 443 et suiv.

découvrent, parviendrait à en corriger beaucoup, et à opérer un bien véritable; je ne doute pas que les procureurs généraux près les cours royales n'accueillissent parfaitement ses observations, si elles leur étaient faites avec les égards dus à leur haute position judiciaire.

104. Le procureur général près la cour des pairs participe à l'exercice de l'action publique contre les crimes et les délits dont la connaissance est attribuée à cette cour. Mais la Chambre des pairs n'a pas été organisée comme cour de justice; sa compétence n'est bien positive que pour juger ceux de ses membres qui sont prévenus de crimes ou de délits, et les ministres mis en accusation par la Chambre des députés; aucune loi n'a encore défini les crimes de haute trahison et les attentats contre la sûreté de l'État dont la Charte lui attribue la connaissance; elle n'a, jusqu'à présent, été saisie de ces crimes que par des ordonnances du roi, et lorsque l'action publique était déjà intentée. Il y a donc, dans la législation, une lacune qui ne permet pas de définir exactement les fonctions du procureur général, et d'en déterminer l'étendue.

105. Une maxime fort ancienne et généralement répandue dit que *le ministère public est indivisible;* elle est enseignée par la plupart des auteurs; on la trouve inscrite dans plusieurs arrêts. Il est nécessaire cependant de l'examiner de près si l'on veut en découvrir le véritable sens, et éviter d'en faire une application abusive.

Cette maxime ne signifie pas que tous les procureurs généraux, que tous les procureurs du roi peuvent indifféremment faire des actes de poursuite dans une affaire criminelle; que ce qui est fait par l'un est censé fait par l'autre; car chaque procureur général, chaque procureur du roi ne peut agir que dans l'étendue de son ressort; cela est si vrai, qu'un acte d'instruction ou de poursuite fait par un procureur du roi qui ne serait celui ni du lieu du délit, ni du lieu du domicile du prévenu, ni du lieu où ce dernier a été arrêté, n'interromprait pas la prescription (1).

Cette maxime ne signifie pas que tous les officiers du ministère public du ressort d'une cour royale ou d'un tribunal de première instance, ont le même caractère et une même compétence; car les procureurs du roi ne peuvent faire les actes attribués aux procureurs généraux ou aux officiers du ministère public près des tribunaux de police, pas plus que ces derniers ne peuvent faire les actes attribués aux procureurs du roi; ainsi un procureur du roi ne pourrait, par exemple, se pourvoir en cassation ni contre un arrêt de la cour royale, ni contre un jugement de police de son ressort (2); et le fonctionnaire qui exerce le ministère public près un tribunal de police ne pourrait pas non plus se pourvoir contre le juge-

(1) V. *infrà*, chap. 4, n° 344.
(2) V. *suprà*, n° 102.

ment intervenu sur l'appel d'une décision émanée de son tribunal (1).

Cette maxime ne signifie même pas que les actes faits par un officier du ministère public sont obligatoires pour tous les officiers du ministère public attachés au même tribunal ou à la même cour que lui; car il arrive tous les jours que les procureurs généraux, que les procureurs du roi attaquent les décisions intervenues sur les conclusions de leurs substituts, parce que le chef de chaque parquet n'est engagé par les actes de ses subordonnés qu'autant qu'ils les a autorisés expressément ou tacitement à les faire (2).

Quel est donc le sens de la maxime, le *ministère public est indivisible?* elle ne peut en avoir qu'un; c'est que, sous le rapport administratif, il y a *unité* dans le ministère public établi pour le ressort de chaque cour royale. Le rapporteur de la loi du 20 avril 1810 disait, à ce sujet, au corps législatif : « Les substituts du procureur général exer» cent les mêmes pouvoirs que lui, mais sous sa » direction spéciale ; car l'unité de ce ministère » en fait la force et le principe, et son action, » pour être bienfaisante et salutaire, doit être » constamment la même. » Mais cette *unité* même n'empêche pas, comme on l'a vu, que les procureurs du roi ne puissent valablement intenter l'action publique, la laisser prescrire, la laisser for-

(1) Arrêt du 18 septembre 1828, Bull., p. 788. Dalloz, p. 419. — (2) V. *suprà*, n°s 93 et 94.

clore, malgré les ordres du procureur général (1); elle n'empêche pas que les substituts du procureur général ne soient, à l'audience, les maîtres de leurs opinions personnelles, et n'aient le droit de les manifester, quoique contraires à celles du procureur général (2).

En voilà assez sur ce vieil adage, mal à propos rajeuni, qui ne doit son origine qu'à une fiction d'après laquelle les gens du roi étaient réputés parler et agir de concert. Le projet de loi sur la nouvelle organisation judiciaire portait aussi, article 16, que le *ministère public est indivisible*; ces expressions en ont été retranchées; on ne les trouve pas dans les articles 45 et 47 de la loi du 20 avril 1810, qui correspondent à cet article (3).

§ II. Des droits et de la responsabilité des officiers du ministère public.

106. De tous les droits que la société a confiés à la puissance publique, le plus important peut-être est celui de provoquer contre les citoyens la vengeance des lois; et, selon que les magistrats à qui ce droit est délégué l'exerceront, les lois pénales seront un frein salutaire, elles réprimeront les passions coupables et affermiront le bon ordre; ou elles ne seront que de vaines menaces, peut-être même des moyens de persécution. Le législa-

(1) V. *suprà*, n° 91. — (2) V. *suprà*, n° 95. — (3) *V. le premier considérant d'un arrêt de la cour de cassation, chambre civile, du 18 avril 1836. Dalloz, p. 182.

teur l'a bien senti : en plaçant les procureurs généraux sous la main du gouvernement, et les autres officiers du ministère public sous l'autorité des procureurs généraux, il a pourvu, autant qu'il le pouvait, au double danger de l'inertie habituelle des fonctionnaires du ministère public, et de poursuites inconsidérées ou passionnées qu'ils se permettraient. Mais le gouvernement ne peut agir, il ne peut être éclairé que par les procureurs généraux; ainsi de grands devoirs, une grande responsabilité leur sont imposés.

« Quelle institution sublime, disait l'orateur du » conseil d'état en présentant au corps législatif la » loi du 20 avril 1810, que celle d'une partie pu» blique dans toutes les cours et tribunaux, chargée » de poursuivre le crime au nom du souverain qui » fait exécuter la loi! C'est aux procureurs géné» raux que sa majesté confie ce grand ministère; » ils seront chargés du dépôt précieux de l'ordre » public et de l'exercice de l'action criminelle; la » paix et la tranquillité des citoyens sont fondées » sur leur courage et sur leur loyauté; ils doivent » veiller sans cesse, afin que les autres reposent. » Sans doute une grande responsabilité pèse sur la » tête de ces magistrats; on peut leur demander » compte, à chaque instant, de ce qu'ils ont fait » et de ce qu'ils auront manqué de faire. »

Anciennement les procureurs généraux prêtaient le serment « de faire justice aux grands » comme aux petits, aux étrangers comme aux » citoyens, sans acception de personne ou de na-

» tion, de garder et de conserver les droits du roi, » sans néanmoins aucun préjudice des droits d'au- » trui (1) ». Un vieil auteur (2) appelle le procureur général : le *dépositaire de tous les intérêts du prince et du public; l'asile des lois, le rempart de la justice et de l'innocence attaquée.* Cette belle et noble mission est encore la sienne aujourd'hui; qu'un sentiment profond de la justice le soutienne et l'éclaire dans son accomplissement! que, plus puissant que son intérêt personnel, il lui inspire ces résolutions fermes, ces généreuses résistances qui caractérisent le magistrat vertueux! Elles n'appelleront pas toujours sur lui la bienveillance du pouvoir et la reconnaissance des hommes, mais elles lui donneront du moins la paix de l'âme; elles forceront à l'honorer ceux mêmes qui méconnaîtront où calomnieront ses services!

Un procureur général doit essentiellement être administrateur; sa mission consiste surtout à surveiller et à diriger l'administration de la justice criminelle. Les talens oratoires dont il serait doué

---

(1) Muyard de Vouglans, Lois criminelles de France, t. II, p. 98 (p. 581 de l'édition in-folio de 1780). * La belle formule de serment qu'on vient de lire est traduite d'une ordonnance de Philippe-le-Bel, du 23 mars 1302, articles 15, 38 et 39. On la trouve dans le Recueil des anciennes lois françaises de M. Isambert, t. II, p. 759. Déjà saint Louis avait exigé le même serment de tous les officiers de justice. V. notamment l'ordonnance de 1254, même Recueil, t. Ier, p. 264.

(2) Budée, en ses *Forenses*.

ne pourraient, sans doute, que rehausser ses fonctions et répandre un vif éclat sur sa carrière; mais ces talens ne lui sont pas indispensables; il pourrait même les posséder au plus haut degré et ne rester qu'un procureur général médiocre. Ce qui doit le distinguer, c'est un esprit d'ordre qui assigne à chaque chose une place qui permette qu'on la trouve quand on en a besoin; c'est une grande activité qui lui fasse embrasser l'ensemble de son administration et en suivre les détails. Ces détails pourront lui paraître pénibles; qu'il sache bien que c'est par eux qu'il pourra exercer sur les officiers de police judiciaire la surveillance dont la loi l'a chargé, et porter dans les tribunaux inférieurs ces regards observateurs qui découvrent les abus; que c'est par eux seulement qu'il parviendra à imprimer à l'administration de la justice criminelle le mouvement qu'elle doit recevoir de lui.

Des substituts lui ont été donnés pour *l'assister* dans le travail intérieur du parquet, mais non pour en prendre la direction. Il oublierait tout-à-fait ses principales obligations s'il s'en reposait sur eux de la surveillance dont la loi l'a *personnellement* chargé. Un tel relâchement serait bientôt senti par les procureurs du roi et les juges d'instruction du ressort; sa considération personnelle en souffrirait; le légitime ascendant qu'il doit exercer sur eux en serait diminué, son exemple pourrait même affaiblir chez eux le sentiment du devoir; les abus alors s'accumuleraient; et, dans les matières criminelles, il n'y a point d'abus qui ne blesse plus ou moins vivement les intérêts de la société ou les droits de l'humanité.

107. La loi a donné aux procureurs généraux tous les moyens nécessaires pour remplir l'objet de leur institution et soutenir le poids de la responsabilité qu'elle fait peser sur eux.

Si toute autorité constituée, tout fonctionnaire ou officier public doit avertir sur-le-champ le procureur du roi des crimes et des délits dont l acquiert la connaissance (1); celui-ci doit, à son tour, en donner avis à l'instant au procureur général, et exécuter ses ordres relativement à tous actes de police judiciaire (2). Ces avis ne sont pas d'une grande utilité quand il ne s'agit que de délits qui ne comportent pas beaucoup de gravité, puisqu'ils parviennent toujours à la connaissance du procureur général au moyen des notices dont parle l'article 249; mais il doit exiger qu'on l'informe sur-le-champ des affaires graves qui sont survenues, qu'on lui en fasse connaître les détails autant qu'il est possible, qu'on le tienne au courant des progrès de l'instruction; en deux mots, qu'on le mette en position de surveiller la marche de la procédure, et de requérir, par son substitut, tous les actes qu'il croit utiles à la manifestation de la vérité.

L article 249 du Code d'instruction porte que le procureur du roi enverra *tous les huit jours* au pro-

(1) Code d'inst., art. 29. — (2) *Ib.*, art. 27.

cureur général une notice de toutes les affaires criminelles, de police correctionnelle ou de simple police, qui seront survenues; et l'article 66 de l'ordonnance du 29 octobre 1820, sur la gendarmerie, dispose que « les chefs d'escadron et capitaines commandant la gendarmerie des départemens informeront sur-le-champ nos procureurs généraux près nos cours royales, de tous les événemens qui sont de nature à donner lieu à des poursuites judiciaires ». Si, au lieu de ces avis instantanés et gênans pour les officiers qui les doivent, qui ne sont réellement utiles que pour les délits d'un caractère fort grave, les procureurs généraux demandaient aux commandans de la gendarmerie des départemens des comptes hebdomadaires dont les époques fussent les mêmes que celles des notices des procureurs du roi, ils contrôleraient facilement les comptes par les notices et réciproquement, et il arriverait plus d'une fois que des délits signalés par la gendarmerie ne seraient pas indiqués par les procureurs du roi, et que ceux-ci en feraient connaître sur lesquels la gendarmerie aurait gardé le silence, quoiqu'elle eût été appelée à les constater. Ces découvertes, je le sais, mettent sur la voie de plus d'un abus; un procureur général doit avoir à cœur d'y pourvoir, car rien ne doit lui être célé.

Le procureur général doit être informé des crimes et des délits commis dans son ressort, non seulement pour qu'il soit à même de prescrire les actes de police judiciaire qu'il juge utiles, mais encore pour que l'instruction et le jugement des affaires n'éprouvent aucun retard. Une prompte justice est due à la société, elle est due surtout aux individus que l'on a inculpés. Les notices qui parviennent aux procureurs généraux ne sont donc pas destinées à n'être qu'à peine lues et à s'enfouir dans les cartons du parquet; elles doivent lui servir à surveiller l'administration de la justice criminelle, à connaître les affaires terminées et celles qui ne le sont pas; à demander compte des retards qu'éprouvent ces dernières, et à les faire cesser si elles n'ont pas une cause légitime.

108. Beaucoup d'affaires se terminent par des ordonnances de la chambre du conseil portant *qu'il n'y a lieu à suivre*. Ces ordonnances doivent, comme toutes les autres décisions judiciaires, fixer l'attention des procureurs généraux. Ils doivent donc demander aux juges d'instruction des comptes hebdomadaires des affaires dont ils ont fait le rapport à la chambre du conseil, et des décisions qui sont intervenues. Les juges d'instruction ne peuvent se refuser à cette demande; elle n'est que le légitime exercice du droit de surveillance que le procureur général exerce sur eux (1). Ces comptes doivent lui parvenir par l'intermédiaire du procureur du roi; celui-ci doit y insérer les réquisitions qu'il avait données, et, lorsque l'ordonnance de la chambre du conseil ne

(1) Code d'inst., art. 57. Loi du 20 avril 1810, art. 45.

les a pas adoptées, il doit dire pourquoi il n'y a pas formé opposition.

109. Aux termes de l'article 198 de Code d'instruction, les procureurs du roi sont tenus, dans la quinzaine qui suit la prononciation des jugemens correctionnels, d'en envoyer des extraits au procureur général. Ces extraits sont destinés non seulement à faire connaître au procureur général comment la justice correctionnelle s'administre dans son ressort, mais encore à le mettre à même d'user de la faculté que lui accordent les articles 202 et 205 d'interjeter appel de ces jugemens. Il faut conséquemment que les extraits soient assez complets pour l'éclairer sur la nature de l'affaire et les motifs de la décision; il jugera sans doute indispensable d'exiger que les procureurs du roi joignent à ces extraits, toutes les fois que leurs réquisitions n'ont pas été suivies, des observations qui apprennent s'ils ont interjeté appel, ou par quels motifs ils s'en sont abstenus.

L'article 198 du Code d'instruction ne s'applique qu'aux jugemens correctionnels rendus en premier ressort, et non à ceux qui interviennent, aux tribunaux de chefs-lieux, sur l'appel de ces jugemens; mais les procureurs généraux doivent surveiller ces tribunaux d'appel et tenir la main à ce que la justice s'y administre promptement, à ce que les lois et les réglemens y soient ponctuellement exécutés. Ils regarderont donc comme indispensable d'exiger de leurs substituts près ces tribunaux, des états qui constatent, chaque mois, le nombre des affaires jugées, la date des appels sur lesquels on a prononcé, la décision qui est intervenue, des observations sur celles qui sont contraires aux réquisitions du parquet, si celui-ci s'est pourvu en cassation, ou pourquoi il ne l'a pas fait.

110. Les affaires de simple police n'exigent pas des procureurs généraux une surveillance soutenue; mais ils ne doivent cependant pas les perdre entièrement de vue. Elles ont habituellement pour cause la violation des réglemens de l'autorité municipale; et il y a de ces réglemens qui statuent sur des intérêts fort graves. Il pourrait d'ailleurs arriver que des contraventions fussent le résultat d'une résistance préméditée à l'autorité municipale, et ceci exigerait une sérieuse attention. La plénitude de l'action publique appartient aux procureurs généraux; la loi leur a confié la surveillance de l'administration de la justice criminelle dans toutes ses branches; il ne leur est donc pas permis de demeurer indifférens à ce que font ou ne font pas les tribunaux de police de leur ressort. Enfin le procureur général est chargé de désigner les commissaires de police qui seront chargés des fonctions du ministère public près de quelques uns de ces tribunaux; il doit savoir s'ils s'acquittent de ces fonctions avec zèle et discernement. C'est sans doute pour que le procureur général puisse exercer la surveillance dont la loi le charge, que les procureurs du roi sont obligés de porter sur leurs notices les affaires de simple

police qui sont survenues (1) ; qu'il peut ordonner l'apport des pièces dans celles de ces affaires qui lui paraissent graves, et les déférer à la chambre des mises en accusatien (2) ; que les procureurs du roi doivent lui rendre compte, chaque trimestre, des jugemens des tribunaux de police qui ont prononcé la peine de l'emprisonnement (3).

111. L'exécution des jugemens qui prononcent la peine d'emprisonnement appartient à l'officier du ministère public près le tribunal de qui ces jugemens sont émanés. Il importe beaucoup que cette exécution soit prompte, afin que le châtiment suive de près le délit. Les procureurs généraux ont certainement le droit de surveiller la manière dont leurs substituts s'acquittent de cette partie de leurs fonctions. Ils n'hésiteront donc pas à leur demander tous les mois un état des jugemens définitifs qui ont prononcé la peine d'emprisonnement, la date de l'exécution ou les causes du retard qu'elle a éprouvé. J'ai vu des procureurs du roi s'attribuer le droit de suspendre à leur gré cette exécution. Ce droit ne leur appartient pas. Si quelques circonstances leur paraissent exiger un sursis, ils doivent en rendre compte au procureur général et prendre ses ordres.

112. Les procureurs généraux sont les gardiens de la liberté individuelle ; ils doivent veiller à ce qu'aucune arrestation arbitraire ne soit commise

---

(1) Code d'inst., art. 249. — (2) *Ib.*, art. 250. — (3) *Ib.*, art. 178.

dansleur ressort(1); ilsexigeront donc desgardiens des prisons, des états mensuels des détenus. Ces états devront contenir la mention de l'acte en vertu duquel les détenus ont été écroués; si c'est en vertu de jugemens de condamnation, les états devront indiquer l'époque à laquelle la peine a commencé à courir, et celle où elle doit expirer. Je suis persuadé que ces états mettront les procureurs généraux sur la voie d'irrégularités, et peut-être d'abus de pouvoir qu'ils sauront faire cesser.

113. En énumérant les principales obligations des procureurs généraux, j'ai tracé celles des procureurs du roi. L'orateur du conseil d'état disait d'eux, en exposant les motifs de l'article 22 du Code d'instruction : « J'arrive à un officier de po-» lice judiciaire d'un autre ordre, à un officier re-» vêtu d'une confiance bien plus entière et plus » intime, à un officier investi d'un tel pouvoir, et » jouissant d'une telle influence, que j'oserais pres-» que assurer qu'il ne peut pas être sans reproche, » toutes les fois qu'on a droit de se plaindre de » l'infraction fréquente à l'ordre public dans le » lieu où il exerce ses fonctions.

» Je parle du procureur impérial.

» C'est lui qui est spécialement chargé de la re-» cherche et de la poursuite de tous les crimes et » de tous les délits, et qui doit, aussitôt qu'ils sont » parvenus à sa connaissance, en instruire le pro-» cureur général; car il est, s'il est permis de le

(1) Code d'inst., art. 615.

» dire, l'œil du procureur général, comme le pro-
» cureur général est l'œil du gouvernement. C'est
» par le résultat d'une communication active et
» fidèle du procureur impérial avec le procureur
» général et du procureur général avec le ministre
» de sa majesté, que peuvent être connus les abus
» qui se glissent dans les institutions, la tiédeur
» qui s'empare des personnes, l'insouciance qu'on
» peut pardonner à un particulier, mais qui est
» un vice dans le magistrat; et, si l'on supposait
» du relâchement, de la faiblesse ou du déguise-
» ment dans les communications des procureurs
» généraux et impériaux, le mal aurait fait d'im-
» menses progrès avant d'éclater; et, sans qu'il y
» eût aucune crise, on se trouverait tout à coup
» dans un grand état de langueur et tout près de
» la décrépitude. »

Le rapporteur de la commission du corps législatif ajoutait : « Le magistrat qui agissait au nom du
» prince, dans les affaires civiles, sera également
» chargé de la recherche des délits, et l'action du
» ministère public recouvrera cette énergie qui en
» faisait le principal moteur de l'administration
» de la justice. Le mouvement que le ministère pu-
» blic doit imprimer à la justice pourra ainsi se
» communiquer avec son ancienne régularité. Les
» fonctions qui le concernent vont cesser d'être di-
» visées, et l'unité que sa constitution va recevoir
» préparera la sagesse des directions qu'il doit
» transmettre. Le procureur impérial, dirigé par
» le procureur général de la cour supérieure,

» mettra en mouvement tous les officiers de police qui lui ont été donnés pour auxiliaires. L'urgence de la poursuite pourra souvent autoriser ces derniers à prendre l'initiative; mais ils ne la prendront jamais que sous les auspices de leur guide ou de leur chef. On ne pouvait imaginer des précautions plus attentives pour éviter aux citoyens ces coups incertains de la justice, qui font retomber sur les innocens les efforts nécessaires pour atteindre les coupables. »

114. Délégués de la couronne, les officiers du ministère public sont placés auprès des tribunaux, comme ministres du souverain, et c'est au gouvernement seul qu'ils doivent compte de leur conduite.

« Le principe de cette indépendance, disent les auteurs du nouveau Dénisart (1), est que les magistrats chargés du ministère public seraient continuellement empêchés de remplir leurs devoirs, si leur zèle était arrêté par la crainte de l'animadversion des juges mêmes, qu'ils sont quelquefois obligés de rappeler à l'observation des règles. Quelle vigueur pourraient-ils mettre dans leurs réquisitions, si leurs expressions pouvaient être converties en crime, et si le jugement d'un tel crime, si facile à supposer quand l'amour-propre est l'interprète de sa propre offense, appartenait à celui-là même qui croirait avoir à venger sa dignité ou ses prétentions? »

(1) T. IX, p. 288.

Il peut arriver d'ailleurs que le ministère public n'ait agi qu'en vertu des ordres du gouvernement; le soumettre à la discipline des tribunaux, ce serait l'exposer à la nécessité de divulguer les ordres qu'il a reçus, et constituer ceux-ci les appréciateurs de la marche du gouvernement lui-même. Or ils ne le sont pas; le ministre de la justice ne relève que du roi et des chambres.

Avant la révolution de 1789, les tribunaux ont quelquefois tenté d'entreprendre sur l'indépendance des gens du roi; mais le conseil d'état et les chanceliers ont toujours condamné ces attaques.

« Il y a des règles d'ordre public, écrivait M. » d'Aguesseau (1), que le roi ne doit pas permettre » aux officiers qui agissent en son nom, de négli- » ger dans l'exercice de leur ministère; la princi- » pale de ces règles est que c'est à sa majesté seule » qu'il appartient de leur en prescrire dans tout ce » qui regarde leurs fonctions, et qui peut intéres- » ser le bien de son service; ils ne dépendent point » à cet égard des compagnies auprès desquelles ils » remplissent les devoirs de l'office public, et elles » ne peuvent faire aucun réglement sur la manière » dont ils sont obligés de s'en acquitter. »

Par un arrêt du 2 mars 1656, le parlement de Dijon avait ordonné que les deux avocats-généraux, et le procureur général du roi près cette cour, se trouveraient à l'audience pour y déclarer que, témérairement et malicieusement, ils avaient

(1) Lettre du 21 juin 1731.

tenu des propos injurieux contre l'honneur et le respect qu'ils devaient à la justice souveraine du roi; leur défendait de récidiver à peine d'être procédé contre eux extraordinairement, et, jusqu'à ce qu'ils eussent satisfait à cette injonction, les interdisait de toutes fonctions. Le 13 juin 1656, arrêt rendu au conseil, en présence de Louis XIV, par lequel le roi annule l'arrêt du parlement de Dijon, « lui fait défense d'en rendre à l'avenir de pa» reils, d'interdire ses avocats et procureurs-géné» raux, les troubler ni empêcher dans l'exercice » de leurs charges (1).

En 1756, la cour des aides de Montpellier fait appeler les gens du roi, pour savoir s'ils avaient des conclusions à prendre contre un secrétaire qu'ils avaient renvoyé, et contre lequel cette cour voulait faire informer. Ils répondent qu'ils avaient, en le renvoyant, rendu la justice qu'ils croyaient devoir rendre, et qu'ils n'ont plus rien à dire à la compagnie. Pressés de nouveau, ils ajoutent à leur première réponse qu'ils n'ont de compte à rendre qu'au roi et à M. le chancelier. Sur cela la compagnie dresse un procès-verbal, prend une délibération, surseoit à toutes poursuites, et s'adresse à M. le chancelier de Lamoignon.

Voici la réponse de ce magistrat :

« J'ai rendu compte au roi de la délibération » prise par votre compagnie; sa majesté n'a pu » s'empêcher de la regarder comme une délibéra-

(1) Nouveau Dénisart, t. IX, p. 289.

» tion prise contre les officiers mêmes de son par» quet, et cette entreprise lui a infiniment déplu. » Vous devez savoir qu'il ne vous appartient dans » aucun cas de faire des réglemens sur ce qui con» cerne le ministère public au nom du roi ; c'est » à sa majesté seule qu'ils doivent rendre compte » de leur conduite, et votre pouvoir se borne à » m'informer des abus que vous pouvez remar» quer, afin que j'en rende compte au roi. Sa ma» jesté, qui désapprouve entièrement la délibéra» tion, ne se contente pas de vous ordonner que » l'affaire ne soit pas suivie ; son intention est que » ma lettre soit lue à la compagnie, et qu'elle soit » insérée dans le registre en marge de la délibé» ration (1). »

« Le parlement doit savoir, dit Louis XVI dans » une réponse qu'il fit au parlement de Grenoble » le 10 septembre 1777, qu'on ne peut mettre en » mercuriale mes procureurs généraux sans ma » permission (2). »

115. Ces principes ont complétement prévalu dans la législation actuelle. La loi du 20 avril 1810 porte, article 60 : « Les officiers du ministère pu» blic dont la conduite est répréhensible, seront » rappelés à leur devoir par le procureur général » du ressort ; il en sera rendu compte au grand» juge, qui, suivant la gravité des circonstances, » leur fera faire par le procureur général les in-

(1) Nouveau Dénisart, t. IX, p. 289. — (2) *Ib.*, p. 290.

» jonctions qu'il jugera nécessaires, ou les mandera » près de lui.

» Art. 61. Les cours impériales ou d'assises » sont tenues d'instruire le grand-juge, ministre » de la justice, toutes les fois que les officiers du » ministère public, exerçant leurs fonctions près » de ces cours, s'écartent du devoir de leur état, » et qu'ils en compromettent l'honneur, la délica- » tesse et la dignité. Les tribunaux de première » instance instruiront le premier président et le » procureur général de la cour impériale, des re- » proches qu'ils se croiront en droit de faire aux » officiers du ministère public exerçant dans l'é- » tendue de l'arrondissement, soit auprès de ces » tribunaux, soit auprès des tribunaux de po- » lice. »

Ainsi toute censure directe de la conduite des officiers du ministère public est interdite aux cours et aux tribunaux. Il y a plus; ils doivent même, dans leurs jugemens et dans leurs actes, s'abstenir de toute espèce d'improbation. La cour de cassation a tenu sévèrement la main à l'exécution de cette règle.

Un tribunal avait inséré dans un jugement une disposition ainsi conçue : « Considérant qu'il est à » propos de dissiper la mauvaise impression faite » sur le public par la dissertation qui vient d'avoir » lieu, le tribunal invite M. le substitut de M. le » procureur du roi à ne pas oublier le respect dû » à la chose jugée. » La cour de cassation a cassé cette disposition (1), par le motif que l'avertissement qu'elle contenait n'était pas autorisé par la loi.

Un tribunal de police avait refusé d'entendre des témoins cités à la requête du ministère public, par le motif « que c'est, de la part de M. le commissaire de police, vouloir aggraver la condition » du prévenu, ou blesser les intérêts du gouvernement, en faisant assigner des témoins qui ne doivent pas l'être. » La cour de cassation a vu dans ce considérant une censure des conclusions du ministère public et un reproche qui lui était adressé directement et personnellement sur la nature des motifs qui avaient déterminé ses conclusions ; elle l'a cassé d'office et dans l'intérêt de la loi (2).

Une cour royale, chambre des appels de police correctionnelle, avait inséré dans le considérant d'un arrêt, qu'un procureur du roi « paraissait » avoir méconnu, dans la cause, ses droits et ses » obligations. » Ce considérant a été cassé (3) sur le pourvoi d'office du procureur général.

Les cours et les tribunaux sont autorisés à prendre des délibérations pour déférer, soit au ministre de la justice, soit au premier président et au procureur général de la cour royale, la conduite des

(1) Arrêt du 7 août 1818, Bull., p. 325; Dalloz, t. XI, p. 50. — (2) Arrêt du 8 mars 1821, Bull., p. 78; Dalloz, t. XII, p. 594. — (3) Arrêt du 8 décembre 1826, Bull., p. 715; Dalloz, 1827, p. 356.

gens du roi, lorsqu'elle leur paraît répréhensible; mais ces délibérations ne sont que des actes de discipline intérieure dont il ne leur est pas permis de donner publiquement lecture. On conçoit, en effet, que livrer de pareils actes à la publicité, c'est infliger une véritable censure aux fonctionnaires qu'ils concernent. C'est cependant ce qu'avait fait un tribunal. Croyant avoir à se plaindre des expressions employées à l'audience par un substitut, il prit un arrêté pour déférer sa conduite aux chefs de la cour, et il ordonna que cet arrêté serait lu à l'audience, parce que, dit-il, la diffamation à laquelle ce substitut s'est livré ayant été publique, il est convenable que la délibération du tribunal ait la même publicité. Cette dernière disposition ayant été déférée à la cour de cassation, elle a été cassée (1); il est à remarquer que l'affaire fut regardée comme urgente, et jugée par la chambre des vacations.

116. Il est arrivé que quelques procureurs-généraux, en rendant compte à la cour royale, le premier mercredi après la rentrée (2), de la manière dont la justice avait été rendue dans l'étendue du ressort, lui ont présenté des observations sur leurs substituts, lui ont signalé ceux qui s'étaient distingués dans l'accomplissement de leurs

---

(1) Arrêt du 24 septembre 1824, Bull., p. 362; Dalloz, t. XI, p. 50. * V. dans le même sens un arrêt de cassation du 20 octobre 1835, Dalloz, p. 449.

(2) Loi du 20 avril 1810, art. 8.

devoirs, et ont sollicité pour eux des mentions honorables. Les motifs qui les ont portés à associer ainsi la cour royale à leur surveillance sur les officiers du parquet sont assurément louables en eux-mêmes, et les témoignages de satisfaction qu'ils en ont obtenus pour leurs substituts étaient fort honorables pour ceux-ci; mais ils n'ont pas réfléchi que reconnaître à la cour royale la faculté de dispenser des éloges, c'était lui attribuer le droit de distribuer le blâme; que, par le seul refus d'accorder une mention honorable à tel procureur du roi pour qui elle était demandée, la cour le frappait implicitement d'une censure, qui pouvait devenir fort expresse si elle eût été motivée, et qu'ainsi ils avaient exposé la cour à faire ce qu'elle n'a pas le droit de faire.

Par l'article 9 de la loi du 20 avril 1810, les cours royales ont été chargées d'arrêter et d'adresser au ministre de la justice une liste des *juges* du ressort qui se sont distingués par leur exactitude, et par une pratique constante de tous les devoirs de leur état; mais la loi ne les a pas appelées à exprimer leur opinion sur la conduite des officiers du parquet; la raison en est évidente : ils ne sont point placés sous leur surveillance. Les procureurs généraux doivent donc, dans leur mercuriale, garder le silence sur leurs substituts (1).

---

(1) * Sur l'indépendance du ministère public, voyez trois arrêts de la cour de cassation du 17 avril 1832. Dalloz, 1833, p. 333.

117. Le code d'instruction criminelle n'ayant établi aucune règle spéciale sur les causes de récusation contre les magistrats en matière criminelle, il en résulte que l'on doit suivre, dans ces matières, les dispositions du Code de procédure civile. L'article 381 du Code porte: « Les causes » de récusation relatives aux juges sont applicables » au ministère public, lorsqu'il est partie-jointe; » mais il *n'est pas récusable quand il est partie principale.* » Or, quand le ministère public exerce l'action publique, il est évidemment *partie principale*, et conséquemment il n'est pas récusable. C'est ce que la cour de cassation a reconnu par un arrêt du 14 février 1811 (1) : un individu traduit devant un tribunal de police avait récusé l'adjoint du maire exerçant les fonctions du ministère public; sur cette exception, le tribunal renvoya les parties devant le tribunal compétent pour être fait droit sur la récusation. Ce jugement a été cassé, « attendu qu'aucune loi n'autorise la » récusation contre le ministère public agissant » d'office; qu'ainsi une pareille récusation doit être » réputée comme ne pouvant exister. » Ainsi, quelques motifs qu'un prévenu puisse alléguer pour faire suspecter l'impartialité de l'officier du ministère public qui dirige l'instruction ou qui se présente à l'audience pour soutenir l'accusation, la

(1) Bull., p. 31; Rép. de jurisprudence, t. XIV, p. 358; Dalloz, t. XI, p. 531. Cet arrêt y porte la date du 14 janvier 1811. Il a été rendu sous l'empire du Code du 3 brum. an 4.

loi lui impose silence ; telle est notre législation ; est-elle à l'abri de toute critique ? Il s'en faut bien !

Le ministère public est récusable lorsqu'il n'est que partie jointe ; pourquoi cela ? Parce que la loi n'admet que des organes purs et désintéressés ; parce qu'elle suppose que l'opinion que le ministère public exprime peut agir sur la détermination des juges. Elle n'a ôté aux parties lésées par un délit l'action pour l'application des peines, qu'afin que cette action fût indépendante de tout intérêt privé, et que la société n'eût que des organes impassibles (1) ; or, à moins de supposer que le ministère public, quand il est partie principale, est plus à l'abri de toute passion que quand il est partie jointe, on ne comprend pas qu'il ne soit pas récusable. On objecte que, dans la poursuite des délits, le ministère public n'est qu'une partie, qu'il n'est pas juge de son action, qu'il comparaît avec le prévenu devant un tribunal qui tient entre eux une balance égale. On oublie, en parlant ainsi, que l'influence et la force sont entièrement du côté du ministère public, le soupçon et l'isolement du côté du prévenu ; que, dans l'instruction, le ministère public exerce une direction à laquelle l'inculpé est étranger ; et qu'à l'audience, il ne paraît que comme organe des plus chers intérêts de la société, qu'il y est ministre de la loi. Et cependant, s'il trouve dans ses

---

(1) V. *suprà*, n° 14.

intérêts ou dans ses affections d'autres désirs, d'autres vues que ceux que son ministère exige, le prévenu ne peut le récuser! Cela ne me paraît ni rationnel ni humain.

Il est peu à craindre, sans doute, que les officiers du ministère public abusent de ce qu'on est convenu d'appeler *la prérogative* de n'être pas sujets à récusation; il n'est pas un seul d'entre eux qui ne s'empressât de s'abstenir de la connaissance d'une affaire dans laquelle il ne serait pas désintéressé. Mais la même loyauté existe certainement dans les juges, et cependant la loi a permis de les récuser; elle l'a permis, non par défiance de leur honneur, mais pour mieux assurer le respect dû aux décisions de la justice, en ne laissant aucun prétexte aux parties pour en faire suspecter l'impartialité. Le droit de récusation est une garantie offerte à la justice elle-même, et puisque le parquet est associé à son administration, cette garantie devrait lui être commune (1).

---

(1) * Ces considérations sont graves assurément. Mais, d'un autre côté, que deviendrait l'indépendance de l'action publique, si bien défendue par l'auteur, si celui qui l'exerce pouvait être à chaque instant récusé, et par cela même soumis au contrôle du tribunal chargé de juger la récusation ? Il serait impossible de suivre, dans ce cas, la règle tracée par l'article 387 du Code de procédure civile, qui veut que *tous jugemens et opérations demeurent suspendus à partir du jugement qui ordonne la communication*; car la poursuite des crimes ne souffre point de délai. Mais si on permettait au ministère public *récusé* d'agir nonobstant la récusation, quelle serait la phy-

Lorsqu'un officier du ministère public croit devoir s'abstenir, il ne doit aucun compte des motifs de sa détermination au tribunal, et surtout il n'est pas obligé de lui demander son approbation. Il est arrivé cependant qu'un procureur du roi, qui pensait ne pas devoir porter la parole dans une affaire correctionnelle, présenta une requête au tribunal, et conclut *à ce qu'il fût dit que ses motifs étaient bien fondés, et qu'il devait s'abstenir de connaître du procès;* sur quoi le tribunal, faisant droit à la requête, *admit la cause d'abstention, et déclara, en conséquence, que le procureur du roi était dispensé de porter la parole dans l'affaire.* Cette décision, aussi singulière que le scrupule qui l'avait provoquée, a été cassée dans l'intérêt de la loi (1).

118. Que les officiers du ministère public soient tenus de réparer les dommages causés par les crimes et les délits dont ils se sont rendus coupables dans l'exercice de leurs fonctions, c'est ce qui ne peut être douteux. Ainsi, lorsqu'ils commettent des faits de dol, de fraude, de concussions qui dégénèrent en crimes ou en délits; lors-

---

sionomie d'une poursuite dirigée par des hommes contre lesquels le jugement qui ordonne la communication établirait une espèce de mise en prévention? Ce n'est donc pas sans de puissans motifs que la loi a défendu de récuser le ministère public lorsqu'il est *partie principale*. Elle a craint que cette récusation ne devînt un moyen de désorganiser l'instruction criminelle.

(1) Arrêt du 28 janvier 1830, Dalloz, p. 98.

qu'ils attentent à la liberté individuelle ; lorsqu'ils tombent en forfaiture ; enfin lorsque leurs actes sont punissables d'après la loi, les parties lésées ont contre eux une action civile en réparation du tort qu'elles ont souffert.

Mais « comme le ministère public n'agit que » pour l'intérêt public, il n'est point responsable » de ses erreurs, à moins que ses erreurs n'aient » un caractère d'inconsidération tel qu'on ne doit » pas l'excuser dans un homme qui s'est chargé » d'une fonction aussi redoutable. Le principe » constamment suivi est que le ministère public » ne peut être recherché que pour ses prévarica» tions (1). » Telle était la règle adoptée par l'ancien droit criminel. Si les lois nouvelles ne l'ont pas consacrée par un texte formel, elle résulte cependant de l'ensemble de leurs dispositions sur les prises à partie, et de la nature même de l'action publique.

L'officier du ministère public est l'agent de la société ; dans l'exercice de ses fonctions il est en quelque sorte la loi vivante ; c'est elle qui parle, qui requiert, qui ordonne ; l'homme disparaît, le magistrat seul se montre. Ce n'est là qu'une fiction sans doute, mais c'est sur elle que repose entièrement cette admirable institution du ministère public, destinée à protéger l'ordre général contre les crimes, et la sûreté des citoyens contre

---

(1) Rép. de jurisp., v° Ministère public, § 2, n° 3, t. XI, p. 93.

les délateurs. Rompre brusquement cette fiction en demandant toujours compte à l'homme des erreurs qu'a pu commettre le magistrat; rendre l'individu responsable de tous les actes faits par l'officier public, ce serait effacer le caractère auguste dont la loi l'a marqué, ce serait le réduire à la condition des accusateurs à Rome, ce serait détruire l'institution même du ministère public. Les lois ont assuré l'indépendance des juges en ne les rendant personnellement responsables de leurs actes que dans des cas rares, purement exceptionnels, et précisés avec soin; pourquoi ces immunités? « Si le magistrat », disait au parlement de Grenoble l'avocat général de Savoie de Rollin, dans une affaire de prise à partie; « si le magistrat » qui s'est condamné à cette vie laborieuse était, » par surcroît de maux, livré sans défense à la » haine des parties; si le plaideur acharné pouvait, » dans sa furie, attaquer le juge qui n'a pas adopté » ses prétentions, le temple de la justice serait » bientôt déserté par tous ses ministres. Qui vou» drait d'un état où l'on aurait perpétuellement » à combattre ses propres passions et celles d'au» trui, où l'on ne saurait être juste sans redouter » l'iniquité, où l'autorité de la loi serait constam» ment aux prises avec les plaideurs? S'il suffisait » de la perte de sa cause pour acquérir le droit » d'intenter une action contre son juge, on ne » pourrait point décider de procès étrangers, qu'on » ne fût certain de s'en attirer un personnel; et » quelle que fût la peine qu'on décernât contre le

» plaideur téméraire, elle ne garantirait point » le juge d'un outrage que la haine et la ven» geance saisiraient toujours avec avidité. Mais, » dira-t-on sans doute, les organes des lois sont» ils donc à l'abri de toute recherche? Suffira-t-il » d'en être les dépositaires pour n'en avoir rien à » redouter? Et comment ceux qui veillent à leur » maintien auraient-ils le privilége inoui de » les enfreindre? La liberté indéfinie que l'on ac» corderait au plaideur, de demander en quelque » sorte à son juge raison de son jugement, serait » sans contredit pernicieuse; mais il ne serait pas » moins dangereux de la lui refuser absolument » dans tous les cas. Le plus grand crime des admi» nistrateurs de la justice serait d'oser la trahir » quand ils paraissent la rendre; établir comme » une règle, que, dès qu'un homme est décoré du » titre de juge, il est inaccessible à la prévarica» tion, ce serait mal connaître la faible humanité; » et si une semblable maxime était appuyée par » quelque loi, il faudrait s'empresser d'en sollici» ter l'abrogation. Mais si le magistrat était en » butte à une loi menaçante, qui, au lieu de par» ler à son cœur, étonnerait son esprit par l'ap» pareil des châtimens; qui, au lieu d'invoquer » sa conscience et de la toucher par l'honneur, » lui inspirerait d'avance l'effroi des coupables; » si cette même loi donnait sans restriction aux » plaideurs le pouvoir de le prendre à partie; dès » cet instant, avili par l'opinion de la loi même, il » serait dégradé dans ses fonctions; son autorité,

»liée à la dignité de son caractère, s'affaiblirait »comme elle, et lorsque le juge serait sans con- »sidération, la loi serait sans force. »

Or la dignité du magistrat n'a pas moins besoin d'être respectée dans les officiers du ministère public que dans les juges; et pour qu'ils puissent s'acquitter avec sécurité de leurs pénibles devoirs, plus que les juges ils ont besoin que leur indépendance soit garantie. Toute leur vie est dévouée à combattre la fraude, la perversité, à lutter contre les passions, les rivalités des hommes; en contact direct avec les personnes, ils n'en attirent sur eux que plus de préjugés fâcheux, que plus de haines profondes; comment alors ne pas les faire participer aux immunités que les lois ont accordées aux juges? D'ailleurs, c'est toujours au principe de l'action publique qu'il faut se reporter: ce principe est l'intérêt public; les erreurs commises dans la direction d'une action désintéressée et nécessaire, ne peuvent engager la responsabilité de celui qui n'a d'autre tort que de s'être trompé.

Ces principes n'ont été contredits par personne. Si le Code d'instruction criminelle ne les a pas érigés en loi, c'est sans doute parce qu'il les a considérés comme étant de droit général, et au dessus de toute contradiction; ce qui le prouve, c'est la discussion à laquelle a donné lieu l'art. 358 du Code d'instruction. Le projet de la commission portait simplement: « L'accusé acquitté »pourra poursuivre par la voie civile son dénon-

» ciateur, pour ses dommages-intérêts. » On fit observer que l'accusé pouvait conclure de cet article, qu'il a le droit de poursuivre même les hommes publics, obligés par état de dénoncer les délits qu'ils découvrent en exerçant leurs fonctions. Chacun reconnut qu'il ne concernait pas les fonctionnaires publics, qui sont dénonciateurs d'office; l'article fut renvoyé à la section pour être rédigé conformément à ces observations (1); et, en effet, il porte aujourd'hui: « Sans néanmoins que les » membres des autorités constituées puissent être » ainsi poursuivis à raison des avis qu'ils sont tenus » de donner, concernant les délits dont ils ont » *cru acquérir* la connaissances dans l'exercice de » leurs fonctions, et sauf contre eux la demande » en prise à partie, s'il y a lieu ».

La cour de cassation a consacré l'opinion que je viens d'émettre, et les motifs de son arrêt complètent ce que j'ai dit sur la question. Le conseil d'appel, séant à Saint-Louis du Sénégal, avait, en acquittant des prévenus d'un délit de *traite des noirs*, condamné le ministère public à leur payer des dommages-intérêts. L'arrêt a été cassé le 17 septembre 1825 (2).

« Attendu que, si la justice commande que » tout tort ou dommage soit réparé, et si la loi » veut que la partie civile, dans le cas où elle suc- » combe dans sa poursuite, et où celui qu'elle

(1) Séance du 29 septembre 1804. -- (2) Bull., p. 509; Dalloz, 1826, p. 35.

» poursuit est reconnu innocent, soit condamnée » envers lui à des dommages-intérêts ; que si la » loi veut pareillement que le dénonciateur sup- » porte, en pareille hypothèse, la peine d'une dé- » nonciation imprudente ; néanmoins la justice et » la loi se réunissent pour assurer, avant tout, la » sûreté publique et le maintien de l'ordre pu- » blic, et pour faire prévaloir un si grand intérêt » sur les intérêts privés de chaque citoyen ; que » cette grande considération a déterminé le légis- » lateur à ne pas permettre qu'il soit prononcé de » dommages-intérêts contre le dénonciateur en » cas d'acquittement du dénoncé, lorsque le dé- » nonciateur est fonctionnaire public, et n'a fait » qu'obéir à ses devoirs en dénonçant aux tribu- » naux le fait qui a servi de base à la poursuite, et » l'individu qui pourrait en être l'auteur ; qu'en » effet c'est alors dans l'intérêt général de la vin- » dicte publique, et non pour la réparation d'un » tort ou d'un dommage privé que l'action crimi- » nelle a été introduite, et qu'il n'est jamais dû de » dommages-intérêts par suite d'une instruction » requise par les magistrats ou le ministère public, » d'après le commandement exprès de la loi, et » dans l'intérêt de la vindicte publique. »

119. Cependant ces garanties si nécessaires ne doivent point être indéterminées ; elles doivent avoir des limites ; il s'agit de les indiquer.

L'article 112 du Code d'instruction criminelle porte que l'inobservation des formalités prescrites pour les mandats de comparution, d'amener, de dépôt et d'arrêt, sera punie, s'il y a lieu, d'injonction au juge d'instruction et au procureur du roi, et *même de la prise à partie, s'il y échet.*

L'article 271 interdit au procureur général de porter à la cour d'assises aucune autre accusation que celles prononcées suivant les formes prescrites par la loi, à peine de nullité, et, *s'il y a lieu, de prise à partie.*

L'article 358, après avoir statué que les membres des autorités constituées ne pourront être poursuivis en dommages-intérêts par l'accusé acquitté, à raison des avis qu'ils sont tenus de donner, ajoute : et *sauf contre eux la demande en prise à partie, s'il y a lieu.*

A ces cas particuliers de responsabilité, faut-il ajouter les cas généraux déterminés par le Code de procédure civile contre les juges? L'art. 505 de ce Code porte : « Les juges peuvent être pris » à partie dans les cas suivans :

« 1° S'il y a dol, fraude ou concussion, qu'on » prétendrait avoir été commis soit dans le cours » de l'instruction, soit hors du jugement;

» 2° Si la prise à partie est expressément pro» noncée par la loi;

» la loi déclare les juges responsables, à » peine de dommages-intérêts;

» 4° S'il y a déni de justice. »

Je ne doute pas que ces cas généraux de prise à partie ne doivent être ajoutés aux cas particuliers prévus par le Code d'instruction, dans tout ce qu'ils peuvent avoir d'applicable au ministère publ c.

En effet, les articles 112, 271 et 358 du Code d'instruction, en n'autorisant la prise à partie que *s'il y a lieu*, renvoient nécessairement à une loi antérieure qui règle ce que c'est que la prise à partie, et quand il y a lieu de recourir à cette voie; cette loi antérieure n'est autre que le Code de procédure; il est même évident que, si le Code d'instruction n'a pas, comme celui de brumaire (1), déterminé les cas où les juges peuvent être pris à partie, c'est parce que ce réglement existait dans le Code de procédure civile. Or, si ce dernier lui sert de complément pour les cas particuliers qu'il a énumérés, comment ne pas admettre qu'il lui en sert pour les cas généraux qu'il n'a pas prévus? Comment nier que les officiers du ministère public ne soient responsables personnellement des faits de dol, de fraude ou de concussion qu'ils commettent dans l'exercice de leurs fonctions, quel que soit l'acte auquel ces faits viennent se rattacher?

On ne doutait pas, dans l'ancien droit criminel, que *les causes de prise à partie* établies contre les juges en fussent applicables au ministère public:

« Cependant, en même temps qu'on a cru » devoir favoriser cette partie publique, dit » M. Muyart de Vouglans (2), à cause de la ri-

(1) Art. 565 et suiv. — (2) Lois criminelles de France, t. II, p. 101 (de l'édit. in-folio, p. 585).

» gueur attachée à ses fonctions, et surtout de
» l'avantage que le public peut retirer de l'activité
» de ses poursuites, comme elle peut abuser de
» ces mêmes fonctions par des vexations et pré-
» varications qu'elle commettrait dans son minis-
» tère, l'on a cru devoir ménager aussi, dans tous
» ces cas, tant aux parties civiles qu'à l'accusé,
» qui pourrait en souffrir, les mêmes ressources
» que nous avons dit pouvoir être employées con-
» tre les prévarications qui sont commises par les
» juges, savoir: la *récusation* et la *prise à partie*.
» Ces deux voies peuvent aussi avoir lieu dans les
» mêmes cas, et doivent être accompagnées des
» mêmes formalités que celles que nous avons re-
» marquées par rapport aux juges, avec cette
» différence seulement, quant à la *prise à partie*,
» qu'indépendamment des trois cas, d'*inimitié*,
» de *fraude* et de *concussion*, qui peuvent y don-
» der lieu, il y a encore, suivant les lois et régle-
» mens, plusieurs cas particuliers où cette partie
» publique peut être recherchée personnellement,
» et condamnée aux dommages-intérêts des par-
» ties. »

Les cas particuliers, énumérés par l'auteur, n'ont point été maintenus par le Code d'instruction; on a vu qu'il n'en établit que trois.

120. Les cas où les officiers du ministère public deviennent personnellement responsables de leurs actes ou de leurs omissions, ne doivent pas seulement exister *matériellement*; car la loi n'a pas prétendu punir de simples erreurs, mais répri-

mer des intentions perverses, ou des fautes lourdes; c'est le dol, c'est la fraude, c'est la concussion qu'elle a eu en vue. Remarquez même que dans les cas prévus par les articles 112, 271 et 358 du Code d'instruction, la prise à partie n'est pas *expressément* prononcée; elle n'est prononcée que *s'il y a lieu;* en sorte que le Code d'instruction ne se contente pas du fait matériel d'un mandat informe, d'une accusation autre que celle admise par l'arrêt de renvoi à la cour d'assises, d'un avis erroné sur l'existence d'un délit ou la culpabilité de tel individu; il renvoie implicitement au Code de procédure; et sauf les cas où la prise à partie est *expressément* prononcée par la loi, et celui où la loi déclare le juge responsable à peine de dommages-intérêts, le Code de procédure ne rend les magistrats personnellement responsables, que s'il y a eu de leur part dol, fraude ou concussion. Il est vrai que la cour de cassation a jugé que la *faute grave* doit être assimilée au dol, et qu'elle a admis la prise à partie contre un directeur du jury qui avait mis sous mandat d'arrêt, et renvoyé au tribunal correctionnel, un individu à raison d'un fait qui, en le supposant constant, ne *renfermait pas même l'apparence d'un délit* (1); mais elle ne fait en cela que se conformer aux règles de droit; elle a motivé son arrêt sur la maxime: *magna negligentia culpa est; magna culpa dolus est* (2).

(1) Arrêt du 23 juillet 1806, Dalloz, t. XI, p. 346.

(2) Ff. L. 226, *de verb. signis.*

Il résulte de ce que j'ai dit, qu'aujourd'hui, comme dans l'ancien droit criminel, il est de principe que le ministère public ne peut être recherché que pour ses prévarications; qu'il n'est point responsable de ses erreurs, *à moins qu'elles n'aient un caractère d'inconsidération tel qu'on ne doit point l'excuser dans un homme chargé d'une fonction aussi redoutable.*

121. On a demandé s'il serait utile que les officiers du ministère public fussent inamovibles comme le sont les juges? J'ai déjà répondu en grande partie à cette question (2), en expliquant que l'action publique est un des attributs de la puissance exécutive, et qu'elle ne doit pas la déléguer irrévocablement. Les partisans de l'inamovibilité des magistrats du ministère public ont pensé, sans doute, qu'elle serait une garantie contre l'abus des droits de la couronne; je crois qu'ils se trompent. L'inamovibilité n'est pas toujours un gage de l'indépendance de ceux qui en jouissent; elle est sans danger, elle est désirable dans un juge, parce que isolé il a peu ou point de pouvoir; mais elle pourrait devenir redoutable dans le chef d'un parquet, parce qu'il a personnellement une grande autorité. Sous un gouvernement qui voudrait être oppresseur, l'inamovibilité des procureurs généraux rendrait illusoire, dans bien des cas, la responsabilité des ministres, et ceux-ci n'en exerceraient pas moins sur les premiers

---

(1) V. *suprà*, n° 12.

la plus grande influence. Il n'est pas permis d'ignorer que, par la nature même de ses fonctions, un procureur général, fut-il inamovible, est dans la dépendance du gouvernement ; que s'il s'en isole, que s'il le contrarie, il peut en éprouver à son tour un abandon, des contradictions, de nature à affaiblir son autorité, ruiner son influence, compromettre même sa considération ; croit-on qu'il résiste long-temps à ces dégoûts de tous les jours, et qu'il ne finisse pas par faire, pour obtenir les faveurs du pouvoir, tout ce que, dans une situation précaire, il ferait pour ne pas l'irriter ? Pour peu qu'on y réfléchisse, on verra dans l'amovibilité des officiers du ministère public, des garanties plus réelles que dans leur institution à vie. L'indépendance des magistrats du parquet est, sans contredit, désirable, mais c'est cette indépendance dont le principe se trouve dans la noblesse du caractère et la droiture du cœur. C'est au gouvernement à bien les choisir ; il y parviendra s'il veut restreindre par des règles sages l'arbitraire de ses choix, et n'investir des hautes fonctions du parquet que des hommes déjà éprouvés.

SECTION II.

Des parties auxquelles appartient l'action civile.

122. Le Code d'instruction criminelle dispose, art. 3 : «... L'action en réparation du dommage » causé par un crime, par un délit, ou par une » contravention, peut être exercée par tous ceux » qui ont souffert de ce dommage. »

Art. 63. « Toute personne qui se prétendra lésée » par un crime ou par un délit, pourra en ren- » dre plainte et se constituer partie civile. »

Il résulte de ces dispositions, que l'action civile doit nécessairement avoir pour but un fait puni par la loi ; et qu'il faut que ce fait ait occasionné un dommage personnel à celui qui s'en plaint. Je vais discuter les deux conséquences.

D'abord l'action civile ne peut avoir pour fondement qu'un fait puni par la loi ; c'est ce qui résulte de l'article 3 du Code d'instruction, qui donne à l'action civile la même base qu'à l'action publique, savoir, un crime, un délit, ou une contravention. Il ne suffit donc pas pour qu'une partie civile soit recevable à joindre son action à celle du ministère public, que le fait dont elle se plaint lui ait porté préjudice et qu'il soit connexe à un délit ; il faut qu'en lui-même le fait soit passible d'une peine. La cour de cassation a appliqué cette règle par arrêt du 30 juillet 1829 (1), rendu

(1) Bull., p. 427 ; Dalloz, p. 315.

à mon rapport dans une affaire bien remarquable: Le maire de la ville d'Aumale prit, dans les limites des attributions du pouvoir municipal, un arrêté par lequel il ordonna que certains comestibles ne fussent vendus que sur le marché public; agissant ensuite comme administrateur des biens et des revenus de la commune, il fixa le prix des places qu'occupaient, sur le marché, les marchands de denrées. Un sieur Courtin se rendit, dans la suite, adjudicataire de ces droits de place. En 1829 Morin fut traduit, à la requête du ministère public, devant le tribunal de police pour avoir enfreint l'arrêté du maire en débitant des comestibles ailleurs que sur le marché. Courtin intervint dans la poursuite, et, soutenant que l'infraction l'avait privé des droits qui lui étaient dus, il réclama des dommages et intérêts. Il perdit son procès, par des motifs étrangers à la question que j'examine, et se pourvut en cassation. Son pourvoi n'était recevable qu'autant que l'action civile qu'il avait formée l'était elle-même; or, le fait de s'être soustrait au paiement des droits de place sur le marché ne constituait pas une contravention, quoique le fait d'avoir vendu ailleurs en fût une. En conséquence la cour « attendu que les tribunaux de répression ne sont » compétens pour connaître de la réparation civile » d'un dommage, qu'autant que le fait d'où résulte » le dommage constitue par lui-même un crime, » un délit ou une contravention; que dans l'es» pèce, le fait de n'avoir point payé les droits de

» place n'était réprimé par aucune loi pénale et » ne donnait point ouverture à l'action publique ; » qu'à la vérité le fait concourait avec celui de la » contravention résultant, contre Morin, d'avoir » vendu ailleurs que sur ce marché ; mais qu'il » n'en était pas moins un fait distinct de la contra- » vention même ; qu'il ne constituait qu'une in- » fraction aux actes passés par le maire en sa qua- » lité d'administrateur des biens communaux ; » que le tribunal de police était donc incompé- » tent pour l'apprécier, sous le rapport des répa- » rations civiles auxquelles il pouvait donner lieu ; » qu'il suit de là que le demandeur est non rece- » vable à se pourvoir en cassation contre le juge- » ment du tribunal de police de Neufchâtel, qui a » renvoyé Morin des poursuites dirigées contre lui » par le ministère public, et, par suite, de la de- » mande en dommages et intérêts. » (1)

123. J'ai dit qu'il résulte des articles 3 et 63 du Code d'instruction qu'il faut que le fait puni par la loi ait causé un dommage personnel à celui qui veut se porter partie civile : il ne suffirait pas qu'il en eût souffert comme citoyen, car au-

---

(1) * Arrêt tout-à-fait semblable, le 12 avril 1834. Dall., Ire partie p. 213.

Mais si l'action civile ne peut avoir pour base qu'un fait punissable, est-il nécessaire qu'elle en dérive *directement*, et ne peut-on pas demander à l'auteur d'un crime ou d'un délit la réparation du dommage qu'on a éprouvé *à l'occasion* de ce crime ou de ce délit ? Voyez un arrêt de la cour de cassation du 19 juillet 1832. Dalloz, 1833, p. 242.

toriser une action privée à raison d'un délit qui n'intéresse que la société en général, ce serait ressusciter les actions populaires, entièrement abrogées par notre législation. Il ne suffirait pas non plus que le délit l'eût blessé dans ses affections, parce que la réparation de cette lésion se trouve dans la peine que la loi inflige au coupable, et l'action pour l'application des peines n'appartient qu'au ministère public.

L'action civile ne peut donc avoir pour base qu'un dommage éprouvé dans la personne, les biens ou la réputation de celui qui l'exerce; et l'action en réparation dont parle l'article 3 du Code d'instruction, ne doit s'entendre que de restitutions, de dommages et intérêts, d'annullation d'obligations, et de réparation d'honneur, dans les cas où la loi l'autorise. Pour être recevable à former cette action, il faut avoir un *intérêt direct* à la réparation du délit, et un *droit formé*.

Dans l'ancien droit criminel on exigeait également que l'accusateur eût un intérêt particulier à l'accusation; ainsi on ne recevait pas les accusations formées par des communautés contre ceux de leurs membres qui se rendaient coupables d'un délit, parce que l'on ne considérait pas comme assez direct l'intérêt qu'elles avaient à n'être point deshonorées par l'inconduite de ceux-ci (1). On a même jugé que des maîtres de com-

(1) *La cour royale de Paris, déterminée par les mêmes

munauté n'étaient pas recevables à accuser des jurés de recevoir de l'argent des aspirans à la maîtrise; l'intérêt que chaque corps de métier avait, sous le régime des jurandes, à ce qu'on n'admît pas un trop grand nombre de récipiendiaires, surtout par des voies illicites, avait paru trop éloigné (1). Cependant on admettait les plaintes fondées *sur un intérêt indirect*, « omme, dit » Muyart de Vouglans (2), lorsque l'injure nous » a été faite dans la personne, l'honneur où les » biens de nos proches, ou de ceux que nous avons » dans notre puissance; » et il indique comme *proches* ceux à qui l'on tient par les liens du sang ou par les alliances, ou par la reconnaissance, comme les héritiers et les légataires.

Ces règles ne pourraient plus être observées aujourd'hui. Nous n'avons même pas adopté les principes de l'ancien droit civil, qui exigeait que l'héritier de la personne homicidée intentât l'action criminelle contre le meurtrier, et qu'il la suivît jusqu'à sentence définitive sous peine d'in-

---

motifs, a refusé l'action civile à la chambre syndicale des courtiers de commerce de Paris contre des membres de la compagnie qui étaient poursuivis par le ministère public, comme enfreignant habituellement les devoirs de leur profession. — La cour de cassation a rejeté le pourvoi formé contre cet arrêt : « Attendu qu'un intérêt direct et un droit actuel » peuvent seuls servir de base à une intervention civile. » 29 août 1834. Dalloz, p. 411.

(1) Jousse, t. Ier, p. 565 et suiv.

(2) Lois crim. de France, t. II, p. 104, et Jousse, t. I, p. 587.

dignité. « L'article 727 du Code civil, dit M. Chabot (de l'Allier), se borne à lui imposer l'obligation de dénoncer le meurtre à la justice ; il n'a » donc qu'à faire une simple dénonciation à l'officier compétent, sans être tenu de rendre » *plainte* (1). »

J'ai dit que pour être recevable à intenter l'action civile, il faut avoir un *droit formé* à la réparation du fait dont on se plaint : « Cela se sent assez » de soi-même, dit M. Merlin (2). Il ne suffit pas » que le délit puisse un jour vous préjudicier, » pour que la justice reçoive votre plainte ; il faut » qu'il vous porte, dès ce moment même, un préjudice réel ; il faut que, dès aujourd'hui, vous » en ressentiez les funestes effets ; il faut, en un » mot, que, dans l'instant précis où vous en parlez, votre fortune, votre honneur, votre vie en » aient éprouvé les atteintes : sans cela de quoi » vous plaindriez-vous, si ce n'est d'une vaine terreur ? Mais la justice n'est point faite pour s'occuper de vos craintes, peut-être puériles, ni » pour suivre l'impulsion de votre inquiète prévoyance : en un mot, ce ne sont pas des visions, » ce sont des choses qu'il lui faut. »

Si ces principes sont vrais, il est difficile de donner son approbation à un arrêt de la cour royale de Paris du 4 juin 1829 (3), qui a déclaré

(1) Commentaire sur la loi des successions, t. Ier, p. 121.
(2) Quest. de droit, vº Quest. d'état, § 1, t. VI, p. 555.
(3) Dalloz, 2e partie, p. 236.

recevable la plainte portée directement devant le tribunal correctionnel, par un officier de santé, contre un individu qui exerçait illégalement l'art de guérir dans le lieu où il avait fixé son établissement ; il avait donné pour prétexte à sa plainte que cet exercice illégal blessait ses intérêts privés. Mais la chance qu'avait cet officier de santé de remplacer le prévenu auprès des personnes dont il usurpait la confiance, ne présentait qu'un intérêt trop éloigné, trop incertain pour autoriser une plainte ; il n'était pas possible de déterminer avec certitude le dommage et d'en ordonner la réparation. (1)

124. Quant aux crimes, aux délits et aux contraventions commis au préjudice des personnes qui sont en notre puissance, nous pouvons, sans doute, en porter plainte, et en demander la réparation ; mais ce droit ne repose point sur l'intérêt indirect que nous avons à cette réparation ; ce n'est pas en notre nom que nous pouvons agir, ce n'est qu'au nom de l'individu qui a été lésé ; ce n'est point une action qui nous est personnelle

(1) * Il a été solennellement jugé d'abord par la chambre criminelle de la cour de cassation, le 1er septembre 1832 (Dalloz, p. 393), et ensuite par les chambres réunies de la même cour, le 15 juin 1833 (Dalloz, p. 241), que les pharmaciens ont l'action civile contre ceux qui exercent illégalement la pharmacie ; et que la difficulté d'apprécier le dommage résultant de concurrences illicites ne rend pas non-recevable l'action en réparation de ce dommage.

que nous intentons, c'est une action dans l'intérêt de celui qui a souffert. Ainsi un père peut porter plainte et se constituer partie civile à raison du préjudice que son fils mineur a éprouvé par suite d'un fait puni par la loi; un mari peut également agir pour sa femme, un tuteur pour son pupille.

Toutefois, si le fait qui donne lieu à la plainte portait en même temps préjudice au père, au mari ou au tuteur, il n'est pas douteux qu'ils ne pussent intenter l'action civile en leur nom personnel; aussi la cour de cassation a-t-elle rejeté (1) le pourvoi formé contre un jugement qui avait admis un mari à poursuivre personnellement, et sans l'assistance de sa femme, la réparation d'une injure faite à celle-ci : « Attendu, porte l'arrêt, » que les injures qui avaient été l'objet de la » plainte intéressaient l'honneur du mari et de » la femme, que celui-ci a donc caractère pour » en poursuivre la réparation, même sans le con» cours de sa femme. »

On a demandé si un maître pouvait porter plainte et exercer l'action civile à raison d'un délit commis au préjudice de son domestique? Dans l'ancien droit criminel les maîtres n'étaient pas admis à poursuivre la réparation des injures faites à leurs domestiques, « Si ce n'est, dit Muyart » de Vouglans (2), dans les cas seulement où cette

(1) Arrêt du 4 germinal an 13, Dalloz, t. XI, p. 107.

(2) Lois crim. de France, t. II, p. 105 (p. 589 de l'éd. in-f.).

» injure réfléchirait nécessairement contre eux, » comme si elle était faite dans les fonctions où ils » ont employé ces domestiques, et que ceux-là » auraient reçu cette injure à l'occasion de leurs » maîtres. » Je pense comme M. Legraverend (1) que la circonstance que le délit a été commis au préjudice du domestique dans les fonctions auxquelles son maître l'avait employé, ne suffit pas pour autoriser ce dernier à porter plainte et à exercer l'action civile; qu'il faut, de plus, que le maître ait personnellement éprouvé un dommage. Dans ce dernier cas, il pourrait certainement former une action. C'est ce que la cour de cassation a jugé par arrêt du 26 vendémiaire an 13 (2), dans l'espèce que voici : un receveur des droits de passe avait faussement constaté des contraventions à la charge d'un domestique agissant pour son maître; ce dernier ayant porté plainte, le receveur prétendit que cette faculté n'appartenait qu'au domestique, à qui les faits étaient personnels; la cour n'admit pas cette exception, « Attendu » que les maîtres sont recevables à rendre plainte » des délits commis à l'égard de leurs domestiques, » lorsque ces délits compromettent ou tendent à » compromettre leurs intérêts. » Mais, dans ces cas même, l'action civile en réparation du délit ne peut être formée par le maître, qu'en ce qui le concerne uniquement; il n'est pas recevable à la former en même temps dans l'intérêt de son

(1) T. Ier, p. 201. — (2) Dalloz, t. XI, p. 212.

domestique, car il n'exerce pas les actions de celui-ci.

125. L'action en réparation du dommage causé par un fait punissable d'après la loi, est de la même nature que toute autre action civile; pour être recevable à la former, il faut jouir de ses droits. Ce principe n'était pas douteux dans l'ancien droit criminel : «Quant aux accusations privées, » disent les auteurs du nouveau Dénisart (1), elles » peuvent être intentées par quiconque a été » personnellement offensé, pourvu qu'il ait la » capacité d'ester en jugement, ce qui comprend » l'étranger et même l'infâme. Mais il faut que » ceux qui sont sous la puissance d'autrui, comme » le fils de famille, le mineur, soient autorisés et » assistés.» Jousse (2), Muyart de Vouglans (3), enseignent la même chose. Les criminalistes ne signalent que quelques exceptions, qui résultaient des dispositions singulières de quelques coutumes, et une autre en faveur du mari mineur; on l'admettait à accuser sa femme d'adultère. Aujourd'hui, le mineur est émancipé par le mariage, il exerce toutes les actions mobilières, il est conséquemment recevable à se constituer partie civile. La cour de cassation a reconnu le principe que, pour intenter l'action civile il faut jouir de ses droits, en cassant dans l'intérêt de la loi (4) un jugement qui avait reçu une femme mariée à

(1) T. Ier, p. 107. — (2) T. III, p. 4. — (3) T. II, p. 105. — (4) Arrêt du 1er juillet 1808, Dalloz, t. X, p. 130.

poursuivre la réparation d'un délit commis à son préjudice, et lui avait accordé des dommages et intérêts. « Vu l'article 215 du Code civil : Attendu » que la disposition générale de cet article n'est » restreinte que par la seule exception portée » dans l'article 216 du même Code, dans le cas » où la femme est *poursuivie* en matière criminelle » ou de police ; et que toutes les fois que les fem- » mes mariées exercent une action, elles ont » besoin de l'autorisation de leur mari ; attendu » que dans l'espèce, la femme Hellot exerçait » elle-même une action en matière de police, et » qu'elle ne pouvait se dispenser de se conformer » au vœu de l'article 215 précité. »

L'étranger peut poursuivre la réparation civile d'un délit commis à son préjudice, mais en donnant caution, conformément à l'art. 16 du Code civil, parce qu'alors il est réellement demandeur ; peu importe qu'il ait intenté son action séparément de l'action publique, ou qu'il l'ait jointe à celle-ci (1).

126. Les créanciers, dans le cas où la loi les autorise à exercer les droits et actions de leurs débiteurs (2), et dans ceux où ils sont admis à attaquer en leur nom personnel les actes faits par ces débiteurs en fraude de leurs droits (3), sont recevables à porter plainte et à se constituer parties

(1) Arrêt de la cour de cassation du 3 février 1814, Bull., p. 24. Dalloz, t. VII, p. 583. — (2) Code civil, art. 1166. — (3) *Ib.*, 1167.

civiles lorsque les actes qui préjudicient soit à leurs débiteurs, soit à eux-mêmes, constituent des crimes ou des délits; il n'y a aucune raison pour leur interdire cette faculté; et il n'est pas rare qu'ils l'exercent en matière de faillite et de banqueroute.

En effet, l'article 588 du Code de commerce porte : « Les cas de banqueroute simple seront ju» gés par les tribunaux de police correctionnelle » sur la demande des syndics, ou sur celle *de tout » créancier du failli*, ou sur la poursuite d'office » qui sera faite par le ministère public. » Les articles 589 et 590 disposent qu'en cas d'acquittement du prévenu, les frais seront supportés par la masse, dans le cas où la demande aurait été introduite par les syndics de la faillite; qu'ils le seront par le créancier dans le cas où *la poursuite aura été intentée par un créancier*. L'article 595 porte : « Les cas de banqueroute frauduleuse » seront poursuivis d'office devant les cours d'as» sises par les procureurs du roi ou leurs substi» tuts, sur la notoriété publique ou sur la dénon» ciation, soit des syndics, soit d'un créancier. »

Cependant les actions civiles que les créanciers peuvent exercer, soit devant le tribunal correctionnel soit devant la Cour d'assises, sont limitées par l'article 600, qui porte : « Dans tous les cas de » poursuites et de condamnations en banqueroute » simple ou en banqueroute frauduleuse, les ac» tions civiles, autres que celles dont il est parlé » dans l'article 598, resteront séparées; et toutes

» les dispositions relatives aux biens, prescrites » pour la faillite, seront exécutées sans qu'elles » puissent être attirées, attribuées ni évoquées aux » tribunaux de police correctionnelle, ni aux cours » d'assises. » L'article 598, rappelé dans celui-ci, dispose : « Le même jugement qui aura prononcé » les peines contre *les complices* de banqueroute » frauduleuse, les condamnera : 1° à réintégrer » à la masse des créanciers les biens, droits et ac- » tions frauduleusement soustraits; 2° à payer en- » vers ladite masse des dommages-intérêts égaux » à la somme dont ils ont tenté de la frauder. »

Qu'il résulte de ces différens articles, qu'en matière de *banqueroute simple* un créancier a le droit de se séparer de la masse, de se constituer partie plaignante et civile et de poursuivre le failli, c'est ce qui n'est pas douteux; les articles 588, 589 et 590 le disent expressément, et la Cour de cassation l'a aussi reconnu par un arrêt du 19 mai 1815 (1), en rejetant le pourvoi d'un failli contre un arrêt qui avait déclaré un créancier recevable dans l'appel d'un jugement intervenu sur sa plainte en banqueroute simple, bien que le ministère public eût acquiescé à ce jugement : « Attendu, a dit la cour de cassation, que l'arti- » cle 202 du Code d'instruction accorde à la partie » civile la faculté d'appeler des jugemens de police » correctionnelle, quant à ses intérêts; et que » l'article 588 du Code de commerce donne ac-

(1) Dalloz, t. VIII, p. 296.

» tion à tout créancier pour poursuivre, en cas de » banqueroute simple ; que Simonet avait été » porté en qualité de créancier dans le bilan desdits Grébauval et Chatel ; qu'il a été reconnu » dans la double qualité de créancier et de partie » civile, non seulement dans l'arrêt attaqué, » mais encore dans l'arrêt qui, sur sa plainte, a » renvoyé Grébauval et Chatel devant le tribunal » correctionnel en état de banqueroute simple, et » même dans le jugement du tribunal correctionnel qui les a acquittés, et que les qualités de » créancier et de partie civile suffisaient pour établir son intérêt et fonder son action. »

Mais un créancier a-t-il le droit de se séparer de la masse et de se constituer partie civile sur la poursuite en *banqueroute frauduleuse* dirigée contre le failli par le ministère public ? La cour de cassation a jugé qu'il ne le pouvait pas. Comme son arrêt est à peine motivé, je ferai connaître l'espèce dans laquelle il est intervenu et les moyens qui ont été invoqués à l'appui du système qu'il a consacré. La maison de commerce R*** tombe en faillite. Le sieur B***, l'un des créanciers, porte plainte en banqueroute frauduleuse et se constitue partie civile. La chambre d'accusation surseoit à prononcer sur cette plainte jusqu'à ce que les tribunaux civils aient statué sur une question préjudicielle ; le sieur B.... se pourvoit en cassation contre cet arrêt de sursis ; R..., failli, intervient devant la cour, et soutient que le pourvoi de B.... est non recevable, parce que le Code de commerce s'oppose à ce qu'il se rende partie plaignante et civile ; il en donne pour raison : 1° qu'en matière de banqueroute frauduleuse, l'article 595 du Code de commerce n'autorise les créanciers qu'à faire des *dénonciations* et non à se porter partie civile ; 2° que l'article 600 veut que les *actions civiles* restent séparées de l'action criminelle ; 3° que, dans une faillite, le sort de tous les créanciers est égal, que les actions civiles ne peuvent se poursuivre que contre la masse, puisque les biens du failli sont le gage de tous ; qu'un créancier ne pouvant conséquemment obtenir contre le failli aucune réparation civile, il ne peut se séparer de la masse pour lui faire personnellement un procès : sur quoi la cour a rendu l'arrêt suivant (1). « Après en avoir délibéré à la chambre » du conseil ; vu les articles 595, 598 et 600 du » Code de commerce ; déclare le demandeur non » recevable dans son pourvoi. » Voilà tout ce que porte l'arrêt. La cour aurait pu déclarer le pourvoi non recevable, parce qu'une partie civile ne peut se pourvoir seule contre les arrêts des chambres d'accusation, mais elle a préféré adopter le système du failli.

Je doute beaucoup que cet arrêt soit conforme à la loi ; il est vrai qu'au premier abord on conçoit difficilement une action civile dans une matière où l'on ne peut rien demander pour soi per-

(1) Le 24 novembre 1820, Journal du Palais, t. LXIII, p. 189, ancienne collection.

sonnellement, où l'on ne peut conclure à aucune réparation civile contre l'accusé, et c'est ce qui résulte de l'article 600 du Code de commerce; mais l'argument fondé sur cet article ne prouve rien. En effet ce n'est pas seulement en matière de *banqueroute frauduleuse* que les action civiles, autres que celles dirigées contre les complices, doivent rester séparées de l'action publique, c'est aussi en matière de *banqueroute simple;* et si, malgré cette séparation, un créancier peut se constituer partie civile et poursuivre le failli en banqueroute simple, ou se réunir au ministère public, qui poursuit d'office, il est évident qu'il peut légalement se constituer partie civile en matière de banqueroute frauduleuse; l'article 600 ne lui oppose pas plus d'obstacles dans un cas que dans l'autre.

L'argument fondé sur l'article 595 n'est pas plus concluant. Il est vrai que cet article dit que les cas de banqueroute frauduleuse seront poursuivis par les *procureurs du roi*, sur la dénonciation soit des syndics, soit des créanciers, tandis que les articles 588, 589 et 590 portent que les cas de *banqueroute simple* seront jugés par les tribunaux correctionnels, sur la *demande* ou la *poursuite* des syndics ou de *tout créancier* du failli; mais cette diversité dans la rédaction de ces articles était nécessitée par la différence qui existe entre la procédure correctionnelle et la procédure au grand criminel. Sous l'empire du Code du 3 brumaire, en vigueur lors de la promulgation du Code de commerce, les plaignans pouvaient, comme sous le Code actuel, saisir directement les tribunaux correctionnels (1), et il était vrai de dire que ces tribunaux jugeaient sur la *demande*, sur la *poursuite* des plaignans. Il n'en éta t pas de même au grand criminel; les plaignans n'intentaient pas la poursuite; ils ne pouvaient pas citer directement devant le tribunal criminel, pas plus qu'ils ne le peuvent aujourd'hui; le tribunal criminel était saisi alors par la déclaration d'un jury portant: *il y a lieu à accusation*, comme la cour d'assises l'est aujourd'hui par un arrêt de mise en accusation; il était donc vrai de dire que les parties lésées ne fesaient que des *dénonciations*, le droit de poursuivre n'appartenant qu'au ministère public. La rédaction de l'article 595 ainsi expliquée, on n'en peut rien conclure en faveur de la fin de non-recevoir adoptée par la cour de cassation. Le système qu'elle a suivi tombe nécessairement devant cette dernière réflexion : pourquoi, en matière de banqueroute simple, un créancier est-il recevable à poursuivre le failli, quoiqu'il ne puisse lui demander des réparations civiles? Quel est l'intérêt légitime dont la loi a voulu par là assurer la conservation. Cet intérêt n'est autre que de faire exclure le failli de l'avanvantage d'obtenir un concordat de la majorité de ses créanciers (2); et comme cet intérêt existe,

(1) Code du 3 brumaire, art. 94, 95 et 180; Code d'inst., art. 182. — (2) Code de commerce, art. 521.

soit qu'il y ait banqueroute simple, soit qu'il y ait banqueroute frauduleuse, je ne comprends pas qu'on permette à un créancier d'agir, pour cet intérêt, dans le premier cas, et qu'on le lui interdise dans le second.

Au surplus, la cour de cassation, semble avoir douté elle-même de la vérité de sa doctrine; car, le 16 décembre 1820, peu de jours, comme on le voit, après l'arrêt que je viens d'examiner, la question s'est présentée de nouveau, et elle n'a pas reçu la même solution. Voici l'espèce : Duchesne, failli, avait passé un concordat avec ses créanciers; Ricard, l'un deux, forma opposition à ce concordat, mais il en fut débouté; il se pourvut en cassation. Nonobstant le concordat, le ministère public poursuivit Duchesne et le fit mettre en accusation pour crime de *banqueroute frauduleuse.* Cet accusé attaqua l'arrêt devant la cour de cassation, et Ricard intervint sur ce pourvoi pour le faire rejeter, la cour a repoussé l'intervention; voici par quels motifs (1) : « En » ce qui concerne la fin de non-recevoir opposée » par Duchesne contre l'intervention de Ricard » sur son pourvoi; attendu que l'arrêt de la cour » royale de Rouen a rejeté l'appel, relevé par » Ricard, du jugement du tribunal de commerce » qui avait homologué le concordat; que le pour- » voi en cassation qui peut avoir été formé contre » cet arrêt n'en suspend pas l'exécution, et ne

(1) L'arrêt n'est pas imprimé.

» peut, par conséquent, dans l'état, en modifier » les effets; que dès lors les droits de Ricard en» vers Duchesne se trouvent fixés par le concor» dat, et qu'il n'a point à exercer d'intérêts civils, » dans la poursuite en banqueroute frauduleuse » dirigée par le ministère public contre ledit Du» chesne; qu'il n'y a donc plus de base à aucune » action civile dans les poursuites; qu'il ne peut » donc y en avoir à une intervention sur le pour» voi de Duchesne contre l'arrêt qui a prononcé » sa mise en accusation; la cour rejette l'inter» vention demandée par Ricard. »

On voit que cet arrêt n'est pas motivé sur ce qu'un créancier ne peut joindre son action civile à l'action publique, en matière de banqueroute frauduleuse, mais sur ce que les actions de Ricard avaient été éteintes par le concordat. La cour a donc jugé implicitement que l'action civile avait existé et qu'elle aurait pu être intentée si le concordat n'y eût pas mis obstacle.

127. L'action civile en réparation du dommage causé par un crime, par un délit, ou par une contravention, peut, comme toute autre action civile, être exercée par les héritiers de la partie qui en a souffert, à moins que cette action ne lui ait été tellement personnelle qu'elle ne l'ait point transmise à ses héritiers. Telle serait l'action résultant d'une injure légère. Justinien (1), après avoir énoncé plusieurs actions pénales qui

(1) Inst., lib. 4; titre 12, § 1er.

passent aux héritiers, ajoute : *exceptâ injuriarum actione et si quæ alia similis inveniatur.* Mais si l'injure était assez grave pour rejaillir sur la mémoire du défunt, les héritiers seraient recevables à en poursuivre la réparation; ils y auraient même un intérêt personnel, s'ils étaient proches parens.

Au surplus, lorsque l'action a été intentée par la personne même offensée, quelque légère que soit l'offense qui y a donné lieu, elle passe à l'héritier. C'est ce que Justinien établit (1) : *pœnales autem actiones quas suprà diximus, si ab ipsis principalibus personis fuerunt contestatæ, et hæredibus dantur et contra hæredes transeunt* (2); c'est ce qu'a jugé la cour royale de Montpellier (3).

128. L'action en dommages-intérêts qui appartient à toute partie lésée par un crime, par un délit ou par une contravention, est-elle susceptible d'être cédée, comme toute autre action, comme tout autre droit légitime? Les cessionnaires sont-ils recevables à porter plainte et à se constituer parties civiles? Ces questions ont beaucoup occupé les anciens criminalistes (4); ils s'accordent à reconnaître que ces cessions étaient va-

---

(1) Inst., lib. 4, t. 12, § 1er. — (2) V. Nouveau Dénisart, t. Ier, p. 108, et Jousse, t. Ier, p. 589. — (3) Arrêt du 22 décembre 1825, Dalloz, 1826, 2e partie, p. 72. — (4) V. Ayrault, Inst. jud., liv. 2, art. 4, n° 81 et suiv.; Jousse, t. Ier, p. 590; Muyart de Vouglans, Lois crimin. de France, t. II. p. 107 (p. 591 de l'édit. in-folio).

lables et que le cessionnaire était admis à se porter accusateur; mais que ses actes n'étaient accueillis qu'avec défiance : les parties civiles, dit Ayrault, cédaient leurs droits et actions à une tierce personne, qu'elles savaient être l'ami de l'accusé, qui, de son côté, n'en faisait aucune poursuite pour se laisser forclore de faire venir les témoins et les confronter, et donner, par ce moyen, ouverture à l'accusé d'obtenir son absolution. Ce danger n'est pas à craindre de nos jours, puisque l'instruction se fait à la requête du ministère public, qu'il y ait ou non une partie civile dans le procès.

La cession des droits, en matière criminelle, est donc admise aujourd'hui, et le cessionnaire est recevable à intenter l'action civile en réparation du dommage causé par le délit. Mais il ne peut porter plainte qu'au nom de la partie lésée, et en vertu de la procuration qu'elle lui a donnée à cet effet; car une plainte est un acte entièrement personnel à celui qui a souffert (1).

Au surplus je crois que, comme dans l'ancien droit criminel, les dommages-intérêts que les juges peuvent accorder au cessionnaire, ne doivent jamais dépasser le prix de la cession; car ce prix représente le dommage qui a été souffert. Accorder au-delà ce serait autoriser des spéculations sur les crimes, et rien de plus immoral assurément.

---

(1) Code d'inst., art. 31 et 65.

Ceux qui désireront plus de développemens sur cette matière les trouveront dans les auteurs que j'ai indiqués; il serait superflu de les présenter ici.

A quelle époque, devant qui, l'action peut-elle être intentée? quelles sont les obligations de la partie civile? quelle responsabilité encourt-elle? j'examinerai ces questions quand je parlerai des diverses parties de la procédure criminelle auxquelles elles se rattachent (1).

CHAPITRE III.

DES CAUSES QUI SUSPENDENT L'EXERCICE DE L'ACTION PUBLIQUE ET DE L'ACTION CIVILE.

129. Les causes qui suspendent l'exercice de l'action publique et de l'action civile proviennent :

Ou de la nature des faits qui constituent la prévention ;

Ou de la qualité des personnes qui sont l'objet de cette préventon;

Ou des conflits élevés par l'autorité administratve.

(1) Liv. 2.

SECTION PREMIÈRE.

Des causes qui proviennent de la nature des faits qui constituent la prévention.

130. Les causes qui proviennent de la nature des faits qui constituent la prévention, agissent ou sur l'action publique et l'action civile séparément, ou sur l'une et l'autre à la fois.

L'action publique est suspendue lorsqu'elle a pour objet des délits qui ne peuvent être poursuivis que sur la plainte des parties lésées;

L'action civile est suspendue lorsqu'intentée en même temps que l'action publique, elle a été portée devant d'autres juges que ceux de l'action publique;

L'action publique et l'action civile sont suspendues quand elles se trouvent subordonnées au jugement d'une question qui leur est préjudicielle.

§ Ier. Des délits que le ministère public ne peut poursuivre que sur la plainte des parties lésées.

131. C'est une règle générale et d'ordre public que l'action publique peut être exercée sans avoir été provoquée par les parties lésées (1); les exceptions à ce principe ne peuvent résulter que de la loi; comme toute exception, elles ne peuvent être étendues à d'autres cas que ceux pour lesquels

(1) V. *suprà*, n° 16.

elles ont été formellement établies, et leur effet ne doit pas aller au-delà des limites que la loi leur a fixées.

Il résulte de là que, quand l'action publique a été mise en mouvement par la plainte à laquelle elle était subordonnée, cette action s'exerce dans toute son indépendance, et qu'elle ne peut plus être arrêtée par le désistement du plaignant ou ses transactions avec le prévenu. En effet l'unique condition imposée par la loi au ministère public est d'attendre que la partie lésée ait réclamé; mais exiger de plus que cette partie persiste dans sa réclamation jusqu'au jugement définitif, c'est lui en imposer une seconde que la loi n'autorise pas; c'est la créer arbitrairement, c'est faire de la plainte le principe même de l'action publique, tandis qu'elle n'est qu'une exception à ce principe lui-même, qui réside dans l'indépendance du ministère public pour poursuivre directement et d'office tout délit.

C'est ce que tous les criminalistes s'accordent à reconnaître, excepté en matière d'adultère, comme je le dirai dans un instant (1); c'est ce que la cour de cassation a jugé fréquemment, notamment par les arrêts des 23 janv. 1813 (2), 13 av. 1820 (3) et 31 juill. 1830 (4).

« Attendu, porte le premier de ces arrêts, que

---

(1) V. *infrà*, n° 136. — (2) Bull., p. 18; Dalloz, t. Ier, p. 214. — (3) Bull., p. 147; Dalloz, tom. XI, pag. 108. — (4) Dalloz, p. 326.

»si les délits et contraventions non classés par le »Code pénal, mais seulement déterminés par »des lois spéciales qui ont pour objet, non pas »l'ordre public, mais la conservation des pro- »priétés publiques et particulières, ne peuvent »être poursuivis d'office par le ministère public, »lorsqu'il n'y a ni poursuite ni plainte du par- »ticulier lésé par un délit ou une contravention »de ce genre (1), il ne s'ensuit pas que l'action »du ministère public soit subordonnée aux ca- »prices ou à la volonté de la partie civile; que »l'action publique, une fois mise en mouvement »par les poursuites ou par la plainte de la partie »civile, ne peut être arrêtée ou paralysée par le »fait de cette partie; que cette action rentre alors »dans l'application de l'article 4 du Code d'in- » struction criminelle, qui porte que *la renoncia- » tion à l'action civile ne peut arrêter ni suspendre »l'exercice de l'action publique;* et que, nonob- »stant toute transaction ou renonciation de la »partie civile à son action particulière, le minis- »tère public doit remplir le devoir de ses attri- »butions et continuer ses poursuites pour faire »prononcer les peines ordonnées par la loi. »

Le second arrêt a été rendu en matière de diffamation. « Attendu que, si, d'après l'article 5 de » la loi du 26 mai 1819, la poursuite pour délits » de diffamation ou d'injures envers des particu-

---

(1) V. *infrà*, n° 161, des observations sur ce motif.

» liers ne peut avoir lieu que sur la plainte de » la partie qui se prétend lésée, cette disposition » dérogative au droit commun qui attribue au » ministère public le droit de poursuivre tout » délit, directement et d'office, ne peut être » étendue au-delà de ses expressions ; qu'elle in- » terdit seulement au ministère public d'exer- » cer son action avant qu'il ait reçu l'impul- » sion par une plainte de la partie lésée; mais » que, lorsque cette plainte a été portée, il rentre » dans la plénitude de ses attributions; que son » action est dégagée de toute entrave, et qu'il » peut appeler du jugement qui y a statué, comme » faire tous actes de poursuite autorisés par la » loi. »

Le troisième arrêt est intervenu en matière de délit de chasse; il reproduit les motifs que l'on vient de lire et décide, comme le précédent, que, malgré l'acquiescement de la partie civile au jugement correctionnel de première instance, le ministère public est recevable à en interjeter appel.

Malgré l'évidence de ces principes, quelques cours royales paraissent vouloir adopter une jurisprudence contraire à celle de la cour de cassation. Mais elles se méprennent sur la nature de l'action publique et de l'action civile; elles les font dériver d'un seul et même principe, savoir, le préjudice qu'a éprouvé la partie lésée, tandis que ce principe ne sert de base qu'à l'action civile seule.

132. M. Carnot (1) enseigne que dans les cas où le ministère public ne peut agir que sur la plainte des parties lésées, comme dans celui d'adultère, cette plainte doit être revêtue des formalités prescrites par les articles 31 et 65 du Code d'instruction; il en donne pour raison « qu'il faut à la » partie publique une provocation directe, dans » les termes exigés par le Code pour autoriser » l'exercice de son action »; et par là M. Carnot va plus loin qu'il ne pense peut-être; car il résulte de son opinion que, si, au lieu de recourir à la voie de la plainte, la partie lésée prenait la voie civile, le ministère public ne serait pas recevable à intenter son action: or, cette proposition n'est pas admissible. Si le ministère public est obligé de garder le silence, ce n'est qu'autant que la partie lésée ne réclame point, la loi supposant alors ou que le délit n'existe pas, ou que la partie préfère en souffrir, plutôt que de s'exposer aux conséquences, souvent fâcheuses, d'un débat judiciaire. Mais si, par exemple, un individu diffamé demande aux tribunaux civils des dommages-intérêts; si un mari forme contre sa femme une action en séparation de corps pour cause d'adultère, l'action publique pour la répression des délits de diffamation et d'adultère peut être intentée; car la loi n'en fait remise qu'autant que la partie lésée n'exerce pas elle-même la sienne. Cette action, qui n'était que suspendue, prend

(1) Commentaire sur le Code pénal, art. 338, t. II, p. 112.

alors le cours que la loi lui assigne. Il ne faut pas perdre de vue qu'en ces matières, l'action publique n'est pas exercée par ceux qui ont souffert du délit; qu'ils n'ont conséquemment pas à opter entre elle et l'action civile; qu'ainsi ils ne peuvent former celle-ci sans mettre la premère en mouvement, si le fonctionnaire à qui la loi en confie l'exercice juge nécessaire de l'exercer. Il y a donc *plainte*, *dénonciation* dans le sens de la loi, dès que celui qui a souffert réclame une réparation, soit qu'il la demande aux tribunaux criminels, en provoquant l'action publique pour y joindre la sienne, soit qu'il l'adresse aux tribunaux civils, ainsi que l'article 3 du Code d'instruction lui en laisse la faculté. Il n'est donc pas exact de dire que le ministère public ne peut agir qu'autant qu'il y a été provoqué par une plainte formée dans les termes des art. 31 et 65 du Code d'instruction.

Ces principes préliminaires posés, je vais indiquer les délits dont la poursuite est subordonnée à la plainte des parties lésées.

133. C'est d'abord le délit d'adultère. Ce délit est soumis à des règles qui lui sont spéciales; le législateur a établi à son égard des exceptions dont les limites doivent être précisées avec d'autant plus de soin, qu'elles ne sont pas unanimement reconnues, soit par les auteurs, soit par les arrêts.

Le délit d'adultère peut exister, soit de la part de la femme, soit de la part du mari. Les règles à suivre ne sont pas les mêmes dans l'un et l'autre cas ; il faut donc les distinguer ; je commencerai par *l'adultère de la femme.*

L'ancien droit criminel s'est beaucoup occupé de ce délit. Je rappellerai les principales règles qu'il avait adoptées, parce qu'elles ont été érigées en lois par le Code pénal. La première de toutes était qu'il n'appartenait qu'au mari de dénoncer l'adultère de sa femme. M. l'avocat-général Gilbert en expliquait les motifs en disant (1) : « 1° Non » seulement le mari a un intérêt principal et do» minant dans la conduite de sa femme, mais » même il a intérêt à ce qu'elle ne puisse être accu» sée sans son aveu ; une telle accusation rejaillit sur » lui en un sens : c'est un scandale qui attaque » l'honneur de son mariage. 2° Admettre de pa» reilles poursuites, indépendamment du mari, » ce serait exposer la tranquillité d'un mariage » concordant à des troubles et à des orages d'une » conséquence funeste ; ouvrir à la malignité une » voie trop facile d'y semer la dissension, de por» ter dans l'âme du mari des ombrages que l'abso» lution même de sa femme ne dissiperait peut» être pas assez pleinement.

» Il y a plus, l'adultère étant le crime de » deux personnes, quoique l'autre coupable soit » sujet à d'autres peines que la femme, et qu'il » n'exige pas les mêmes égards, cependant comme

---

(1) Plaidoyer du 23 janvier 1734 ; Nouv. Dénisart, t. Ier, p. 268.

» la poursuite que l'on ferait contre lui réflé-» chirait sur la femme, et qu'elle entraînerait les » mêmes inconvéniens que l'accusation intentée di-» rectement contre la femme, il n'est pas davantage » permis de poursuivre le coupable sans la volonté » du mari; il semble que, sur ce point, nos lois » aient été déterminées à peu près par les mêmes » vues qui ont dicté les règles *pater est quem nup-» tiæ demonstrant* : elles ont préféré le moindre » des inconvéniens au plus grand. »

L'article 336 du Code pénal a adopté ces principes; il porte : « L'adultère de la femme ne pourra » être dénoncé que par le mari. » Par une conséquence nécessaire, le complice de la femme ne peut être poursuivi qu'autant que le mari a porté plainte contre celle-ci.

134. L'ancien droit criminel admettait, contre la plainte du mari, des fins de non-recevoir que le droit actuel a également conservées; la première résultait de l'inconduite de l'époux. « S'il y avait » preuve, dit Serpillon (1), que le mari vécût lui-» même dans un adultère public, il n'aurait point » d'action contre sa femme; *qui peccat contra legem,* » *ei in eâ lege subveniri non debet*. Il méprise sa » femme, il lui donne un mauvais exemple qui » est cause de la faute qu'il lui reproche. » Jousse (2), Muyart de Vouglans (3), professent la même opinion.

(1) Code criminel, t. Ier, p. 108 (113 de l'édit. de 1767). — (2) T. III, p. 226. — (3) Lois crimin. de France, t. Ier, p. 201 (222 et 223 de l'édition in-folio).

L'article 336 du Code pénal adopte le principe de cette fin de non-recevoir : après avoir dit que l'adultère de la femme ne peut être dénoncé que par le mari, il ajoute : « Cette faculté cessera, s'il est dans le cas prévu par l'article 339 »; et l'article 339 dispose : « Le mari qui aura entretenu une » concubine dans la maison conjugale, et qui en » aura été convaincu sur la plainte de sa femme, » sera puni d'une amende de cent francs à deux » mille francs. »

L'épouse peut donc repousser par une fin de non-recevoir les poursuites que son mari a provoquées contre elle ; elle le peut, non en lui imputant des faits d'adultère plus ou moins précisés, plus ou moins publics ; mais en lui opposant un jugement intervenu sur la plainte qu'elle a portée, et qui le déclare coupable d'avoir entretenu une concubine dans la maison conjugale; je dis qu'elle ne peut lui opposer qu'un *jugement* ; c'est ce qui résulte du rapprochement des articles 336 et 339; car le mari ne peut être *dans le cas* de ce dernier article, qu'autant qu'il a *été convaincu* d'avoir entretenu une concubine dans la maison conjugale, et il ne peut en être convaincu que par un jugement. C'est, au surplus, ce qu'a dit au corps législatif l'orateur du conseil d'état : « Bien plus, le mari serait privé de cette action, » s'il avait été *condamné* lui-même pour cause d'a- » dultère ; alors la justice le repousserait comme » indigne de sa confiance, et n'ayant pu, comme » on va le voir, être convaincu d'adultère que sur

» la plainte de sa femme, il serait trop à craindre » qu'il n'agît que par récrimination. »

Toutefois, je ne pense pas qu'il faille nécessairement que la condamnation du mari ait précédé la dénonciation qu'il a portée contre sa femme, pour que celle-ci puisse lui opposer la fin de non-recevoir que j'examine; je crois que l'épouse poursuivie peut non pas alléguer par forme d'exception l'adultère de son mari; c'est ce qu'établit très-bien, contre le sentiment de M. Carnot, M. Merlin (1); mais qu'elle peut dénoncer l'adultère dont il s'est rendu coupable, et se procurer par là le moyen de repousser l'action qu'il a provoquée contre elle. C'est même le cas qui doit arriver le plus ordinairement; la plainte de la femme est alors préjudicielle à celle de l'époux, elle doit être jugée d'abord; et, jusqu'à ce jugement, il doit être sursis aux poursuites dirigées contre elle. Je dis qu'il doit être sursis; en effet, on ne pourrait joindre les deux plaintes pour y statuer par un seul et même jugement; la fin de non-recevoir invoquée par la femme, ne pouvant reposer que sur la condamnation du mari, il faut bien qu'il intervienne d'abord une décision sur la plainte portée contre celui-ci.

135. Une seconde fin de non-recevoir que l'ancien droit criminel admettait contre la plainte du mari, résultait de ce qu'il avait *connivé en quelque*

(1) Questions de droit, v° Adultère, § 8.

manière à la débauche de sa femme (1) ; dans ce cas, le ministère public avait le droit de poursuivre d'office et la femme et le mari, comme complice de celle-ci (2). Le projet du Code pénal contenait des dispositions analogues ; il portait que le mari qui avait connivé à l'adultère de sa femme, ne serait pas admis à la dénoncer, et qu'il serait condamné à une amende ; que, dans ce cas, les coupables seraient poursuivis d'office. Ces dispositions ont été retranchées ; on a craint qu'elles ne donnassent lieu à des poursuites inconsidérées, et qu'elles ne devinssent une cause de scandale. Il résulte de ce retranchement, que le mari qui a connivé, n'est passible d'aucune peine ; que, dans ce cas, le ministère public ne peut pas d'office poursuivre la femme. Mais faut-il en conclure que le mari est recevable à dénoncer sa femme ? Non sans doute ; si, comme je vais le dire, le pardon du mari, sa réconciliation élèvent une fin de non-recevoir contre la plainte, à plus forte raison ne doit-il pas être écouté quand il a autorisé les faits qu'il vient ensuite dénoncer.

136. Dans l'ancien droit criminel, le mari pouvait faire cesser la détention de sa femme condamnée pour adultère ; et, dans ce cas, elle rentrait dans la plénitude de ses droits (3). L'article 337 du Code pénal porte également : « Le mari restera

---

(1) Muyart de Vouglans, Lois criminelles, t. Ier, p. 201.

(2) Jousse, t. III, p. 236 ; Nouv. Dénisart, t. Ier, p. 273

(3) Nouv. Dénisart, Adultère, § 10, p. 291.

» maître d'arrêter l'effet de cette condamnation
» en consentant à reprendre sa femme.»

Telle est donc la puissance domestique dont la loi a nvesti le mari, que seul il a le droit de se plaindre, et que, quand il a fait condamner sa femme, il peut, en consentant à la reprendre, la soustraire à une peine dont les tribunaux l'ont frappée, et proclamer, pour ainsi dire, que la sainteté de la foi conjugale n'a pas été violée, puisqu'il rappelle dans le foyer domestique celle qui s'en trouvait bann .

Si le mari a un tel pouvoir après que sa femme a été condamnée, à plus forte raison l'a t-il avant sa condamnation ; de là deux conséquences :

La première, que si postérieurement aux faits d'adultère, le mari s'était réconcilié avec sa femme il serait non recevable à la dénoncer.

La seconde, que le mari peut se désister de la plainte qu'il a portée, et empêcher par là le jugement qu'il avait provoqué.

Cette seconde conséquence a été contestée; M. Favard de Langlade dit (1) : « Lorsque le » mari a dénoncé l'adultère de sa femme, peut-il » arrêter les poursuites du ministère public? on » pourrait le croire, en partant de l'article 337 du » Code pénal : car, puisque cet article permet au » mari d'arrêter l'effet de la *condamnation* pro- » noncée contre sa femme, il semble d'abord assez

(1) Rép. de la nouvelle législation, t. III, p. 572, v° Ministère public.

» naturel d'en conclure qu'il peut, à plus forte » raison, arrêter l'effet des poursuites tendant à la » *condamnation*. Mais cette conclusion ne serait » pas juste ; lorsque la condamnation a été pro- » noncée, le scandale causé par le mépris que la » femme a manifesté pour ses premiers devoirs, » est puni ; la société est satisfaite, la loi autorise » le mari à pardonner à sa femme : le rapproche- » ment de deux époux séparés est toujours favo- » rable. Mais quand l'action du ministère public a » été mise en mouvement par la plainte du mari, » elle cesse d'être enchaînée, elle ne peut être » subordonnée à la volonté, au caprice du mari. » Dès que la plainte a été portée devant le magis- » trat, la société doit être satisfaite, et elle ne » peut l'être que par le jugement définitif de la » plainte en adultère : le mari pourra ensuite » pardonner à sa coupable épouse. C'est ce que » la cour de cassation a décidé dans l'espèce » suivante. » M. Favard, rapporte un arrêt du 22 aout 1816 (1), dont les motifs, un peu trop larges, ont pu en effet l'induire en erreur ; voici l'espèce : Un mari dénonce l'adultère de sa femme, ensuite il forme pour la même cause une demande en séparation de corps. La juridiction correctionnelle, voyant dans cette demande une renonciation à la plainte qu'il avait portée, rejette les poursuites du ministère public ; pourvoi en cassation ; la question que présentait ce pourvoi

(1) Bull., p. 127 ; Dalloz, t. Ier, p. 315.

était uniquement de savoir si la demande en séparation de corps constituait un désistement de la plainte en adultère ? La cour a décidé que non, par les motifs que voici : « Attendu que l'action publique pour la poursuite des délits et » l'application des peines n'appartient qu'aux » fonctionnaires auxquels elle est confiée par la » loi ; que si, l'article 336 du Code pénal a réservé » au mari seul le droit de dénoncer l'adultère de sa » femme ; et si, à l'égard de ce délit, cette dénonciation doit précéder les poursuites du ministère » public, aucune loi n'a chargé le mari des poursuites qui sont demeurées à la charge des fonctionnaires publics auxquels l'action publique » est confiée ; que dès que le sieur L*** a dénoncé » sa femme pour adultère, le procureur du roi, » qui a reçu cette dénonciation, a été autorisé à » poursuivre la répression de ce délit devant le » tribunal correctionnel compétent, tant contre » sa femme que contre son complice ; que l'action » du ministère public n'a pu être démentie, ni » même suspendue par la demande en séparation » de corps, portée par L*** devant le tribunal » civil ; que, si la loi autorise la partie lésée à » intenter l'action civile qui lui compète, séparément de l'action publique, devant les tribunaux » civils, elle ne lui donne pas le droit d'arrêter ou » de suspendre l'action publique ; et qu'au contraire, l'article 3 ci-dessus rapporté, décide » expressément que, dans le cas de concours de » l'action civile portée devant les tribunaux civils,

» et de l'action publique devant les tribunaux » correctionnels ou criminels, l'exercice de l'action » civile est suspendu tant qu'il n'a pas été pro- » noncé définitivement sur l'action publique; d'où » il suit que le jugement attaqué, en anéantissant » les poursuites intentées par le procureur du roi, » d'après la dénonciation de L*** contre sa femme » et le sieur P***, et en soumettant l'action du » ministère public au concours de la poursuite » personnelle du mari offensé par ledit adultère, » a violé les articles 1, 3 et 22 du Code d'instruc- » tion et les règles de compétence. »

Ces principes sont vrais; mais ils peuvent paraître trop absolus, appliqués à une matière exceptionnelle comme l'est celle d'adultère. Il convient donc d'en restreindre l'application dans les limites de la question qui était à juger dans l'espèce. Au surplus, la jurisprudence de la cour de cassation est bien fixée sur le point de savoir si le mari peut se désister de la plainte qu'il a portée contre sa femme; voici un arrêt de doctrine qu'elle a rendu à ce sujet, le 7 août 1823 (1), au rapport de M. Busschop;

« Attendu qu'il résulte de l'article 336 du Code » pénal, que le mari a seul le droit de se plaindre » de l'adultère de sa femme; que lui seul a intérêt » et qualité pour en provoquer les poursuites; » que la loi n'a pas voulu permettre que le repos » des familles pût être troublé par des poursuites

(1) Bull., p. 322; Dalloz, t. Ier, p. 316.

» d'office sur un fait qui, ne laissant jamais de » traces qui le rendent certain et manifeste pour » le public, ne peut être considéré que comme » un délit privé envers le mari, et non comme un » délit commis envers la société; qu'il importe » d'ailleurs à l'intérêt des bonnes mœurs, qu'un fait » qui blesse la sainteté du mariage, ne devienne » pas, par une instruction devant les tribunaux, » un scandale public, et n'acquière pas par des » jugemens une certitude judiciaire; que, par » conséquent, le pardon du mari, ou sa réconciliation avec sa femme, soient toujours accueillis comme une preuve légale que l'adultère » n'a pas été commis, et comme une fin de non-recevoir contre toutes poursuites; que c'est » ainsi que le droit d'action sur ce fait avait été » réglé par la jurisprudence antérieure au Code » pénal; que c'est ainsi encore que le Code civil, » en faisant de l'adultère une cause de divorce, » et en prononçant une peine contre la femme » après l'admission du divorce sur cette cause, » avait ordonné dans son article 272, que l'action » en divorce serait éteinte par la réconciliation » des époux, survenue, soit depuis les faits qui » auraient pu autoriser cette action, soit depuis la » demande en divorce.

» Que l'article 336 du Code pénal doit être » réputé, dans la généralité de sa rédaction, avoir » admis des règles qu'il n'a pas exclues; qu'il doit » être réputé particulièrement s'en être référé, » sur ces règles, aux dispositions du Code civil,

» auxquelles il s'est expressément conformé, lors-» qu'il a dû fixer la peine qui serait prononcée » contre la femme convaincue d'adultère; qu'il » s'ensuit que non seulement le ministère public » n'a pas le droit de poursuivre d'office le fait d'adul-» tère; mais encore que ces poursuites ne peuvent » être légalement exercées que sur une dénon-» ciation du mari, contre laquelle il n'existe pas de » fin de non-recevoir par une réconciliation anté-» rieure, opérée avec connaissance des faits dénon-» cés; et que l'action du ministère public cesse » même d'avoir un caractère légal, lorsque, pen-» dant les poursuites, le mari retire la dénonciation » par une déclaration formelle, ou lorsqu'il en » anéantit l'effet par un pardon ou par une » réconciliation résultant de circonstances dont » l'appréciation appartient aux tribunaux.

» Et attendu que la cour royale de Montpellier, » après avoir déclaré, dans son arrêt du 14 mai » dernier, *qu'il paraîtrait que le sieur P*** a » pardonné les faits, et qu'il y aurait eu réconci-» liation entre les époux; a jugé que le sieur P***.,* » *ayant nanti le ministère public de son action, elle » demeurait dans toute sa force, indépendamment de » ce qui aurait pu se passer entre le mari et la femme;* » qu'en conséquence, et sur ce seul motif, cette » cour a maintenu la condamnation qui avait été » prononcée par le jugement de première instance, » contre la dame P***, en quoi elle a faussement » interprété et violé ledit article 336 du Code » pénal; la cour casse, etc.»

Les mêmes principes sont proclamés par des arrêts que j'indiquerai bientôt.

137. Le désistement du mari éteint les poursuites, non seulement à l'égard de la femme, mais encore à l'égard de celui qui était signalé comme son complice. Il est aisé de comprendre que, si elles devaient continuer contre celui-ci, le but de la loi et le vœu de l'époux seraient trompés. C'est ce que la cour de cassation a jugé par arrêt du 17 août 1827 (1). Après avoir reproduit les motifs énoncés dans l'arrêt du 7 août 1823 qu'on vient de lire, la cour ajoute: «Attendu que, dans » l'espèce, le sieur B. s'étant expressément désisté » par acte notarié, et pendant l'instance d'appel, » de la dénonciation qu'il est convenu avoir trop » légèrement portée contre son épouse, et ayant » formellement réitéré à l'audience publique de » la cour son désistement de toutes poursuites, » il s'est élevé une véritable fin de non-recevoir » contre la continuation d'office des poursuites du » ministère public;

» Attendu que l'adultère est un délit dont les » co-accusés sont réciproquement complices l'un » de l'autre; que la réconciliation du mari avec sa » femme, en abolissant les poursuites, équivaut à » la preuve légale que l'adultère n'a point été » commis, et, par une conséquence nécessaire, » qu'il n'existe point de coupable de ce délit; que » l'arrêt de la cour royale de Lyon, conformément

(1) Bull., p. 724; Dalloz, p. 474.

» aux principes ci-dessus énoncés, a déclaré le » ministère public irrecevable à poursuivre d'of» fice, soit contre la femme, soit contre A., son » complice, et les a déchargés en conséquence des » condamnations prononcées contre eux à raison » du fait d'adultère; et que, par une telle décision, » il n'a violé ni l'article 22 du code d'instruction » ni fait une fausse application des articles 336 » et 337 du code pénal; la cour rejette. »

Remarquez que cet arrêt et celui du 7 août 1823 reconnaissent que le désistement du mari peut résulter non seulement d'un acte formel, mais encore de faits qui établissent qu'il s'est réconcilié avec sa femme; ils disent expressément que les poursuites doivent cesser si la dénonciation du mari « est rétractée expressément par acte authen» tique, ou si elle est effacée par des faits de ré» conciliation ultérieurs que les tribunaux sont » appelés à apprécier. » Ainsi l'on suit, en cette matière, les règles prescrites par le code civil en matière de divorce et de séparation de corps. Cette jurisprudence est conforme à l'ancien droit criminel. « L'action du mari contre sa femme, » pour raison d'adultère par elle commis, dit » Jousse (1), s'éteint aussi par la réconciliation du » mari et de la femme, suivant la loi 11, *Cod. ad* » *leg. Jul. de adulter*, qui est observée en France; » et il ne peut plus, en suite de cette réconcilia» tion, l'accuser pour raison du même fait pour

(1) T. III, 243.

» lequel il s'est réconcilié avec elle. Cette réconciliation se présume, lorsque le mari, après » avoir renvoyé sa femme hors de chez lui, vient » à la reprendre ou à habiter avec elle, ou par » d'autres circonstances semblables.

» La réconciliation du mari avec la femme par » lui poursuivie pour crime d'adultère, empêche » même qu'il ne puisse poursuivre le complice en » réparation pour le faire condamner en des » dommages-intérêts. » Muyart de Vauglans (1) enseigne les mêmes règles.

138. Lorsque le mari a dénoncé à la fois la femme et le complice de celle-ci, que l'une et l'autre ont été condamnés en première instance, que la première a laissé acquérir au jugement l'autorité de la chose jugée, tandis que le complice en a interjeté appel, le pardon que le mari accorde à sa femme, pendant l'instance d'appel, éteint-il les poursuites?

Cette question s'est présentée à la chambre criminelle; elle y a été jugée à mon rapport, le 17 janv. 1829 (2); voici l'arrêt: « Attendu qu'il » est constant en fait que G. a porté une plainte en » adultère contre sa femme et contre le demandeur, qu'il a indiqué comme complice; que » sur cette plainte, il est intervenu un jugement

---

(1) Lois criminelles, t. Ier, p. 201 (édit. in-folio, p. 222 et 223). * V. un arrêt de la cour de cassation du 8 décembre 1832, Dalloz, 1833, 1re partie, p. 133.

(2) Bull., p. 29; Dalloz, p. 110.

» par défaut qui condamne les deux prévenus en » un emprisonnement de deux ans; que ce jugement leur a été signifié à la requête du ministère » public; que le demandeur tout seul en a interjeté appel, en sorte qu'il a acquis contr la » femme G. l'autorité de la chose jugée; que c'est » dans cet état des faits que le mari a fait postérieurement, au greffe du tribunal correctionnel, » une déclaration portant qu'il se désiste de sa » plainte, et qu'il consent à reprendre sa femme; » que le demandeur s'est prévalu de cette déclaration pour prétendre que l'action publique était » éteinte, et que toute poursuite ultérieure contre » lui était non recevable; que le jugement attaqué » a rejeté cette fin de non-recevoir.

» Attendu que de la combinaison des art. 336, 337 » et 338 du code pénal, il résulte que l'adultère » de la femme ne peut être poursuivi que sur la » dénonciation du mari; qu'il peut faire cesser la » poursuite en se réconciliant avec sa femme; » qu'il peut même, en consentant à la reprendre, » arrêter l'effet des condamnations qui seraient » intervenues; que ce sont là des exceptions aux » règles qui assurent le libre exercice de l'action » publique et la stricte exécution des jugemens; » que, comme toutes les exceptions, celles-ci doivent être renfermées dans les limites que la loi » leur a fixées; qu'il suffit que le mari ait dénoncé » l'adultère de sa femme pour que le ministère » public ait le droit de rechercher et de poursuivre » son complice, quand même il ne lui aurait pas

» été désigné par la plainte; que si, par la puis- » sance domestique dont est investi le mari, il est » le maître d'arrêter les effets de la condamna- » tion prononcée contre son épouse, cette fa- » culté ne lui appartient point à l'égard du com- » plice; que s'il importe à l'intérêt des bonnes » mœurs que le fait de l'adultère n'acquière pas, » par un jugement, une certitude judiciaire; que » si le désistement du mari pendant le cours des » poursuites doit être accueilli comme une preuve » légale de l'innocence de son épouse, que si con- » séquemment ce désistement doit profiter au » complice, les considérations sont sans force et » sans autorité, lorsque le désistement n'intervient » qu'après un jugement définitif qui a condamné » la femme, et après qu'il a été jugé souveraine- » ment qu'elle s'est rendue coupable d'adultère; » que, dans ce cas, le mari ne peut pas plus, en » pardonnant à sa femme, arrêter les poursuites » à l'égard du complice, qu'il ne pourrait arrêter » les effets de la condamnation qui serait inter- » venue contre lui; la cour rejette. »

Ainsi, lorsque la femme est définitivement condamnée, le pardon de l'époux ne peut profiter au complice, soit que celui-ci se trouve condamné lui-même définitivement, soit qu'il se trouve seul appelant du jugement rendu contre lui en première instance.

139. Que le mari ne puisse dénoncer le complice de sa femme sans dénoncer celle-ci en même temps, c'est ce qui n'est pas douteux. Mais

lorsque le mari a dénoncé sa femme sans désigner son complice, le ministère public est-il recevable à le rechercher et à le poursuivre? L'arrêt qu'on vient de lire exprime l'affirmative de cette question; et, en effet, les entraves apportées par la loi au libre exercice de l'action publique, en cette matière, n'ont pour motifs que l'intérêt de l'époux, la paix et l'honneur des ménages; dès que le mari a dénoncé l'outrage dont il croit avoir à se plaindre, ces considérations n'existent plus; il n'y a plus à craindre qu'une poursuite indiscrète vienne troubler son union; le ministère public peut donc agir contre le complice. Dans l'ancien droit criminel, le mari était dans l'obligation de le dénoncer: « On ne lui a pas permis » (au mari) de borner son accusation à la per- » sonne du complice de sa femme, disent les au- » teurs du nouveau Dénisart (1), parce que ce » n'est qu'à raison du droit qu'il a sur sa femme, » et dont il doit faire usage, qu'on lui a permis » de se rendre accusateur. On ne lui a pas permis » non plus d'accuser sa femme seule, parce que » l'adultère étant le crime de deux personnes, il » est juste que celui à qui on donne le droit de le » poursuivre soit obligé de le poursuivre en en- » tier. »

140. Quelqu'étendues que soient les prérogatives que la loi accorde à l'époux, il ne faut pas en conclure cependant qu'il est investi de

---

(1) T. Ier, p. 285.

l'action publique à l'égard de sa femme et de son complice. Cette action ne sort pas des mains du magistrat pour passer dans les siennes. Le mari n'est toujours qu'une partie plaignante; partie privilégiée, sans doute, puisque sans lui la poursuite n'aurait pas été exercée, puisqu'il peut en arrêter le cours, qu'il peut même anéantir les effets des condamnations qu'il a provoquées; mais, à part ces exceptions, il n'est qu'un plaignant, et c'est toujours au nom de la société que la poursuite est dirigée.

Plusieurs conséquences résultent de là: la première, qu'il n'est pas nécessaire que le mari figure comme *partie* dans le procès, qu'il s'y porte partie civile. Dès qu'il a dénoncé les faits au ministère public, celui-ci peut poursuivre seul. L'arrêt du 22 août 1816 (1) le décide formellement; c'est aussi l'avis de M. Merlin: « Faisons » bien attention, dit-il (2), au texte de l'art. 336 » du Code pénal : *l'adultère de la femme*, y est-il » dit, *ne pourra être dénoncé que par le mari*. La » loi ne dit pas, comme on voit, que le mari soit » seul recevable *à poursuivre comme partie* l'adul» tère de la femme; elle veut qu'il soit seul admis » à le *dénoncer*. Et qu'entend-elle par là? qu'à la » vérité le principe de l'action à laquelle donne » lieu l'adultère de la femme, réside exclusive» ment dans la personne du mari, et que ce n'est

(1) V. *suprà*, n° 136. — (2) Quest. de droit, v° Adultère, § 3, t. Ier, p. 157.

» que de lui qu'elle peut émaner ; mais qu'il n'est » pas nécessaire qu'elle soit exercée par lui ; qu'il » suffit qu'il la mette en mouvement par une dé» nonciation, et qu'alors elle rentre naturellement » dans les attributions du ministère public. »

Une seconde conséquence, c'est que les recours exercés par le mari, quand il s'est porté partie civile, contre les décisions et les jugemens intervenus sur sa plainte, n'ont pas d'autre effet que les recours exercés par les parties civiles, dans les matières ordinaires. Or il est de principe qu'excepté le cas prévu par l'article 135 du Code d'instruction, les oppositions, les appels, les pourvois en cassation de la partie civile ne conservent point l'action publique et n'empêchent pas qu'elle ne s'éteigne, lorsque les officiers du ministère public ne se sont pas eux-mêmes pourvus. Il résulte de là que, si une chambre d'accusation déclare qu'il n'y a lieu à suivre sur la plainte du mari, le pourvoi en cassation de celui-ci, lorsque le ministère public n'y a pas joint le sien, n'est pas plus recevable que ne l'est celui de toute autre partie civile. C'est ce que la cour de cassation a jugé, à mon rapport, par arrêt du 26 juillet 1828 (1). L'arrêt, après avoir établi les règles générales relatives à la matière, répond, par les motifs suivans, à l'exception que l'on voulait introduire pour le cas où il s'agit de la poursuite du délit d'adultère: « Attendu que ces

(1) Bull., p. 672 ; Dalloz, p. 350.

» règles n'admettent point d'exception dans les » cas où il s'agit d'un délit d'adultère imputé à » l'épouse...; que les restrictions apportées aux » droits du ministère public, dans l'intérêt de la » paix et de l'honneur des familles, n'investissent » nullement le mari de l'exercice de l'action pu- » blique; qu'elles ne lui attribuent point la pour- » suite du délit d'adultère; que cette poursuite » reste toujours confiée aux fonctionnaires du » ministère public, qui doivent l'exercer sous » 'empire des règles qui gouvernent les matières » pénales. » En conséquence, la cour déclara le sieur P. non recevable dans son pourvoi contre l'arrêt de la chambre d'accusation confirmatif de l'ordonnance de la chambre du conseil, portant qu'il n'y avait lieu à suivre sur la plainte en adultère qu'il avait formée contre sa femme.

Il résulte encore de là que, si le tribunal correctionnel avait prononcé l'acquittement de la femme, l'appel du mari seul, sans le concours de l'appel du ministère public, n'autoriserait pas le tribunal supérieur à réformer le jugement pour infliger des *peines* à la prévenue; qu'il ne pourrait le réformer que pour accorder au mari les réparations civiles que ce jugement lui aurait refusées.

Cependant un arrêt de la cour royale de Paris du 17 janvier 1823 (1) a jugé qu'elle pouvait, sur l'appel du mari seul, appliquer des peines à l'épouse poursuivie; elle en a donné pour raison

(1) Dalloz, t. Ier, p. 318.

que « d'après l'article 336 du Code pénal, l'action » en adultère appartient exclusivement au mari; » que le ministère public, dans cette poursuite, » n'est que partie jointe. » M. Merlin (1) adopte pleinement le principe posé par cet arrêt; car, dit-il, la peine émise par l'article 336 du Code pénal n'est prononcée que dans l'intérêt du mari; ainsi il a qualité, sinon pour la requérir lui-même en cause d'appel, du moins pour mettre le ministère public à portée de la requérir, et de réparer par là le grief que les premiers juges lui ont causé en refusant de la prononcer.

Mais M. Merlin me semble oublier que le ministère public près le tribunal d'appel ne peut requérir de peines que sur un appel du ministère public lui-même; il oublie surtout ce qu'il a si bien expliqué dans le § 3 de son article, savoir que l'action publique appartient au magistrat et non à l'époux (2). Toutefois, j'examine le motif qu'il donne à l'appui de son opinion: *Les peines contre la femme adultère*, dit-il, *ne sont prononcées qu'en faveur du mari.* Cette proposition n'est pas admissible. Les peines ne sont jamais infligées que dans l'intérêt public, et jamais pour satisfaire à un ressentiment privé, quelque légitime qu'il puisse être. Si la loi prononce la peine d'emprisonnement contre la femme qui a violé la foi conjugale, c'est parce qu'elle déclare que l'adul-

(1) Quest. de droit, v° Adultère, § 6, t. Ier, p. 161.

(2) V. ci-dessus ce que dit M. Merlin à ce sujet.

tère est n délit, et qu'elle l'a porté au nombre des *attentats aux mœurs* (1), comme elle y a mis l'outrage public à la pudeur et le viol; elle punit dans l'adultère l'offense faite à l'ordre public et aux bonnes mœurs, mais elle n'immole point l'épouse à la vengeance de l'époux; et c'est sans doute pour qu'on ne l'oublie pas, que les articles 298 et 308 du Code civil ont eu soin d'exprimer que c'est sur *la réquisition du ministère public*, que la femme contre laquelle le divorce ou la séparation de corps est prononcée pour cause d'adultère, doit être condamnée à la réclusion dans une maison de correction. Or à qui appartient l'action pour l'application des peines, si ce n'est au fonctionnaire à qui elle est confiée par la loi? Comment soutenir alors que ce fonctionnaire n'est qu'une *partie jointe* dans une poursuite dont l'objet est de faire infliger des peines à l'inculpé? et si l'on est forcé de reconnaître que le ministère public ne cesse point d'être partie principale, comment prétendre que la direction de l'action publique cesse de lui appartenir pour passer dans les mains de l'époux (2)?

---

(1) Sect. 4, ch. 1er, tit. 2, liv. 3 du Code pénal.

(2) * La cour royale de Montpellier a, comme celle de Paris, admis l'appel du mari seul; et la cour de cassation a rejeté le pourvoi de la femme contre cet arrêt : « Attendu que la loi, » accordant au mari le droit exclusif de dénoncer l'adultère, » lui donne nécessairement celui de suivre l'instance jusqu'à ce » qu'il soit intervenu un jugement définitif; qu'il suit de là

141. M. Carnot se demande (1) si le décès du mari, survenu depuis sa plainte, mais avant le jugement, éteint la poursuite en adultère : « S'il » est vrai que l'adultère soit moins un délit contre » la société que contre le mari, il en résulte que » les poursuites commencées doivent cesser à la » mort du mari ; l'on doit supposer, dans l'inté- » rêt des mœurs, que si le mari eût vécu il se se- » rait départi d'une plainte qu'il aurait inconsi- » dérément portée. Les héritiers du mari pour- » raient avoir intérêt, sans doute, à faire con- » damner la femme comme adultère, en ce qu'elle » se trouverait privée, par l'effet de la condam- » nation, de ses avantages matrimoniaux ; mais » cet intérêt ne peut être mis dans la balance » avec le déshonneur qu'elle ferait rejaillir sur la » mémoire du mari ; et d'ailleurs la femme se » trouverait privée, par le fait même de la mort » de son mari, du bénéfice éventuel de l'article » 337. »

Si, comme l'avance M. Carnot, l'adultère de la femme la privait de ses avantages matrimoniaux, question fort controversée depuis la publication du Code civil, il ne serait pas aisé de

---

» que l'appel du mari saisit la cour royale de la même manière » et avec les mêmes effets que la citation directe et originaire » avait saisi le premier juge ; et qu'ainsi cette cour avait le » droit de prononcer la peine que la loi applique à l'adultère. » 3 septembre 1831, Dalloz, 1833, p. 315.

(1) Commentaires sur le Code pénal, t. II, p. 106.

montrer que les héritiers du mari n'ont pas le droit de reprendre l'instance et de faire prononcer sur une action que le mari a provoquée pendant qu'il vivait (1). Mais ce n'est pas là qu'il faut chercher la solution de la question; si j'ai démontré que la poursuite du délit d'adultère n'appartient qu'au ministère public, dès que son action a été mise en mouvement par la dénonciation du mari, elle doit suivre son cours après le décès de celui-ci. Je suis peu frappé de l'objection que, si le mari eût vécu, il aurait pu se réconcilier, se désister de la plainte; que, la femme se trouvant privée de cette chance, les choses ne sont plus entières; qu'ainsi les poursuites doivent cesser. Je réponds que, si cette considération était admise, il faudrait en conclure que le décès du mari fait cesser l'emprisonnement de la femme condamnée; car elle peut dire, avec tout autant de raison, que, si son mari eût vécu, il aurait pu lui pardonner; or, si cette considération n'est pas admissible dans ce dernier cas, elle ne doit pas l'être dans l'autre. Le mari ayant persisté dans sa plainte jusqu'à la mort, on ne peut, sous prétexte d'une réconciliation possible, arrêter le cours de l'action publique, et substituer, au désistement qu'exige la loi, un pardon qui n'est qu'imaginaire. M. Carnot parle du déshonneur

---

(1) Nouveau Dénisart, v° Adultère, § 6; et Favart de Langlade, Répertoire de la nouvelle législation, v° Adultère, § 1er, n° 1er, t. 1er, p. 123.

que la condamnation de la femme fera rejaillir sur la mémoire de l'époux : il oublie donc que c'est le mari lui-même qui a provoqué l'action du ministère public et le jugement qui doit en être la suite!

142. Remarquez que, si les faits d'adultère commis par la femme dégénéraient en un autre délit d'*attentat aux mœurs*, tel que l'outrage public à la pudeur, ou l'attentat avec violence à la pudeur, le ministère public pourrait poursuivr le délit, sans avoir besoin de la dénonciation du mari. M. l'avocat-général Gilbert disait, à l'audience de la Tournelle du 18 décembre 1734 : « Il est vrai que la considération du mariage empêche d'admettre l'accusation d'adultère de la » part de tout autre que du mari. Mais, en premier lieu, il ne s'agit pas ici précisément d'une accusation d'adultère....; en second lieu, dans les » cas mêmes qui impliquent adultère, c'est précisément ce titre d'accusation que la loi réserve » au mari : mais elle ne met point à couvert les » autres natures de crimes, quoiqu'ils soient » mêlés, même indivisiblement, avec l'adultère. » La loi n'empêche pas, par exemple, sous ce » prétexte, la plainte de prostitution publique, » lorsqu'elle est portée au dernier degré (1).

143. Il me reste à parler de *l'adultère du mari*. La loi *Julia* ne permettait pas aux femmes d'accuser leur mari d'adultère; tous les anciens

(1) Nouveau Dénisart, v° Adultère, t. Ier, p. 274.

criminalistes s'accordent à reconnaître que cette loi avait passé dans nos mœurs. « Les raisons que » l'on en donne, disent les auteurs du nouveau » Dénisart (1), ne sont pas aussi évidentes que » l'est la certitude de ce fait. »

Le Code pénal n'a pas porté l'indulgence si loin. « Après avoir assuré une garantie à l'époux, » a dit le rapporteur de la commission du corps » législatif, il était juste d'offrir à l'épouse délais- » sée, sinon une réciprocité entière, désavouée » par la nature des choses et la différence des ré- » sultats de l'adultère dans les deux sexes, du » moins un moyen à la femme pour soustraire à » ses regards la présence et le triomphe de sa ri- » vale. Le mari qui, après avoir oublié les senti- » mens dus à son épouse, méconnaîtrait assez les » égards dont elle doit être l'objet pour entretenir » une concubine dans sa maison, sera puni d'une » amende de cent francs à deux mille francs; toute » action d'adultère contre son épouse lui sera in- » terdite. De quel droit le parjure pourrait-il invo- » quer la sainteté des sermens? Dans toute autre » circonstance, la loi refuse à l'épouse accusée l'ex- » ception d'une récrimination trop souvent incer- » taine, trop difficile à établir, ou dont la preuve » doublerait, dans les tribunaux, le scandale in- » séparable de ce genre d'accusation. »

En conséquence, l'article 339 du Code pénal dispose : « Le mari qui aura entretenu une con-

(1) Nouveau Dénisart, v° Adultère, t. Ier, p. 270.

» bine dans la maison conjugale, et qui aura été » convaincu sur la plainte de la femme, sera puni » d'une amende de cent francs à deux mille » francs. »

Mais la poursuite ne peut avoir lieu que sur la plainte de la femme, parce que, a dit l'orateur du gouvernement, « elle seule est intéressée à récla- » mer contre l'infidélité de son époux. » Cette plainte n'est recevable que quand la concubine du mari a été entretenue *dans la maison conjugale;* et l'on a demandé si l'on pouvait considérer comme telle la maison du mari, lorsque la femme a cessé de l'habiter, et que les faits dont elle se plaint sont postérieurs à l'époque où elle en est sortie. La question se présentait sur une demande en séparation de corps formée par l'épouse en vertu de l'article 230 du Code civil, portant : « la » femme pourra demander le divorce pour cause » d'adultère du mari, lorsqu'il aura tenu la con- » cubine *dans la maison commune.* » La cour de cassation a répondu à cette question par ses arrêts des 21 décembre 1818 (1), 27 janvier 1819 (2), 9 mai 1811 (3), et 17 août 1825 (4). Les principes qu'elle a posés s'appliquent au cas où l'adultère du mari donne lieu à une poursuite correctionnelle; les voici tels que les explique le second de ces arrêts : « Attendu que, lorsque, dans l'ar- » ticle 230 du Code civil, le législateur autorise la

---

(1) Dalloz, t. II, p. 892. — (2) *Ibid.*, p. 899. — (3) *Ibid.*, p. 893. — (4) *Ibid.*, 1re partie, p. 410.

» femme à demander le divorce pour cause d'adultère du mari, quand il a tenu sa concubine » dans la maison commune, cette expression » *maison commune* n'est employée là que pour désigner la *maison conjugale*, celle où réside le » mari, et qui, d'après les articles 108 et 214 du » Code civil, est le domicile légal de la femme; » que c'est cette dénomination qui lui est donnée » par l'article 339 du Code pénal, qui punit d'une » amende l'adultère du mari dans cette circonstance; que cette maison ne cesse pas d'être la » maison commune par l'effet de l'absence de la » femme, parce que le mari a le droit de la contraindre à venir l'habiter, et qu'à son tour elle » a celui de s'y faire recevoir; qu'ainsi cette absence n'ôte pas à l'adultère du mari, lorsqu'il a » tenu sa concubine dans cette maison, le caractère de gravité qui fait autoriser la femme à » demander, dans ce cas, la séparation de corps; » qu'il n'en est pas moins vrai que la concubine a » tenu la place de la femme légitime, et souillé » de sa présence le domicile de la famille. »

144. Les fins de non-recevoir que la loi a établies contre l'action du mari peuvent-elles être opposées par celui-ci à l'action de sa femme?

Je crois que le mari peut opposer celle résultant de la réconciliation, et qu'il faut suivre les règles que le droit a consacrées en cette matière. A la vérité, la femme ne peut pas pardonner à son époux après que celui-ci a été condamné, et par là, faire tomber le jugement; mais elle a pu renoncer à réclamer contre l'infidélité de son mari, puisqu'elle seule avait intérêt à s'en plaindre; il a dû être dans l'intention de la loi que les tribunaux accueillissent tout ce qui peut empêcher que la violation de la foi conjugale, soit du côté du mari, soit du côté de la femme, ne devienne une vérité judiciaire. Ainsi la réconciliation antérieure ou postérieure à la plainte, à plus forte raison le désistement formel de l'épouse, me paraissent devoir éteindre l'action publique.

Mais je n'adopte pas l'opinion de M. Carnot, qui enseigne (1) que le mari dénoncé par sa femme peut lui opposer, comme fin de non-recevoir, qu'elle s'est elle-même rendue coupable d'adultère; les délits ne se compensent pas les uns par les autres, à moins d'une disposition formelle de la loi. Cette disposition existe de la femme au mari, mais non du mari à la femme. M. Merlin (2), qui a réfuté avec quelque détail l'opinion de M. Carnot, termine ses observations en disant :

« Que le mari actionné correctionnellement » par sa femme, en vertu de l'article 339 du Code » pénal, l'actionne aussitôt elle-même par la » même voie, en vertu de l'article 336; que les » deux actions marchent ainsi paralèllement, et » qu'elles aboutissent chacune à un jugement qui » applique à chacun d'eux la peine qu'il a encou-

(1) Commentaire sur le Code pénal, t. II, p. 111.

(2) Questions de droit, v° Adultère, § 9, t. Ier, p. 173.

» rue, rien ne s'y oppose. Mais que le mari puisse » paralyser l'action de sa femme par ces seuls » mots : *je puis vous poursuivre comme coupable d'a-* » *dultère*, c'est ce que la législation n'a point dit, » et ce qu'on ne peut suppléer dans la loi. »

145. Après avoir, articles 354 et suivans, prévu et puni le crime d'*enlèvement de mineurs*, le Code pénal dispose, article 357 : « Dans le cas » où le ravisseur aurait épousé la fille qu'il a en- » levée, il ne pourra être poursuivi que sur la » plainte des personnes qui, d'après le Code civil, » ont le droit de demander la nullité du mariage, » ni condamné qu'après que la nullité du mariage » aura été prononcée. » Il résulte de cet article que le crime d'enlèvement d'une fille mineure ne peut être poursuivi par le ministère public, lorsque le ravisseur a épousé la personne enlevée, que le mariage est valable, ou qu'il n'est pas attaqué par les personnes qui ont le droit d'en demander l'annulation.

Mais lorsque le mariage a été attaqué et annulé par les tribunaux, la poursuite du crime d'enlèvement est-elle subordonnée à la dénonciation des parens qui ont fait prononcer cette nullité? M. Legraverend (1) émet l'opinion que l'action publique est subordonnée tout à la fois et à l'annulation du mariage et à la dénonciation des personnes dont ce mariage blessait les droits. Il faut convenir qu'au premier aperçu ce sentiment est

(1) T. Ier, p. 50.

justifié par les termes dans lesquels l'article 357 du Code pénal est conçu ; cet article disant que le ravisseur ne pourra être poursuivi que sur la *plainte des personnes* qui ont le droit de demander la nullité du mariage, ni condamné *qu'après que la nullité du mariage aura été prononcée*, on est porté à penser que la poursuite suppose le concours d'une instance civile pour l'annulation du mariage, et d'une dénonciation au ministère public à raison du fait de l'enlèvement.

Cependant, en y réfléchissant, il m'a paru que l'intention de la loi était de subordonner l'action publique à la seule annulation du mariage contracté, et de lui laisser son libre cours lorsque cette nullité était définitivement prononcée. C'est ainsi que l'ont entendu les orateurs du gouvernement et du corps législatif lorsqu'ils ont exposé les motifs de l'article que j'examine. Le premier de ces orateurs a dit :

« Si enfin le ravisseur a épousé la personne » qu'il avait enlevée, le sort du coupable dépendra » du parti que prendront ceux qui ont droit de » demander la nullité du mariage; s'ils ne la » demandent point, la poursuite du crime ne » peut avoir lieu ; autrement la peine qui serait » prononcée contre le coupable rejaillirait sur la » personne dont il a abusé; et qui, victime inno» cente de la faute de son époux, serait réduite à » partager sa honte. Il ne suffit pas même, pour » que l'époux puisse être poursuivi criminelle» ment, que la nullité du mariage ait été de-

» mandée, il faut encore qu'en effet le mariage » soit déclaré nul ; car il serait possible qu'à » l'époque où l'action en nullité serait intentée, » il existât une fin de non-recevoir contre les » parens, soit parce qu'ils auraient expressément » ou tacitement approuvé le mariage, soit parce » qu'il se serait écoulé une année sans réclama- » tion de leur part depuis qu'ils ont eu connais- » sance du mariage. Ces fins de non-recevoir sont » établies par le Code civil, en ce cas, dès que le » mariage ne pourrait plus être attaqué. Les con- » sidérations que je viens d'exposer ne permet- » traient pas que la conduite de l'époux fût recher- » chée ; et, si l'intérêt de la société est qu'aucun » crime ne reste impuni, son plus grand intérêt, » en cette occasion, est de se montrer indulgente, » et ne pas sacrifier à une vengeance tardive le » bonheur d'une famille entière. »

Il est évident que, si la loi a fait dépendre l'exercice de l'action publique de l'existence et du maintien du mariage ; que si elle a pardonné au ravisseur en faveur de l'époux légitime, elle l'a au contraire abandonné aux poursuites du ministère public, dès que les tribunaux l'ont dépouillé de ce titre. Quels motifs aurait-elle eus pour subordonner les poursuites à la dénonciation des parties qui ont fait annuler le mariage? Le ravisseur n'appartient plus par aucun lien, ni à la personne qu'il avait enlevée, ni à la famille de celle-ci ; repoussé par l'une ou par l'autre, peut-être par toutes les deux, comment la loi les avouerait-elle comme arbitres de son sort? quel intérêt légitime peuvent-elles avoir à ce qu'il soit épargné? Ce ne peut être cette *crainte d'un éclat* dont parle M. Legraverend; car, par la demande en nullité, les faits ont reçu toute la publicité que la famille avait à redouter. Le coupable ne tiendrait donc leur silence, ni de leur affection, ni de leur respect pour eux-mêmes; il ne l'obtiendrait que parce qu'il l'aurait acheté. Enfin, si la nullité du mariage était fondée sur une cause d'inceste, par exemple, de manière que le ministère public eût fait prononcer d'office l'annulation, le crime de rapt pourrait trouver précisément son impunité dans cette profanation des lois divines et humaines; car une sœur, une nièce, se décideront rarement à dénoncer leur frère ou leur oncle.

Ces réflexions m'ont conduit à penser que par ces mots de l'article 357 : *Il ne pourra être poursuivi que sur la plainte des personnes qui ont le droit de demander la nullité du mariage*, il ne fallait pas entendre la dénonciation au ministère public du fait de l'enlèvement, mais une réclamation contre le mariage qui en a été la suite; que le mot *plainte* doit s'entendre de la demande en nullité du mariage contracté au mépris des droits des parens ou de toute autre personne; qu'il y a *plainte* des personnes qui ont le droit de faire annuler ce mariage, dès qu'elles ont provoqué cette annulation.

Tel est mon sentiment : je vais, pour les personnes qui ne le partageraient pas, examiner l'article 357 dans le sens que lui donne M. Legraverend.

146. En supposant donc que cet article exige et que le mariage ait été annulé, et, de plus, que le fait de l'enlèvement ait été dénoncé, on demande quelles sont les personnes qui ont le droit de faire cette dénonciation. L'article 357 suppose nécessairement que le mariage a été contracté sans le consentement des personnes sous l'autorité desquelles la personne enlevée était placée ; c'est bien certainement de la plainte de ces personnes et de cette plainte seulement qu'il entend parler. Conséquemment, si le ministère public faisat lui-même prononcer la nullité du mariage pour l'une de ces causes graves où il doit agir d'office, comme la bigamie et l'inceste, il ne pourrait pas pour cela poursuivre ensuite le fait d'enlèvement; il ne serait pas autorisé à rendre plainte, car il n'est pas compris sous la dénomination du mot *personnes* dont se sert la loi : c'est ce qu'enseigne M. Legraverend, et c'est, en effet, ce qui résulte de son système ; il en serait de même du cas où le mariage aurait été annulé, soit sur les poursuites des parens du ravisseur, soit sur celles d'une première épouse avec laquelle il se serait trouvé engagé au moment du second mariage que l'enlèvement a précédé. M. Legraverend va plus loin : comme il peut se rencontrer, parmi les parens de la personne enlevée, plusieurs personnes ayant un droit égal à poursuivre la nullité

du mariage, il prétend qu'il n'y a que celles de ces personnes qui ont intenté l'action en nullité, qui puissent ensuite porter plainte contre le ravisseur. Cependant il ajoute un peu plus loin : « Si la nullité du mariage avait été prononcée » sur la seule réquisition du ministère public, il » me semble que, par exception, les poursuites » criminelles pourraient être provoquées contre le » ravisseur par la plainte subséquente des per- » sonnes qui auraient eu qualité pour demander » la nullité, mais qui, ayant été prévenues dans » cette demande, auraient négligé ou jugé inutile » de la former; la diligence du ministère public » ne devrait pas, à mon avis, nuire aux intérêts » des parens de la fille enlevée; et je ne doute » point qu'alors leur plainte ne fût recevable, » quoique la nullité du mariage n'eût pas été » prononcée sur leur réclamation. » Si la diligence du ministère public à prévenir les personnes qui ont le droit de faire annuler le mariage ne les prive pas de la faculté de dénoncer l'enlèvement, on ne voit pas pourquoi les diligences d'un ou de plusieurs parens ôteraient cette faculté aux autres parens, qui, ayant un droit égal, ont été devancés.

147. Quel que soit le système que l'on adopte, ou de celui que j'ai exposé, ou de celui de M. Legraverend, il est toujours certain que la question de la validité ou de la nullité du mariage contracté par le ravisseur, est une question préjudicielle principale, qui doit être préalable-

ment jugée par les tribunaux civils, et que les poursuites ne peuvent être intentées qu'après le jugement définitif. La rédaction imparfaite de l'article 357 semblerait annoncer le contraire; mais le discours de l'orateur du gouvernement lève les doutes que laisse cette rédaction; on a pu s'en convaincre. D'ailleurs, l'action publique n'ayant d'autre objet que l'application des peines, cette action ne peut s'exercer tant qu'il est incertain si le fait est ou non puni par la loi; et elle ne tend pas à lever cette incertitude. Or, le principe de l'article 357 est que le ravisseur qui a épousé la fille enlevée soit à l'abri de toute poursuite; ce principe ne cède que devant un jugement qui annule le mariage : jusque là, le ministère public doit garder le silence. M. Carnot (1), enseigne le contraire, tout en avouant cependant qu'on ne pourrait décerner aucun mandat contre le prévenu; il ne dit pas quelle loi autorise une poursuite ainsi mutilée.

148. Aux termes du dernier alinéa de l'article 433 du Code pénal, les délits *des fournisseurs*, prévus par les articles 430 et suivans, ne peuvent être poursuivis que sur la dénonciation du gouvernement. « Cette dénonciation, dit M. Legraverend (2), est donc indispensable pour que les » officiers de justice puissent diriger des poursuites, » sauf à eux à constater préalablement les abus

(1) Commentaires sur le Code pénal, t. II, art. 145.
(2) T. Ier, p. 523.

» qu'ils auraient remarqués; mais comme la loi » exige une *dénonciation* et une *autorisation* du » gouvernement, les tribunaux sont valablement » et régulièrement saisis, lorsque les auteurs pré- » venus des faits dont il s'agit sont dénoncés aux » tribunaux par le ministre de la guerre ou le » ministre de la marine et des colonies, suivant » qu'il s'agit de fournitures pour les armées de » terre, ou pour l'armée navale; et ce mode » est même évidemment le seul qui doive être » suivi, d'après la loi. »

149. L'article 15 de la loi du 25 mars 1822 dispose que : « Dans les cas *d'offense envers les* » *chambres ou l'une d'elles* par l'un des moyens » énoncés en la loi du 17 mai 1819, la chambre » offensée, sur la simple réclamation d'un de ses » membres, pourra, si mieux elle n'aime autori- » ser les poursuites par la voie ordinaire, ordonner » que le prévenu sera traduit à sa barre, etc. »

Ainsi l'action publique contre le délit d'offense envers les chambres ou l'une d'elles, ne peut s'exercer que quand la chambre offensée a autorisé la poursuite. Mais cette exception est-elle applicable aux offenses envers les chambres des députés qui ont été dissoutes, ou dont les pouvoirs sont expirés, et qui conséquemment ont cessé d'exister comme corps politiques? Cette question s'est présentée à la chambre criminelle de la cour de cassation, et y a été jugée à mon rapport le 7 décembre 1827 (1), dans l'espèce

(1) Bull., p. 908; Dalloz, 1828, p. 51.

suivante : Lardier avait, en 1827, publié une brochure relative aux obsèques du député Manuel ; le ministère public, croyant voir dans cette brochure des offenses envers la chambre des députés en exercice en 1823, traduisit Lardier en police correctionnelle. La cour royale de Paris, statuant sur la prévention, décida qu'une chambre dissoute, comme l'avait été celle de 1823, ne pouvait être l'objet d'aucune offense, qu'elle n'existait plus, que ses actes étaient désormais des documens de l'histoire, que la critique qu'on pouvait en avoir faite n'intéressait pas la vindicte publique. Le procureur général se pourvut en cassation, et l'arrêt fut effectivement cassé, non parce que des offenses envers une chambre dissoute constitueraient un délit, question que nous n'avons pas cru devoir examiner ; mais parce que la cour royale ne pouvait être saisie que sur la dénonciation de la chambre des députés qui existait au moment des poursuites. Ainsi la cour de cassation a jugé que l'article 15 de la loi du 25 mars 1822 s'applique au cas d'offense envers une chambre des députés qui n'existe plus, comme au délit d'offense envers une chambre encore en exercice. Voici les motifs de cette décision : « Attendu que » les tribunaux ne peuvent être valablement saisis » de la connaissance du délit d'offense envers les » chambres ou l'une d'elles, et qu'ils n'ont de » compétence pour y statuer, qu'autant que la » chambre contre laquelle l'offense est dirigée a » décidé qu'une réparation lui était nécessaire,

» et que, n'ayant pas jugé convenable d'ordonner » que le prévenu soit traduit à sa barre, elle a » autorisé contre lui l'action des tribunaux; qu'il » suit de là que ce genre de délit est placé dans » le domaine de la chambre qu'il concerne; qu'il » n'en peut être tiré sans son consentement; que » c'est à elle d'apprécier si le délit existe, et s'il est » assez grave pour exiger une répression; que, » dans l'espèce, le tribunal de première instance » et la cour royale n'ont été saisis que par le » réquisitoire et l'opposition du ministère public; » mais que le ministère public n'était point auto- » risé à provoquer leurs décisions sur l'écrit qu'il » leur dénonçait; qu'ainsi ils auraient dû se borner » à le déclarer non-recevable dans ses poursuites; » qu'au lieu de procéder ainsi, le tribunal de » première instance a apprécié la brochure incri- » minée, et décidé qu'elle ne renfermait aucune » offense envers la chambre des députés de 1823; » que la cour, sans examiner s'il existait ou non une » offense, a décidé, en droit, que l'offense envers » une chambre des députés dissoute ne pouvait » constituer aucun délit, et ne nécessitait aucun » genre de répression; que ces appréciations, tant » en fait qu'en droit, étaient, jusqu'à ce qu'elle » s'en fût dessaisie, de la compétence de la cham- » bre des députés; que jusque-là, elle seule était » appelée par les lois précitées à pourvoir aux me- » sures que pouvait exiger, dans l'intérêt de l'ordre » public et de sa dignité, l'écrit incriminé; que les » tribunaux ne pouvaient s'en occuper sans dépasser

» les limites de leurs attributions : la cour casse, etc. »

150. Les délits de diffamation, d'offenses ou d'injure *envers la personne des souverains, ou envers celle des chefs des gouvernemens étrangers ;* ou de *tout agent diplomatique étranger accrédité près du roi*, ne peuvent être poursuivis que sur la plainte ou à la requête de celle de ces personnes qui se croit offensée (1).

151. Aux termes de l'article 4 de la loi du 26 mai 1819, « dans les cas de diffamation ou d'in- » jure contre les *cours*, *tribunaux*, ou *autres corps* » *constitués*, la poursuite n'aura lieu qu'après une » délibération de ces corps, prise en assemblée » générale et requérant les poursuites. » L'article 5 dispose que les mêmes délits contre *tout dépositaire ou agent de l'autorité publique* ne seront poursuivis que sur la plainte de la partie qui se prétend lésée.

Ces articles avaient été abrogés par l'article 17 de la loi du 25 mars 1822, qui autorisait la poursuite pure et simple, d'office et devant les tribunaux correctionnels, de tous les délits prévus par la loi du 17 mai 1819, et de ceux qu'elle prévoyait elle-même, sauf quelques exceptions; mais cet article 17 a été formellement rapporté par l'article 5 de la loi du 8 octobre 1830, et implicitement par l'article 4 ; il ne faut donc pas s'arrêter à un arrêt de la cour de cassation du 29

(1) Loi du 26 mai 1819, art. 3 et 5. Loi du 25 mars 1822, art. 17.

avril 1831 (1), qui juge que l'abrogation de l'article 4 de la loi du 26 mai 1819 a survécu à la loi du 8 octobre 1830 ; la cour a reconnu elle-même son erreur par ses arrêts des 5 août (2) et 22 octobre 1831 (3).

Il ne faut pas confondre avec les délits de diffamation ou d'injure envers les cours, tribunaux, ou autres corps constitués, celui d'*excitation au mépris ou à la haine contre une ou plusieurs classes de personnes ;* ce délit étant un trouble apporté à la paix publique (4), peut être poursuivi d'office sans que l'action publique ait été provoquée par une plainte. Cette vérité résulte de la nature même des choses : *les classes de personnes* n'ont aucun organe légal, si ce n'est le ministère public; elle résulte aussi des dispositions de la loi, parce que le délit n'est prévu que par la loi du 25 mars 1822; or la loi du 8 octobre 1830 s'est bornée à remettre en vigueur les dispositions de celle du 26 mai 1819 qui avaient été abrogées, et cette dernière loi ne s'occupe pas de faits qui n'ont été érigés en délits que postérieurement à sa publication; elle n'en soumet donc pas la poursuite à la condition que les parties offensées seront tenues de rendre plainte, si elles veulent obtenir une réparation (5).

---

(1) Dalloz, p. 182. — (2) *Ibid.*, p. 295. — (3) *Ibid.*, p. 347. * V. aussi l'arrêt du 23 février 1832, Dalloz, p. 256.— (4) Loi du 25 mars 1822, art. 10. — (5) * Le ministère public peut aussi poursuivre seul et sans la plainte préalable de la

La garde nationale est-elle un corps constitué, et la poursuite des diffamations ou des injures dont elle serait l'objet, ne peut-elle avoir lieu qu'en vertu d'une délibération par elle prise en assemblée générale et requérant des poursuites? L'arrêt de la cour de cassation du 29 avril 1831, que je viens de rappeler, décide que non, par les motifs suivans : « Attendu que les gardes na-» tionales ne sont pas des corps constitués et » délibérans ; que même les délibérations leur » sont interdites par les lois de leur organisation ; » qu'elles ne peuvent être considérées que comme » *des classes de citoyens* établies pour le maintien de » l'ordre public ; que ceux qui les outragent *hors de* » *l'exercice de leurs fonctions d'agens de la force* » *publique*, et non à l'occasion de cet exercice, » par l'un des moyens énoncés en l'article 1er de la » loi du 17 mai 1819, doivent être poursuivis et » jugés en conformité des articles 9 et 10 de la loi » du 25 mars 1822, et de l'article 1er de la loi du 8 » octobre 1830. » Ainsi la poursuite des diffamations et des injures contre la *garde nationale* en corps n'a pas besoin d'être provoquée par une plainte. Dans l'espèce de cet arrêt, il s'agissait de propos outrageans contre la garde nationale de deux

---

partie offensée les outrages adressés à un desservant *dans l'exercice de ses fonctions.* — Il aurait besoin de cette plainte, s'il s'agissait de diffamations, injures et outrages adressés à un ministre du culte, *seulement à raison de ses fonctions et de sa qualité.* Arrêt du 10 janvier 1833, Dalloz, p. 369.

communes; mais les diffamations et les injures contre des *gardes nationaux* de service, ou à raison de leur service, ne peuvent être poursuivies que sur leur plainte, et parce qu'ils sont alors *agens de l'autorité publique;* c'est ce que la cour de cassation a décidé par son arrêt du 5 août 1831, que je viens de citer. Je crois que cette distinction est fort juste.

La délibération prise par un corps administratif, pour poursuivre l'auteur d'une diffamation dirigée contre ce corps, n'est point un *acte administratif* proprement dit, mais l'exercice du droit particulier que l'article 4 de la loi du 26 mai 1819 accorde indistinctement à tout corps constitué; cette délibération n'est donc pas nulle, quoique les formalités requises pour les *actes administratifs* n'y aient point été observées. C'est ce qui résulte d'un arrêt de la cour de cassation du 10 novembre 1820 (1).

152. Les délits de diffamation ou d'injure contre tout *particulier* ne peuvent être poursuivis que sur la plainte de la partie qui se prétend offensée (2). M. Dalloz (3) demande s'il doit en être

(1) Bull., p. 420 ; Dalloz, t. IV, p. 307. * Un arrêt du 16 juin 1832, Dalloz, 1833, p. 86, décide qu'un chef d'administration (le préfet de police de Paris) a le droit de porter plainte des diffamations et injures commises contre les membres et agens de cette administration, lorsqu'ils ne sont ni nommés, ni formellement et individuellement désignés.

(2) Loi du 26 mai 1819, art. 5. Loi du 25 mai 1822, art. 17. Arrêt du 13 mai 1831, Dalloz, p. 243.

(3) T. XI, p. 106, v° Outrage.

ainsi quand l'injure ne constitue qu'une contravention de police. Oui, bien évidemment, car les injures qui portent ce caractère sont prévues par l'article 20 de la loi du 17 mai 1819; or la loi du 26 du même mois, qui soumet la poursuite des diffamations et des injures à la plainte de ceux qui en ont souffert, s'applique à tous les faits prévus par celle du 17 (1).

L'action publique contre les diffamations et les injures contenues dans les discours et les écrits destinés à la défense des parties devant les tribunaux, est, dans beaucoup de cas, subordonnée à l'autorisation de ceux-ci, et elle demeure suspendue jusqu'au jugement qui intervient sur le procès qui a donné lieu à ces délits; c'est ce qui résulte de l'article 23 de la loi du 17 mai 1819, qui porte: « Ne donneront lieu à aucune action en » diffamation ou injure, les discours prononcés » ou les écrits produits devant les tribunaux: » pourront néanmoins, les juges saisis de la cause, » en statuant sur le fond, prononcer la suppres- » sion des écrits injurieux ou diffamatoires, et » condamner qui il appartiendra en des dom- » mages-intérêts.

» Les juges pourront aussi, dans le même cas, » faire des injonctions aux avocats et officiers mi- » nistériels, ou même les suspendre de leurs fonc- » tions.

» Pourront toutefois, les faits diffamatoires

(1) V. arrêt du 17 février 1832, Dalloz, p. 225.

» étrangers à la cause, donner ouverture, soit à » l'action publique, soit à l'action civile des par» ties, lorsqu'elle leur aura été réservée par les » tribunaux, et, dans tous les cas, à l'action civile » des tiers. »

Cet article a donné lieu à des interprétations fort opposées; la rédaction embarassée, incorrecte du dernier alinéa, présente surtout des difficultés dont la solution a paru difficile à saisir; je vais l'examiner dans tous ses détails. Il appelle l'attention sur trois points principaux: 1° Sur les discours et les écrits auxquels il s'applique; 2° sur les diffamations et les injures qui concernent les tiers, c'est-à-dire les personnes qui ne sont pas parties dans le procès.

153. 1° *Des discours et des écrits auxquels s'applique l'article* 23 *de la loi du* 17 *mai* 1819.

Cet article est destiné à protéger la défense des parties devant les tribunaux. Il arrive souvent qu'el s ne peuvent assurer le succès de leurs droits, ou se garantir contre des prétentions injustes, qu'en révélant des faits qui portent atteinte à l'honneur de leurs adversaires: il est équitable de ne point les placer dans l'alternative de succomber ou de se rendre coupables d'un délit.

Mais une première réflexion se présente : la loi ne doit de protection qu'aux parties qui usent, dans leur défense, des voies qu'elle-même a établies; elle ne pourrait, sans inconséquence, offrir son appui à celui qui a pris la parole quand elle lui commandait le silence, ou qui a publié un écrit quand elle ordonnait aux juges de ne chercher que dans un débat oral les élémens de leur conviction. Il résulte de là que, si dans une de ces affaires dont l'instruction se fait par écrit et qui se jugent sur rapport à l'audience (1), une partie se livrait à une plaidoirie; que, si dans un procès de police correctionnelle ou de cour d'assises, où tout le débat doit être oral, une partie publiait un écrit, ce discours, cet écrit, ne rentreraient pas dans la classe de ceux que l'art. 23 a eus en vue. C'est pourquoi la cour de cassation a jugé (2) que l'action en diffamation était ouverte contre un mémoire distribué dans une affaire portée devant la cour d'assises: « Attendu que » dans ces procédures les jurés ne doivent former » leur conviction que sur ce qu'ils ont vu et en» tendu dans le débat; qu'il ne leur est pas permis » de puiser ailleurs les élémens de leurs déclara» tions; que la distribution d'écrits, pour la défense » des parties devant les cours d'assises, serait donc » contraire au système de la juridiction crimi» nelle; qu'elle tendrait à en détruire le principe » fondamental; que ces écrits ne pourraient donc » y avoir légalement le caractère d'écrits produits » devant les tribunaux. »

A plus forte raison l'article 23 ne s'applique-t-il

(1) En matière d'enregistrement, loi du 22 frimaire an 7, art. 65. En matière de récusation, Code de procéd., art. 394.

(2) Arrêt du 11 août 1820, Bull., p. 320; Dalloz, t. IV, p. 573.

point aux discours qui ne sont pas prononcés *devant les tribunaux*. Ainsi, les propos tenus hors de la présence du juge donnent ouverture à l'action en diffamation ou en injure (1); il en est de même de ceux tenus par les parties dans la salle d'audience, au moment où le tribunal délibère sur l'affaire, car alors le débat est fini, et ce discours n'en fait point partie (2).

Une seconde réflexion qui saisit l'esprit plus vivement encore, c'est que la loi n'a affranchi de l'action en diffamation ou en injure les discours prononcés et les écrits produits pour la défense des parties, qu'en les soumettant à une répression spéciale, et qu'ils n'échappent à l'action du ministère public ou à une action principale des parties lésées, que parce qu'ils sont immédiatement traduits devant une autorité investie du droit de les examiner, de les poursuivre ou de les absoudre. L'article 23 porte en effet: *pourront néanmoins les juges saisis de la cause...... prononcer la suppression des écrits injurieux ou diffamatoires, et condamner qui il appartiendra en des dommages-intérêts.* De là deux conséquences: la première, que l'article 23 n'a en vue que les discours tenus et les écrits produits devant une juridiction investie du droit d'appliquer la répression qu'il a établie; la seconde, qu'il faut que cette juridiction ait été mise à même de faire cette application.

(1) Arrêt du 7 juillet 1827, Dalloz, p. 488.
(2) Arrêt du 19 novembre 1829, Dalloz, p. 414.

La première de ces conséquences est incontestable : l'article 23 ne parle que des discours prononcés et des écrits produits devant les tribunaux; il n'y a que les tribunaux, en effet, qui puissent accorder des réparations civiles incidemment aux procès portés devant eux, et prendre des mesures de discipline contre les défenseurs des parties. Aussi la cour de cassation a-t-elle jugé (1) qu'un mémoire imprimé, par lequel un maire et un adjoint se justifiaient des imputations dirigées contre eux dans une pétition adressée à la chambre des députés, et dont celle-ci avait ordonné le renvoi au ministre de l'intérieur, n'était point un écrit judiciaire, et que les auteurs de ce mémoire ne pouvaient se prévaloir du bénéfice de l'article 23. Il y a plus: si le tribunal saisi de l'affaire qui a donné lieu aux discours et aux écrits, était incompétent pour statuer sur les réparations civiles qu'ils peuvent nécessiter, l'article 23 ne leur serait pas applicable; telles sont les chambres du conseil et les chambres d'accusation. Elles sont sans pouvoir pour condamner en des dommages-intérêts les auteurs des mémoires injurieux produits devant elles, parce qu'une pareille condamnation ne peut être prononcée que par un jugement rendu à l'audience et précédé de débats publics; or, ces chambres procèdent à huis-clos et en l'absence des parties.

---

(1) Arrêt du 2 août 1821, Bull., p. 351; Dalloz, t. XI, p. 132.

C'est pour cela que la cour de cassation a : 1° cassé (1) un arrêt par lequel une chambre d'accusation, avait non seulement ordonné la suppression du mémoire produit par la partie civile comme diffamatoire contre le procureur général, mais avait de plus condamné cette partie à 500 francs de dommages-intérêts applicables aux pauvres ; 2° rejeté (2), au rapport de M. Rataud, le pourvoi contre un arrêt qui avait infligé les peines de la diffamation à l'auteur d'un mémoire produit devant une chambre d'accusation, bien que celle-ci n'eût réservé aucune action au ministère public, ni à la partie civile : « Attendu, porte » l'arrêt, que la cour royale de Rouen n'a point » fait une fausse application de l'article 13 de la » loi du 17 mai 1819, en reconnaissant un délit de » diffamation dans les mémoires produits par Richard et répandus par lui dans le public, sans » utilité et sur des plaintes qui étaient encore soumises à une instruction secrète; que la chambre » d'accusation saisie des plaintes qui avaient donné » lieu à ces mémoires, eût été sans caractère pour » statuer sur la diffamation qu'ils pouvaient contenir ; qu'il n'y a en effet dans cette chambre » ni instruction publique, ni instruction contradictoire; que les tribunaux correctionnels étaient » donc compétents pour en connaître, et que les

---

(1) Arrêt du 7 décembre 1821, Bull., p. 540, Dalloz; t. III, p. 434. — (2) Arrêt du 18 octobre 1821, non imprimé, Richard contre Le Masson.

» condamnations par eux prononcées n'ont pas » été une violation de l'article 23 de la susdite loi » du 17 mai. »

La seconde conséquence est également incontestable : l'article 23 ne parle que des discours *prononcés* et des écrits *produits* devant les tribunaux. Ainsi une partie ne pourrait se prévaloir de cet article pour repousser les poursuites qui seraient dirigées contre elle à raison d'un article qu'elle aurait publié dans un journal relativement à un procès qu'elle soutient (1) ; elle ne pourrait s'en prévaloir en faveur d'écrits qui n'auraient été distribués, ni aux juges, ni à la partie contre laquelle ils sont dirigés. La distribution clandestine d'un mémoire ne peut être assimilée à la *production* dont parle la loi. Dès que le tribunal n'a pas été mis à même d'apprécier et de juger cet écrit, on ne peut se prévaloir du silence qu'il a gardé sur son contenu ; ce silence n'est pas une présomption légale que la partie s'est renfermée dans les bornes légitimes de la défense ; l'écrit n'est point absous, car le tribunal était hors d'état de le condamner (2).

Toutefois, il ne faut pas conclure de là qu'un

---

(1) Arrêt du 25 juin 1831, Dalloz, p. 273.

(2) * Arrêt du 24 décembre 1830, Dalloz, 1832, p. 239. Un autre arrêt du 21 juillet 1832, Dalloz, 1833, p. 23, décide que l'article 23 de la loi du 17 mai n'est pas applicable à un mémoire publié après le jugement de première instance, et avant l'appel.

écrit n'est réputé *produit* que quand son apparition est constatée par l'accomplissement de quelques formalités. D'abord, l'article 23 ne porte pas que les écrits qu'il a en vue auront été *signifiés*; ensuite ce n'est pas seulement aux *actes de procédure* qu'il étend les garanties qu'il établit : il couvre de sa protection les *écrits produits* devant les tribunaux; et, quand le législateur s'est exprimé ainsi, il avait certainement en vue tous les écrits que les besoins de la défense, que les usages du barreau font éclore, et les différens modes de production qui ont été adoptés. C'est pour cela que la cour de cassation a jugé, par ses arrêts des 3 juin 1825 (1), 6 février et 12 septembre 1829 (2): 1° que le mot *écrit* est générique, qu'il comprend tant les écrits imprimés que ceux qui ne le sont pas; 2° qu'il n'est pas nécessaire qu'un mémoire ait été signifié pour qu'on le répute avoir été produit, qu'il suffit qu'il ait été distribué aux juges; 3° qu'il n'est pas nécessaire qu'un mémoire soit signé par un avocat ou par un avoué, pour qu'il rentre dans la classe de ceux que l'article 23 a eus en vue; 4° qu'il rentre encore dans cette classe, fût-il signé d'un avocat attaché à un autre tribunal que celui qui est saisi de l'affaire.

Les principes ainsi fixés sur les discours et les écrits auxquels s'applique l'article 23 de la loi du

(1) Dalloz, 1826, p. 229. — (2) Bull., p. 83; Dalloz, p. 141 et 393.

17 mai, j'examine en quoi consistent les garanties qu'il leur accorde.

154. 2° *Des diffamations et des injures qui concernent les parties qui figurent dans la cause.*

La loi les soustrait à l'action publique et à l'action civile principale des parties qui peuvent avoir à s'en plaindre. *Ne donneront lieu à aucune action en diffamation ou injure, les discours prononcés ou les écrits produits devant les tribunaux*, tel est le vœu de l'article 23. Il autorise seulement la partie outragée à solliciter, du tribunal saisi de l'affaire, la réparation qu'elle croit lui être due, et donne à celui-ci toute compétence pour l'accorder. Cet article constitue ainsi une exception aux dispositions qui le précèdent, lesquelles ouvrent l'action publique et l'action civile contre les diffamations et les injures dirigées contre tout particulier. Cette exception est absolue en faveur de toute *injure*, soit qu'elle se rattache à la cause, soit qu'elle s'y trouve étrangère; et, dans aucun cas, des plaidoiries ou des écrits produits devant les tribunaux ne peuvent donner lieu à une action en injure; le législateur a pensé que des expressions outrageantes, des termes de mépris, des invectives trouveraient une répression suffisante dans la faculté qu'il accorde aux juges de les punir par la voie civile, lorsqu'ils prononcent sur le fond du procès.

Il en est autrement de l'imputation de *faits diffamatoires étrangers à la cause;* l'article 23 autorise, en ce cas, les tribunaux à retirer aux parties le bénéfice de l'exception qu'il a établie en faveur des discours et des écrits judiciaires, et abandonne les imputations de ce genre à l'action ordinaire du ministère public et des parties lésées : *pourront toutefois les faits diffamatoires étrangers à la cause, donner ouverture soit à l'action publique, soit à l'action civile des parties, lorsqu'elle leur aura été réservée par les tribunaux.* Mais remarquez que l'article ne livre pas immédiatement l'auteur de ces imputations à l'action du ministère public ou à celle de la partie offensée ; que les actions ne sont ouvertes qu'autant qu'elles ont été *réservées ;* l'article est fort clair pour ce qui concerne l'action civile; il l'est moins pour ce qui concerne l'action publique; sa construction grammaticale paraît même lui donner un autre sens que celui que je lui attribue. En effet, ces mots, *lorsqu'elle leur aura été réservée par les tribunaux*, ne se rapportent qu'au mot *parties*, qui les précède; d'où l'on peut induire qu'il n'y a que *l'action civile* qui se trouve subordonnée à des réserves. Cette interprétation conduirait cependant à une combinaison si absurde qu'il est impossible de la supposer au législateur. Comment comprendre qu'il soit entré dans sa pensée d'ouvrir l'action publique indéfiniment, et de soumettre à des entraves l'exercice de l'action civile, dans une matière où le ministère public ne peut poursuivre que sur la plainte de la partie offensée, parce que le délit tire toute sa gravité du dommage que cette partie a éprouvé dans son honneur, dans sa réputation? La partie de l'article 23 que j'examine est assurément mal rédigée, je dirai pourquoi dans le n° suivant. Mais l'intention du législateur ne peut être douteuse; quelque répréhensible que soient, en général, des imputations de la nature de celles-ci, il a pensé, avec raison, qu'il était possible qu'elles eussent été provoquées, que conséquemment elles pouvaient être excusables; c'est pour cela qu'il a laissé aux juges la faculté de leur ôter le caractère d'un délit. Or, elles ne peuvent demeurer délit à l'égard du ministère public, et cesser de l'être à l'égard de la partie qui en souffre; autant vaudrait soutenir que le juge a aussi le droit de ne réserver que l'action civile, et d'interdire l'action publique.

Ainsi l'action en diffamation contre l'imputation de faits étrangers à la cause n'est ouverte qu'autant qu'elle a été réservée; à peine est-il nécessaire de dire que les juges ont toute faculté pour accorder ou refuser ces réserves; que les réserves doivent émaner du tribunal lui-même, et qu'elles n'auraient aucune valeur si elles n'avaient été faites que par le ministère public ou par la partie (1). Mais l'attention doit se fixer sur ce qu'elles doivent contenir pour être efficaces. Or, 1° elles doivent être expresses : il ne suffit pas que le juge déclare qu'il y a eu imputation de faits diffamatoires étrangers à la cause, car ce n'est là que la manifestation d'une opinion, une appréciation morale qui ne peut conférer aucun droit à la partie

(1) Arrêt du 5 juin 1828, Dalloz, p. 304.

en faveur de qui elle est faite; il faut de plus que le juge dise qu'il y a lieu à l'action en diffamation, et lève par là la suspension dont la loi frappait cette action. 2° Il ne suffit pas que l'action ait été réservée expressément; il faut encore que le juge précise les faits contre lesquels elle est ouverte, et elle est nécessairement bornée à ces faits; il faut qu'il déclare que les faits sont *diffamatoires;* il faut qu'il déclare qu'ils sont *étrangers à la cause*, car une réserve qui ne serait pas fondée sur ces appréciations manquerait de base légale, la loi n'ayant permis l'action en diffamation que contre les faits *diffamatoires étrangers à la cause* (1).

155. 3° *Des diffamations et des injures qui concernent les tiers.*

C'est ici que se présentent les principales difficultés auxquelles donne lieu le dernier alinéa de l'article 23 de la loi du 17 mai. On se demande ce que signifient ces mots : *et dans tous les cas à l'action civile des tiers*? Cette action a-t-elle ou non besoin, pour être exercée, d'avoir été réservée par les juges du fond? Cette action n'est-elle accordée qu'aux tiers, et le ministère public ne peut-il pas exercer aussi la sienne?

Pour résoudre sûrement ces questions, il faut se reporter à la discussion qui a eu lieu sur l'article 23 à la chambre des députés, et assister, pour ainsi dire, à la rédaction.

---

(1) Arrêt du 6 février 1829, Bull., p. 83; Dalloz, p. 141.

Dans le projet du gouvernement, adopté par la commission de la chambre des députés, les trois premiers alinéa de l'article 23 étaient rédigés tels qu'ils le sont aujourd'hui; mais le quatrième portait simplement : « pourront toutefois, » les faits diffamatoires, non pertinans ou étrangers à la cause, donner ouverture, soit à l'action publique, soit à l'action civile des tiers. » Il résultait de là 1° qu'en ce qui concernait les *parties*, le projet ne faisait aucune distinction entre les faits diffamatoires étrangers à la cause et ceux qui s'y rattachaient; qu'il ne soumettait les uns et les autres qu'à la seule répression du tribunal saisi du procès; qu'en ce qui concernait *les tiers*, il laissait à l'action publique et à l'action civile leur libre cours, pour la répression des faits diffamatoires non pertinans, ou étrangers à la cause. Dans la discussion, un amendement fut présenté, non pas pour apporter des entraves à l'action du ministère public ou à celle des parties intéressées contre les diffamations dont les parties se rendraient coupables contre des tiers, mais pour étendre cette répression aux faits diffamatoires étrangers à la cause qui seraient imputés aux parties elles-mêmes. On motiva cet amendement sur ce que, si ce genre de diffamation contre les parties n'était pas prévu, il pourrait arriver que la partie diffamée se trouvât absente, qu'elle n'eût pas donné à son avoué des pouvoirs suffisans, et qu'ainsi elle ne pût obtenir la réparation qui lui était due; qu'il était juste de mettre le tribunal en position de réserver une action principale en réparation qu'on pût intenter après le jugement du procès. L'auteur de l'amendement présenta alors une nouvelle rédaction du dernier alinéa de l'article 23, dans laquelle il avait intercalé son amendement; cette rédaction fut adoptée sans discussion, et c'est elle qu'on lit aujourd'hui dans l'article 23 (1).

Il résulte de ces explications que la disposition du projet qui soumettait, sans aucune condition, à l'action du ministère public et à celle des parties offensées, les imputations diffamatoires contre les tiers, a été pleinement adoptée. Aucune controverse, je le répète, n'a été élevée sur cette proposition, et elle ne pouvait prêter à aucune. Comment, en effet, aurait-on pu charger un tribunal d'apprécier la portée de l'imputation de faits diffamatoires, lorsque les personnes contre lesquelles elles seraient dirigées ne seraient pas là, et ne pourraient conséquemment solliciter ni une réparation directe, ni des réserves pour se pourvoir plus tard? Comment, si les imputations devaient, en définitive, être diffamatoires et calomnieuses, aurait-on pu les soustraire à l'action du ministère public?

Cependant M. Carnot enseigne (1) que le tiers offensé ne peut prendre que la *voie civile*, ce qui veut dire que la voie correctionnelle lui est fer-

(1) Conférence des lois sur la presse, t. Ier, p. 52.

(2) Commentaire sur le Code pénal, t. II, p. 205, n° 3.

mée, et qu'elle lui est fermée parce que l'action publique n'est pas permise contre ce genre de diffamation. Sans doute que M. Carnot n'a vu, dans le quatrième alinéa de l'article 23, que ces mots qui le terminent : *et dans tous les cas à l'action civile des tiers.* Mais abstraction faite de la discussion qui a eu lieu à la chambre des députés, et qui ne laisse subsister aucun doute sur la question, le même alinéa ouvre l'action publique contre toute imputation de faits diffamatoires étrangers à la cause; il semble même l'ouvrir, sans qu'elle ait été réservée, à l'égard des imputations qui concernent les parties en cause; et ce n'est que par des raisonnemens que l'on est conduit, comme je l'ai dit, dans le précédent numéro, à découvrir que ces réserves sont nécessaires dans ce cas; à plus forte raison l'ouvre-t-il contre les diffamations dirigées contre des tiers (1).

Remarquez cependant que l'exception que l'article 23 accorde aux injures et aux diffamations auxquelles donne lieu la défense des parties devant les tribunaux, ne s'évanouit pas complètement lorsque des tiers en sont l'objet; remarquez que l'article 23 n'ouvre ni l'action publique, ni l'action civile contre les injures; et qu'il ne les autorise que contre les *faits diffamatoires;* qu'il ne les autorise pas même contre tous les faits diffamatoires indistinctement, mais seulement contre

(1)* Arrêt du 21 juillet 1832, Dalloz, 1833, p. 23. Arrêt du 7 novembre 1834, Dalloz, 1835, p. 178.

ceux qui sont *étrangers à la cause*. Ainsi, la juridiction correctionnelle ne pourrait être saisie d'une plainte en *injure* portée par un tiers, ou par le ministère public sur la provocation de ce dernier, à raison de discours prononcés, ou d'écrits produits devant les tribunaux; que s'il s'agit d'une action en diffamation il ne suffirait pas, pour motiver la condamnation du prévenu, que le tribunal déclarât que les faits imputés sont *diffamatoires*; qu'il faudrait, à peine de nullité, qu'il déclarât, de plus, que ces faits étaient *étrangers à la cause* (1). On peut cependant s'étonner qu'un tribunal qui n'a pas connu du procès qui a donné lieu au délit, se trouve chargé de faire une pareille appréciation. Mais d'une part, tel est le vœu exprès de la loi, et d'une autre part, la force des choses le veut ainsi. Il n'est pas rare qu'un tribunal se trouve chargé d'apprécier des circonstances souvent bien fugitives, dont il n'a pas été témoin; par exemple, dans la poursuite du délit résultant de l'infidélité et de la mauvaise foi dans les comptes-rendus des audiences des cours et tribunaux, il arrive que ce délit est jugé par d'autres magistrats que ceux qui tenaient l'audience dont le compte est incriminé; qu'il est jugé par le tribunal d'un autre département, lorsqu'il y a eu cassation d'un premier jugement.

L'action contre les diffamations dont des tiers ont été l'objet diffère encore de l'action contre les

---

(1) Arrêt du 2 avril 1825, Bull., p. 189; Dalloz, p. 299.

diffamations qui s'attachent aux parties de la cause, sous un autre rapport qu'il est essentiel de remarquer : cette dernière étant subordonnée à des réserves que les juges ne peuvent accorder qu'en jugeant le fond du procès, il est évident qu'elle ne peut s'intenter qu'après le jugement définitif de ce procès; l'autre, au contraire, qui est indépendante de toute réserve, peut s'exercer immédiatement après l'imputation des faits diffamatoires. On ne comprendrait pas, en effet, que des tiers fussent obligés, au détriment de leur réputation et quelquefois à celui de l'ordre public, de rester sous le poids d'une diffamation jusqu'à la fin d'un procès auquel ils sont étrangers, lorsque ce n'est pas du jugement à intervenir qu'eux ou le ministère public ont à recevoir la faculté de poursuivre la réparation qui leur est due. Pour que les juges saisis de leur poursuite soient autorisés à prononcer, il suffit qu'ils trouvent, dans les documens qu'on met sous leurs yeux, ce qui est nécessaire pour éclairer leur conscience; s'ils pensent, au surplus, avoir besoin de connaître la décision définitive qui interviendra sur l'affaire qui a donné lieu au délit, ils sont les maîtres de surseoir à leur jugement.

156. On vient de voir que l'article 23 de la loi du 17 mai interdit l'action publique et l'action civile contre les *injures* adressées à des tiers, et contre l'imputation de faits diffamatoires, si ces faits sont *étrangers à la cause.* Cependant de pareilles imputations peuvent être calomnieuses;

elles peuvent causer aux tiers qui en sont l'objet un préjudice réel; ceux-ci peuvent avoir un intérêt pressant à en obtenir la réparation. Ils ne peuvent la solliciter du tribunal saisi de l'affaire; puisqu'ils ne sont pas en cause; ils peuvent n'avoir connu qu'après le jugement définitif les attaques dirigées contre leur honneur, et avoir été dans l'impossibilité de se rendre parties intervenantes; d'ailleurs l'intervention n'est elle-même qu'une voie toute facultative. Enfin quelques autorités (1) dénient aux tiers qui se croient diffamés dans des mémoires imprimés, le droit d'intervenir pour en réclamer la suppression, et demander des dommages-intérêts. Faut-il conclure de là que la loi a voulu dénier aux tiers injuriés ou diffamés par l'imputation de faits non étrangers à la cause, mais calomnieux, toute action en réparation? Si cela était, la loi serait injuste; car on ne voit pas pourquoi des tiers n'auraient pas, comme les parties qui sont en cause, une voie légale pour obtenir la satisfaction qui peut leur être due. La difficulté que semble présenter à cet égard l'art. 23 de la loi du 17 mai disparaît, si l'on fait attention à la nature de cette loi. Elle est purement pénale; ses dispositions le prouvent; son titre l'annonce : *loi contre les crimes et délits commis par la voie de la presse et par tout autre moyen de publication*. Si elle règle les actions civiles auxquelles

(1) M. Favart de Langlade, Rép., t. III, p. 119; M. Carré, t. Ier, p. 397.

les faits qu'elle prévoit peuvent donner lieu, ce n'est qu'en considérant les faits comme crimes ou délits, et elle se conforme en cela aux articles 1, 2 et 3 du Code d'instruction criminelle, qui portent que tout délit donne lieu à l'action publique et à l'action des parties lésées. En ôtant aux injures qui ont les tiers pour objet, et aux diffamations qui les concernent, lorsque les faits imputés ne sont pas étrangers à la cause, le caractère de délit, elle a dû interdire aux parties lésées l'action civile, mais seulement l'action civile telle que la loi la fait résulter de tout fait punissable, l'action civile qui donne le droit de se rendre partie plaignante et civile, l'action civile considérée comme accessoire de l'action publique. Elle n'a pas eu l'intention de fermer au tiers injurié ou diffamé la voie civile qui est ouverte à toute personne, pour obtenir la réparation du fait qui lui cause préjudice. Elle ne s'est point occupée des dommages civils qui peuvent exister indépendamment de tout délit. Tout ce qui résulte de l'article 23, c'est que les tiers placés dans l'hypothèse que j'examine ne peuvent pas prendre la voie de la plainte, ou saisir directement le tribunal correctionnel; que la voie civile leur est seule ouverte; que leur action, au lieu d'avoir pour base les articles 1 et 3 du Code d'instruction criminelle, repose sur l'article 1382 du Code civil, et qu'au lieu de poursuivre la réparation d'un délit, ils poursuivent celle d'un quasi-délit (1).

(1) * La cour de cassation a jugé au contraire que les tiers

157. L'article 21, titre II, de la loi du 21 octobre 1814, sur la police de *la librairie et de l'imprimerie*, porte : « Le ministère public poursuivra » d'office les contrevenans pardevant les tribunaux » de police correctionnelle, sur *la dénonciation du » directeur général de la librairie*, et la remise d'une » copie des procès-verbaux. »

On avait conclu de cette disposition que la répression des délits commis en violation de cette loi ne pouvait être poursuivie qu'autant que le directeur de la librairie les avait dénoncés. La cour de cassation a réprouvé ce système, et décidé que l'action publique, en cette matière, s'exerçait indépendamment de toute dénonciation ; c'est ce qui résulte de ses arrêts des 2 novembre 1820 (1), 24 mai 1821 (2), 31 juillet 1823 (3), 17 mai 1828 (4). Le premier de ces arrêts est ainsi motivé : « Vu l'article 22 du Code » d'instruction criminelle ; attendu que, d'après » cet article, le ministère public est investi d'un » droit général de poursuivre directement et d'of» fice tous les faits auxquels la loi a attribué l

---

n'ont d'action, même par la voie civile, qu'autant que les faits diffamatoires sont *étrangers à la cause dans laquelle ils ont été énoncés.* Arrêt du 23 novembre 1835, Dalloz, 1836, p. 11.

(1) Bull., p. 409 ; Dalloz, t. XI, p. 337. — (2) Bull., p. 202 ; Dalloz, *ib.*, p. 330. — (3) Bull., p. 312 ; Dalloz, *ib.*, p. 338. — (4) Bull., p. 373, Dalloz ; p. 247. (Il porte, dans ce dernier Recueil, la date du 17 mars.)

» caractère de crime ou de délit; que ce droit ne » peut recevoir de restriction que par des dispositions formelles de lois qui en modifient l'exercice » ou le soumettent à des conditions; et attendu » que le susdit article 21 de la loi du 21 octobre » 1814 n'est point conçu en termes prohibitifs ou » restrictifs; que, s'il impose au ministère public » l'obligation de poursuivre les infractions aux lois » de l'imprimerie, sur la dénonciation qui doit lui » en être faite par le directeur général de la librairie, il ne lui interdit point de les poursuivre » d'office. »

158. La loi du 30 avril 1790, article 1er, défend de chasser sur le terrain d'autrui sans son consentement, en quelque temps et de quelque manière que ce soit, sous peine d'amende et de dommages-intérêts envers le propriétaire. Mais l'article 8 dispose que la poursuite de ce délit ne pourra avoir lieu que « soit sur la plainte du propriétaire ou autre partie intéressée, soit même, » dans le cas où l'on aurait chassé en temps prohibé, sur la seule poursuite du procureur de la » commune. » Il résulte de là que le délit de chasse, en temps permis, ne peut être poursuivi par le ministère public que sur la plainte du propriétaire ou autre partie intéressée. La cour de cassation a fait l'application de cette règle par plusieurs arrêts, notamment ceux des 10 juillet 1807 (1), 13 juillet 1810 (2), et 22 juin 1815 (3).

(1) Dalloz, t. II, p. 437. — (2) *Ib.*, p. 442. — (3) *Ib.*, p. 438.

Mais il suffit que la partie lésée ait porté plainte; il n'est pas nécessaire qu'elle se constitue partie civile (1).

Peu importe que le terrain sur lequel le fait de chasse a été commis appartienne à une commune; il suffit que cette commune ne s'en plaigne pas, pour que le ministère public soit non recevable à le poursuivre : c'est ce que juge l'arrêt du 22 juin 1815, que je viens de citer.

Remarquez cependant que, si le terrain communal était en nature de bois, le délit de chasse qui y aurait été commis pourrait être poursuivi d'office, sans que le ministère public eût été provoqué par la plainte de la commune. La raison en est que l'arrêté du directoire du 28 vendémiaire an 5, fondé sur l'article 4, titre XX, de l'ordonnance de 1669, interdit à tout particulier, sans distinction, de chasser dans les forêts de l'état, et que l'article 1er de l'arrêté du 19 ventose an 10, ainsi que les articles 1er, et 90 du Code forestier, assimilent l'administration des bois des communes à l'administration des bois de l'état. Cette exception est consacrée par plusieurs arrêts de la cour de cassation, notamment ceux des 21 prairial an 11, et 28 janvier 1808 (2).

Mais, si le fait de chasse sur le terrain d'autrui n'est un délit que quand le propriétaire n'y a pas consenti, et si la loi suppose le consentement tant

(1) Quest. de droit, t. II, p. 229; Dalloz, t. II, p. 439.
(2) Dalloz, t. II, p. 439.

que le propriétaire ne vient pas protester par une plainte ; il en est autrement quand la chasse a lieu en temps prohibé ; elle rentre alors dans la classe ordinaire des délits ; il y a lieu à des poursuites d'office. C'est ce que dit expressément l'article 8 de la loi du 3 avril 1790, que je viens de citer (1).

Le port d'armes sans permis est un délit quand il est joint à un fait de chasse quelconque, licite ou défendu. Il résulte de là que le silence du propriétaire sur le terrain duquel le fait de chasse a été commis, n'est pas un obstacle à ce que le ministère public poursuive d'office le délit de port d'armes sans permis ; c'est ce que la cour de cassation a reconnu en plusieurs fois (2).

159. Le principe que le fait de chasse sur une propriété particulière, en temps permis, n'est un délit que quand il a lieu contre le gré du propriétaire, et qu'il ne peut être poursuivi que sur la plainte de celui-ci, avait été étendu, avant la loi sur la pêche fluviale, au fait de pêche dans les ruisseaux et dans les rivières non navigables ni flottables (3) ; non pas qu'il existât un texte formel qui établît l'assimilation de ces deux cas, mais cette assimilation avait paru suffisamment autorisée par l'identité qui existe entre la faculté que

---

(1) Voyez l'arrêt du 3 novembre 1831, Dalloz, p. 367. — (2) Voir les arrêts des 23 janvier, 7 mars et 20 juin 1823, Bull., p. 25, 94, 249 ; Dalloz, t. II, pages 450 et 451. — (3) Arrêt du 5 février 1807, Dalloz, t. XI, p. 151.

la loi accorde à un propriétaire de se saisir du gibier qui se trouve sur son terrain, et celle qu'elle reconnaît au propriétaire riverain de se saisir du poisson qui se trouve dans les eaux qui parcourent les limites de sa propriété. La loi sur la pêche fluviale a adopté cette doctrine; elle l'a même étendue aux délits de pêche commis au préjudice des fermiers et porteurs de licences. On remarque, en effet, que l'article 65 de cette loi dispose que les délits qui portent préjudice aux fermiers de la pêche, aux porteurs de licences et aux propriétaires riverains, seront constatés par leurs gardes; qu'après avoir dit, article 66, que les procès-verbaux de ces gardes feront foi jusqu'à preuve contraire, elle ajoute, article 67, que les poursuites et actions seront exercées au nom et à *la diligence* des parties intéressées; ce qui veut dire sur leur plainte, ou en vertu de la citation directe qu'elles ont le droit de donner au prévenu, en vertu de l'article 182 du Code d'instruction; ainsi l'action du ministère public ne peut s'exercer qu'autant qu'elle a été provoquée. Il est vrai que l'article 36 de la même loi autorise les gardes de l'administration à constater le délit prévu par l'article 5, délit qui consiste dans le fait de pêche sans l'autorisation de celui à qui le droit de pêche appartient, et qu'il enjoint à ces gardes de transmettre leurs procès-verbaux au procureur du roi; d'où l'on pourrait induire que celui-ci a le droit de poursuivre d'office les faits que les procès-verbaux constatent. Mais cette conséquence s'évanouit devant les articles 65 et 67, qui règlent le mode des poursuites, lorsque les délits ne portent pas atteinte à la police générale de la pêche. L'article 36 lui-même fait assez entendre qu'il n'y a que les délits prévus au titre IV, dont la poursuite doive se faire d'office; or, l'article 5 fait partie du titre Ier.

160. Suivant M. Legraverend (1), *les dégâts ou dévastations dans les bois des particuliers* ne peuvent être poursuivis par le ministère public, qu'autant qu'il y a été provoqué par la plainte des parties lésées. M. Carnot (2) reproduit à peu près la même opinion. Sans examiner jusqu'à quel point le principe pouvait être fondé avant la promulgation du Code forestier, je dirai seulement qu'il n'est pas admissible depuis cette promulgation. Non seulement le Code ne renferme rien qui autorise une semblable exception au libre exercice de l'action publique, et cela suffirait pour en conclure qu'elle n'existe pas; non seulement le Code ne dit pas, comme la loi sur la pêche fluviale, que la poursuite des délits commis dans les bois des particuliers sera exercée au nom et *à la diligence des parties intéressées*; mais l'article 191 porte que les procès-verbaux dressés par *les gardes des bois des particuliers* seront remis au procureur du roi ou au juge-de-paix, suivant leur compétence respective. Or, on ne comprendrait pas que *les gardes des particuliers* fussent tenus de

(1) T. Ier, p. 55. — (2) De l'instruction crim., t. Ier, p. 42.

remettre au ministère public les procès-verbaux qu'ils ont dressés, si le ministère public n'était pas chargé de poursuivre directement les délits que ces procès-verbaux constatent. Au surplus, le rapporteur de la commission de la chambre des députés a donné, sur cet article 191, des explications qui lèvent tous les doutes; après avoir dit que les transactions entre les parties lésées et les délinquans ne peuvent arrêter ni suspendre l'action publique, il ajoute: « Rien ne doit paralyser l'action du ministère public, dont la vigilance » s'étend aux atteintes coupables portées à la *pro-* » *priété privée*, comme à celles qui blessent les in- » térêts de l'état, des communes ou des établis- » semens publics. » Ainsi il est constant que l'action publique pour la répression des délits et contraventions commis dans les bois des particuliers n'est pas subordonnée à la plainte des parties lésées.

161. Je viens de parcourir toute les exceptions à la règle générale qui veut que l'action publique contre les crimes, les délits et les contraventions, s'exerce directement, sans qu'il soit besoin qu'elle ait été provoquée par une plainte des parties lésées (1). Il me reste à répondre à M. Legraverend, qui (2) a cru devoir poser en principe que les délits ou contraventions commis contre les propriétés particulières, prévus par des lois spéciales et non par le Code pénal, ne peuvent être

(1) V. *suprà*, n° 16. — (2) T. Ier, p. 55.

poursuivis qu'autant que le propriétaire en a porté plainte. Cette doctrine, quoiqu'énoncée dans le premier motif de l'arrêt du 23 janvier 1813 (1), me paraît fausse; il est dangereux, il l'est surtout en matière criminelle, de conclure du particulier au général, car on s'expose à mettre l'exception à la place de la règle. Parce qu'on a vu que les délits de chasse et de pêche, prévus par des lois spéciales, ne peuvent, lorsqu'ils sont commis au détriment des particuliers, être poursuivis que sur leur réclamation, on a conclu qu'il devait en être de même de tous les délits qui portent atteinte aux propriétés privées; on n'a pas fait attention que l'exception que, par là, on érigeait en règle, ne repose ni sur la spécialité des lois qui la consacrent, ni sur la circonstance que des intérêts particuliers étaient seuls compromis. En effet, le législateur ne pouvait pas considérer comme un vol le fait d'avoir tué du gibier sur le terrain d'autrui, ou pris du poisson dans la partie des eaux où l'on n'a pas le droit de pêcher; car ni le gibier, ni le poisson n'appartiennent à ceux à qui la loi reconnaît la faculté de le prendre, tant qu'ils ne s'en sont pas emparés; les délits de chasse et de pêche ne consistent donc que dans l'usurpation de cette faculté; et il n'y a de véritable usurpation d'une faculté qu'autant que celui à qui il appartient d'en user n'a

(1) Il est transcrit *suprà*, n° 131.

pas consenti à ce qu'elle fût exercée par un autre que par lui ; c'est pour cela que la loi a subordonné la poursuite à son désaveu.

La spécialité des lois qui prévoient certains délits ne doit point influer sur le libre exercice de l'action publique, parce que le Code d'instruction criminelle ne s'applique pas seulement aux délits prévus par le Code pénal, mais à tous les faits punissables. Les dispositions préliminaires de ce Code forment le droit commun du royaume, et l'article 4 porte « la renonciation à l'action civile ne peut arrêter ni suspendre l'exercice de l'action publique. »

La circonstance qu'un délit ne porte atteinte qu'à une propriété privée n'empêche pas l'exercice direct de l'action publique, parce que, quand la loi ne se borne pas à soumettre à des réparations civiles l'auteur d'un dommage, mais qu'elle lui inflige des peines, elle lui déclare expressément que le fait constitue une atteinte à l'ordre public, intéressé à ce que ce genre de dommage ne soit pas commis.

La cour de cassation a elle-même rejeté la doctrine que je discute, et consacré le principe que je viens de lui opposer : il s'agissait d'un fait d'introduction de bestiaux sur le terrain d'autrui pour y séjourner et pacager, fait prévu et puni alors par l'article 24, titre 2 du Code rural du 6 octobre 1791 ; le ministère public avait été déclaré non recevable dans ses poursuites, parce que le propriétaire du terrain n'avait pas porté plainte, et le jugement fut cassé (1), « attendu » que, d'après l'article 1er du Code d'instruction » criminelle, le ministère public a droit et qualité » pour poursuivre d'office les délits et les crimes; » que ce droit ne peut être modifié que par une » disposition expresse de la loi; que, loin qu'il ait » été restreint relativement aux délits ruraux, » l'article 8 du titre 1er du Code rural du 6 octo- » bre 1791 impose formellement aux procureurs » du roi l'obligation d'en poursuivre d'office la ré- » pression; que l'article 144 du Code d'instruc- » tion criminelle a conféré les fonctions du minis- » tère public, près les tribunaux de police, aux » commissaires de police; que l'article 26 de la » loi de 1791 prononçant une amende et même » l'emprisonnement, le ministère public avait évi- » demment action pour faire prononcer ces pei- » nes, et qu'en refusant au ministère public cette » action, le tribunal de Clamecy a commis un » excès de pouvoir, et violé les articles 1er et 144 » du Code d'instruction criminelle et l'article 8 de » la loi du 6 octobre 1791. »

Au surplus, on n'a jamais prétendu que les délits commis au préjudice des propriétés particulières ne peuvent pas être poursuivis d'office, quand ils sont prévus par le Code pénal (2); et telle sera désormais la condition de la plupart

---

(1) Arrêt du 31 octobre 1822, Dalloz, t. IV, p. 758.

(2) V. un arrêt du 11 juin 1813, Bull., p. 315; Dalloz, t. Ier, p. 215.

des délits ruraux, puisque la loi du 28 avril 1832 les a fait entrer dans les diverses nomenclatures du Code pénal.

§ II. De la suspension de l'action civile.

162. L'action en réparation du dommage causé par un crime, par un délit, ou par une contravention, peut être portée devant le tribunal compétent pour connaître de l'action publique, ou devant un tribunal civil. Si la partie lésée a choisi la voie civile, son action demeure suspendue jusqu'au jugement définitif de l'action publique, soit que cette dernière ait précédé l'action civile, soit qu'elle l'ait suivie; c'est ce que porte l'article 3 du Code d'instruction : « L'action civile peut » être poursuivie en même temps et devant les » mêmes juges que l'action publique; elle peut » aussi l'être séparément : dans ce cas, l'exercice » en est suspendu tant qu'il n'a pas été prononcé » définitivement sur l'action publique intentée » avant ou pendant la poursuite de l'action civile.» L'article 8 du Code de brumaire contient les mêmes dispositions; elles ont motivé l'article 235 du Code civil.

163. Mais si les faits qui donnent lieu à l'action civile n'ont point provoqué l'action publique, si la répression n'en est pas poursuivie, le juge civil ne peut pas surseoir. En effet, le sursis n'est que la conséquence de l'existence simultanée de deux actions fondées sur les mêmes faits, et dont l'une doit tenir l'autre en état; il ne suffit pas que

les faits qui servent de base à l'action civile constituent des crimes, des délits ou des contraventions; il faut de plus, qu'il y ait une poursuite intentée par le ministère public. Et comme l'action publique n'appartient qu'aux fonctionnaires auxquels elle est confiée par la loi, la plainte ou la dénonciation que la partie lésée aurait portée postérieurement à son action n'autoriserait pas le tribunal civil à ordonner un sursis; non parce que la partie lésée qui a pris la voie civile n'est plus recevable à prendre la voie de la plainte (1), car une pareille fin de non-recevoir ne peut être déclarée par le juge civil; mais uniquement parce que la plainte de la partie lésée ne constitue pas l'exercice de l'action publique. La cour de cassation a fait l'application de ce principe par plusieurs arrêts (2).

Cependant on suit des règles différentes en matière de faux; les articles 239 et 240 du Code de procédure civile portent : Article 239 : « S'il » résulte de la procédure des indices de faux ou » de falsification, et que les auteurs ou complices » soient vivans, et la poursuite du crime non » éteinte par la prescription d'après les dispositions du Code pénal, le président délivrera » mandat d'amener contre le prévenu, et rem-

(1) V. *suprà*, n° 35 et suivans. — (2) Arrêts de la chambre des requêtes des 10 avril, Journal du Palais, t. XXIX, p. 65, Dalloz, t. VIII, p. 160; 19 juin 1821, Journal du Palais, t. LXIII, p. 200, Dalloz, t. VIII, p. 142; 15 juin 1829, Dalloz, p. 270.

» plira à cet égard les fonctions d'office de police » judiciaire.»

Art. 240. « Dans le cas de l'article précédent, » il sera sursis à statuer sur le civil jusqu'après le » jugement sur le faux.»

L'article 460 du Code d'instruction reproduit les mêmes dispositions : « Si la partie qui a argué » de faux la pièce soutient que celui qui l'a pro- » duite est l'auteur ou le complice du faux, ou s'il » résulte de la procédure que l'auteur ou le complice » du faux soit vivant, et la poursuite du crime » non éteinte par la prescription, l'accusation » sera suivie criminellement dans les formes ci- » dessus prescrites. Si le procès est engagé au civil, » il sera sursis au jugement jusqu'à ce qu'il ait été » prononcé sur le faux, etc.»

Ainsi, par cela seul que le juge civil reconnaît dans une procédure des indices de faux ou de falsification, et que les auteurs ou complices sont vivans, il est autorisé à provoquer l'action publique, et à surseoir au jugement de la contestation. Il y a plus : d'après l'article 250 du Code de procédure civile, « le demandeur en faux pourra » toujours se pourvoir par la voie criminelle en » faux principal ; et, dans ce cas, il sera sursis au » jugement de la cause, à moins que les juges » n'estiment que le procès peut être jugé indépen- » damment de la pièce arguée de faux.»

164. Pour que le tribunal civil soit dans l'obligation de surseoir, il suffit que le ministère public ait donné un réquisitoire au juge d'instruction,

aux fins d'instruire une procédure ; peu importe que le juge ait ou n'ait pas décerné un mandat contre l'inculpé par ce réquisitoire ; l'action publique est intentée, et le vœu de l'article du Code d'instruction est rempli ; cela est évident. Cependant une cour royale avait jugé que l'action criminelle n'est engagée que quand la plainte du ministère public a été suivie d'un mandat du juge; et, sous ce prétexte, elle avait refusé de surseoir au jugement de l'action civile portée devant elle; mais son arrêt a été cassé, le 18 novembre 1812 (1) : « Attendu que l'action publique est évidemment » celle qui est exercée par le ministère public, et » que cette action, dont le titre fondamental est » la plainte, existe par le fait seul de cette plainte, » soit qu'il y ait ou non mandat contre le prévenu. »

165. A peine est-il nécessaire de dire que le sursis ne doit être prononcé qu'autant que l'action criminelle et l'action civile sont relatives au même fait. Il résulte de là que des poursuites en faux témoignage, dirigées par le ministère public contre des témoins qui ont déposé dans une enquête civile, ne peuvent pas autoriser à surseoir au jugement du procès qui a donné lieu à cette enquête : la cour de cassation l'a ainsi jugé par deux arrêts des 22 novembre 1815 (2) et 5 janvier 1822 (3). M. Carnot (4) critique cette décision ; il se fonde

(1) Dalloz, t. Ier, p. 209. — (2) Journal du Palais, t. XLV, p. 93; Dalloz, t. XI, p. 940. — (3) Dalloz, t. VIII, p. 598. — (4) De l'inst. criminelle, t. Ier, p. 81.

sur l'article 331 du Code d'instruction, qui donne à la cour d'assises la faculté de renvoyer à une autre session le jugement d'une affaire dans laquelle des dépositions de témoins ont paru fausses. Je ferai observer qu'il n'est pas permis de transporter à la procédure civile les formes spéciales établies pour la procédure criminelle ; qu'il est douteux, d'ailleurs, que les motifs qui ont déterminé le législateur à donner aux cours d'assises la faculté dont parle l'article 331, s'appliquent aux tribunaux civils, qui procèdent dans leurs jugemens d'après d'autres règles que les tribunaux criminels.

Il suit encore de là que des adjudicataires, poursuivis par l'administration comme civilement responsables des malversations commises dans les coupes qu'ils exploitent, ne peuvent demander qu'il soit sursis au jugement de cette action, sous prétexte que ces mêmes malversations donnent lieu à des poursuites criminelles contre les agens de l'administration. C'est ce qu'avait jugé la cour de Trèves, et le pourvoi contre son arrêt fut rejeté, le 7 janvier 1813 (1), au rapport de M. Bazire : « Attendu que les frères » Stuum (les adjudicataires) n'étaient point per» sonnellement traduits en justice criminelle. »

166. Il est nécessaire de bien entendre ces expressions de l'article 3 du Code d'instruction : *Tant qu'il n'a pas été prononcé définitivement sur*

(1) Non imprimé. Stuum contre l'administ. forestière.

l'action publique. Il ne faut pas leur donner un sens trop absolu ; car il en résulterait que les ordonnances des chambres du conseil et les arrêts des chambres d'accusation, portant qu'il n'y a lieu à suivre contre le prévenu, faute de charges, ne suffiraient pas pour lever le sursis et rendre à l'action civile son libre cours. Ces ordonnances, ces arrêts n'empêchent pas, en effet, la reprise des poursuites, s'il survient des charges nouvelles ; ils ne prononcent donc pas *définitivement* sur l'action publique : mais l'article 3 doit être entendu en ce sens, qu'il a été prononcé définitivement sur l'action publique, *eu égard à l'état de la procédure.* S'il en était autrement, on arriverait à cette conséquence absurde qu'une ordonnance ou un arrêt, portant qu'il n'y a lieu à suivre à défaut de charges, tiendrait en suspens le procès civil tout le temps exigé par la loi pour opérer la prescription de l'action publique ; car, pendant tout ce temps, cette action peut être reprise.

Si cependant l'ordonnance de la chambre du conseil avait été frappée de l'opposition soit du ministère public, soit d'une partie civile, le sursis au jugement de l'instance ne pourrait pas être levé tant que la chambre d'accusation n'aurait pas prononcé sur cette opposition ; cela est évident, et l'on s'étonne que la cour royale de Paris ait été dans la nécessité de réformer (1)

(1) Arrêt du 10 sept. 1829, Dall., 1830, 2e p., p. 198 et 196.

un jugement qui décidait le contraire. Ce jugement était motivé sur ce que l'opposition était formée par la partie civile, et non par le ministère public; mais l'effet en était le même, car elle conservait l'action publique.

§ III. Des questions préjudicielles.

167. J'aborde une des parties difficiles du droit criminel. La solution des questions qui s'y présentent ne repose que rarement sur le texte formel de la loi, et la jurisprudence a été long-temps incertaine; convaincue de la nécessité de poser, dans une matière si importante, des principes qui pussent lui servir de guides, la cour de cassation les a résumés et consignés dans une note, en date du 5 novembre 1813; des fragmens de cette note ont été publiés par M. Merlin, dans le Répertoire de Jurisprudence, et par M. Bourguignon, dans sa jurisprudence des Codes criminels. Je me propose de la donner tout entière (1); mais, depuis 1813, les progrès de la législation et de la jurisprudence l'ont nécessairement rendue incomplète; d'ailleurs, et en elle-même, elle ne contient pas tout ce qu'on doit s'attendre à trouver dans un traité de droit criminel; je vais donc rechercher les principes, les développer, et exposer l'application qui en a été faite jusqu'à ce jour.

---

(1) V. *infrà*, n° 240.

Il arrive souvent qu'un fait n'est puni par la loi qu'autant qu'il se rattache à un fait antérieur, sans lequel il ne serait ni crime, ni délit, ni contravention. Ainsi, le fait de s'emparer d'une récolte n'est un délit que parce qu'un tiers jouissait du terrain qui l'a produite; un mariage ne constitue le crime de bigamie que parce qu'il a été contracté avant la dissolution d'un mariage précédent. La déclaration à l'officier de l'état-civil, qu'un enfant est né de tels père et mère, n'est un crime qu'autant que cet enfant doit le jour à d'autres personnes que celles que l'on a désignées; les délits de violation de dépôt, de destruction ou de suppression de titres, supposent nécessairement l'existence antérieure d'engagemens civils. Dans ces cas, et dans beaucoup d'autres analogues, on ne peut juger qu'il y a vol, bigamie, faux, abus de confiance, suppression ou destruction de titres, qu'en jugeant préalablement que le prévenu n'était pas propriétaire de la récolte, que précédemment il était engagé dans les liens du mariage; que l'enfant a une autre filiation que celle que l'on a déclarée, qu'un dépôt a été confié, que des titres ont existé. L'existence de ces faits antérieurs, élémens indispensables du délit que poursuit le ministère public, présente nécessairement des questions qui doivent être préalablement résolues : les lois et les jurisconsultes les appellent des *questions préjudicielles*.

168. Or, des questions de propriété, de pos-

session, d'existence d'un mariage, de filiation, de conventions, sont véritablement des questions de droit civil : faut-il en conclure que l'action publique doit demeurer suspendue jusqu'à ce que les tribunaux civils les aient résolues? ou bien le ministère public peut-il en saisir le tribunal de répression, en même temps qu'il le saisit de la plainte, et le tribunal a-t-il le droit d'y statuer?

On a vu qu'aux termes de l'article 3 du Code d'instruction criminelle, l'action civile peut être poursuivie en même temps et devant les mêmes juges que l'action publique; de là, la conséquence que le juge criminel est compétent pour statuer sur des actions civiles, et pour décider des questions de droit civil, toutes les fois qu'elles se présentent accessoirement à l'action publique. L'article 3 va plus loin : il veut que, si l'action civile à laquelle un délit donne lieu a été formée séparément de l'action publique, et portée conséquemment devant le tribunal civil, son exercice soit suspendu jusqu'au jugement définitif de l'action publique. Ainsi, loin de subordonner cette dernière action à la première, c'est l'action publique qui tient au contraire en suspens l'action civile; peu importe la nature du délit; qu'il suppose ou non un fait ou un acte civil antérieur, cela est indifférent. Telle est la règle générale; on verra bientôt qu'elle a été reconnue, proclamée par les orateurs du gouvernement, à l'occasion d'une exception qu'on a cru devoir y apporter en matière de suppression d'état (1).

Il faut bien que cela soit ainsi : le juge appelé à prononcer sur l'existence d'un délit, sur ses caractères de pénalité, sur la culpabilité de celui à qui on l'impute, doit avoir nécessairement le droit d'examiner, d'apprécier tous les faits, tous les actes élémentaires de ce délit, et de prononcer sur toutes les questions qui s'y rattachent. S'il en était autrement, si l'instruction et le jugement d'un délit devaient se diviser en autant de parties qu'il fait naître de questions ; si ces questions devaient successivement être soumises à chacune des juridictions compétentes pour les juger, lorsqu'elles se présentent isolées d'un fait criminel, il en résulterait de grands inconvéniens. Non seulement des conflits de juridiction s'élèveraient à chaque instant, des lenteurs interminables entraveraient la marche de la justice, mais encore, l'unité dans l'instruction se trouvant rompue, l'indépendance du juge dans l'examen des preuves étant enchaînée par les décisions d'un autre tribunal, le jugement définitif ne serait plus dicté par le résultat des débats sur l'ensemble du procès ; et l'on conçoit que les intérêts de la société, que les droits de l'innocence, pourraient souvent en éprouver un grave dommage.

La loi ne devait pas le vouloir ; ainsi, il ne faut donc pas s'étonner que la juridiction criminelle,

---

(1) V. *infrà*, nº 185.

qui est incompétente pour prononcer sur des questions de droit civil, si elles lui sont présentées par une action principale et indépendamment de tout délit, ait, au contraire, toute compétence pour les décider lorsqu'elles naissent de l'instruction et de la défense des parties, dans un procès criminel, et qu'elles se rattachent à l'un des élémens du fait de la poursuite. Cette règle générale n'est, au surplus, que la conséquence du principe qui veut que tout juge compétent pour statuer sur un procès dont il est saisi le devienne pour statuer sur toutes les questions qui s'élèvent incidemment à ce procès; principe dont les lois romaines ont fait l'application, ainsi que les auteurs du Répertoire de jurisprudence en font la remarque (1), dans les termes suivans :

« Toutes les fois, dit la loi 3, Cod. *de judiciis*, » qu'incidemment à une question de propriété, il » s'élève une question d'état, le juge saisi de la » première doit également connaître de la se» conde, quoique d'ailleurs la connaissance des » questions d'état lui soit interdite : *quoties quæstio » status bonorum disceptationi occurrit, nihil prohibet » quominus apud eum, qui alioquin super causâ status » cognoscere non possit, disceptatio terminetur.*

» La loi 1, Cod. *de ordine judiciorum*, confirme » et développe cette décision. Adressez-vous, dit» elle, au président de la province, et prouvez de» vant lui que le testament dont vous vous plai-

(1) V° Questions d'état, § 1er, n° 3, t. XIII, p. 751.

» gnez a été rompu par la naissance subséquente » d'un fils du testateur : *adite præsidem provinciæ, » et ruptum esse testamentum Fabii Præsentis agna- » tione filii docete ;* car, bien que les questions » d'état soient hors de la sphère de sa juridiction, » il ne lui sera pas pour cela défendu de pronon- » cer sur la question d'état qui s'élèvera devant » lui incidemment à votre demande : *neque enim » impedit notionem ejus quòd statûs quæstio in cogni- » tionem vertitur, etsi super statûs causâ cognoscere » non possit ;* car il appartient au juge saisi de la » connaissance de l'hérédité d'examiner dans toute » son étendue la question incidente à laquelle l'ob- » jet de la demande donne lieu; et la raison en est, » qu'en dernière analyse, ce n'est pas sur cette » question incidente, mais sur l'hérédité seule qu'il » prononce : *pertinet enim ad officium judicis qui de » hereditate cognoscit, universam incidentem quæstio- » nem quæ in judicium devocatur examinare, quoniam » non de eâ, sed de hæreditate pronunciat.* »

Ainsi, règle générale, le juge criminel est compétent pour décider les questions de droit civil qui se rattachent au fait de la prévention; l'exercice de l'action publique n'est pas subordonné à la décision de ces questions par les tribunaux civils; elles ne doivent point leur être renvoyées (1). Cette règle ne reçoit d'exception que dans les cas où ces questions ont été formellement distraites

---

(1) V. *infrà*, n° 193.

de la juridiction criminelle et attribuées à une autre.

Quelles sont ces exceptions, quels en sont les motifs, quelle est leur étendue? je le dirai plus tard; je poursuis l'examen de la règle générale.

169. Cette règle n'est assurément susceptible d'aucune contradiction, lorsque le délit réside dans le contrat même qui donne lieu aux poursuites; car il existe alors entre le contrat et le délit une indivisibilité qui force, pour ainsi dire, le juge criminel à prononcer à la fois sur l'un et sur l'autre.

Ainsi, lorsqu'un négociant en faillite est accusé de banqueroute frauduleuse, aux termes de l'article 593 du Code de commerce, pour avoir supposé des dettes passives et collusoires entre lui et des créanciers fictifs, il faut bien que le juge criminel puisse connaître de la simulation de ces dettes et les annuler, en condamnant ce négociant et ses créanciers fictifs aux peines de la banqueroute frauduleuse.

Ainsi, lorsqu'un individu se plaint qu'un titre lui a été escroqué, en employant contre lui les manœuvres frauduleuses énumérées dans l'art. 405 du Code pénal, il faut bien que le tribunal correctionnel connaisse du dol dont le titre est infecté, et qu'il soit compétent pour déclarer ce titre nul, en appliquant au créancier les peines de l'escroquerie.

Ainsi, le tribunal saisi de la poursuite d'un délit d'habitude d'usure doit avoir les pouvoirs nécessaires pour rechercher et déclarer si les obligations contractées au profit du prévenu renferment des stipulations d'intérêts usuraires patentes ou cachées, et reconnaître la simulation à l'aide de laquelle on a masqué la perception d'intérêts qui excèdent le taux légal (1).

Et, par une conséquence nécessaire du même principe, le juge criminel saisi d'une plainte en banqueroute est compétent pour décider si l'individu poursuivi est ou non commerçant (2), s'il a cessé ses paiemens et se trouve réellement en état de faillite (3).

170. Lorsque le contrat civil et le délit dont il est l'élément forment des actes distincts dont l'un a été préexistant à l'autre, la question préjudicielle de l'existence de ce contrat, ou de son exécution, ou de son interprétation, reste encore dans le domaine du juge criminel; car comment juger, par exemple, qu'un dépôt a été violé, que des marchandises confiées ont été détournées, qu'un titre a été supprimé ou détruit, comment apprécier la moralité de pareils faits, sans juger, en

(1) Arrêts des 2 décembre 1813, Bull., p. 615, Dalloz, t. XII, p. 822; 15 juin 1821, Bull., p. 342, Dalloz, *ib.*, p. 828; 24 décembre 1825, Bull., p. 677, Dalloz, 1826, p. 108.

(2) Arrêt du 23 novembre 1827, Bull., p. 881, Dalloz, 1828, p. 31.

(3) Arrêts des 9 mars 1811, Bull., p. 60, Dalloz, t. VIII, p. 293; 30 janvier 1824, Bull., p. 35, Dalloz, t. Ier, p. 208; 1er septembre 1827, Bull., p. 763, Dalloz, p. 493; 22 janvier 1831, Dalloz, p. 119, et beaucoup d'autres arrêts.

même temps, qu'un dépôt, qu'un mandat, que des titres ont existé, dans quelles circonstances, sous quelles conditions? La compétence sur le délit, objet de l'action principale, entraîne nécessairement la compétence sur le contrat, dont la dénégation n'est qu'une exception à cette action.

« Il est certain, dit M. Merlin (1), qu'en matière de crimes et de délits, la compétence des » juges criminels n'est circonscrite par aucune » borne, n'est modifiée par aucune réserve, n'est » limitée par aucune exception; que, dès qu'un » crime ou délit est articulé, les juges criminels » peuvent et doivent le rechercher, le poursuivre, » le juger dans tous les élémens qui le constituent » et en forment la substance; et que, lorsque parmi ces élémens il se trouve une question de » droit, ils peuvent et doivent la juger ni plus » ni moins que si c'était une question de fait. »

Ce principe est développé dans plusieurs arrêts de la cour de cassation; j'en citerai deux. Le premier est du 2 décembre 1813 (2): « Attendu, relativement au délit de violation de dépôt, que » ce délit supposait nécessairement la préexistence » d'un dépôt; que la poursuite n'en pouvait donc » être admise qu'autant que le dépôt eût été convenu ou prouvé; que, dans l'espèce, le dépôt » était méconnu par Courbé; que la preuve de ce » dépôt devait donc être établie, avant qu'il pût

(1) Rép. de jurisp., v° Bigamie, n° 2, t. II, p. 170.

(2) Bull., p. 615; Dalloz, t. XII, p. 822.

» être instruit sur la violation; que cette preuve
» constituait une question préjudicielle à laquelle
» était subordonnée l'action publique et l'action
» civile; que la preuve du délit de la violation du
» dépôt ne pouvant être séparée de celle de l'acte
» de dépôt, la compétence sur le délit qui formait
» l'action principale entraînait nécessairement la
» compétence sur le contrat, dont la dénégation
» n'était qu'une exception contre cette action; que
» la juridiction correctionnelle, compétente pour
» connaître de la violation du dépôt, avait donc
» aussi caractère pour prononcer sur la préexis-
» tence de ce dépôt (1), mais que, pour juger si
» un dépôt qui était dénié avait été fait, tout
» comme pour juger s'il y avait commencement de
» preuve par écrit, et si la preuve testimoniale en
» était admissible, la juridiction correctionnelle
» était assujettie, comme l'eût été la juridiction
» civile, aux règles fixées dans les articles 1340
» et 1347 du Code Napoléon; que si les délits sont
» susceptibles de toutes sortes de preuves, il n'en
» est pas de même des actes civils autorisés par la
» loi; que, dans l'espèce, il ne pouvait y avoir de
» délit que dans la violation du dépôt; mais que
» le dépôt en lui-même eût été un acte licite, au-
» torisé et réglé par les lois civiles; qu'il n'eût
» donc pu être prouvé que d'après les règles com-

---

(1) Même décision par arrêt du 11 février 1812, Dalloz, p. 186. * Et par arrêt du 1er septembre 1832, Dalloz, 1833, p. 73. V. aussi l'arrêt du 22 juin 1832, Dalloz, p. 394.

» muncs à tous les contrats; que ces règles, qui ne » peuvent être attributives de juridiction aux tri- » bunaux civils, sont générales et s'appliquent à » toutes les juridictions. »

Le second arrêt est du 25 mai 1816 (1): « Attendu » que le fait formant le sujet de la plainte en sous- » traction d'une contre-lettre, portée contre Sa- » nitas, est le détournement, au préjudice du pro- » priétaire, d'un écrit opérant annulation de l'o- » bligation qui lui avait été confiée à titre de dé- » pôt; que ce détournement ou soustraction con- » stitue un délit dont la connaissance appartient » aux tribunaux correctionnels; que la preuve de » l'existence de la contre-lettre est, par sa nature, » inséparable de celle du fait de la soustraction; » que, d'ailleurs, cette soustraction forme, dans » l'espèce, l'objet de l'action principale, et la déné- » gation de l'existence de la contre-lettre, l'excep- » tion à cette action; d'où il suit que les tribunaux » correctionnels, ayant caractère pour statuer sur » les intérêts civils, l'ont conséquemment aussi » pour prononcer sur le contrat qui s'y rattache; » qu'ainsi, par ces divers motifs, la compétence du » tribunal ne peut être méconnue. »

C'est en appliquant ce principe que la cour de cassation a jugé (2) qu'un tribunal correctionnel, saisi d'une plainte en détournement de traites, avait eu le droit de décider si ces traites étaient

(1) Dalloz, t. III, p. 477. — (2) Arrêt du 7 thermidor an 13, *ib.*, p. 475.

sincères ou fictives; que, saisi d'une plainte en contre-façon littéraire, il avait été compétent pour statuer sur la question incidente de la propriété de l'ouvrage contrefait (1). Depuis l'arrêt du 2 décembre 1813, que je viens de citer, la cour de cassation n'a pas varié dans sa jurisprudence, et tous les tribunaux ont fini par s'y conformer.

Cependant le principe est attaqué par deux auteurs qui ont écrit assez récemment pour qu'il soit utile d'examiner leur opinion; ce sont MM. Carnot et Toullier.

M. Carnot (2) enseigne que « lorsque le dépôt » est *dénié*, et qu'il est d'une valeur au-dessus » de 150 francs, il doit être sursis au jugement à » intervenir sur la plainte en violation de dépôt, » jusqu'à ce qu'il ait été prononcé sur sa réalité » par les tribunaux civils; c'est ce que la cour a » jugé *in terminis* par plusieurs arrêts motivés sur » ce que ce serait faire indirectement ce que la » loi défend, et ce qu'elle jugea notamment le 2 » décembre 1813; pareil arrêt fut rendu le 5 mai » 1815. »

M. Carnot se trompe; les deux arrêts qu'il cite décident positivement le contraire de ce qu'il leur fait dire; on a pu en juger par celui du 2 décembre 1813, que je viens de transcrire; on trouvera le second ci-après (3). De ce que la cour a

(1) Arrêt du 4 septembre 1812, *ib.*, t. II, p. 484.

(2) Commentaire sur le Code pénal, t. II, p. 336.

(3) V. n° 172.

décidé que les tribunaux correctionnels sont obligés, dans ces matières, de se conformer aux règles du droit civil, il a conclu mal à propos qu'il leur est interdit de s'en occuper.

M. Toullier (1) émet l'opinion qu'excepté les cas où le contrat civil et le délit constituent un fait indivisible, comme s'il s'agit d'une escroquerie ou d'une simulation de créances en matière de banqueroute, et dans ceux de destruction ou soustraction de titre, le juge criminel est obligé de surseoir au jugement de la plainte, jusqu'à ce que les tribunaux civils aient statué sur l'existence ou la non-existence du contrat dont la violation constitue le délit; qu'ainsi le sursis doit être prononcé en matière de délits de violation de dépôt, d'abus de confiance ou de blanc-seing, et autres semblables. Il motive son système 1° sur ce que, dans ces matières, s'il était permis de prendre la voie criminelle, on contreviendrait à l'art. 1341 du Code civil. « En un mot, dit-il (2), c'est un » principe général qui nous paraît sans exception, » parce qu'il résulte de la nature des choses : l'action publique est suspendue par l'action civile, » toutes les fois que le prétendu délit présuppose » l'existence d'un fait antérieur non reconnu, » dont les tribunaux criminels ne peuvent connaître, soit que les lois leur en interdisent directement la connaissance, soit qu'elles ne la leur » interdisent qu'indirectement, et pour ne pas

(1) T. IX, p. 244 et suivantes. — (2) N° 153.

» donner aux plaideurs un moyen détourné de se » ménager la preuve testimoniale, dans les cas où » elle n'est pas admissible. »

Cette première objection est sans consistance, parce qu'ainsi qu'on l'a vu par l'arrêt du 2 décembre 1813, et que je l'expliquerai dans un moment, les règles du droit civil sur l'admission des preuves tendant à établir l'existence d'une convention qui est déniée, sont communes à toutes les juridictions, et que la voie de la plainte n'est ouverte que dans les cas où la preuve testimoniale est admissible.

2° Sur ce que, quand le délit se compose de deux faits divisibles, savoir l'existence du contrat et sa violation, chaque fait doit être décidé par la juridiction dans laquelle il rentre.

Je réponds que, sans doute, les délits de violation de dépôt, d'abus de confiance, etc., se composent de deux faits distincts; mais ces faits n'en sont pas moins liés de la manière la plus intime, et c'est leur réunion qui constitue le délit. Ce délit est de la compétence exclusive du juge criminel; la dénégation de l'acte n'est que l'exception qu'on lui oppose; or il est de principe que le juge compétent pour statuer sur un procès dont il est saisi, le devient pour prononcer sur toutes les questions qui s'élèvent incidemment à ce procès, à moins que la loi n'en ait formellement attribué la connaissance à une autre juridiction; c'est ce que j'ai démontré (1). Non seulement il n'existe

(1) Voir *suprà*, n° 168.

aucune loi qui défende aux tribunaux de répression de connaître des questions de droit civil, mais l'article 3 du Code d'instruction leur en confère le droit.

3°. M. Toullier va beaucoup plus loin : suivant lui (1), le juge criminel est toujours incompétent pour prononcer sur les questions préjudicielles de droit civil qui s'élèvent devant lui ; ce n'est que par exception à ce principe qu'il devient compétent dans les cas d'escroquerie, de destruction ou soustraction de titres. Suivant lui, ceux qui ont prétendu que les dispositions des lois qui attribuent exclusivement aux tribunaux civils le jugement des questions d'état et de propriété immobilière forment une dérogation aux règles qui déterminent la compétence du juge criminel, ont avancé une doctrine qui n'est pas exacte ; ces dispositions constituent au contraire la règle générale.

Si la règle générale était telle que le dit M. Toullier, il eût été inutile d'insérer dans le Code civil les articles 326 et 327, qui déclarent que les tribunaux civils sont seuls compétens pour statuer sur les réclamations d'état, et que l'action publique contre un délit de suppression d'état ne peut commencer qu'après le jugement définitif sur la question d'état ; il eût été inutile de faire l'article 12, titre 9 de la loi du 15 - 29 septembre 1791, et l'article 182 du Code forestier, qui veulent que,

(1) Nos 151, 152 et 153.

si, dans une instance en réparation de délit forestier, le prévenu excipe d'un droit de propriété ou de tout autre droit réel, le tribunal renvoie au juge civil la connaissance de cette question préjudicielle. Le législateur n'avait pas à s'expliquer spécialement sur ces matières; car elles se seraient trouvées sous l'empire de cette règle générale qu'allègue M. Toullier; il faut bien croire que cette règle n'existe pas, puisque la loi s'est cru obligée de pourvoir aux deux cas particuliers dont il s'agit. Comment M. Toullier a-t-il pu en douter, et présenter comme un principe général l'article 327 du Code civil, lui qui cite les discours des orateurs du gouvernement sur ces articles, et qui y a lu ces mots : « Ainsi, après » avoir établi que les tribunaux civils sont seuls » compétens pour statuer sur les réclamations » d'état, le projet de loi, *par une disposition con-* » *traire au droit commun, mais uniquement applica-* » *ble à ce cas*, et évidemment utile, dispose que » l'action criminelle contre un délit de suppression » d'état, ne pourra commencer qu'après le juge- » ment définitif de la contestation civile ?» Comment, surtout, a-t-il pu avancer « que c'est un » principe général qui paraît sans exception...., » que l'action publique est suspendue par l'action » civile toutes les fois que le prétendu délit pré- » suppose l'existence d'un fait antérieur non » reconnu, etc.», lorsque l'article 3 du Code d'instruction criminelle porte formellement, et sans exception, que c'est au contraire l'action civile qui est tenue en suspens par l'action publique? Préoccupé de l'opinion qu'il a essayé de faire prévaloir dans un chapitre précédent (1), *que le criminel n'emporte pas le civil*, et que la chose jugée au criminel est sans autorité sur l'instance civile demeurée en suspens, ce jurisconsulte, d'ailleurs si distingué, a voulu faire coïncider avec elle un système sur la compétence des tribunaux de répression; il en convient à demi (2). Je crois qu'il s'est trompé (3).

171. Je viens de dire que, dans ces matières, le juge criminel demeure soumis, pour la recherche et l'admission des preuves, à toutes les règles qui sont imposées aux tribunaux civils. En effet, la procédure criminelle admet toutes sortes de preuves, et au premier rang se trouve la preuve testimoniale; la procédure civile, au contraire, n'admet que des preuves d'un certain ordre; la preuve testimoniale, notamment, n'y est recevable que dans les cas déterminés par la loi. En donnant aux tribunaux criminels le droit de décider les questions civiles préjudicielles que font naître les accusations portées devant eux, on a dû craindre que les parties lésées ne prissent la voie de la plainte, afin de se prévaloir d'un genre de preuve que les tribunaux civils n'auraient point admis, si elles eussent porté leurs réclamations devant eux. Pour prévenir un abus

(1) T. VIII, nos 30-37. — (2) T. IX, n° 154. — (3) Voy. *infrà*, chap. 4, n° 413 et suiv.

si grave, la jurisprudence a établi en principe que les règles du droit civil, en cette matière, sont communes à toutes les juridictions; que la voie de la plainte n'est ouverte, soit au ministère public, soit aux parties lésées, que dans les cas où, d'après la loi civile, la preuve testimoniale est admissible. Lors donc que le délit n'existe pas dans le contrat même qui donne lieu aux poursuites, que le délit ne résulte que de sa violation, ce contrat demeure un acte civil; et, s'il est dénié, il ne peut être prouvé que d'après les règles communes à tous les contrats.

Le principe ainsi posé, occupons-nous de son application.

172. L'action du ministère public ou de la partie civile a-t-elle pour objet la destruction ou la soustraction d'un titre, le juge criminel peut recevoir la plainte, procéder à l'audition des témoins, statuer sur l'existence du titre et sur les conséquences de sa disparition, parce que, dans une telle accusation, la preuve testimoniale est admissible; et cela n'a jamais été révoqué en doute (1). Elle est admissible, parce que le fait qui motive les poursuites ayant eu précisément pour objet la destruction ou la soustraction de la preuve littérale de l'obligation ou de l'existence du droit dont la partie lésée est créancière, on ne peut opposer soit à elle, soit au ministère

---

(1) V. Questions de droit, v° Suppression de titres, § 1er, t. VIII, p. 187; M. Toullier, t. IX, p. 257.

public, la disposition de l'article 1341 du Code civil, qui veut qu'il soit passé acte devant notaire ou sous signature privée de toutes choses excédant la somme ou la valeur de cent cinquante francs, et rejette la poursuite sous prétexte que la partie lésée aurait dû se conformer à cet article. C'est en se fondant sur cette règle que la cour de cassation a jugé, le 4 octobre 1816 (1), que l'existence et la destruction ou suppression d'un testament olographe peuvent être prouvées par témoins, sans qu'il soit besoin d'en rapporter un commencement de preuve par écrit : « Attendu que le » tribunal d'Évreux a pu instruire simultanément » sur l'existence du testament au décès du testa- » teur, et sur la soustraction postérieure du testa- » ment, et prononcer tout à la fois, d'après cette » instruction, sur ces deux faits; que le tribunal » n'a pas dû subordonner la condamnation qu'il » avait à prononcer, d'après les faits par lui re- » connus, à un jugement préalable sur la validité » du testament; que les prévenus avaient, par le » fait de la soustraction de ce testament, détruit » les moyens d'en juger les formes; que la pré- » somption de droit a été dès lors à leur égard » pour sa validité, et que par leur délit, ils se » sont rendus responsables de toutes les libéralités » que le testament pouvait contenir en faveur de la » partie civile; que les articles 1341 et suivans du » Code civil ne sont applicables qu'aux conven-

(1) Dalloz, t. XII, p. 538.

» tions et aux faits dont il a été possible aux par-» ties de se procurer une preuve écrite ; que la » soustraction d'un testament est un délit person-» nel à celui qui le commet, un fait conséquem-» ment susceptible de la preuve testimoniale ; que » si la préexistence d'un testament olographe est » un fait préjudiciel au fait de la soustraction, » cette préexistence peut, comme la soustraction, » être prouvée par témoins, parce que l'héritier » ou le légataire n'ont eu aucun moyen de faire » constater par écrit, pendant la vie du testateur, » l'existence de ce testament, qui n'a été que son » propre fait ; et que dès-lors les articles 1341 et » suivans du Code civil sont absolument étrangers » à leur action. » La cour a rendu un arrêt identique le 21 octobre 1824 (1).

173. Mais s'il s'agit d'un des délits prévus par l'article 408 du Code pénal, tels que la violation d'un dépôt, le détournement d'objets confiés pour en faire un usage ou un emploi déterminé, la partie lésée ayant pu, ayant dû se procurer la preuve littérale du contrat dont la violation constitue le délit, le juge criminel ne peut admettre à la preuve de cette violation qu'autant que l'obligation lui est représentée, ou qu'elle est avouée par le prévenu, ou qu'on en rapporte un commencement de preuve par écrit, conformément à l'article 1347 du Code civil. Ce n'est que dans

(1) Dalloz, t. X, p. 741. * V. dans le même sens un arrêt de la cour de cassation du 15 mai 1834, Dalloz, p. 265.

l'un de ces trois cas que l'information et le débat peuvent s'ouvrir; et alors ils portent tout à la fois sur l'existence de la convention et sur son infraction. La jurisprudence a consacré les propositions que je viens d'avancer.

Lecoq et sa femme, après s'être reconnus, par acte notarié, débiteurs d'une somme de 3000 francs envers la demoiselle Daëns, ont prétendu que, sur cette somme, le notaire rédacteur de l'acte avait conservé 2000 francs dont il devait faire un emploi déterminé. Celui-ci, ayant nié le fait, fut traduit en police correctionnelle; aucune preuve littérale, aucun commencement de preuve par écrit n'était produit à l'appui de l'allégation des plaignans; néanmoins le tribunal procéda à une instruction orale, à la suite de laquelle le notaire fut condamné aux peines portées dans l'article 408 du Code pénal; et la cour royale confirma cette condamnation. La cour de cassation a cassé l'arrêt le 5 mai 1815 (1): « Attendu que le notaire Delsaux » méconnaissant que ce dépôt lui eût été fait, il » était nécessaire, s'agissant d'un acte purement » civil, d'en rapporter la preuve écrite, conformé- » ment à ce qui est prescrit par les articles 1341 » et 1923 du Code Napoléon, ou que cette preuve » fût le résultat de l'aveu qu'en aurait passé le pré- » venu; ou enfin, conformément à l'article 1347 » dudit Code, d'un commencement de preuve » par écrit émané dudit Delsaux, et dont la cour

(1) Bull., p. 57; Dalloz, t. V, p. 88.

» aurait été autorisée, dans ce cas, à ordonner le
» complément par une preuve testimoniale; que
» c'est seulement d'après la preuve ainsi acquise
» du dépôt, que la violation aurait pu être prouvée
» par témoins, ou par tout autre genre de preuve,
» puisque cette violation aurait constitué un délit,
» et que Delsaux aurait pu être condamné à des
» peines correctionnelles, à raison de ce délit; que
» de l'arrêt dénoncé il ne résulte pas que le dépôt
» méconnu par Delsaux ait été établi par aucune
» preuve écrite; qu'il n'en résulte pas non plus
» qu'il y ait un commencement de preuve par
» écrit qui en ait autorisé la preuve testimoniale;
» que cependant l'arrêt a fait au notaire Delsaux
» l'application des peines prononcées par l'arti-
» cle 408 du Code pénal, et qu'en jugeant ainsi,
» l'arrêt a violé les articles, etc. »

Une cour royale avait infligé les mêmes peines à un individu convaincu de s'être approprié une promesse de 30,000 francs et deux blanc-seings qui lui avaient été remis à titre de dépôt; mais la preuve littérale, ou un commencement de preuve par écrit de ce dépôt n'était pas représenté, et l'arrêt de condamnation a été cassé le 10 avril 1819 (1), par des motifs semblables à ceux qu'on vient de lire.

Un individu avait endossé au profit d'un autre un billet à ordre; il soutint ensuite qu'il n'avait souscrit cet endossement que pour faciliter la

(1) Bull., p. 146; Dalloz, *ib.*, p. 83.

négociation du billet, dont le montant devait lui être remis, et il traduisit en police correctionnelle le porteur du billet, qui prétendait en conserver la valeur. La cour royale admit le plaignant à la preuve des faits d'abus de confiance qu'il articulait; mais l'arrêt fut cassé le 16 mai 1829 (1), parce qu'il avait admis une preuve testimoniale contre la preuve littérale de transport de la propriété du billet, qui résultait de l'endossement, aux termes des articles 136, 137 et 187 du Code de commerce.

Un individu avait porté une plainte en abus de blanc-seing, délit prévu par l'article 407 du Code pénal; il soutenait que le prévenu, au lieu de se servir du blanc-seing qu'il lui avait remis volontairement pour un usage convenu, y avait frauduleusement inséré une obligation de 3,000 francs; mais le fait de la remise volontaire du blanc-seing n'était pas prouvé littéralement, et aucun commencement de preuve par écrit n'en était rapporté; en conséquence, le ministère public fut déclaré non-recevable dans les poursuites qu'il avait dirigées; il se pourvut en cassation, et son pourvoi fut rejeté (2).

C'est par une conséquence des mêmes principes que la cour de cassation a jugé (3) que quand la plainte en soustraction ou destruction de

---

(1) Bull., p. 278; Dalloz, p. 243. — (2) Arrêt du 5 mai 1831, Dalloz, p. 243. — (3) Arrêt du 5 avril 1817, Bull., p. 78; Dalloz, t. X, p. 739.

titres a pour objet une contre-lettre destinée à modifier une convention antérieure dont la preuve littérale est produite, cette plainte est non-recevable, si l'existence de cette contre-lettre n'est pas prouvée par écrit, ou si on n'en rapporte pas un commencement de preuve par écrit. « Attendu, » dit l'arrêt, que les conventions qui ont pour » objet de modifier les stipulations d'un acte an- » térieur sont un pacte civil, dont il ne peut être » reçu aucune preuve par témoins, à moins que » leur objet ne soit d'une valeur moindre de 150 fr., » ou qu'il n'y en ait un commencement de preuve » par écrit, ainsi qu'il résulte des articles 1341 à » 1347 du Code civil; que la soustraction de la » contre-lettre dans laquelle il peut être prétendu » que ces conventions ont été rédigées, est un fait » de fraude, excepté par l'article 1348 de la règle » prescrite par ces articles; mais qu'il ne peut pas » y avoir eu de soustraction de contre-lettre, s'il » n'y a pas eu de contre-lettre; qu'avant qu'il » puisse être instruit par témoins sur un fait de » soustraction de contre-lettre, il faut donc que » l'existence antérieure de la contre-lettre soit éta- » blie; qu'admettre, sans cette preuve préalable, » la preuve testimoniale du fait de la soustraction, » ce serait admettre implicitement, mais nécessai- » rement, la preuve testimoniale d'un acte civil pré- » tendu soustrait, et établir ainsi l'existence de con- » ventions civiles par un genre de preuve expres- » sément prohibé à leur égard par les dispositions » formelles du Code civil; et, attendu que, dans

» l'espèce, Bouilloux se plaignait de la soustraction » d'une contre-lettre ayant pour objet des con- » ventions sur une valeur excédant 150 francs; » qu'il ne rapportait aucune preuve écrite ni » aucun commencement de preuve par écrit de la » préexistence de cette contre-lettre; qu'elle n'était » pas non plus avouée par Desblancs, à qui il im- » putait de l'avoir soustraite; que dans cet état, » la plainte de Bouilloux ne pouvait servir de base » à une instruction criminelle; qu'en le ren- » voyant devant le juge d'instruction, le tribunal » de Châlons-sur-Saône a donc faussement ap- » pliqué l'article 193 du Code d'instruction, et » violé les règles de compétence établies par la » loi. »

La décision que consacre cet arrêt est assurément à l'abri de toute critique, parce qu'admettre la preuve testimoniale de l'existence et de la soustraction d'une prétendue contre-lettre qui modifie des obligations civiles dont la preuve littérale est représentée, ce serait ouvrir une voie indirecte pour faire recevoir la *preuve par témoins contre et outre le contenu aux actes, et sur ce qui serait allégué avoir été dit avant, lors ou depuis les actes*, ce que défend l'article 1341 du Code civil; et tel aurait dû être le motif de l'arrêt. Au lieu de cela, il porte d'une manière générale et absolue que, dans les plaintes en soustraction de titres, il faut rapporter ou la preuve ou un commencement de preuve par écrit de la préexistence du titre soustrait; doctrine qui n'est pas exacte, et qui n'a jamais été soutenue par personne (1). Je ferai remarquer, au surplus, que cet arrêt n'est pas en contradiction avec celui du 25 mai 1816 que j'ai rapporté n° 170, parce que, dans cette dernière espèce, le plaignant rapportait un commencement de preuve par écrit de l'existence de la contre-lettre dont la soustraction donnait lieu aux poursuites.

C'est enfin en s'appuyant sur le principe que les règles du droit civil, en cette matière, sont communes à toutes les juridictions, que la cour de cassation a jugé, par ses arrêts des 5 sept. 1812 (2), 17 juin 1813 (3), 12 sept. 1816 (4), que le crime de faux serment ne peut être poursuivi par le ministère public, qu'autant que l'acte sur lequel le faux serment est intervenu est du nombre de ceux dont la loi civile autorise la preuve testimoniale, soit parce qu'il s'agit d'une valeur qui n'excède pas 150 fr., soit parce qu'il existe un commencement de preuve par écrit. Voici les motifs du second arrêt: « Attendu que, si les faits » criminels peuvent être prouvés par des dépositions de témoins et par tout autre moyen de conviction étranger à la preuve qui résulte des actes » écrits, il n'en est pas de même des faits civils autorisés par la loi civile, et dont la preuve est assujettie par elle à la production d'un acte écrit

(1) V. *suprà*, n° 172. — (2) Bull., p. 399; Rép. de jurisp., t. XVI, p. 101 (v° Serment). — (3) Bull., p. 323; Dalloz, t. XII, p. 616. — (4) Bull., p. 155.

» qui les constate; qu'à l'égard de ces faits, la loi
» qui détermine le genre de preuve qui ne peut
» être admis, étend son empire sur la procédure
» criminelle comme sur la procédure civile;
» qu'elle doit être observée et respectée par les
» juges criminels, même dans le cas où, le fait
» autorisé par la loi civile se liant par des rapports
» nécessaires et absolus au fait puni par la loi cri-
» minelle, la preuve du fait criminel ne peut être
» établie que par celle du fait civil, et doit en être
» la conséquence; attendu que Mathias Stein a été
» poursuivi pour avoir juré contre la vérité, dans
» un serment qui lui avait été déféré en justice,
» qu'il n'avait pas fait la vente de la moitié d'une
» maison au prix de 200 florins; que la fausseté
» de ce serment n'étant pas reconnue par Stein,
» la preuve n'en pouvait résulter que de celle de
» la vente qu'il avait affirmé n'avoir pas faite; que
» la vérité de la vente était le principe constitutif
» de la fausseté du serment; mais que, cette vente
» étant purement un acte civil, soumis, dans sa
» preuve, aux dispositions des art. 1341 et 1347
» du Code Napoléon, la preuve testimoniale en
» était prohibée d'une manière générale par ledit
» article 1341, et qu'elle n'en était admise par la
» disposition exceptionnelle de l'article 1347 qu'au
» cas qu'il en aurait existé un commencement de
» preuve par écrit; que le serment prêté par Stein
» ne pouvait donc prendre le caractère d'un faux
» serment et devenir ainsi passible de poursuites
» criminelles, qu'autant qu'il aurait été produit

» une preuve écrite, ou du moins un commence-
» ment de preuve par écrit de la vente qui avait
» été déniée par ce serment; que néanmoins la
» cour a mis ledit Stein en état d'accusation pour
» faux serment, sans déclarer qu'il existait une
» preuve écrite ou un commencement de preuve
» par écrit de la vente qui seule pouvait faire ré-
» puter ce serment faux; que l'arrêt de mise en
» accusation et le renvoi à la cour d'assises a donc
» porté sur un fait à l'égard duquel il n'y avait
» encore ni preuve ni présomption légale de ca-
» ractère criminel; qu'il a donc été une violation
» des règles de compétence prescrites par la loi:
» casse. »

Au surplus, c'est au tribunal saisi de la plainte qu'il appartient de décider s'il existe un commencement de preuve par écrit, et s'il est suffisant pour autoriser la preuve testimoniale (1).

Lorsque les poursuites embrassent plusieurs délits, dont les uns sont susceptibles de la preuve testimoniale et les autres ne le sont pas; par exemple, si un individu était traduit en police correctionnelle sur la double prévention de la violation d'un dépôt, non prouvé par écrit ni avoué, et de vol, le tribunal doit prohiber l'audition de tout témoignage tendant à établir l'existence du dépôt, et ordonner qu'il ne sera tenu note que de la partie des dépositions relative à l'autre délit.

---

(1) Arrêt du 31 juillet 1812, Dalloz, t. V, p. 84; et *infrà*, n° 176.

C'est ce que la cour de cassation a jugé, au rapport de M. Lecoutour, par arrêt de rejet du 1er août 1817 (1).

174. Ce n'est pas seulement aux parties lésées que la voie de la plainte est interdite, lorsque les faits qui y donnent lieu ne sont pas susceptibles d'être prouvés par témoins; elle l'est également au ministère public, et les règles que j'ai retracées dans le précédent numéro lui sont applicables; les arrêts des 5 déc. 1806 (2), 2 déc. 1813 et 5 mai 1831, et les trois arrêts rendus en matière de faux serment (3) le décident formellement. «Qui ne voit, en effet, dit M. Merlin (4), » que, s'il en était autrement, la loi qui défend la » preuve testimoniale en matière de paiement, » même en matière de dépôt, serait toujours élu» dée, même en faveur de la partie privée? La » partie intéressée à prouver par témoins, soit le » dépôt, soit le paiement, n'agirait pas elle-même » directement par la voie criminelle; mais elle » emploierait, soit par elle-même, soit par une » personne interposée, les moyens indiqués par » la loi, pour que le ministère public agît d'office; » et une fois l'action du ministère public engagée, » une fois la preuve testimoniale acquise, la partie » privée interviendrait comme partie civile; et » alors il faudrait bien que le juge criminel, en

(1) Non imprimé, affaire Girardon. — (2) Dalloz, t. V, p. 84. — (3) Cités ci-dessus, nos 170 et 173. — (4) Rép. de jurisp., v° Serment, § 2, art. 2, t. XVI, p. 100.

»condamnant le prévenu, d'après l'action du mi-»nistère public, adjugeât à la partie civile les »dommages-intérêts qui lui seraient dus.»

175. Que doit donc faire le juge criminel, lorsque des actions de ce genre sont portées devant lui soit par les parties civiles, soit par le ministère public? Il faut bien qu'il interroge d'abord le prévenu, puisqu'il est possible que de ses aveux résulte soit la preuve, soit un commencement de preuve de l'existence de la convention dont la violation constitue le délit.

Mais s'il la dénie, s'il n'en existe ni preuve ni commencement de preuve par écrit, quelle décision le juge portera-t-il? On n'est pas d'accord sur la solution de cette question. Suivant M. Merlin (1) et un arrêt rendu sur ses conclusions le 20 fructidor an 12 (2), «Si le prévenu, dans son »premier interrogatoire, dénie la convention pré-»supposée par l'imputation du prétendu délit, et »si cette convention n'est pas prouvée par écrit, »ou s'il n'en existe pas un commencement de »preuve littérale, la procédure criminelle *doit* »*être suspendue* jusqu'à ce que les juges civils »aient prononcé sur le fait de l'existence préalable »de cette même convention.» Je ne crois pas que cette doctrine doive être admise : car quel serait le but du sursis et du renvoi devant le tribunal civil? de faire juger par ce dernier tribunal si

(1) Rép. de jurisp., v° Dépôt, § 1er, n° 6, t. IV, p. 430.
(2) Dalloz, t. V, p. 90.

la convention existe ou n'existe pas? Mais le tribunal correctionnel a toute compétence pour décider cette question. Serait-ce de faire juger si la preuve testimoniale est admissible? Mais le sursis serait positivement motivé sur ce qu'elle n'est pas admissible; il n'aurait donc d'autre objet que de soumettre au tribunal civil une question sur laquelle la juridiction correctionnelle vient de statuer; cela ne se peut pas.

Le juge criminel ne doit pas non plus déclarer la plainte *mal fondée;* car, par là, il jugerait le fond.

Il ne doit pas se déclarer *incompétent;* car il a juridiction sur tous les délits qu'on lui défère, et l'on ne comprendrait pas que, sur la poursuite du ministère public surtout, il se reconnût sans attributions pour juger une violation de dépôt ou un abus de confiance.

Que doit-il donc faire? La réponse à cette question sort de la nature même de l'obstacle qui s'oppose à l'action. C'est parce que la voie de la plainte est interdite toutes les fois que la preuve orale n'est pas autorisée, que l'action dont il s'agit ne doit pas être reçue; et la preuve orale est interdite parce qu'à l'appui de la plainte on ne produit ni une preuve ni un commencement de preuve par écrit de l'acte dont la violation constitue le délit. Cet obstacle n'est conséquemment qu'une fin de non-recevoir qui arrête l'action, et rien de plus; c'est une fin de non-recevoir qui peut cesser avec la cause qui l'a produite, puisque la découverte d'une preuve ou d'un commencement de preuve littérale donnerait à l'action un libre cours. Le juge criminel doit donc se borner à déclarer soit la partie civile, soit le ministère public *non recevable, quant à présent*, dans sa plainte; et c'est ce que décide l'arrêt de la cour de cassation du 2 décembre 1813 (1); il porte :

« Attendu... que, dans l'espèce, le dépôt dont » la violation a donné lieu à la poursuite étant » dénié par le prévenu, la preuve écrite n'en » étant pas rapportée et n'en existant aucun com- » mencement de preuve par écrit qui pût autori- » ser la preuve testimoniale, la chambre correc- » tionnelle de la cour impériale de Colmar a fait » une juste application de la loi, en déclarant le » ministère public *non recevable, quant à présent*, » dans ses poursuites sur la violation du prétendu » dépôt. »

176. Remarquez que, si le prévenu n'avait pas réclamé contre l'admission de la preuve testimoniale, ou que si, après s'être opposé à cette admission, il avait laissé acquérir l'autorité de la chose jugée à la décision qui la prononce, le jugement définitif de condamnation intervenu contre lui ne devrait pas être réformé sur l'appel ou cassé sur son pourvoi, si avant ce jugement la partie poursuivante avait découvert un commencement de preuve par écrit, soit par suite

(1) Cité *suprà*, n° 170.

des informations auxquelles il a été procédé, soit de toute autre manière; car ce jugement définitif, ainsi soutenu et justifié par une preuve testimoniale, accompagnée d'un commencement de preuve par écrit, n'est pas vicié par l'irrégularité qui a été commise dans le mode et l'ordre de l'instruction.

Le cas dont je parle est arrivé lors de l'arrêt du 31 juillet 1812 (1): Le notaire Bourgeay, poursuivi en violation de dépôt, s'était opposé avec raison à l'admission de la preuve testimoniale; mais il ne s'était pas pourvu contre le jugement qui avait joint son exception au fond, et ordonné qu'il serait procédé sur le tout. Les débats firent découvrir des commencemens de preuve par écrit de l'existence du dépôt dénié, et ce notaire fut condamné; il se pourvut contre l'arrêt confirmatif, et prétendit que la découverte postérieure des commencemens de preuve par écrit ne pouvait valider l'admission d'une preuve orale que la loi prohibait au moment où elle fut reçue; son pourvoi fut rejeté. « Attendu qu'il a été jugé par » la cour de Lyon qu'il y avait commencement de » preuve par écrit du dépôt dont il s'agit; que » cette cour a un caractère pour apprécier les » commencemens de preuve; que l'appréciation » qu'elle en a faite n'est point en contravention à » l'article 1347 du Code civil; que dès lors elle a » pu admettre la preuve testimoniale et déclarer

---

(1) Cité *suprà*, n° 173.

» l'existence et la violation dudit dépôt volontaire, » d'après le résultat de cette preuve. »

Ce cas est arrivé encore lors de l'arrêt du 5 septembre 1812 (1) : Gilbert Merlin, mis en accusation à raison d'un crime de faux serment, sans qu'il existât contre lui de commencement de preuve par écrit, ne s'était pas pourvu contre l'arrêt, et n'avait attaqué que l'arrêt définitif qui le condamnait; M. Merlin donna des conclusions dans l'affaire (2) : « Si le réclamant s'était pourvu en » cassation, disait-il, contre l'arrêt de mise en » accusation, dans le délai de la loi, vous auriez » vraisemblablement accueilli son recours, sans » la moindre hésitation; vous auriez vraisembla- » blement cassé cet arrêt, comme motivant une » accusation sur un fait qui, dans l'état où se » trouvait alors la procédure, ne pouvait pas être » considéré comme un crime, faute de preuve » légale du fait antérieur qui le présupposait.

» Mais aujourd'hui, qui nous répondra que, » devant les jurés, le réclamant n'a pas avoué le » fait du paiement des 200 francs? qui nous ré- » pondra que du moins, il n'a pas laissé échapper » devant les jurés de ces demi-aveus, de ces con- » tradictions qui peuvent être assimilées à des com- » mencemens de preuve par écrit? et serions- » nous assez téméraires pour entreprendre de » soulever le voile religieux qui couvre la délibé-

(1) Cité *suprà*, n° 173. — (2) Rép. de jurisp., t. XVI, p. 101, v° Serment, § 2, art. 2.

» ration des jurés, de sonder le fond de leur » conscience et d'y chercher les élémens de la » conviction qu'ils ont manifestée par leur décla- » ration ? »

La cour de cassation adopta cette opinion; elle rejeta le pourvoi du condamné, et cassa, dans l'intérêt de la loi seulement, l'arrêt qui avait prononcé sa mise en accusation.

177. Lorsque l'existence du délit dépend de l'interprétation d'un acte, d'un contrat, le juge de la prévention a nécessairement caractère pour décider si, d'après l'acte produit, le délit existe ou n'existe pas; il a caractère pour examiner cet acte, pour en rechercher le sens, en déterminer les effets. Cette interprétation ne donne pas lieu à une question judiciaire qui sorte des limites de sa compétence; ce n'est là qu'une conséquence du principe que le juge d'une action est nécessairement juge de l'exception qu'on y oppose; et je rapporterai plusieurs arrêts qui ont appliqué cette règle en matière de baux (1); à moins qu'il ne s'agisse d'un acte dont l'interprétation soit dévolue à l'autorité administrative, comme je le dirai dans un instant.

178. L'application de la règle que je viens de rappeler a cependant souffert des difficultés en matière d'adjudication de coupes de bois passée par l'administration forestière.

On a bien reconnu que quand l'adjudicataire

(1) V. *infrà*, n°s 179 et 204.

prévenu d'un délit résultant de la violation des conditions de l'adjudication, était d'accord avec l'administration sur le sens des clauses de son contrat, et qu'il se bornait à soutenir en fait qu'il s'était renfermé dans les termes de cet acte, le tribunal correctionnel était compétent pour vérifier et constater les faits allégués (1); on a fini par reconnaître aussi que, quand l'adjudicataire prévenu de délit et l'administration ne s'accordaient pas sur le sens des clauses de l'adjudication, et que l'existence du délit dépendait de l'interprétation qu'elles devaient recevoir, c'était à l'autorité judiciaire, et non à l'autorité administrative à faire cette interprétation (2). Mais la cour de cassation avait pensé qu'il y avait lieu à une question préjudicielle qui sortait de la compétence du juge criminel; que, quand elle était élevée, il devait surseoir au jugement du délit jusqu'à ce que la juridiction civile eût prononcé; et elle rendit, dans ce sens, plusieurs arrêts (3) ainsi motivés : « Attendu que, lorsqu'il y a contes-» tation sur le mode ou sur l'étendue de la jouis-» sance qu'a pu exercer l'adjudicataire sur les » droits qu'il prétend faire dériver de son bail,

(1) V. au Rép. de jurisp., v° Délit forestier, § 18, t. IV, p. 309, six arrêts qui l'ont ainsi décidé. — (2) V. Dalloz, t. III, p. 192. — (3) Les 2 messidor an 13, Rép. de jurisp., t. Ier, p. 174, et Dalloz, t. XI, p. 505, 8 brumaire an 14, et 10 janvier 1806; Rép., v° Délit forestier, t. IV, p. 308; Dalloz, t. III, p. 194, et t. XI, p. 505.

» les délits dont il peut être accusé dépendent » essentiellement alors de la question si les faits sur » lesquels la plainte est fondée étaient ou n'étaient » pas légitimes d'après les clauses et les conven» tions du bail; que cette question préjudicielle, » qui a pour objet l'interprétation d'un contrat et » la fixation des obligations et des droits qui peu» vent en résulter, est essentiellement civile, et » est conséquemment hors du domaine des tribu» naux criminels; que ce n'est que par le résultat » de l'examen des tribunaux civils et de leur ju» gement que peut être fixé le fait du délit; et que » ce n'est qu'alors que ce fait, ainsi déterminé, » peut devenir l'objet d'une poursuite crimi» nelle (1). »

On voit que cette jurisprudence, dont le dernier monument remonte à 1806, est en opposition avec les principes proclamés depuis par la cour de cassation; c'est ce qu'elle a reconnu elle-même, dans la note qu'elle a rédigée, le 12 novembre 1813, sur les questions préjudicielles. Elle établit d'abord que le juge du délit est compétent pour interpréter les actes et contrats d'où l'on prétend le faire résulter; elle ajoute ensuite : « Néanmoins, comme » dans les matières forestières, nous avons jugé » depuis l'arrêt du 2 messidor an 13, que l'adju» dicataire qui prétendait devant le tribunal cor» rectionnel avoir eu le droit, d'après la copie » des charges, de faire ce que l'administration

(1) Arrêt du 2 messidor an 13.

» forestière soutenait avoir été fait par lui en délit, » devait être renvoyé devant les tribunaux civils, » pour qu'il y fût statué sur le sens et les obligations du cahier des charges, et *qu'une jurisprudence contraire ne peut pas convenablement être de suite adoptée;* il a été arrêté qu'on ne casserait » point les jugemens rendus par les tribunaux » ordinaires en matière forestière, lorsqu'ils au» raient renvoyé les parties devant la juridiction » civile pour faire prononcer sur l'interprétation » du cahier des charges, ou d'autres actes qui » auraient servi de base à la défense du prévenu. »

Il ne paraît pas que la question se soit présentée depuis cette délibération. Si elle venait à s'offrir, la cour de cassation ne se ferait pas scrupule, sans doute, de la décider conformément aux principes qu'elle a posés dans tous ses arrêts subséquens, particulièrement en matière d'interprétation de baux, comme on le verra dans un instant; et de juger que les tribunaux saisis de la poursuite de l'administration forestière sont compétens pour interpréter l'adjudication qui y donne lieu.

179. Lorsque l'acte qu'il s'agit d'interpréter émane de *l'autorité administrative*, c'est par cette autorité que l'interprétation doit être donnée; les lois et la jurisprudence sont formelles à cet égard. Ainsi, par exemple, lorsque l'acquéreur d'un domaine national, poursuivi par l'administration forestière pour introduction de bêtes à laine dans un bois de l'état, allègue pour sa défense que son acte d'adjudication lui a conféré

ce droit par dérogation aux lois forestières, l'interprétation de l'acte de vente n'appartient qu'au conseil de préfecture, et le moyen de défense présente une question préjudicielle dont le jugement doit lui être renvoyé (1).

Mais est-ce à l'autorité administrative ou aux tribunaux qu'appartient l'interprétation des baux consentis par l'administration? A moins que l'acte ne soit attaqué sous le rapport des formes exigées pour la validité des actes administratifs, ou qu'une loi formelle n'en ait attribué l'interprétation à l'autorité administrative, les tribunaux sont seuls compétens pour prononcer sur le sens de ces actes et les effets qui doivent en résulter. Après beaucoup de variations, le conseil d'état a fini par reconnaître ce principe (2); et il a prévalu dans la loi du 15 avril 1829 sur la pêche fluviale, dont l'article 4 porte : « Les contestations entre » l'administration et les adjudicataires relatives » à l'interprétation et à l'exécution des baux et » adjudications, et toutes celles qui s'élèveraient » entre l'administration ou ses ayant-cause et des » tiers intéressés à raison de leurs droits ou de » leurs propriétés, seront portées devant les tri- » bunaux. »

180. Au surplus, il ne faut pas considérer comme des actes administratifs les baux des biens communaux consentis par l'autorité municipale :

---

(1) Arrêt du 16 juin 1809, Dalloz, t. III, p. 194.
(2) Dalloz, t. III, p. 195.

c'est ce qu'établissent parfaitement les arrêts dont je vais rendre compte, en décidant que c'est aux tribunaux saisis des délits auxquels ils donnent lieu, qu'appartient le droit de les interpréter.

Lecardé, adjudicataire des droits d'étalage dans la halle aux toiles de la ville de Rouen, fut traduit en police correctionnelle pour avoir perçu des marchands des droits plus élevés que ceux fixés par le tarif joint à son bail; il se défendit en soutenant que la perception qu'on lui reprochait était conforme aux clauses de son adjudication, et que, s'agissant de les interpréter, il fallait le renvoyer devant l'administration. La cour royale refusa de voir dans ce moyen de défense une exception préjudicielle qui sortît des limites de sa compétence, et elle condamna le prévenu. Il se pourvut en cassation; mais son pourvoi fut rejeté le 2 janvier 1817 (1), « Attendu que les » halles sont des propriétés communales; qu'aux » termes de l'article 7 de la loi du 11 brumaire » an 7, les prix de la location des places dans les » halles et marchés font partie, tout comme le » prix des baux des biens communaux propre- » ment dits, des recettes communales; que le bail à » terme consenti à Lecardé par l'adjoint municipal » de la ville de Rouen, des droits à percevoir au » profit de la commune dans les halles aux toiles » et cotons de cette ville, n'a donc été et n'a pu » être consenti qu'en vertu d'un mandat tacite et

(1) Bull., p. 3; Dalloz, t. II, p. 111.

» inhérent aux fonctions municipales, pour la » gestion des biens des communes; que cet acte » n'a pas été l'exercice d'une délégation de pou- » voirs faite par le gouvernement, qu'il n'a pas » porté sur un objet qui fût, en tout ou en partie, » une dépendance du domaine public; que » l'officier municipal avec lequel Lecardé a con- » senti n'a donc pas eu dans cet acte le caractère » d'un agent du gouvernement, qu'il n'y a eu que » celui d'agent de la commune; que cet acte n'est » donc pas un acte administratif; qu'il n'est qu'un » acte privé soumis aux mêmes règles que toutes » les transactions que les citoyens peuvent faire » entr'eux, et qu'il entre dans les règles ordi- » naires du droit pour tout ce qui concerne son » interprétation, ses effets, son étendue et ses » limites; que s'il a été approuvé par le préfet, » cette approbation n'en a point changé la nature; » et n'a pu lui imprimer la qualité d'acte adminis- » tratif; qu'en donnant cette approbation, le » préfet n'a point fait un acte de la puissance » publique; qu'il n'a agi que comme tuteur légal » et nécessaire de toutes les corporations publiques » de son territoire;

» Que la cour royale de Rouen a donc eu carac- » tère pour prononcer sur l'étendue et les bornes » des droits confiés à Lecardé par cet acte de bail » à terme, et qu'elle n'a pas dû recourir à l'au- » torité administrative pour en faire déterminer le » sens et l'interprétation. »

Les mêmes principes sont reproduits dans un

arrêt du 24 septembre 1825 (1); il s'agissait, dans l'espèce d'un délit de pâturage commis dans une lande communale affermée en vertu d'une délibération du conseil municipal, revêtue de l'approbation du préfet. On les retrouve dans un autre arrêt de la chambre des requêtes du 6 mars 1829 (2).

Voici une espèce dans laquelle le conseil d'état et la cour de cassation ont confirmé les mêmes règles : le droit de passage du bac de la commune de Bessau avait été affermé à Aubier, et le cahier des charges portait, article 4 : « Le passage ou » retour des bestiaux, venant du pâturage ou du » labour, aura lieu gratuitement pour les habitans » des communes où les bacs sont établis.

Le sieur Célarier, habitant la commune de Bessau, ayant prétendu que ses bestiaux, qui dépendaient d'un domaine situé dans la commune de Florenzac, devaient jouir du passage gratuit, et le fermier s'y étant opposé, la contestation, qui avait pour objet de fixer le sens de l'article 4, fut portée devant le tribunal de police d'Agde. Le préfet, en étant instruit, éleva un conflit sur le motif que le cahier des charges du bail étant un acte émané de l'autorité administrative, il appartenait exclusivement à cette autorité d'en interpréter les dispositions. Ce conflit ayant été soumis au conseil d'état, le roi rendit, le 23 février 1818, une ordonnance ainsi conçue : « Con-

---

(1) Bull., p. 526; Dall.; 1826, p. 38. — (2) Dall., p. 322.

» sidérant que c'est aux tribunaux qu'il appartient » d'interpréter les baux, lors même qu'ils ont été » passés par l'autorité administrative; que l'ar- » ticle 21 du cahier des charges n'est obligatoire » que pour le fermier; avons ordonné : art. 1er, » l'arrêté de conflit, pris le 14 octobre 1817 par le » préfet de l'Hérault, est annulé. »

L'affaire revint devant le tribunal de police, et, par appel, devant le tribunal de Béziers, qui jugea que le droit n'était pas dû, qu'ainsi Célarier n'avait commis aucune contravention en refusant de l'acquitter. Pourvoi en cassation, et le 4 septembre 1818, arrêt de rejet, au rapport de M. Ollivier (1), motivé sur ce que le tribunal avait pu interpréter le cahier des charges de l'adjudication du droit de passage, et décider que le droit n'était pas dû; que l'interprétation ne pouvait d'aucune manière, donner ouverture à cassation.

Après une jurisprudence aussi bien établie, on est surpris de trouver, sous la date du 26 août 1826 (2), un arrêt qui, dans ses motifs, contrarie les principes qu'elle a consacrés. Voici l'espèce : il existe à Meaux un pont pour le passage duquel une ordonnance du roi a établi un droit de péage, en exceptant de ce droit tous les habitans de la ville et du faubourg; un individu refusa d'acquitter le droit, en prétendant qu'il était habitant de Meaux, qu'ainsi l'exception lui était applicable. Le fermier du droit le traduisit devant le tribunal

(1) Non imprimé. — (2) Bull., p. 466; Dalloz, 1827, p. 13.

de police, et là, le prévenu fut acquitté sur l'ordre du ministre de la justice. Le procureur général près la cour de cassation requit l'annulation de ce jugement, dans l'intérêt de la loi; le bulletin officiel ne transcrit pas son réquisitoire, mais je l'ai sous les yeux, et le moyen de cassation qu'il fait valoir est ainsi conçu : « L'établissement d'un » péage n'est qu'une mesure financière qui trouve » sa sanction dans la loi de finance du 17 juillet » 1819, art. 5; c'est un moyen de payer des travaux » publics entrepris par des particuliers; c'est le prix » d'un contrat et non pas une mesure de police; » d'une autre part, le refus de payer le péage » établi sur un pont ne peut être considéré comme » compris dans la disposition pénale de l'article 56 » de la loi du 6 frimaire an 7, puisque cette loi » n'est applicable qu'au régime des *bacs et bateaux*, » et non à celui des ponts, desquels elle ne s'oc- » cupe nullement. Ce refus d'acquitter le péage ne » pouvait donc donner lieu qu'à une action civile. » En acquittant le prévenu, le tribunal de simple » police a, par cela même, retenu implicitement » la connaissance de l'affaire, et méconnu dès lors » les bornes de sa compétence. » On voit que le moyen présenté par le procureur général ne soulevait nullement la question de savoir à quelle autorité appartenait le droit d'interpréter les clauses de l'adjudication. L'arrêt qui est intervenu commence par assimiler le refus d'acquitter un droit de péage sur un pont au refus de payer celui qui est établi sur des bacs et bateaux; il en conclut que ce refus constitue une violation de l'article 56 de la loi du 6 frimaire an 7; que la contravention qui en résulte est de la compétence des tribunaux de simple police, et par ce motif, il rejette le moyen de cassation invoqué dans le réquisitoire; l'arrêt porte ensuite : « Qu'il en est » autrement lorsqu'il s'agit de décider si le droit » de péage est ou n'est pas dû à raison des causes » d'exemption qui peuvent se trouver en la per- » sonne et dans les qualités des passans; qu'une » telle question est purement civile, et ne peut être » jugée par les tribunaux de police; que, dans l'es- » pèce, il s'agissait de juger si, ou non, Dulac était » ou n'était pas habitant de la ville de Meaux; » qu'il suit de là que, lors qu'une telle exception » était proposée et contestée par le demandeur, » le tribunal devait se déclarer incompétent, et, » vu la qualité de la demande et qu'elle était pure- » ment personnelle, renvoyer les parties devant le » juge de paix du canton, en son audience civile. »

Cette doctrine n'est point admissible : tous les arrêts que j'ai cités, et l'ordonnance du roi que je viens de rapporter, la contredisent. Fût-elle exacte, il n'y avait pas lieu à l'invoquer dans l'espèce qui était à juger, puisqu'il ne s'agissait pas d'interpréter l'ordonnance qui a établi le droit de péage, mais seulement de vérifier le fait de savoir si le prévenu était ou n'était pas habitant de Meaux, vérification qui rentrait absolument dans les attributions du tribunal de police.

181. Le principe que le juge compétent pour

connaître la prévention, l'est également pour décider les questions de droit civil qui s'y rattachent, souffre, ainsi que je l'ai annoncé, quelques exceptions. Il en existe deux principales, et elles s'appliquent aux questions qui concernent 1° l'état et la filiation des enfans, 2° la propriété des immeubles et les autres droits réels dont la propriété peut être grévée. Il existe, en outre, des exceptions qui sont particulières à certains délits.

J'expliquerai successivement la nature de ces exceptions, les motifs sur lesquels elles sont fondées, et leur étendue.

Article 1er. *Des questions d'état.*

182. Considéré en général, *l'état des personnes* est la position que les lois civiles et politiques assignent aux citoyens, soit à l'égard de la société tout entière, soit à l'égard des familles dont elle se compose. Les expressions *question d'état* s'appliquent aux contestations dans lesquelles il s'agit de savoir si telle personne est française ou étrangère; si elle jouit de la vie civile, ou si elle est morte civilement; si elle est mariée ou non, si elle est née de tel père et de telle mère, etc.

Mais ce n'est point dans une acception aussi étendue que les articles 326 et 327 du Code civil, qui créent l'exception que j'examine, emploient les mots *réclamations d'état, question d'état;* placés sous le titre *de la paternité et de la filiation,* ces articles n'ont en vue que de régler le mode suivant lequel les preuves de la filiation sont admissibles, et ils portent :

Art. 326. « Les tribunaux civils seront seuls » compétens pour statuer sur les réclamations » d'état. »

Art. 327. « L'action criminelle contre un délit » de suppression d'état ne pourra commencer » qu'après le jugement définitif sur la question » d'état. »

Les termes dans lesquels ces deux articles sont conçus, et, d'ailleurs, les dispositions qui les précèdent ainsi que celles qui les suivent, font voir clairement que l'attribution exclusive qu'ils donnent aux tribunaux civils, pour connaître des *réclamations d'état*, ne doit s'entendre que de *l'état des enfans;* que la suspension dont ils frappent l'action publique n'a lieu que quand elle a pour base une *question de filiation :* c'est donc uniquement sous ce rapport que ces deux articles doivent être examinés.

183. La filiation a pour fondement la naissance que nous recevons de nos père et mère; la nature et la loi se réunissent pour en administrer la preuve. « L'état des hommes, disait M. l'avocat » général de Saint-Fargeau dans la cause des en- » fans des sieur et dame Simonot (1), n'est pas » moins l'ouvrage de la loi que celui de la nature. » La nature les met au monde; la loi les place

(1) Nouveau Dénisart, t. VIII, p. 3.

» dans la société ; et si les relations qu'opère la » nature entre les père et mère et leurs enfans » sont plus intimes et plus tendres, les relations » qu'établit entr'eux la loi sont plus nombreuses » et plus apparentes. La nature réduit les droits » de parenté à la liaison du sang, aux offices mu» tuels. La loi étend les droits de famille à la suc» cession du nom, des biens, de la noblesse, » quelquefois même des dignités. Tant de préro» gatives attachées à l'origine forment, par leur » réunion, ce qu'on appelle état dans l'ordre de » la vie civile. Cet état a pour fondement notre » naissance d'un tel père et d'une telle mère. La » nature indique la mère par les symptômes de » la grossesse, par les travaux de l'enfantement; » mais elle répand sur la paternité des ténèbres » impénétrables....; la mère seule peut être as» surée par sa conduite de l'auteur de sa fécon» dité. Mais cette certitude, qui lui est person» nelle, est incommunicable à tout autre qu'à elle» même. Les étrangers, les parens pourraient » toujours ignorer ou feindre d'ignorer la pater» nité; le père lui-même pourrait, au gré de son » caprice, méconnaître son propre sang, si l'on » n'eût pas établi des règles pour fixer cette incer» titude et prévenir ces abus : il a fallu se conten» ter d'une présomption légale, dont on a fait la » base de l'état. »

La présomption légale dont parlait M. de Saint-Fargeau repose sur la maxime *pater is est quem justæ nuptiæ demonstrant;* l'article 312 du Code civil l'a érigée en loi : « l'enfant conçu pendant le » mariage a pour père le mari. »

Mais par quelles preuves un enfant établira-t-il qu'il a été conçu pendant le mariage? Les articles 319, 320, 321 et 322 du Code civil répondent à cette question :

Art. 319. « La filiation des enfans légitimes se » prouve par les actes de naissance inscrits sur les » registres de l'état civil. »

Art. 320. « A défaut de ce titre, la possession » constante de l'état d'enfant légitime suffit. »

Art. 321. « La possession d'état s'établit par » une réunion suffisante de faits qui indiquent » le rapport de filiation et de parenté entre un in- » dividu et la famille à laquelle il prétend appar- » tenir.

» Les principaux de ces faits sont : que l'indi- » vidu a toujours porté le nom du père auquel » il prétend appartenir ;

» Que le père l'a traité comme son enfant, et a » pourvu, en cette qualité, à son éducation, à » son entretien et à son établissement :

» Qu'il a été reconnu constamment pour tel » dans la société;

» Qu'il a été reconnu pour tel dans la famille. »

Art. 322. « Nul ne peut réclamer un état con- » traire à celui que lui donne son titre de nais- » sance et la possession conforme à ce titre;

» Et réciproquement nul ne peut contester l'é- » tat de celui qui a une possession conforme à son » titre de naissance. »

184. Il est aisé de comprendre, après ce que je viens de dire de la filiation et de ses preuves, ce qu'on doit entendre par le *délit de suppression d'état* dont l'article 327 subordonne la poursuite au jugement définitif sur la question d'état. Puisque l'enfant conçu pendant le mariage a pour père le mari, et que les preuves de la filiation légitime reposent dans l'acte de naissance et dans la possession d'état, il est clair qu'on ne peut supprimer ces preuves, les détruire ou les altérer, sans porter atteinte à l'état même de l'enfant qu'elles concernent. Ainsi, c'est supprimer l'état d'un enfant dont on connaît les père et mère, que de le faire inscrire sur le registre de l'état civil comme né de père et de mère inconnus, que de le faire inscrire sous de faux noms; que de l'élever et le traiter comme étranger aux père et mère qu'indique son acte de naissance

La substitution d'un enfant à un autre, la supposition d'un enfant à une femme qui n'est point accouchée, présentent les mêmes caractères quant à l'enfant substitué ou supposé, puisqu'on lui donne par là un autre état que celui qui lui appartient, et ces faits tendent de plus à introduire un étranger dans une famille. C'est ce qu'on appelait dans l'ancien droit *supposition de part.* Ces différentes manières de commettre le délit de suppression d'état ont été prévues par le Code pénal. L'article 345, placé dans la section des *crimes et délits tendant à empêcher ou détruire la preuve de l'état civil d'un enfant*, etc., porte : « les coupables

» d'enlèvement, de recélé ou de suppression d'un » enfant, de substitution d'un enfant à un autre, » ou de supposition d'un enfant à une femme qui » ne sera pas accouchée, seront punis de la réclu» sion.

» La même peine aura lieu contre ceux qui, » étant chargés d'un enfant, ne le représentent » point aux personnes qui ont le droit de le récla» mer. » Les orateurs du gouvernement ont expliqué cet article au corps législatif, en disant : « Les » expressions du nouveau Code ne laisseront point » de doute que ceux-là seront condamnés à la » peine de la réclusion, qui, par de fausses dé» clarations, donneront à un enfant une famille » à laquelle il n'appartient point, et le priveront » de celle à qui il appartient, ou qui, étant char» gés d'un enfant, ne le représenteront pas aux » personnes qui ont droit de le réclamer. »

Il arrive ordinairement que le moyen employé pour parvenir à la suppression de l'état d'un enfant, soit dans le but direct de le frustrer de l'état qui lui appartient, soit dans le but de lui en procurer un qui ne lui appartient pas, constitue un crime de faux en écriture publique. On voit, en effet, qu'aux termes de l'article 57 du Code civil, les actes de naissance doivent énoncer « le » jour, l'heure et le lieu de la naissance ; le sexe » de l'enfant, les prénoms qui lui sont donnés; » les prénoms, noms, profession et domicile des » père et mère ». Or, d'après l'article 147 du Code pénal, le faux en écriture authentique et publique est commis par altération.... « de déclarations ou de faits que ces actes avaient pour » objet de recevoir et de constater. » Ainsi il n'est pas douteux que l'action de faire inscrire sur les registres de l'état civil, comme né de père et de mère inconnus, un enfant légitime, ou d'attribuer à un enfant, dans la déclaration à l'officier public, une autre mère que celle qui lui a donné le jour, constitue le crime de faux.

Mais ce faux n'étant lui-même que le moyen employé pour parvenir à la suppression de l'état de l'enfant, et le fait qui le constitue ne recevant un caractère criminel que de l'intention frauduleuse qui a porté à le commettre, il se lie d'une manière indivisible à la question d'état, et il ne peut être poursuivi qu'après le jugement définitif sur cette question.

185. Quels sont les motifs qui ont déterminé le législateur à attribuer exclusivement aux tribunaux civils le jugement des questions qui concernent l'état et la filiation des enfans, à n'ouvrir la voie criminelle à ceux qui veulent revendiquer l'état dont ils croient avoir été frustrés, et à ceux qui veulent expulser de leur famille l'étranger qui s'y est frauduleusement introduit, qu'après le jugement définitif de ces questions? Écoutons un instant M. l'avocat-général Gilbert de Voisins portant la parole dans l'affaire de la demoiselle de Choiseul (1) :

(1) Nouveau Dénisart, t. VIII, p. 23.

« L'état des personnes est un objet civil en soi-
» même; mais il donne lieu de commettre de
» grands crimes. Non seulement on peut se l'at-
» tribuer par erreur; mais on peut entreprendre
» aussi de l'usurper par une imposture crimi-
» nelle. On peut le contester de bonne foi; mais
» on peut aussi être coupable, en le supprimant
» à dessein formé. D'un côté, la suppression de
» l'état d'autrui, lorsqu'elle est accompagnée de
» préméditation et de noirceur, et de l'autre côté,
» l'usurpation d'un état faux et supposé, lors-
» qu'elle est concertée avec artifice, ont toujours
» été mis au rang des crimes que la justice pour-
» suit avec le plus de rigueur. Ainsi nous ne ba-
» lançons pas à dire que, toutes les fois qu'il s'agit
» de poursuivre sérieusement un imposteur qui
» se donne pour ce qu'il sait qu'il n'est pas, ou
» un plagiaire qui machine de supprimer l'état
» d'autrui, la disposition des ordonnances civiles
» ne fait point d'obstacle; on n'est plus astreint au
» genre de preuves qu'elles exigent. Il s'agit alors
» de prouver un crime punissable et odieux; et,
» en matière de crime, la justice ne rejette aucune
» sorte de preuve: c'est même sur la preuve par
» témoins qu'elle se fonde le plus ordinairement.
» On a prétendu que dans les accusations im-
» pliquées avec une question d'état, il fallait d'a-
» bord traiter la question d'état par la voie civile,
» et que ce n'était qu'après son événement qu'on
» pouvait passer à la poursuite criminelle. Il se-
» rait d'une trop funeste conséquence d'interdire

» toute accusation d'imposture ou de suppression » d'état, jusqu'à ce que l'état fût constaté par la » voie civile. L'imposteur, muni des titres de l'état » qu'il s'attribue, serait en pleine sûreté, dès qu'il » ne pourrait être convaincu que par des témoins » qu'on ne pourrait faire entendre. Celui qui » aurait entrepris de supprimer l'état d'autrui se» rait d'autant plus invulnérable, qu'il aurait pris » plus de soins d'en dérober toutes les preuves » écrites, et trouverait la source de l'impunité » dans la consommation complète de son crime. » Cet excès n'est pas probable. Il faut seulement » éviter un excès contraire. Rejeter indistincte» ment toutes les accusations de cette nature tant » que l'état n'est pas prouvé civilement, c'est fa» voriser le coupable, c'est procurer l'impunité du » crime, c'est choquer ouvertement les premiers » principes des matières criminelles. Mais autori» ser toutes les accusations sans discernement et » sans choix, n'est-ce point ouvrir la porte à un » artifice dangereux, qui peut, sous l'apparence » d'une accusation frivole, ne tendre, en effet, » qu'à se procurer une preuve testimoniale de l'é» tat, toujours difficile à faire admettre par la voie » civile? Cet artifice est fréquent dans l'usage; » mais il n'a pas échappé à la pénétration de la » justice, et il y a long-temps que sa prudence a » trouvé le moyen de le réprimer.

» En toute affaire criminelle, il faut première» ment un titre d'accusation qualifié, et ensuite » une procédure qui tende sérieusement à en ac-

» quérir la preuve. Toutes les fois qu'une plainte
» rendue en justice présente, dans son exposé,
» les caractères d'un crime qui mérite d'être pour-
» suivi, il est difficile que la justice refuse à l'ac-
» cusateur la permission d'en informer; l'informa-
» tion est une voie de droit en matière de crime.
» Mais en accordant cette permission, la justice
» suppose que l'accusateur l'exécutera à la lettre,
» c'est-à-dire qu'il s'attachera à instruire et à prou-
» ver ce qui fait le véritable titre d'accusation.....
» Lorsque le titre d'accusation a quelque rapport
» au civil, l'implication du civil et du criminel
» n'empêche pas ordinairement la justice de per-
» mettre d'abord d'informer; mais comme son in-
» tention n'est pas d'autoriser un détour qui élude
» la disposition des lois sur les matières civiles,
» elle est attentive d'avance à ce qui résultera de
» l'information, et si elle reconnaît que dans cette
» information on ne s'est attaché qu'à faire la
» preuve du civil, et qu'on a négligé le criminel,
» elle regarde le titre d'accusation comme une
» couleur employée pour la surprendre; elle désa-
» voue aisément tout ce qu'elle a fait, et se porte
» à le réformer, le détruire..... Pour fonder une
» procédure criminelle, il faut un titre sérieux
» d'accusation, et ce titre ne passe pour tel qu'au-
» tant que les premières charges, les premières
» informations y répondent sérieusement. Ce prin-
» cipe est un remède efficace aux inconvéniens
» qu'on pourrait craindre dans le cas où l'accusa-

» tion a quelque rapport au civil, et surtout en » ce qui regarde l'état des personnes. »

Ainsi, dans l'ancien droit, on pouvait réclamer son état par la voie criminelle, et la cour de cassation l'a reconnu par un arrêt du 25 brumaire an 13 (1). Mais les juges devaient veiller à ce que la plainte ne fût point une voie détournée pour parvenir à la preuve testimoniale d'une filiation, sans remplir les conditions imposées à son admission par la loi civile. On conçoit qu'il devait être fort difficile de saisir la nuance qui séparait une plainte en suppression d'état rendue sérieusement, d'avec une réclamation cachée sous le masque d'une pareille plainte. Le Code a voulu prévenir cette difficulté. « La loi craint tellement, a dit l'o» rateur du conseil d'état en présentant au corps » législatif le titre de la paternité et de la filiation, » de faire dépendre entièrement les questions d'é» tat de simples témoignages, qu'elle impose aux » juges le devoir de proscrire les moyens indirects » que l'on voudrait prendre pour y parvenir. Telles » seraient les plaintes en suppression d'état que » l'on porterait aux tribunaux criminels, avant » qu'il y ait eu par la voie civile un jugement dé» finitif. Toujours de pareilles plaintes ont été » rejetées comme frauduleuses, et les parties ont » été renvoyées devant les juges civils.

» *Cette décision est contraire à la règle générale*

---

(1) Dalloz, t. VIII, p. 594.

» *qui*, considérant la punition des crimes comme » le plus grand intérêt de l'état, suspend les pro» cédures civiles quand il y a lieu à la poursuite » criminelle : mais lorsqu'il y a un intérêt autre » que celui de la vengeance, intérêt dont l'impor» tance fait craindre que l'action criminelle n'ait » pas été intentée de bonne foi; lorsque cette ac» tion est présumée n'avoir pour but que d'éluder » la règle de droit civil, qui, sur les questions d'é» tat, écarte comme très-dangereuse la simple » preuve par témoins; lorsque la voie civile, qui » rejette cette preuve même pour des intérêts » civils, serait en opposition avec la loi criminelle, » qui l'admettrait, quoiqu'elle dût avoir pour ré» sultat le déshonneur et une peine afflictive; il » ne peut rester aucun doute sur la nécessité de » faire juger les questions d'état devant les tribu» naux civils, avant que les poursuites criminelles » puissent être exercées. »

L'orateur du tribunat a dit : « Des exemples » nombreux, surtout dans ces derniers temps, » ont dénoncé un abus que le caractère criminel » du fait originaire semblait justifier. Privé devant » les tribunaux civils de la faculté dangereuse de » se composer une preuve avec des témoins, parce » qu'il n'avait ni titre, ni possession, ni commen» cement de preuve, le réclamant portait le » fait originaire, sous la qualification d'un délit, » devant les tribunaux criminels, et remplaçait » ainsi une enquête impossible par une informa» tion indispensable. C'était une subversion de tout

» ordre judiciaire, et un instrument fatal mis à la » portée de tout le monde pour ébranler dans leurs » fondemens les familles les plus pures et les plus » respectées. D'ailleurs, le fait qui donne lieu à la » réclamation peut sans doute être un fait coupable; mais l'objet de la réclamation est purement » civil; mais la partie civile ne peut avoir l'action » répressive des délits. L'intérêt de la société est, » sans contredit, que les crimes soient réprimés, » et que les preuves qui conduisent à leur répression ne dépérissent pas. Un plus grand intérêt » commande que le repos de la société ne soit pas » troublé sous prétexte de l'affermir. La réforme » de cet abus était désirable; elle était généralement désirée. Ainsi, après avoir établi que les » tribunaux civils sont seuls compétens pour statuer sur les réclamations d'état, le projet de loi, » *par une disposition contraire, mais uniquement applicable à ce cas* et évidemment utile, dispose » que l'action criminelle contre un délit de suppression d'état ne pourra commencer qu'après » le jugement définitif de la contestation civile. »

Ces motifs me paraissent justifier pleinement les dispositions des articles 326 et 327 du Code civil. En effet, toute action en réclamation d'état repose nécessairement sur deux faits distincts: le premier que l'état dont on jouit actuellement n'est pas celui auquel on a droit; le second que l'état qu'on réclame est celui qui nous appartient réellement. Il peut sans doute y avoir corrélation entre ces deux faits; mais ils peuvent aussi exister indépendamment l'un de l'autre ; car un individu peut prouver qu'il a été inscrit sur les registres de l'état civil sous de faux noms, ou qu'il a été élevé par des individus qui se qualifient faussement de ses père et mère, sans qu'il en résulte pour cela qu'il appartient véritablement aux père et mère qu'il s'attribue C'est même sur cette distinction que repose l'article 323 du Code civil, puisqu'il n'admet la preuve testimoniale de la filiation légitime qu'en faveur de l'enfant qui se trouve à la fois sans titre et sans possession constante, ou qui a été inscrit sous de faux noms, ou enfin qui a été inscrit comme né de père et de mère inconnus. Par là, cet article exige qu'il soit établi préalablement que l'état du réclamant a été supprimé; et ce n'est qu'alors, et sous la condition qu'il y a commencement de preuve par écrit ou des présomptions et indices graves résultant de faits constans, que des témoins peuvent être entendus sur la réclamation d'état. Or admettre que la voie de la plainte peut être prise en cette matière, ce serait s'exposer à confondre dans une information ces deux faits, que la loi a voulu distinguer; ce serait s'exposer à recevoir sur l'un et sur l'autre la preuve testimoniale, sans que les conditions auxquelles elle est subordonnée soient accomplies, et à faire porter sur tous les deux le jugement criminel qui interviendra. Voici ce que la loi a voulu empêcher, et c'est pour y parvenir qu'elle a ordonné deux choses : la première que les réclamations d'état seront de la compétence exclusive des tribunaux civils ; la seconde, que l'action criminelle contre un délit de suppression d'état ne pourra commencer que quand la réclamation d'état aura été jugée. Ainsi la question d'état est préjudicielle à la poursuite du crime de supposition ou de suppression ; et le moyen employé pour introduire un étranger dans une famille ou pour frustrer un enfant de son état, ne peut devenir l'objet de la vindicte publique, que quand les tribunaux civils ont prononcé sur l'état lui-même.

186. Le principe ainsi posé et expliqué, il faut voir comment la jurisprudence l'a appliqué.

1re *Espèce*. Jean Deyres dit Pouricq a été poursuivi par le ministère public à raison d'un crime de faux, résultant de ce qu'il avait fait inscrire sur les registres de l'état civil, comme provenu de lui et de sa légitime épouse, un enfant qu'il savait provenir de son commerce avec une autre femme. Ce faux avait ainsi eu pour objet d'opérer en faveur de l'enfant une filiation autre que celle que la loi lui assignait, et de l'élever à l'état d'enfant légitime, lorsqu'il n'était qu'un bâtard adultérin. Il y avait donc suppression de son véritable état. La cour spéciale se déclara compétente pour juger le crime de faux; mais son arrêt fut cassé le 22 décembre 1808 (1) : « Attendu qu'il n'a été rendu » par les tribunaux civils aucun jugement quel- » conque sur la question d'état à laquelle peut » donner lieu ledit faux, et que même il n'a été

(1) Dalloz, t. VIII, p. 352.

» fait aucune réclamation à cet égard. » La cour de cassation a rendu plusieurs arrêts semblables dans des espèces identiques (1).

2° *Espèce*. Une cour royale avait mis en accusation plusieurs individus à raison d'un crime de faux, résultant de ce qu'ils avaient fait inscrire sur les registres de l'état civil, comme provenant du légitime mariage de Pierre Vincent et de sa femme, un enfant dont celle-ci n'était pas accouchée; mais l'arrêt a été cassé le 24 juillet 1823 (2) « attendu que le fait, devant avoir pour résultat de » donner audit enfant une filiation autre que celle » qui lui appartient, est donc une suppression d'é» tat; que si ledit fait est qualifié crime d'après » l'article 345 du Code pénal, et que, conséquem» ment, il en naisse une action criminelle pour » l'application de la peine portée par ledit article, » elle ne peut, aux termes de l'article 327 du Code » civil, être poursuivie qu'après le jugement défi» nitif à intervenir sur l'action civile en réclama» tion d'état; que, dans l'espèce, cette action n'a » point été jugée, ni même intentée. »

3° *Espèce*. Antoni de Loos mourut sans enfans; afin de frustrer la famille de celui-ci de sa succession, sa veuve prétendit qu'elle était enceinte, se fit nommer un curateur au ventre, supposa un

---

(1) Notamment les 10 messidor an 12, Dalloz, t. VIII, p. 599; 9 février 1810, Bull., p. 55; Dalloz, *ibid*, p. 600; mai 1813, Rép. de jurisp., t. XVI, p. 771 (v° Supposition de part). — (2) Bull., p. 299; Dalloz, *ibid.*, p. 600.

faux accouchement, et fit inscrire sur les registres de l'état civil un enfant comme né de son légitime mariage avec Antoni de Loos. Des poursuites ayant été dirigées devant la cour spéciale, elle se déclara, quant à présent, incompétente, et ordonna la mise en liberté de la prévenue, sauf l'action du ministère public, lorsqu'il aurait été statué définitivement par le tribunal civil sur l'état de l'enfant. Pourvoi en cassation et arrêt de rejet du 21 août 1812 (1). « Attendu qu'en jugeant » que, dans l'espèce, les faits de supposition d'en» fant, et de fausse déclaration sur les registres de » l'état civil, se liaient nécessairement à un fait de » suppression d'état, et qu'ainsi il ne pouvait y » avoir lieu à poursuites criminelles, jusqu'à ce » qu'il eût été statué sur la question d'état par » les tribunaux civils, la cour de la Haye s'est con» formée aux dispositions des articles 326 et 327 » du Code civil. »

4° *Espèce.* Un enfant baptisé, le 11 décembre 1785, sous le nom de *François-Christian Saint-Armant*, était élevé sous le nom de Faudoas. Les sieurs de Faudoas, informés de ce fait, firent assigner son tuteur, et conclurent à ce que son pupile fût condamné à quitter le nom qu'on lui faisait porter, et lui opposèrent son acte de naissance. Le tuteur prétendit que l'enfant avait été inscrit sous de faux noms ; il s'inscrivit en faux

---

(1) Rép. de jurisp., *ibid.*, p. 770 (v° Supposition de part); Dalloz, t. VIII, p. 601.

contre l'acte; il porta plainte au magistrat de sûreté, qui renvoya l'affaire à la cour spéciale. Cette cour annula les poursuites comme prématurées, sauf à les reprendre, s'il y avait lieu, après le jugement définitif de la question d'état par les tribunaux civils qui en étaient saisis. Le tuteur se pourvut en cassation, et soutint qu'il n'y avait pas lieu à l'application de l'article 327 du Code civil, parce que, dans l'espèce, il n'existait point de *réclamation d'état*, puisque son pupile n'était que *défendeur* à un acte qui avait pour objet de le priver de l'état de fils des époux Faudoas dont il était en possession; que d'un autre côté, il n'avait pas rendu plainte en *suppression de son état*, car sa plainte en faux n'avait d'autre objet que de se procurer un moyen de défense, une exception contre l'acte de naissance qui lui était opposé. La cour rejeta le pourvoi par arrêt du 10 messidor an 12 (1), rendu après délibéré et un *consultis classibus :* « Attendu que, d'après les articles 326 et 327 » du Code civil, les tribunaux civils sont seuls » compétens pour statuer sur les réclamations » d'état; que l'action criminelle contre un délit » de suppression d'état ne peut commencer qu'a» près le jugement définitif sur la question d'état; » que la question agitée devant le tribunal de pre» mière instance de Paris était bien véritablement » une question d'état, une réclamation d'état de » la part de Laurent pour son pupile, qu'il sou-

(1) Bull., p. 247; Dalloz, t. VIII, p. 595.

» tient être François-Christian de Faudoas, qualité attaquée par ceux qu'il prétend être le père » et le frère de son pupile; que l'accusation intentée par son tuteur contre Perrault, comme » auteur d'un faux dans l'acte de naissance que » l'on oppose au mineur, est un moyen indirect » de prouver l'origine et d'assurer l'état que Laurent réclame pour son pupille; que la cour spéciale de la Seine, en annulant comme prématurées les poursuites dirigées contre Perrault, sauf » à suivre, s'il y a lieu, après le jugement à rendre au civil sur la question d'état, a fait une » juste application de la loi; que cet arrêt laisse » entière la faculté d'employer, de la part du tuteur devant les tribunaux civils, tous les moyens » accordés par la loi. »

5e *Espèce.* Le sieur B*** a été poursuivi par le ministère public pour avoir fait disparaître des registres de l'état civil, à l'aide de procédés chimiques, trois actes qui y étaient inscrits; il y avait substitué: 1° un faux acte de mariage entre lui et une femme qui n'était que sa concubine; 2° un faux acte de naissance d'une fille, Louise Amélie, énoncée comme née de ce prétendu mariage, mais réellement provenant d'un commerce adultérin que le prévenu entretenait avec cette concubine; 3° un faux acte de décès de cette dernière. Ces faux avaient pour objet de supprimer l'état d'enfant naturel de Louise-Amélie, et de lui donner une filiation légitime qui ne lui appartenait pas; le ministère public reconnaissait bien que le crime de suppression d'état ne pourrait pas être poursuivi tant qu'il n'aurait pas été statué par les tribunaux civils sur l'état de l'enfant; mais il soutint que l'on devait considérer comme des crimes indépendans de l'état de l'enfant, et les altérations commises sur les registres de l'état civil, pour en faire disparaître plusieurs actes, et la fabrication des actes de mariage et de décès, parce que ces actes ne constataient pas la naissance de l'enfant. La cour de cassation ne pouvait adopter cette distinction; un faux n'est criminel que quand il a été commis dans l'intention de nuire, et qu'il peut en résulter un préjudice; or, dans l'espèce, l'intention et le préjudice se rattachaient trop intimement à l'état de l'enfant pour qu'on pût les apprécier abstraction faite de cet état. Aussi l'arrêt intervenu rejeta-t-il le réquisitoire du procureur général tendant à la mise en prévention du sieur B***; il était magistrat et poursuivi en vertu des articles 481 et suivans du Code d'nstruction. L'arrêt porte : « Attendu que dans l'espèce, il n'y » a eu, au civil, aucun jugement définitif sur la » question d'état dont il s'agit (1). »

187. Ce n'est pas seulement aux crimes de *supposition d'enfant légitime* ou de suppression d'état *d'enfant légitime*, que s'appliquent les règles prescrites par les articles 326 et 327 du Code civil. Ces règles embrassent les mêmes crimes lorsqu'ils ont pour objet des *enfans naturels*. Ces articles font

(1) 30 mars 1813, Dalloz, t. VIII, p. 601.

partie du titre *de la paternité et de la filiation*, et ce titre comprend tout à la fois la filiation légitime et la filiation naturelle. L'état d'enfant naturel confère des droits à celui à qui il appartient, comme il lui impose des obligations; d'ailleurs l'article 345 du Code pénal, qui punit les crimes d'enlèvement, de recélé, de suppression, de substitution, de supposition d'enfant, ne distingue pas entre les enfans naturels et les enfans légitimes. Le but de cet article, ainsi que l'annonce le titre de la section dans laquelle il est placé, est de punir les crimes *tendant à empêcher* ou à *détruire la preuve de l'état civil d'un enfant*. La cour de cassation a appliqué ce principe dans l'espèce suivante : Marie-Anne Jourdain avait fait inscrire sur les registres de l'état civil un enfant comme étant le fruit de son commerce illégitime avec François Mengeant; tandis que, dans le fait, elle n'était pas la mère de cet enfant; la cour spéciale s'était reconnue compétente pour juger le crime de faux qui résultait de cette déclaration mensongère; mais son arrêt fut cassé le 25 novembre 1808 (1) : « Attendu que, si le fait imputé à Marie-Anne Jour- » dain, d'avoir fait inscrire sur les registres de l'état » civil un enfant étranger comme étant provenu » de ses œuvres, constitue le crime de faux, comme » ayant pour objet et devant avoir pour résultat » d'opérer une filiation autre que celle de la nature, » et conséquemment une suppression d'état, il

(1) Bull., p. 491; Dalloz, t. VIII, p. 601.

» n'en résultait pas que la prévention d'un tel crime » pût être portée sans intermédiaire et sans préala- » ble au jugement de la cour spéciale ; qu'il ré- » sultait, en effet, des articles 326 et 327 du Code » civil, que l'action publique en matière de sup- » presson d'état ne peut être exercée que quand » il a été statué civilement et définitivement sur la » question d'état, etc. »

188. Que les articles 326 et 327 du Code civil interdisent la voie de la plainte et l'action criminelle à la partie intéressée et au ministère public, tant que les tribunaux civils n'ont pas statué définitivement sur la réclamation d'état dont on les a saisis ; que la partie intéressée ne puisse pas, sous prétexte qu'elle n'a pas encore porté son action devant les juges civils, agir directement en suppression d'état devant les juges criminels : c'est ce qui résulte clairement des articles précités et de la jurisprudence. Mais faut-il conclure de là que, quand les parties intéressées se taisent, et qu'aucune question d'état n'est agitée entr'elles, le ministère public soit forcé de garder le silence ? faut-il conclure de là qu'un crime de faux, par exemple, commis pour parvenir à une suppression d'état, doive demeurer perpétuellement impuni, parce que les personnes qui en souffrent n'intentent aucune action, soit pour recouvrer l'état dont le faux les a privées, soit pour faire cesser l'usurpation qu'il a facilitée ? M. Merlin (1),

(1) Quest. de droit, v° Question d'état, § 2, t. VI, p. 557.

soutient avec beaucoup de chaleur la négative de cette question; il prétend que « Quand le ministère public agit seul et d'office, ce n'est point » l'état supprimé qu'il réclame; qu'il n'a et ne peut » avoir en vue que la suppression de l'état même; » que rien ne peut donc arrêter son action, si l'état » dont la suppression le fait agir n'est pas encore » réclamé ou contesté devant les tribunaux civils ». Il invoque à l'appui de son opinion les discours des orateurs du gouvernement et du tribunat (1) sur les articles 326 et 327 du Code civil, pour conclure que le législateur n'a eu en vue dans ces articles, que les plaintes en suppression d'état formées par les parties civiles; il fait remarquer qu'il peut arriver que la question d'état ne soit jamais portée devant les tribunaux civils, et il demande s'il n'est pas déraisonnable de prétendre que le crime à l'aide duquel la suppression d'état a été commise, doit rester perpétuellement impuni. Enfin, après avoir rapporté les arrêts rendus contrairement à son opinion, et notamment celui du 30 mars 1813 (2), toute retenue semble l'abandonner, et il s'écrie : « Je ne crains pas de dire » que le dernier de ces arrêts, celui du 30 mars 1813, » a ôté toute croyance aux deux autres par *l'excès* » *scandaleux* jusqu'où il a été forcé d'aller pour ne » pas s'écarter de la route qu'ils lui avaient tracée. »

Les observations de M. Merlin sont fort justes en ce qu'elles tendent à démontrer l'imperfection

---

(1) V. *suprà*, n° 185. — (2) Cité *suprà*, n° 186, 5e espèce.

de la loi; mais le premier devoir du magistrat est de l'appliquer telle qu'elle est, et M. Merlin ne pouvait pas douter que son système ne fût incompatible avec elle. Ce système fut proposé au conseil d'état, lors de la discussion des articles 326 et 327 du Code civil; la commission, le modifiant, proposa les trois articles suivans: «Art. 18. L'enfant qui réclame un état qu'il prétend avoir été supprimé ne peut se pourvoir que par la voie civile, même contre les auteurs et complices de cette suppression, sauf au fonctionnaire chargé de la poursuite des délits publics à intenter d'office, s'il y a lieu, l'action criminelle.»

Art. 19. «L'action criminelle ne peut être admise de la part du fonctionnaire public, que sur un commencement de preuve par écrit; et l'examen de cette preuve est une question préjudicielle sur laquelle il doit être statué préalablement; le jugement soit préjudiciel, soit sur le fond, ne peut être rendu qu'en la présence des parties qui ont des droits acquis à l'époque de l'accusation, ou elles dûment appelées. L'action criminelle intentée d'office suspend toute poursuite commencée au civil.»

Art. 20. «Dans le cas de l'article précédent, le tribunal criminel, en jugeant le fond, se borne à prononcer en même temps sur l'état de l'enfant, et renvoie, s'il y a lieu, les parties intéressées à se pourvoir, pour leurs droits civils, devant le tribunal civil compétent (1).»

(1) Locré, Esprit du Code Napoléon, t. V, p. 169.

On voit que, d'après ces dispositions, l'enfant ne pouvait réclamer son état que par la voie civile, quand il agissait seul; mais que le ministère public avait le droit de poursuivre d'office le crime de suppression, pourvu qu'il en eût un commencement de preuve par écrit; que, dans ce cas, il devait appeler toutes les parties qui avaient des droits acquis; qu'alors l'action criminelle tenait en suspens l'action civile, s'il en existait une, et que le tribunal criminel prononçait tout à la fois et sur l'état et sur la criminalité des faits qui avaient servi à le supprimer. Le Code civil a rejeté ce système; non-seulement il attribue exclusivement aux tribunaux civils le jugement de la question d'état, mais il interdit formellement l'action criminelle contre les faits qui ont servi à le supprimer, tant que la question d'état n'est pas jugée. Et à qui intime-t-il cette défense d'intenter l'action criminelle? c'est assurément à la partie qui en a l'exercice, c'est au ministère public, à qui cet exercice appartient exclusivement. Ainsi, bien loin de lui permettre, comme le projet de la commission le portait, d'agir d'office, le Code civil le lui défend; l'orateur du tribunat en a donné la raison: « L'intérêt de la » société est sans contredit que les crimes soient » réprimés, et que les preuves qui conduisent à » leur répression ne dépérissent pas; mais un plus » grand intérêt commande que le repos de la société » ne soit pas troublé sous prétexte de l'affermir. » Le système de la commission peut paraître préférable à celui du Code civil, mais le système de M. Merlin est inadmissible. En effet, la commission n'autorisait le ministère public à agir, que quand il avait en sa faveur un commencement de preuve par écrit dont l'examen devait donner lieu à une question préjudicielle sur laquelle le tribunal criminel devait prononcer préalablement. Ainsi, il était peu à craindre que des poursuites hasardées vinssent porter le trouble dans les familles. D'après M. Merlin, l'action publique devrait s'exercer sans aucune condition ; car le Code civil n'en impose pas. La commission exigeait que le jugement, soit préjudiciel, soit sur le fond, ne pût être rendu qu'en présence des parties qui avaient des droits acquis à l'époque de l'accusation ; en sorte que, si l'action criminelle était préjudicielle, l'influence, sur l'action civile, du jugement rendu au criminel, était légitime par la présence de ceux auxquels l'action civile appartenait. Dans le système de M. Merlin, les parties qui ont des droits acquis ne doivent pas être appelées ; car le Code civil ne l'exige pas ; en sorte que le principe général qui donne autorité à la chose jugée au criminel sur l'action civile, même quand le jugement criminel a été rendu en l'absence des parties intéressées, principe général reconnu, défendu par M. Merlin (1), exercerait pleinement son empire, même en matière de filiation ; or c'est précisément ce que le législateur n'a pas voulu, et ce qu'il n'a

(1) V. *infrà*, chap. 4, n° 416.

pas dû vouloir. D'après les raisons exposées par les orateurs du gouvernement et du conseil d'état, je suis persuadé que cette dernière réflexion, si elle se fût offerte à l'esprit de M. Merlin, l'aurait décidé à abandonner son opinion.

Au surplus, la jurisprudence est bien fixée sur la question. Un premier arrêt du 10 messidor an 12 (1), intervenu après un *consultis classibus*, porte : « Attendu que si le fait imputé à Houel, » d'avoir fait inscrire sur les registres de l'état » civil trois enfans comme provenant de son légi- » time mariage avec Elisabeth Satis, son épouse, » quoiqu'ils provinssent réellement de son com- » merce avec Françoise Chauvel sa concubine, » constitue, non pas seulement une énonciation » mensongère, mais un faux caractérisé; que ce faux » a pour objet et pour résultat d'opérer une filia- » tion autre que celle de la loi et de la nature, et » conséquemment une suppression d'état; que de » ce faux doivent sans doute naître deux actions, » l'une civile pour faire statuer, par les tribunaux » civils, sur la rectification des actes et la restitu- » tion de la véritable situation; l'autre criminelle » pour faire prononcer les peines de la loi contre » les auteurs et les complices du faux qui a produit » la suppression d'état; mais que, d'après l'article » 327 du Code civil, cette action ne peut être exercée » qu'après le jugement définitif sur la première; » que cet article est général et absolu pour la

(1) Dalloz, t. VIII, p. 599.

» partie publique comme pour la partie civile; que » sa disposition s'applique même d'une manière » principale et spéciale à la partie publique, qui » seule, a le droit d'exercer et de poursuivre l'action » criminelle......; que, s'il est hors du droit com- » mun, et s'il peut même paraître dangereux que » l'action criminelle soit ainsi suspendue, et même » éventuellement anéantie, relativement à des cri- » mes qui intéressent si essentiellement l'ordre » social, le repos des familles a pu présenter au » législateur des considérations d'un intérêt plus » grave; que d'ailleurs il n'appartient point aux » tribunaux d'apprécier la sagesse des lois, que » leur devoir est d'en respecter et faire exécuter » les dispositions.» Plusieurs autres arrêts ont adopté la fin de non-recevoir contre l'action publique; je les ai déjà indiqués (1).

Il faut convenir que cette législation présente des inconvéniens graves; parce que, la question d'état ne pouvant être portée devant les tribunaux civils que par les parties qui ont des droits acquis, et ces droits ne s'ouvrant, dans bien des cas, que par la mort de l'auteur de la suppression d'état, l'impunité est assurée au coupable : on a pu s'en assurer en lisant les espèces que j'ai rapportées n° 186. La Belgique, en conservant les codes qu'elle a reçus de la France pendant qu'elle y était réunie, en a fait disparaître quelques imperfections, notamment celle que je signale; elle a

(1) V. *suprà*, n° 186.

ajouté à l'article 327 un second alinéa, emprunté au projet de la commission rejeté par le conseil d'état; ce second alinéa porte : « Néanmoins le » ministère public pourra, dans le silence des » parties intéressées, intenter l'action criminelle; » pourvu qu'il y ait un commencement de preuve » par écrit, sur lequel il sera préalablement sta- » tué; dans ce dernier cas, l'action publique ne » sera pas suspendue par l'action civile (1). »

189. Remarquez bien que l'article 327 du Code civil ne dit pas simplement que l'action criminelle sera *suspendue* jusqu'au jugement définitif sur la question d'état, mais qu'il porte qu'elle *ne pourra commencer*. Dans la séance du conseil d'état du 29 fructidor an 10, M. Tronchet avait demandé qu'on se bornât à suspendre l'action criminelle « parce que la plainte peut être rendue » et les preuves recueillies sans que, jusqu'au ju- » gement de la question d'état, la sûreté du pré- » venu soit compromise. » Cette proposition, abandonnée par son auteur sur quelques observations de M. Treilhard, ne fut pas admise. Il en résulte que ce n'est pas seulement le jugement à intervenir sur l'action criminelle qui demeure en suspens, mais l'action elle-même; qu'elle demeure en suspens par le seul effet de la volonté de la loi, et que le ministère public est non recevable à

(1) Code Guillaume, tit. 13, art. 18, et voyez à la fin du numéro suivant.

l'exercer tant que la question d'état n'est pas jugée. De là plusieurs conséquences :

La première, que les juges saisis mal à propos de cette action ont le droit de la rejeter d'office, la loi leur refusant toute compétence pour la juger au moment où elle leur est soumise;

La seconde, que la cour de cassation peut, même d'office, annuler un arrêt rendu au mépris de l'article 327, quand même le moyen de cassation ne lui serait pas présenté; c'est ce qui est arrivé dans la plupart des espèces que j'ai citées;

La troisième, qu'en annulant les poursuites, on doit ordonner la mise en liberté du prévenu, s'il a été arrêté; c'est ce qui a eu lieu également dans ces espèces.

M. Carnot (1) semble subordonner l'annulation des poursuites à la demande qu'en forme le prévenu, et paraît penser que les poursuites seraient valables si la question d'état se trouvait portée devant les tribunaux civils. Il dit : « Si le » prévenu du crime de suppression d'état, par le » moyen d'un faux, demandait son renvoi de la » prévention, en se fondant sur les dispositions » de l'article 327 du Code civil..., n'y aurait-il pas » *question préjudicielle?* non; car ce n'est pas un » simple *sursis* que le tribunal saisi doit prononcer » en pareil cas, mais bien le *renvoi pur et simple* » du prévenu, attendu qu'il ne reste aucune pré-

(1) T. Ier, p. 82 et 83 (de l'Instruction criminelle).

» vention actuelle de crime ; c'est ce que la cour » de cassation jugea le 21 août 1812.

» Cependant, s'il y avait action commencée au » civil, il y aurait réellement question *préjudicielle* ; » ce serait le cas du *sursis*, jusqu'à ce que les tri- » bunaux civils eussent définitivement statué sur » la question d'état. »

Les questions d'état constituent de véritables questions préjudicielles, comme les questions d'existence et de validité de mariage, en matière de bigamie, comme les questions de propriété d'immeubles, d'existence de dépôt, de mandat, etc. Aucun juriconsulte ne leur a refusé ce caractère. Seulement il y a des questions préjudicielles qui sortent de la compétence du juge saisi de l'action criminelle, comme il y en a qui rentrent dans cette compétence. Il existe des questions préjudicielles qui tiennent tellement en suspens l'action publique, qu'elle ne peut s'intenter qu'après que ces questions ont été résolues ; ce sont celles qui concernent la filiation ; il y en a d'autres qui n'entraînent qu'un simple sursis aux poursuites commencées. C'est peut-être cela que M. Carnot a voulu faire entendre, et son opinion ne peut être contredite lorsqu'il avance qu'en matière de suppression d'état, il n'y a pas lieu à un simple *sursis*, mais qu'il y a lieu au *renvoi* du prévenu jusqu'à ce que l'état de l'enfant ait été définitivement jugé, et il aurait dû ajouter, même au renvoi *d'office*. Mais son opinion ne peut être admise lorsqu'il avance qu'il n'y a lieu qu'à un simple sursis, si la question d'état se trouve soumise au tribunal civil, au moment des poursuites. En effet, l'article 327 ne permet d'intenter l'action publique qu'après le *jugement définitif* sur la question d'état; ainsi, tant que ce jugement définitif n'est pas intervenu, l'action publique est non-recevable. Si l'opinion de M. Carnot était admise, il suffirait que l'instance se trouvât liée pour que le prévenu pût être poursuivi et arrêté; car, puisqu'il n'est d'avis, dans ce cas, que d'un simple sursis, il admet la validité de tout ce qui a été fait, tant que le sursis n'a pas été prononcé; et l'effet d'un simple sursis est de maintenir ce qui existe en empêchant que l'on ne passe outre; or c'est précisément ce que la loi n'a pas voulu.

Cependant, si l'accusé d'un crime de suppression d'état ne s'était pas pourvu contre l'arrêt de mise en accusation, la cour d'assises ne pourrait pas surseoir d'office à l'ouverture des débats jusqu'au jugement de la question d'état: la raison en est qu'elle est saisie du jugement. Elle ne pourrait pas, il est vrai, se refuser à ce sursis, s'il était réclamé par l'accusé; car l'arrêt de mise en accusation n'ayant pas statué sur cette exception, les droits de l'accusé restent entiers pour s'en prévaloir; mais, tout en l'accueillant, la cour d'assises n'aurait pas le droit d'ordonner sa mise en liberté, par la raison qu'elle serait obligée pour cela d'annuler la procédure. Or, l'arrêt de la chambre d'accusation ne peut être détruit que par la cour de cassation, sur un pourvoi régulièrement formé, et l'ordonnance de prise de corps ne peut être annulée qu'en vertu d'une ordonnance d'acquittement ou d'un arrêt d'absolution. La question s'est présentée devant la cour de cassation: des individus, placés dans l'hypothèse que j'examine, s'étaient pourvus contre un arrêt de la cour d'assises qui leur accordait le sursis auquel ils avaient conclu devant elle, mais qui leur refusait leur mise en liberté; le pourvoi fut rejeté, le 22 juin 1820, au rapport de M. Pajot (1): «Attendu qu'en maintenant l'effet de l'ordonnance » de prise de corps, qui ne peut être anéantie que » par une ordonnance d'acquittement ou un arrêt » d'absolution, la cour d'assises du département » de l'Aisne s'est conformée aux règles de compé» tence établies par la loi; que les accusés ont » reçu l'avertissement prescrit par l'article 296 du » Code d'instruction, et qu'ils ne se sont pas néan» moins pourvus dans le délai de cet article contre » l'arrêt de mise en accusation et de renvoi devant » la cour d'assises; qu'ils sont donc non recevables » à en demander aujourd'hui la nullité, et que cet » arrêt doit recevoir son exécution dans les dispo» sitions principales et dans l'ordonnance de prise » de corps qui en a été la suite légale.»

Que seront devenus ces accusés, s'il ne s'est trouvé personne qui eût un droit ouvert pour provoquer des tribunaux civils le jugement de la

(1) Non imprimé. Delhaye et sa femme.

question d'état? Ils ont dû s'affliger amèrement de s'être prévalus d'une exception que la loi avait cependant créée en leur faveur: c'est ce qui démontre davantage l'imperfection de l'article 327 du Code civil; c'est ce qui doit faire regretter que la modification proposée par la commission au principe qu'il consacre n'ait pas été adoptée.

190. Il ne faut pas conclure des articles 326 et 327 du Code civil que tous les crimes, que tous les délits qui concernent l'état d'un enfant, ou qui peuvent influer sur cet état, ne puissent être poursuivis qu'après le jugement des tribunaux civils sur la question d'état; le but de ces articles est simplement, ainsi que je l'ai expliqué (1), d'empêcher que l'on ne parvienne, à l'aide d'une plainte, à se procurer une preuve testimoniale de l'état, et que cet état ne soit préjugé par le jugement auquel l'action criminelle en suppression donnerait lieu si elle était admise.

Ainsi l'action publique doit suivre son cours ordinaire toutes les fois que le délit commis à l'égard de l'enfant est punissable, quel que soit l'état de celui-ci, quand même ce délit pourrait influer sur cet état. Cette vérité a été reconnue au conseil d'état lors de la discussion des articles dont il s'agit (2): «M. Jollivet croit l'article (327) incomplet; »On pourrait en conclure, dit-il, que l'action de »la justice criminelle est paralysée, lorsqu'il y a »eu exposition d'enfant, et que cependant il n'y

(1) V. *suprà*, n° 185. — (2) Séance du 29 fructidor an 10.

» a point de litige sur la question d'état. M. Treil-
» hard dit que cette espèce n'est pas celle de l'ar-
» ticle; il suppose une question d'état qui n'est
» point nécessairement liée à l'exposition de l'en-
» fant. Cette exposition est toujours un crime que
» la justice doit punir.

» L'article est adopté. »

Telle est aussi l'omission de la déclaration de naissance prévue par l'art. 349 du Code pénal. C'est parce qu'un enfant a été exposé, c'est parce qu'une naissance n'a pas été déclarée dans le délai fixé, que la loi prononce des peines, et ces peines sont encourues quelle que soit la filiation de l'enfant, et abstraction faite de l'influence que ces délits peuvent avoir sur son état.

Il en est de même du crime de *suppression de la personne* d'un enfant, « Attendu, a dit la cour de
» cassation (1), que la disposition de l'article 327
» du Code civil est exclusivement relative au dé-
» lit de suppression d'état; que conséquemment
» elle ne peut être étendue à celui de la suppression
» d'un enfant, qui en diffère essentiellement par
» ses effets, comme par sa nature. » Il ne s'agit pas, dans un délit de ce genre, de rechercher à quels parens l'enfant supprimé doit sa naissance, mais de savoir si l'accusé a ou non supprimé un enfant.

Mais il en serait autrement si les délits dont je

(1) Arrêts des 26 sept. et 12 déc. 1823, Bull., p. 382; Dalloz, t. VIII, p. 602; 8 avril 1826, Bull., p. 189; Dalloz, p. 321.

viens de parler étaient poursuivis comme constituant une suppression d'état; car, quoique punissables en eux-mêmes, ils ne pourraient motiver une action de ce genre qu'après le jugement de la question d'état.

Lorsque la criminalité d'un faux commis dans un acte de naissance peut résulter d'une cause étrangère à l'enfant, de manière que sa filiation ne soit pas nécessairement mise en question, l'action publique n'est point suspendue. Louis Franchoi se faisait passer pour Jean-Frédéric Martin; il en avait pris les noms et la qualité dans divers actes publics, et, notamment, il avait présenté sous ce nom, à l'officier de l'état civil, un enfant dont Henriette Guillaume, femme du véritable Jean-Frédéric Martin, était accouchée, et il avait signé l'acte comme père de l'enfant. La cour spéciale s'était déclarée compétente pour connaître de ce faux; l'accusé opposa à l'arrêt que le faux constituait une suppression d'état, en ce sens qu'il tendait à substituer à l'état de bâtard adultérin, qui appartenait à l'enfant, une filiation légitime; qu'ainsi l'action publique était subordonnée au jugement que les tribunaux civils seraient appelés à rendre sur l'état de cet enfant. La cour de cassation confirma l'arrêt de compétence (1): « Attendu que de faux noms pris par écrit, avec signature, dans des intentions criminelles, consti-

(1) Arrêt du 28 décembre 1809, Dalloz, t. VIII, p. 355

tuent le crime de faux; la cour confirme, sous ce rapport, l'arrêt de compétence. »

Cet arrêt me paraît parfaitement dans les principes; car le faux imputé à l'accusé, bien loin de tendre à supprimer l'état véritable de l'enfant, ne faisait que l'y maintenir, puisque l'enfant né pendant le mariage a pour père le mari. Ainsi, prendre faussement le nom de l'époux de la mère en présentant l'enfant à l'officier de l'état civil, ce n'est point créer à cet enfant une filiation autre que celle que la loi lui assigne. Il est possible que l'on fournisse par là au mari un moyen de désaveu; mais le désaveu n'est qu'une exception qui tend à détruire l'état de l'enfant. L'état existe par le seul fait de la naissance, et par la volonté de la loi; il subsiste jusqu'à ce que le désaveu ait été admis.

Jean Franck avait présenté à l'officier de l'état civil un enfant né de son commerce avec une concubine, et il avait signé l'acte, non de son véritable nom, mais de celui de son frère, et par là il lui imputait une paternité qui portait une atteinte grave à sa réputation. La cour de cassation confirma l'arrêt de compétence rendu par la cour spéciale; « Attendu que (en signant le nom de son » frère) ledit Franck est prévenu d'avoir agi mé» chamment, et à dessein de nuire à autrui (1). »

Cet arrêt exige quelques observations. Sans doute le faux commis par Jean Franck portait

(1) Arrêt du 5 février 1808, Dalloz, t VIII, p. 349.

préjudice à son frère ; mais comment ? En le présentant comme père de l'enfant, et en créant pour cet enfant une filiation naturelle autre que celle que sa naissance lui assignait; le préjudice résultait conséquemment de la suppression de l'état de cet enfant, il en était inséparable; il était impossible de l'apprécier et de le déclarer, sans juger que l'enfant avait été inscrit sous de faux noms, et que son état avait été supprimé. Il est donc difficile de ne pas voir, dans cet arrêt, une violation des articles 326 et 327 du Code civil.

Le nommé Desprez a été poursuivi à raison d'un crime de faux résultant de ce qu'il avait fait inscrire sur les registres de l'état civil, comme vivant, son enfant légitime qui était mort dans l'accouchement. L'objet de ce faux était de faire révoquer, pour cause de survivance d'enfant, une donation entre vifs qu'il avait précédemment faite. Le tribunal de première instance, se fondant sur les articles 326 et 327 du Code civil, avait déclaré qu'il n'y avait lieu à suivre, quant à présent; mais la cour royale réforma l'ordonnance, et prononça la mise en accusation; pourvoi en cassation et arrêt de rejet, au rapport de M. Busschop (1): « Considérant que, les articles 326 et 327 » du Code civil se rattachant nécessairement à l'objet du chapitre sous lequel ils se trouvent placés, » il s'ensuit que, par la question d'état dont il y est » parlé, on ne doit entendre que la filiation de

(1) Non imp. Desprez contre le minist. pub., 8 juill. 1824.

» l'enfant; que, par conséquent, dans une pour-
» suite criminelle, il n'y a lieu à renvoyer devant
» les tribunaux civils, pour statuer préalablement
» sur la question d'état, que dans le cas où le fait
» sur lequel le renvoi est demandé a pour objet
» de mettre en question la filiation d'un individu;
» et attendu, dans l'espèce, que la plainte en faux
» contre les actes énonçant la naissance et le décès
» de l'enfant de Pierre-Balthazar Desprez n'avait
» pas pour objet de contester que cet enfant fût
» issu des père et mère que l'acte de naissance
» argué lui donnait; que cette plainte ne pouvait
» donner lieu à juger que le point de savoir si le-
» dit enfant était né mort ou vivant; mais que,
» de quelque manière que ce point serait décidé,
» il ne pouvait porter sur la question de la filia-
» tion, ni conséquemment sur la question d'état. »

C'est par les mêmes motifs, et parce que la filiation d'un enfant n'est pas mise en question, que l'action publique ne doit rencontrer aucun obstacle pour la poursuite du crime de supposition d'un enfant à une femme qui n'est point accouchée, lorsque cette supposition n'a été accompagnée de la production d'aucun enfant que l'on ait tenté d'introduire dans une famille; et, en effet, l'existence de l'enfant étant chimérique, son état ne peut être en litige. Voici une espèce où ce point de droit a été résolu : Dominique Marcellin, dans la vue d'opérer la révocation d'une donation entre vifs faite par sa femme avant son mariage, déclara, devant l'officier de l'état civil, que celle-ci était accouchée la veille d'un enfant du sexe féminin; trois jours après, il fit la déclaration du décès de cet enfant. L'officier de l'état civil n'exigea point, lors du premier acte, la représentation de l'enfant; il ne s'assura point du décès, lors de la rédaction du second. Dans le fait, la femme Marcellin n'était point accouchée; la naissance et le décès déclarés étaient imaginaires. Les époux Marcellin ont été poursuivis et mis en accusation comme s'étant rendu coupables, de complicité, d'un crime de faux en écriture authentique. Ils se sont pourvus contre l'arrêt; mais leur pourvoi a été rejeté (1): « Attendu que l'article 327 du Code civil est inapplicable, puisque » la suppression d'état dont il est question dans » ledit article, suppose nécessairement l'existence » d'un enfant dont l'état aurait été supprimé, tandis que, dans l'espèce, toute différente, il s'agit » de la supposition d'un enfant à une femme qui » n'en serait pas accouchée, et qui dès-lors n'au» rait pas existé. »

Il doit en être de même, et l'action criminelle doit suivre son cours ordinaire, lorsque l'action en réclamation d'état est éteinte, et qu'ainsi la question d'état ne peut plus être agitée; car on n'a plus à craindre que l'action publique ait pour résultat de faire préjuger l'état par le jugement auquel elle donne lieu, et d'arriver à une preuve

---

(1) Arrêt du 7 avril 1831, Dalloz, p. 176; l'arrêt de mise en accusation est rapporté, *ib.*, 2e partie, p. 96.

testimoniale malgré les prohibitions de la loi. Aussi, quand l'individu dont l'état a été supprimé est mort, et que son action n'a pas été transmise à ses héritiers, le ministère public a le droit de poursuivre directement les auteurs et les complices de la suppression d'état. C'est ce que la cour de cassation a jugé au rapport de M. Aumont, le 2 juillet 1819 (1).

Enfin les tribunaux criminels sont même compétens pour décider provisoirement les questions d'état touchant la filiation, lorsque ces questions ne se présentent qu'incidemment et qu'elles ne se rattachent pas au fait de l'accusation. Si, par exemple, un témoin était reproché à cause de sa parenté avec l'accusé et que cette parenté fût contestée, le juge criminel aurait certainement le droit de décider si elle existe ou non. La question s'est présentée dans une espèce analogue : deux accusés étaient traduits devant la cour d'assises sur une accusation d'assassinat; une dame Redon se rendit partie civile, en qualité de fille naturelle de l'homicidé, et conclut à des dommages-intérêts. Les accusés soutinrent qu'elle était non-recevable dans sa demande, parce qu'elle ne prouvait point son état de fille naturelle, les actes dont elle se prévalait ne constituant point une reconnaissance légale. Sur quoi, arrêt de la cour d'assises portant : « Attendu qu'il est suffisamment

---

(1) Non imprimé. Fressange Dubal contre le ministère public. Et voyez un autre cas *infrà*, n° 192.

» justifié qu'Anne-Louise Desœuvre femme Re- » don est fille naturelle de feu François-Xavier » Desœuvre dont il s'agit au procès, la cour, sans » égard aux fins de non-recevoir proposées, donne » acte de l'intervention, etc. » Les accusés sont déclarés coupables, condamnés à la peine de mort et à 12,000 francs de dommages-intérêts envers la partie civile. Ils se pourvoient en cassation, et font valoir, entre autres moyens, l'incompétence de la cour d'assises pour prononcer sur l'état de la partie civile. Le pourvoi est rejeté le 15 janvier 1818, au rapport de M. Schwendt (1). « Attendu, sur le cinquième moyen, que les arti- » cles 66 et 67 du Code d'instruction admettent » toute partie intéressée à intervenir et se rendre » partie civile, en tout état de cause et jusqu'à la » clôture des débats; que l'arrêt du 1er décembre » n'a reconnu que provisoirement, et seulement » relativement à l'exercice de l'action publique, » que la femme Redon fût fille de François-Xa- » vier Desœuvre, et que celui-ci fût l'individu » dont l'assassinat faisait la matière de l'accusa- » tion; que ce n'est que par l'arrêt définitif du 3 » décembre qu'il a été définitivement statué, d'a- » près le résultat des débats, sur ces deux faits; » qu'il n'y a donc eu, de la part de la cour d'as- » sises, ni incompétence, ni excès de pouvoir; que » la filiation de la femme Redon n'a été reconnue

(1) Chalumeau et Mesnard contre le ministère public; arrêt non imprimé.

» que dans l'objet et dans l'intérêt de l'action ci-
» vile sur laquelle la cour d'assises avait caractère
» pour statuer, et que, cette cour ayant déclaré
» d'une manière générale que cette filiation était
» suffisamment justifiée, il n'est nullement établi
» qu'elle ait violé les articles 319, 324 et 326 du
» Code civil. »

191. Les délits qui ont pour objet la supposition ou la suppression de l'état d'époux ne peuvent-ils, comme ceux qui sont relatifs à l'état des enfans, être poursuivis qu'après que les tribunaux civils ont statué sur la question d'état? Il suffirait que ces délits n'eussent point été exceptés de la règle générale, pour qu'ils y demeurassent soumis; qu'ainsi ils pussent être poursuivis directement par le ministère public; mais la loi a elle-même prononcé, et résolu la question dans ce sens; l'article 52 du Code civil porte : «Toute alté-
» ration, tout faux dans les actes de l'état civil,
» toute inscription de ces actes sur une feuille vo-
» lante et autrement que sur les registres à ce
» destinés, donneront lieu aux dommages-intérêts
» des parties, *sans préjudice des peines portées au*
» *Code pénal.*

Art. 53. » Le procureur du roi au tribunal de
» première instance sera tenu de vérifier l'état des
» registres, lors du dépôt qui en sera fait au greffe;
» il dressera un procès-verbal sommaire de la vé-
» rification, *dénoncera* les contraventions ou *délits*
» commis par les officiers de l'état civil, et requerra
» contre eux la condamnation aux amendes.

Art. 192. » Si le mariage n'a point été précédé » des deux publications requises, ou s'il n'a pas » été obtenu des dispenses permises par la loi, ou » si les intervalles prescrits dans les publica- » tions et célébrations n'ont point été observés, » le procureur du roi fera prononcer contre l'of- » ficier public une amende qui ne pourra excéder » trois cents francs; et contre les parties contrac- » tantes, ou ceux sous la puissance desquels elles » ont agi, une amende proportionnée à leur for- » tune.

Art. 193. » Les peines prononcées par l'article » précédent seront encourues par les personnes » qui y sont désignées, pour toute contravention » aux règles prescrites par l'article 165, lors même » que ces contraventions ne seraient pas jugées » suffisantes pour faire prononcer la nullité du » mariage.

Art. 165. » Le mariage sera célébré publique- » ment, devant l'officier civil du domicile de l'une » des deux parties. »

Le Code pénal, après avoir, dans les articles 192, 193 et 194, émis des peines contre les officiers de l'état civil qui inscrivent leurs actes sur des feuilles volantes, ou qui procèdent à la célébration d'un mariage, sans s'être assurés de l'existence du consentement des personnes sans l'assentiment desquelles le mariage ne peut être valide, ou qui marient une veuve, avant qu'il se soit écoulé dix mois depuis la dissolution du mariage précédent, dispose, article 195 : « Les peines por-

» tées aux articles précédens, contre les officiers » de l'état civil, leur seront appliquées, lors même » que la nullité de leurs actes n'aurait pas été de- » mandée ou aurait été ouverte; *le tout sans pré- » judice des peines plus fortes prononcées en cas de » collusion.* »

Il y a deux choses à remarquer dans ces articles: 1° les dispositions pénales qui tendent à assurer la bonne tenue des registres relatifs aux actes de l'état civil, ainsi que l'observation des règles auxquelles la loi a soumis la célébration du mariage; les peines qu'elles émettent sont encourues, abstraction faite de l'influence que les contraventions peuvent exercer sur la validité des actes et l'état de ceux qu'ils concernent, sans que cet état, cette validité d'actes aient été préalablement jugés. 2° Les dispositions qui sont relatives à l'état des parties elles-mêmes, et l'on a vu que ces articles ouvrent, sans la subordonner à aucune décision préalable sur l'état, l'action publique contre *toute altération, tout faux dans les actes de l'état civil*, contre *toute collusion* entre les officiers de l'état civil et les parties, pour enfreindre les défenses de la loi. Ces dispositions législatives sont assez formelles, pour qu'on puisse en conclure que ces délits relatifs à l'état des époux peuvent être poursuivis par le ministère public, d'après les règles ordinaires de la compétence; qu'en cette matière l'action criminelle reste préjudicielle; car, puisqu'aux termes de l'article 194 du Code civil, nul ne peut réclamer le titre d'époux et les effets civils du mariage, s'il ne représente un acte de célébration inscrit sur les registres de l'état civil, on ne peut pas concevoir les crimes de suppress on ou d'usurpation de l'état d'époux, sans qu'il y ait faux ou altération des registres de l'état civil, ou collusion des parties avec l'officier de l'état civil. Cependant, comme le jugement qui intervient sur l'état des époux influe nécessairement sur l'état de leurs enfans, et que les poursuites criminelles qui concernent l'état de ces derniers sont soumises à des règles exceptionnelles, il pourrait rester des doutes sur les droits du ministère public; mais ces doutes s'évanouissent devant les articles 198 et 199 du Code civil. L'article 198 porte : « Lorsque la preuve d'une célébration lé- » gale de mariage se trouve acquise par le résultat » d'une procédure criminelle, l'inscription du ju- » gement sur les registres de l'état civil assure au » mariage, à compter du jour de sa célébration, » tous les effets civils, tant à l'égard des époux, » qu'à l'égard des enfans issus de ce mariage. »

Ainsi l'article 198 dispose en sens inverse des articles 326 et 327 du même Code : d'après ceux-ci, l'état des enfans ne peut jamais résulter que du jugement rendu par les tribunaux civils; d'après l'article 198, l'état des époux peut résulter d'un jugement rendu par les tribunaux criminels. D'après les premiers, l'action civile est préjudicielle; il résulte du second que c'est l'action criminelle qui est préjudicielle. L'art. 199 rend plus évidente encore cette dernière conséquence. Il porte : « Si les époux ou l'un d'eux sont décédés » sans avoir découvert la fraude, l'action criminelle » peut être intentée par tous ceux qui ont intérêt » à faire déclarer le mariage valable, et par le procu- » reur du roi. » Ainsi, l'action criminelle est ouverte directement, et aux parties intéressées, et au ministère public contre tous les délits qui portent atteinte à l'état des époux ; elle l'est également contre tous les délits qui ont pour but d'usurper l'état d'époux ; c'est ce qui résulte de la disposition littérale de l'art. 52, qui prévoit le cas de faux et d'altération dans les actes de l'état civil, et de l'article 195 du Code pénal, qui prévoit le cas de collusion entre les parties et l'officier de l'état civil ; en cette matière, la règle générale conserve tout son empire.

Des dispositions législatives que je viens de citer ressort ce principe, que la juridiction criminelle est compétente pour prononcer sur les questions touchant l'état des époux, lorsque ces questions se rattachent aux délits dont ils sont saisis, et que les jugemens qui en émanent tiennent lieu des actes mêmes que la loi a institués pour assurer la preuve de cet état. (V. le n° suivant.)

M. Merlin conteste l'étendue des conséquences qui résultent de l'article 198 du Code civil ; il exprime l'opinion que son application doit être circonscrite aux cas où l'action publique est exercée contre les délits prévus par l'article 52 du Code civil, ceux d'altération ou de faux sur les registres de l'état civil, et d'inscription d'un de ces actes sur une feuille volante (1). Il en donne pour raison que, dans le projet de Code civil, art. 48, l'action criminelle n'était ouverte que pour le cas où l'acte de célébration d'un mariage avait été inscrit sur une feuille volante; et que l'article 198, qui formait le 49e du projet, portait : « Dans le cas où la preuve de la célébration du » mariage se trouve acquise par l'événement de la » procédure criminelle *autorisée par l'article précé-* » *dent*, le jugement, etc. » D'où M. Merlin conclut qu'il y avait corrélation entre ces deux articles, corrélation qui n'a pas cessé, quoiqu'ils aient été séparés depuis; que quand l'article 198 actuel parle de procédure criminelle, il n'a en vue qu'une de celles auxquelles l'article 52 peut servir de base.

M. Bourguignon (2) répond à M. Merlin : « Cette » corrélation n'a point été conservée entre les arti- » cles 52 et 198; au lieu d'être à la suite l'un de » l'autre, ils sont placés à une grande distance » et dans deux titres différens; le second ne » rappelle plus directement ni indirectement le » premier, et si l'on eût entendu conserver la cor- » rélation qui existait dans le premier projet, au » lieu de supprimer ces mots du projet, *autorisée* » *par l'article précédent*, on les aurait insérés dans » la loi avec cette légère modification, *autorisée par*

(1) Rép. de jurisp., v° Légitimité, sect. 4e, § 4, n° 5, t. IX, p. 678. — (2) Jurisprudence du Code criminel, t. Ier, p. 44.

» *l'article* 52; mais comment aurait-on relaté *la* » *procédure criminelle* autorisée par l'article 52, » puisque l'article 52, qui diffère essentiellement » de l'article 47 du projet, ne fait aucune mention » de *procédure criminelle?* On peut donc facilement » rétorquer l'argument du répertoire, et soutenir » que la liaison qui existait dans le projet entre » les articles 47 et 48 est formellement rompue, » non seulement par le déplacement des deux » articles, par les modifications qu'ils ont éprou- » vées, mais encore par le retranchement effectif » de la phrase qui établissait cette liaison; et » comme des changemens de cette importance ne » se font pas sans motifs, il faut en conclure que le » législateur, en supprimant la corrélation qui » existait dans le projet, a voulu généraliser les » dispositions de l'article 198, afin qu'il reçût une » exécution plénière, soit que la preuve d'une » célébration légale du mariage ressortît d'une » *procédure criminelle* faite sur les faits prévus » par l'article 52, ou à l'occasion de tout autre » délit. Supposons, en effet, que le ravisseur d'une » fille mineure, poursuivi par le ministère public » *seul*, déclare pour sa défense qu'il a épousé la » fille ravie; que, le registre de l'état civil ayant » été depuis lors consumé par un incendie, il » ne produise d'abord qu'un commencement de » preuve par écrit de ce mariage; mais que, cette » preuve ayant été complétée par l'instruction, » il obtienne un arrêt d'absolution motivé sur le » mariage par lui contracté avec la personne en-

»levée, et sur la disposition de l'article 357 du »Code pénal. Formons une autre hypothèse; »supposons qu'une femme poursuivie correction- »nellement par son mari, pour cause d'adultère, »prenne le parti de nier son mariage, parce »qu'elle est instruite que le registre dans lequel »il était inscrit a péri par un accident. Si le »mari parvient à obtenir par l'instruction la »preuve d'une célébration légale de ce mariage, »et même à faire condamner sa femme, confor- »mément à l'article 337 du Code pénal, est-ce »que, dans ces deux cas et dans plusieurs autres »à peu près semblables qui peuvent se présenter, »on pourrait refuser d'inscrire sur le registre de »l'état civil le jugement qui constate le mariage, »en conformité de l'article 198, sous le prétexte »que le délit qui a donné lieu à la procédure cri- »minelle ou correctionnelle n'est pas au nombre »des délits spécifiés par l'article 52 du Code civil? »Ce refus serait évidemment aussi injuste qu'illé- »gal, puisqu'il serait contraire à la disposition »précise et générale de l'article 198, et qu'il sup- »poserait une restriction dans cet article, qui »existe d'autant moins, qu'elle a été retranchée »par le législateur lui-même, sans doute parce »qu'il en a reconnu l'inutilité.»

Avant M. Bourguignon, M. Locré (1) avait fait remarquer, après avoir rapporté les termes des articles proposés par la commission, que l'article

(1) Esprit du Code Napoléon, t. III, p. 428.

198 « a été étendu au-delà de l'espèce à laquelle » la commission le bornait; *on l'a généralisé*, et il » s'applique ainsi *à toute procédure criminelle*, à » celle, par exemple, qui tendrait à faire con- » damner l'officier pour avoir omis de rédiger » l'acte, ou à faire punir l'auteur des altérations » faites aux registres. »

L'article 199 du Code civil peut, par sa contexture, présenter quelques doutes; en disant: *si les époux ou l'un d'eux sont décédés sans avoir découvert la fraude, l'action criminelle pourra être intentée...., et par le procureur du roi*, il semble ne donner ouverture à l'action publique, qu'autant que les époux ou l'un d'eux n'existent plus. Mais M. Locré (1) fait observer avec raison, que le but de cet article n'a certainement pas été de n'attacher aucun effet à la découverte de la fraude, lorsqu'elle aurait eu lieu du vivant des époux, et n'aurait pas excité leurs réclamations; qu'il a voulu dire simplement que le décès des père et mère ne donnerait pas à la prévarication de l'officier public l'effet d'enlever la légitimité aux enfans; que l'action criminelle pour faire déclarer le mariage valable leur serait ouverte aussi bien qu'au ministère public. Cette observation est d'autant plus juste, que les articles du Code civil et du Code pénal que j'ai cités ouvrent l'action publique contre les crimes et les infractions qui tendent à compromettre l'état des époux.

---

(1) Esprit du Code Napoléon, t. III, p. 431.

192. Les tribunaux ont rarement à appliquer les dispositions législatives que je viens de retracer; leur interprétation a donné lieu à peu d'arrêts Un individu avait pris, dans l'acte de célébration de son mariage, les noms et qualités d'une autre personne; traduit devant la cour d'assises sur l'accusation de s'être rendu coupable d'un crime de faux en écriture publique, il prétendit, avant l'ouverture des débats, que le crime qu'on lui imputait présentait une question d'état préjudicielle, dont le jugement appartenait aux tribunaux civils, et il conclut à ce que la cour se déclarât, quant à présent, incompétente pour le juger. C'est ce qu'elle fit; mais son arrêt fut cassé le 8 mai 1828 (1), « Attendu que le fait ne présentait » aucune question préjudicielle, ni une réclama- » tion d'état, d'après l'article 326 du Code civil, » ni une action criminelle poursuivie contre un » délit de suppression d'état, prévu par l'article 327 » du même Code; mais une question d'identité de » personne, dont la solution, intimement liée avec » l'accusation, ne faisait qu'une seule et même » chose avec elle. »

Le 20 mars 1819, acte de l'état civil constatant le mariage de Thérèse Bouzon avec Louis-François Deroux. Le 7 juillet 1822, acte de naissance d'un enfant dont Thérèse Bouzon est accouchée; il y est dit que l'enfant est né de son légitime mariage avec Deroux. Peu de temps après, Thé-

(1) Bull., p. 343; Dalloz, p. 238.

rèse Bouzon porte plainte contre l'officier de l'état civil qui a rédigé l'acte de son mariage ; elle y allègue qu'elle n'a point comparu devant cet officier pour contracter mariage, que l'acte de célébration a même été rédigé en l'absence de celui-ci et hors de la présence des parties. Une instruction criminelle est formalisée, sur quoi arrêt de la cour royale de Grenoble du 9 décembre 1822, (1) qui, « Attendu » que la plainte en faux de Thérèse Bouzon, contre » l'acte civil de mariage du 30 mars 1819, emporte » en même temps une attaque contre l'état de » l'enfant présenté à l'officier de l'état civil de Lens-» Lestang, et inscrit sur le registre de cette com-» mune, comme né de François Deroux et de » Thérèse Bouzon son épouse, et ce, en ce sens » que cette plainte tend à faire supprimer l'état » d'enfant légitime que donnent à l'enfant dont est » accouchée la fille Bouzon l'acte civil de mariage » et l'acte de naissance précité ; attendu qu'en effet » la plainte de la fille Bouzon repose sur le fait » qu'il n'aurait point existé de mariage entre elle » et François Deroux, et que par conséquent l'en-» fant dont elle est accouchée ne serait pas le » fruit d'une union légitime, mais un enfant na-» turel ou illégitime ; attendu, d'ailleurs, qu'en » soutenant qu'elle n'est point mariée, Thérèse » Bouzon réclame contre l'état de femme que lui » donne l'acte civil de mariage du 20 mars 1819, » pour n'avoir que celui de fille, et aussi contre

(1) Dalloz, t. VIII, p. 599.

» l'état de mari que donne le même acte à Deroux; » et qu'ainsi elle réclame encore, sous ce rapport, » plusieurs suppressions d'état; attendu qu'il est » disposé, par l'art. 326 du Code civil, que les » tribunaux civils sont seuls compétens pour » statuer sur les réclamations d'état; et par l'ar- » ticle 327 que l'action criminelle contre un délit » de suppression d'état ne pourra commencer » qu'après le jugement définitif sur la question » d'état; attendu que ces principes ont été consa- » crés par divers arrêts de la cour de cassation; » attendu qu'il doit être sursis à toutes nouvelles » poursuites sur la plainte en faux de Thérèse » Bouzon, jusqu'à ce qu'il ait été prononcé par » les tribunaux civils sur l'état desdits Deroux et » Bouzon, et sur celui de l'enfant dont est accou- » chée ladite Bouzon, etc. »

Cet arrêt décide deux choses: 1° que l'action publique contre les faux commis sur les actes de célébration de mariage ne peut être intentée qu'après que les tribunaux civils ont prononcé sur l'état des époux; 2° que par cela seul que l'état d'un enfant peut être compromis par une poursuite en faux contre l'acte de célébration de mariage de ses père et mère, on doit surseoir à cette poursuite jusqu'au jugement définitif de l'état de cet enfant. Ces deux décisions me paraissent en opposition manifeste avec les principes qui régissent la matière.

Elles sont fondées, comme on vient de le voir, sur les articles 326 et 327 du Code civil; et, pour leur assigner ce fondement, l'arrêt déclare que la plainte en faux sur laquelle il avait à statuer avait pour objet de *supprimer l'état des époux et l'état de l'enfant*, et qu'il s'agissait conséquemment de plusieurs crimes de *suppression d'état*. Ce raisonnement présente, il faut en convenir, un véritable abus de mots. La loi entend par *suppression d'état* tout délit tendant à frustrer un enfant de l'état que la nature et la loi lui assignent; la suppression gît dans les faits dirigés contre l'état d'un enfant; elle n'est certainement pas dans l'action publique et dans l'action civile auxquelles cet état peut donner lieu.

Est-il vrai, comme l'avance l'arrêt que j'examine, que les délits relatifs à l'état d'époux ne peuvent être poursuivis qu'après que cet état a été jugé par les tribunaux civils? J'ai démontré le contraire dans le numéro précédent, et l'on a vu que, bien loin d'ôter aux tribunaux criminels le droit de connaître des questions qui concernent l'état des époux, le Code civil et le Code pénal les ont investis du droit non seulement de prononcer directement sur les délits qui s'y rattachent, mais encore de déclarer l'existence, la validité des mariages, et de donner à leurs jugemens la force et les effets de l'acte de célébration lui-même. En ouvrant l'action criminelle *à tous ceux qui ont intérêt de faire déclarer le mariage valable, et au procureur du roi*, l'article 199 du Code civil établit que « C'est donc pour faire » déclarer le mariage valable que l'action crimi-

» nelle est intentée dans ce cas : il n'est donc pas » nécessaire de faire déclarer le mariage valable » par le juge civil avant d'intenter l'action crimi» nelle à laquelle donne lieu la suppression de » l'acte de mariage. Ainsi rien à conclure des arti» cles 326 et 327 du Code civil. Encore une fois, » ces articles ne concernent que les questions » d'état d'enfans légitimes ; et non-seulement ils » ne comprennent pas dans leurs dispositions » les questions d'état d'époux, mais les articles 198 » et 199 du même Code, renferment, relativement » aux questions d'état d'époux, des dispositions » absolument contraires (1). » Si ces propositions sont d'une incontestable vérité, quand on les applique à la poursuite des délits qui ont pour objet d'attenter à l'état d'époux légitime, comment en serait-il autrement, lorsqu'il s'agit de la poursuite de délits qui ont pour objet d'attribuer cet état à des individus auxquels il n'appartient pas (2)?

La seconde décision que consacre l'arrêt que je discute est-elle plus exacte que la première? Est-il vrai que l'exercice de l'action publique et de l'action civile est suspendue, toutes les fois que la décision qui interviendra sur les poursuites auxquelles un mariage donne lieu doit influer sur l'état des enfans nés de ce mariage? Les articles 198 et 199 du Code civil répondent nettement à

(1) Réquisitoire de M. Merlin, Rép. de jurisp., v° Bigamie, n° 2, t. II, p. 167. — (2) V. le numéro suivant.

cette question : en déclarant que la preuve acquise par la voie criminelle de la célébration légale d'un mariage assure tous ses effets *à l'égard des enfans issus de ce mariage;* en ouvrant l'action criminelle *à tous ceux qui ont intérêt à faire déclarer le mariage valable*, et conséquemment aux enfans qui en sont issus, ces articles décident formellement que l'existence d'enfans sur lesquels peuvent rejaillir les conséquences de la décision que rendra le juge criminel, n'influe aucunement sur sa compétence. L'arrêt objecte que la plainte en faux, ayant pour objet de faire décider que le mariage n'existe pas, mettait en question l'état de l'enfant qui, de légitime, se trouvait exposé à n'être plus qu'un enfant naturel. Cette considération est indifférente, parce que les articles 326 et 327 du Code civil ne disent pas que l'action publique et l'action civile concernant l'état des personnes seront suspendues toutes les fois que, parmi les tiers intéressés à l'issue du jugement, il se trouvera des enfans; ces articles ne s'occupent que des délits dirigés contre l'état des enfans eux-mêmes. Or, dans l'espèce, il ne s'agissait pas d'une poursuite en suppression d'état; il n'était pas allégué que le faux dénoncé avait eu pour objet de changer l'état de l'enfant, et de substituer une filiation légitime à sa filiation naturelle : la mère soutenait simplement qu'elle n'était point mariée, que l'acte de célébration qui existait sur les registres était faux et mensonger ; elle se plaignait d'un délit commis contre elle-même. L'erreur consacrée par l'arrêt dont il s'agit paraîtra encore plus évidente, si l'on se reporte aux motifs des articles 326 et 327 du Code civil; leur but est d'empêcher des étrangers de s'introduire dans une famille, à l'aide d'une preuve testimoniale que les tribunaux criminels seraient forcés d'admettre, lorsqu'au contraire les tribunaux civils seraient obligés de la repousser (1). On voit que, dans l'espèce qui était à juger, il ne s'agissait point de la matière sur laquelle ces articles ont disposé.

193. Un accusé du crime de bigamie se défend en soutenant que l'un des deux mariages dont le concours constitue le crime est frappé de nullité; que fera le juge criminel? Renverra-t-il devant les tribunaux civils, pour prononcer sur la validité du mariage attaqué par l'accusé, ou bien statuera-t-il lui-même? M. Carnot (2) dit sur cette question: « Lorsque sur la prévention du crime » de bigamie, dont la cour d'assises se trouve saisie, l'accusé oppose la nullité de l'*un de ses mariages*, la cour d'assises doit surseoir au jugement, toutes choses demeurant en état. » Il donne, plus loin, la raison de son opinion (3). « Car, dit-il, c'est aux tribunaux civils seuls qu'il » appartient de connaître de la validité des mariages; et, dans aucun cas, les cours criminelles » ne sont compétentes pour prononcer sur ces

(1) V. *suprà*, n° 185. — (2) T. Ier, p. 23. — (3) *Ibid.*, p. 84.

» questions, même accessoirement aux préven-
» tions de crime dont elles se trouvent saisies. »
M. Carnot n'indique pas les lois qui limitent ainsi la compétence des tribunaux criminels; il n'aurait pu en citer une seule; le Code civil et le Code pénal renferment, au contraire, plusieurs dispositions qui autorisent ces tribunaux à prononcer sur la validité des mariages (1). M. Locré (2) fait même remarquer que la commission de législation avait pensé que la conséquence de la preuve acquise de la célébration légale du mariage, par une instruction criminelle, « devait être non de » le *faire déclarer valable*. Mais d'en faire ordonner » *la réhabilitation*, qui attesterait l'accomplisse-» ment des formalités; mais cette proposition n'a » point été admise : d'un côté, on a rejeté toute » espèce de réhabilitation; de l'autre, on a la » preuve que la célébration du mariage n'est point » acquise, par l'événement de la procédure crimi-» nelle; ou, si elle l'est, on a aussi la certitude » que les formalités sans lesquelles il ne peut pas » y avoir de célébration, ont été observées; dès-» lors il n'y a pas de raison pour les faire renouve-» ler. La preuve juridique remplace, au contraire, » celle qu'on eût tirée des registres, s'ils eussent » été fidèlement tenus ou respectés. Elle doit donc » avoir le même effet et suppléer complétement » l'acte. » C'est d'après ces observations que l'ar-

(1) V. les deux numéros précédens. — (2) Esprit du Code Napoléon, t. III, p. 429.

ticle 198 du Code civil a été rédigé. Il peut arriver fréquemment que des altérations commises sur des actes de célébration de mariage présentent ces actes comme entachés de nullité; l'omission, même involontaire, de la mention de quelques unes des formalités prescrites par l'article 76 du Code civil, peut constituer l'officier de l'état civil en prévention d'un délit; il n'est pas douteux que le jugement qui intervient, sur les poursuites du ministère public, contre l'auteur de ces altérations, ou de ces omissions, n'ait l'autorité de la chose jugée sur le point de savoir si la nullité existe réellement, si la formalité dont la mention n'est pas faite a été ou non accomplie; et que le jugement ne serve à rétablir l'acte altéré, ou à compléter l'acte resté imparfait, s'il prononce que le mariage a été légitimement célébré.

Dès que cette matière n'a pas été soustraite à la connaissance des tribunaux criminels, pour être exclusivement dévolue à une autre juridiction; que, loin de là, leur compétence est formellement reconnue, la question que j'examine doit se résoudre par la distinction que j'ai déjà établie (1) entre les questions de droit civil qui se présentent incidemment à l'instruction d'une procédure criminelle, et celles qu'on voudrait soumettre, par voie d'action principale, au jugement des tribunaux de répression, distinction qui sert de base à un arrêt rendu dans l'espèce que voici:

---

(1) V. *suprà*, n° 168.

Michel Projetto, accusé de meurtre sur la personne de son père adoptif, contesta, pour échapper aux peines du parricide, soit le fait de l'adoption, soit la régularité de l'acte qui l'établissait. La cour spéciale le déclara coupable de meurtre; mais elle ne le condamna qu'à la peine des travaux forcés à perpétuité, par le motif que l'acte d'adoption n'était pas revêtu des formalités prescrites par la loi. Le ministère public se pourvut en cassation, et fit valoir, pour moyen, l'incompétence de la cour spéciale pour statuer sur la validité de l'adoption, exception qui présentait à juger une véritable question d'état. La cour rejeta le pourvoi, conformément aux conclusions de M. Merlin (1), par arrêt du 27 novembre 1812 (2) : « Attendu que les tribunaux criminels, chargés » d'instruire et de prononcer sur les crimes et dé» lits, ont essentiellement caractère pour pronon» cer sur toutes les matières accessoires et inciden» tes qui s'y rattachent, et qui ne sont pas exceptées » par la loi de leur juridiction; qu'ils sont même » compétens pour prononcer sur les questions de » droit qui naissent de l'instruction et de la dé» fense des parties, lorsque ces questions doivent » modifier ou aggraver le caractère du fait de la » poursuite et de la peine dont il peut être suscep» tible, quoiqu'ils fussent, par leur institution, in» compétens pour prononcer sur ces mêmes ques-

(1) Rép. de jurisp., v° Parricide, n° 4. — (2) Dalloz, t. III, p. 497.

» tions de droit, considérées indépendamment du » fait criminel et d'une manière principale; que » dès-lors la cour spéciale a été compétente pour » statuer sur la qualité de fils adoptif attribuée à » Michel Projetto dans l'acte d'accusation, et qui » constituait un des élémens, ou une circonstance » aggravante, de l'homicide porté contre lui dans » cet acte. »

Ainsi, il est hors de doute que le juge criminel est compétent pour statuer sur les moyens de nullité qu'un accusé de bigamie peut opposer au mariage qu'il a contracté avant la dissolution d'un mariage précédent, puisque c'est ce mariage qui constitue le crime, et que l'exception de l'accusé tend à le faire disparaître. C'est ce que la cour de cassation a jugé, par arrêt du 18 février 1819 (1), dans l'espèce que voici : Jean Sarrazin a été mis en accusation, pour avoir épousé la demoiselle Hutchinson, lorsqu'il était encore engagé dans les liens d'un premier mariage avec la demoiselle Schwartz. Il avait prétendu que ce second mariage était nul, parce qu'au moment où il l'avait contracté, il était mort civilement, par suite d'une condamnation prononcée contre lui par contumace. La chambre d'accusation ayant refusé d'admettre ce moyen de nullité, Jean Sarrazin se pourvut contre son arrêt; mais la cour de cassation rejeta le pourvoi : « Attendu » que, lors du second mariage que le demandeur

(1) Bull., p. 79; Dalloz, t. II, p. 240.

» est accusé d'avoir contracté avant la dissolution » de son premier mariage, il ne s'était pas écoulé » cinq ans depuis sa condamnation à mort par » contumace; qu'aux termes de l'article 27 du » Code civil et de l'article 476 du Code d'instruc- » tion, la mort civile n'était donc pas encore ac- » quise contre lui; que son premier mariage n'é- » tait donc pas dissous, lors du second. »

Ainsi, la cour de cassation a reconnu à la chambre d'accusation, et s'est reconnu à elle-même, le droit d'examiner le moyen de nullité dirigé contre le second mariage.

194. Mais le juge criminel est-il compétent pour prononcer sur la nullité que l'accusé de bigamie oppose à son premier mariage? Cette question présente plus de difficultés; elle n'a été nettement résolue par la cour de cassation que par un seul arrêt, rendu après un partage d'opinions; il est donc nécessaire de l'examiner avec attention.

M. Merlin la discute dans un réquisitoire du 8 août 1811 (1), et la décide négativement; voici les raisons qu'il en donne : « Ce n'est point » dans le premier mariage qu'est le crime; le crime » n'est que dans le second; et il n'est dans le se- » cond, qu'en supposant le premier valablement » contracté. Le juge criminel est donc, sous ce » rapport, incompétent pour connaître de l'exis- » tence et de la validité du premier mariage. »

L'esprit est peu satisfait de ce raisonnement;

---

(1) Rép. de jurisp., v° Bigamie, n° 2, t. II, p. 164.

car si le crime de bigamie se compose de deux élémens, savoir : de deux mariages contractés suivant les formes prescrites par la loi, et si le second mariage n'est un crime qu'à cause de l'existence du premier, on ne voit pas bien pourquoi les juges qui sont compétens pour décider de la validité du second ne le seraient pas pour décider de la validité du premier. M. Merlin avait dit, quelques lignes plus haut : « Il est certain » qu'en matière de crimes et de délits, la compé» tence des juges criminels n'est circonscrite par » aucune borne..... que, dès qu'un crime est arti» culé, les juges criminels peuvent et doivent le » rechercher, le poursuivre, le juger dans tous les » élémens qui le constituent et en forment la sub» stance; et que, lorsque parmi ces élémens il se » trouve une question de droit, ils peuvent et » doivent la juger, ni plus ni moins que si c'était » une question de fait. » Dans l'affaire de Michel Projetto, que j'ai citée dans le numéro précédent, le crime n'était pas non plus dans l'adoption, mais dans le meurtre; l'adoption n'en était pas même un élément essentiel; elle n'en était qu'une circonstance aggravante. Cependant la cour spéciale n'en a pas moins été reconnue compétente, sur les conclusions de M. Merlin, pour statuer sur la validité de cette adoption.

M. Merlin continue : « Son incompétence est » plus évidente sous un autre rapport. Il est de » principe que toutes les fois que l'accusé oppose, » pour sa défense, un fait ou un acte purement

»civil, qui, supposé vrai ou envisagé comme il le »présente, détruit toute idée de crime, et sur lequel il s'élève des contestations, le juge criminel ne peut prononcer ni sur ce fait, ni sur cet »acte, et qu'il doit en renvoyer la connaissance »au juge civil.»

M. Merlin a établi le principe tout opposé dans plusieurs endroits de ses ouvrages, notamment dans ses Questions de droit, verbo *Suppression de titre*, § 1er, et il a eu raison (1). Il est bien certain que le juge criminel a le droit de prononcer sur l'existence, la validité, l'interprétation des actes, lorsque les questions qu'ils font naître se présentent incidemment à la poursuite dont il est saisi. Cependant M. Merlin insiste sur sa nouvelle doctrine, et il invoque à l'appui l'obligation où est le juge saisi d'une poursuite en contravention forestière, de renvoyer au tribunal civil le jugement de l'exception de propriété dont le prévenu se prévaut. Mais ce devoir imposé au juge n'est qu'une dérogation à la règle générale qui fixe la compétence. Il invoque aussi la jurisprudence de la cour de cassation, en matière d'interprétation d'adjudication de coupe de bois; j'ai expliqué que la cour de cassation a reconnu qu'elle s'était trompée (2).

J'examine maintenant quel est, sur la question, l'état de la jurisprudence.

Georges-Frédéric Barbier, accusé de bigamie,

---

(1) V. *suprà*, n° 168 et suiv. — (2) V. *suprà*, n° 178.

nia formellement, devant la cour d'assises, qu'il eût jamais contracté le premier mariage qu'on lui opposait; la cour d'assises ordonna qu'il serait sursis au jugement, jusqu'à ce qu'il eût été statué par les tribunaux civils sur l'exception. Pourvoi en cassation du procureur-général, et, le 25 juillet 1811, arrêt de rejet (1). « Attendu qu'à » l'ouverture des débats devant la cour d'assises, » le défenseur de l'accusé a contesté formellement » l'existence d'un premier mariage; que rien, dans » l'arrêt attaqué, ne détruit cette allégation, dont » il a été donné acte à l'accusé; qu'il y est même » reconnu qu'aucun acte de célébration n'a été » représenté; qu'en renvoyant, en cet état de l'af- » faire, devant les tribunaux civils, pour faire ju- » ger la question préjudicielle que la défense de » l'accusé fait naître, celle de savoir s'il avait existé » véritablement un premier mariage, la cour d'as- » sises a fait une juste application des dispositions » du Code civil. » Les motifs de cet arrêt ne jettent aucun jour sur la thèse que j'examine; il pose en principe que les tribunaux civils étaient seuls compétens pour prononcer sur l'exception de l'accusé, et c'est précisément ce qui était en question. Ensuite l'existence ou la non existence d'un premier mariage, dont on ne représentait pas l'acte de célébration, n'offrait qu'un point de fait dont la décision appartenait au jury, et non une question de droit. Cet arrêt ne peut s'expliquer

(1) Dalloz, t. II, p. 243.

que par la circonstance que l'accusé avait avoué qu'un simulacre de mariage avait eu lieu entre lui et la femme qu'on prétendait être son épouse ; qu'il était prouvé qu'il avait vécu avec elle plusieurs années comme avec une épouse légitime, et que plusieurs enfans, nés de cette union, avaient été inscrits sur les registres de l'état civil, comme enfans légitimes. En sorte qu'il s'agissait bien plus de savoir si ce que l'accusé appelait un simulacre de mariage n'était pas, en droit, un mariage régulièrement contracté, que de savoir si, en fait, il avait été marié. Mais il résulte de là que l'intention de la cour de cassation a été de juger que la question de validité du mariage échappait à la compétence de la cour d'assises; seulement on ignore par quel motif elle s'est décidée.

La question s'est présentée depuis, et a été nettement jugée.

Le nommé Moureau contracta un premier mariage, en l'an 6, avec la veuve Deschamp. En l'an 8, et pendant l'existence de ce mariage, il en contracta un second avec Julie Chapuy. En 1823, après la mort de sa première femme, mais pendant l'existence de la seconde, il en contracta un troisième avec Marie Foubert. Ainsi Moureau était deux fois bigame ; mais son premier crime étant couvert par la prescription, il ne fut poursuivi qu'à cause du second. Mis en arrestation, il se pourvut en cassation, et fit valoir pour moyen que son second mariage était nul, parce qu'il avait été contracté pendant l'existence du premier, et que conséquemment son troisième mariage ne pouvait constituer un crime de bigamie. En effet, au moment du troisième mariage, le premier était dissous par la mort de la veuve Deschamp; ainsi, le crime de bigamie ne pouvait résulter que du concours du second mariage avec le troisième. Le moyen de cassation présentait à décider deux questions : la première, si la chambre d'accusation aurait dû s'occuper d'office de la validité du second mariage; la seconde, si elle aurait dû s'en occuper pour y statuer, ou renvoyer devant les tribunaux civils, pour prononcer sur la nullité. La première question n'offrait pas de difficulté : les nullités de plein droit n'ont pas lieu en France; et par cela seul que Moureau ne s'était point prévalu de la nullité de son mariage avec Julie Chapuy, la chambre d'accusation ne devait pas s'en occuper (1). La seconde question était plus difficile; elle donna lieu à un partage d'opinions (2).

---

(1) V. *infrà*, n° 195.

(2) Il est si évident que le partage ne pouvait porter que sur la seconde question, que je crois pouvoir, sans commettre d'indiscrétion, transcrire la note de M. Busschop sur l'arrêt qui a vidé le partage : « Le point de droit sur lequel il y » avait partage était de savoir : si la juridiction criminelle » pouvait elle-même s'occuper de la question sur la nullité ou » validité du premier mariage, considéré comme élément du » crime de bigamie; ou bien si la décision de cette question » appartenait exclusivement aux tribunaux civils. On voit que » l'arrêt sur partage s'est prononcé en faveur de cette der- » nière opinion. »

Ce partage fut vidé par arrêt du 16 janvier 1826 (1), qui décide que les tribunaux civils sont seuls compétens pour prononcer sur la validité du mariage. Voici par quel motif : « Attendu... que les » nullités de mariage doivent, aux termes des ar- » ticles 184, 188, 189 du Code civil, être portées » devant les tribunaux civils, et ne peuvent être » déclarées et prononcées que par eux. »

Ce motif est tellement absolu qu'il semble embrasser les nullités articulées contre le second mariage, aussi bien que les nullités articulées contre le premier. Mais il faut en circonscrire le sens dans les limites de la question qui était à juger; et, puisqu'il ne s'agit que de la nullité proposée contre le premier mariage, c'est à elle que s'applique la décision qui reconnaît la compétence exclusive des tribunaux civils pour y statuer.

Cette décision est-elle conforme au vœu de la loi? doit-elle servir de règle aux tribunaux? je le crois, et je vais exposer les motifs de mon opinion.

Le Code civil dispose, art. 188 « L'époux au » préjudice duquel a été contracté un second ma- » riage peut en demander la nullité, du vivant » même de l'époux qui était engagé avec lui.

Art. 189. » Si les nouveaux époux opposent la » nullité du premier mariage, la validité ou la nul- » lité de ce mariage doit être jugée préalable- » ment. »

M. Portalis a dit, en exposant au corps légis-

(1) Bull., p. 22 ; Dalloz, p. 217.

latif les motifs de ces articles : « Dans le concours » de deux mariages, si l'époux délaissé peut attaquer le second comme nul, ceux qui ont contracté ce second mariage peuvent également arguer le premier de nullité : ce qui est nul ne » produit aucun effet. Un premier mariage non » valablement contracté ne peut donc légalement » motiver la cassation d'un nouveau mariage valable ; conséquemment la question élevée sur » la validité du premier mariage suspend nécessairement le sort du second. Cette question est » un préalable qu'il faut vider avant tout. »

En disant que la validité ou la nullité du premier mariage doit être jugée préalablement, l'article 189 du Code civil fait entendre clairement qu'il s'agit là, non d'une de ces exceptions qui se lient à l'instance principale, et sur lesquelles le juge doit prononcer en même temps qu'il statue sur le fond, mais d'une exception préjudicielle principale, qui doit faire l'objet d'une instance séparée, et dont le jugement doit nécessairement précéder la décision sur la validité du second mariage. Les explications données par l'orateur du gouvernement démontrent complétement que tel est en effet le vœu de la loi. Ainsi, le juge civil, saisi de la demande en nullité formée par l'époux au préjudice duquel a été contracté un second mariage, ou par toute autre partie, ne peut statuer sur la nullité que les nouveaux époux opposent au premier mariage; il doit, au contraire, surseoir à prononcer sur le second, et fixer à ces époux un délai pour faire juger leur exception par le tribunal compétent.

Le juge criminel saisi d'une poursuite en bigamie, a-t-il, pour prononcer sur la validité du premier mariage, des droits plus étendus que le tribunal civil qui se trouve saisi de la demande en nullité du second mariage? Ce second mariage peut donner lieu à deux actions : l'une civile en nullité qui peut être intentée non seulement par l'époux abandonné, mais encore par tous ceux qui y ont intérêt et par le ministère public (1); il peut donner lieu à l'action publique pour la punition du crime qui en résulte. Mais ces deux actions ont une base commune, savoir, un premier mariage légalement contracté; la loi veut que, si cette base est attaquée par le défendeur à l'action civile, son exception soit jugée préalablement, c'est-à-dire séparément de la demande en nullité du second mariage; pourquoi n'en serait-il pas de même quand, au lieu d'être défendeur à une action civile, il l'est à une action criminelle? pourquoi, dans ce dernier cas, la même exception perdrait-elle le caractère de question préjudicielle principale que la loi y a attachée, et ne deviendrait-elle qu'un simple incident inséparable de l'action à laquelle il se rattache, et devant être jugé en même temps qu'elle? Si le juge criminel peut connaître des questions de droit civil, c'est dans les mêmes limites de compétence

(1) Code civil, art. 147 et 184.

et sous les mêmes conditions que le juge civil; si celui-ci doit s'abstenir de statuer sur l'exception, parce qu'elle ne peut être décidée que par la voie d'une demande principale, le juge criminel doit procéder par les mêmes règles et prononcer le même renvoi.

La solution de la question que j'examine est désormais fort claire. La juridiction criminelle ne peut connaître des questions de droit civil qu'incidemment aux poursuites dont elle est saisie, et jamais par voie d'action principale; et, puisque la nullité ou la validité du premier mariage ne peut être l'objet d'un incident sur lequel elle puisse prononcer en même temps que sur l'accusation de bigamie, il est évident qu'elle échappe à sa compétence, et qu'elle rentre dans le domaine des tribunaux civils; qu'elle est obligée de surseoir au jugement de l'action publique, jusqu'à ce que ces tribunaux aient statué définitivement.

Il en est de ce cas comme de celui prévu par l'article 357 du Code pénal. Un ravisseur, poursuivi sur la plainte des parens de la fille qu'il a enlevée, répond qu'il l'a épousée; les parens répliquent que le mariage est nul; le juge criminel pourra-t-il prononcer sur les nullités qui sont proposées? non; car l'article 357 veut que le ravisseur ne soit condamné qu'*après* que le mariage aura été déclaré nul. La nullité du mariage devient conséquemment l'objet d'une question préjudicielle principale; elle doit donc être jugée séparément de l'action publique; elle appartient ainsi au juge civil (1).

Si le premier conjoint de l'accusé de bigamie était mort au moment des poursuites, sans laisser d'héritier, ou en ne laissant que des héritiers *désintéressés* à ce que le mariage ait été ou non légalement contracté; par exemple, s'il y avait eu séparation de corps entre les époux et liquidation de la communauté, contre qui pourrait-il former la demande en nullité du premier mariage qui lui est opposé? ce ne pourrait être que contre le ministère public; car, à moins de vouloir que l'accusation reste perpétuellement indécise, et que l'accusé garde prison sa vie entière (2), il faut reconnaître, dans le ministère public, son contradicteur légitime.

195. Quelle que soit la nullité qui vicie les mariages dont le concours constitue le crime de bigamie, les mariages ne sont pas nuls de plein droit; la maxime que les nullités n'ont point lieu de plein droit, et qu'elles doivent être prononcées par jugement, s'applique à toutes les espèces de nullités. Il résulte de là que le prévenu est obligé de proposer celles dont il croit pouvoir se prévaloir, soit pour mettre le juge criminel en état d'y statuer si elles sont relatives au second mariage, soit pour qu'il en renvoie le jugement au tribunal civil si elles sont relatives au

---

(1) V. *suprà*, n° 147. — (2) V. *infrà*, n° 199.

premier. Il n'est pas obligé de prononcer d'office sur les nullités, quelque apparentes qu'elles puissent être. C'est ce qu'explique très-bien l'arrêt du 16 janvier 1826 que j'ai cité dans le numéro précédent: « Attendu que si la nullité absolue d'un » premier mariage exclut nécessairement l'accusa- » tion de bigamie par suite d'un mariage subsé- » quent, puisqu'en ce cas il n'existe qu'un seul » mariage; et s'il ne pourrait y avoir lieu, au nom » de la société, de poursuivre la violation du lien » d'un mariage préexistant, puisque ce mariage » n'existerait pas; que si, dans l'espèce, il paraît » résulter d'actes authentiques, mis sous les yeux » de la chambre d'accusation, que le demandeur, » lorsqu'il a contracté mariage avec Julie Chapuy, » était dans les liens d'un premier mariage, con- » tracté avec Victoire-Sophie Bailleux, veuve Des- » champ; et si, dès-lors, ce second mariage au- » rait pu être déclaré nul, d'une nullité absolue; » et si le demandeur était recevable à faire valoir » cette nullité, puisqu'aux termes de l'article 184 » du Code civil, les époux eux-mêmes pourraient » attaquer les mariages contractés en contraven- » tion à l'article 147 du même Code, c'est-à-dire » le mariage contracté avant la dissolution du pre- » mier; il n'est pas moins constant que les lois du » royaume ne reconnaissent point de nullité de » plein droit....; que dès-lors, tant qu'un mariage » n'a pas été annulé par les juges compétens, il » est réputé subsistant; que, dans l'espèce, la » nullité du premier mariage contracté entre le de-

» mandeur et Julie Chapuy n'a point été prononcée; qu'aucun renvoi pour faire prononcer préjudiciellement, par les juges compétens, sur cette nullité, n'a été demandé devant la chambre d'accusation; qu'elle a dû statuer dans l'état des faits soumis à son examen....; d'où il suit que l'arrêt attaqué a pu décider que le fait dont le demandeur était prévenu était qualifié crime par la loi, sans violer l'article 340 du Code civil. »

Les mêmes principes sont consacrés dans l'arrêt Sarrazin (1).

196. Il ne suffit pas, pour obliger le juge criminel à surseoir aux poursuites et à renvoyer au tribunal civil le jugement de la question préjudicielle, que l'accusé de bigamie allègue contre son premier mariage une cause quelconque de nullité; il faut en outre que cette nullité soit de celles que la loi l'autorise à faire valoir, et qu'il soit encore recevable à l'opposer.

En effet, les nullités qui peuvent vicier un mariage n'ont pas toutes le même caractère : les unes ont pour objet direct et principal l'intérêt public et le maintien du bon ordre; les autres n'ont pour objet que l'intérêt particulier, soit des contractants, soit des tiers; de là la distinction entre *les nullités absolues et les nullités relatives*.

Que l'accusé de bigamie soit recevable à se prévaloir des *nullités absolues* qui vicient son premier mariage, c'est ce qui n'est pas douteux.

(1) V. *suprà*, n° 193.

ces nullités sont énumérées dans l'article 184 du code civil; elles résultent : 1° du défaut de l'âge requis pour pouvoir contracter mariage; toutefois celle-ci peut être couverte aux termes de l'article 185; 2° de l'existence d'un mariage antérieur; 3° de la parenté ou de l'alliance des époux au degré prohibé. L'article 184 dispose que les époux et le ministère public peuvent attaquer le mariage infecté de l'un de ces vices.

Mais l'accusé de bigamie peut-il se prévaloir des *nullités relatives* qui lui sont personnelles, lorsqu'il ne les a pas couvertes? la doctrine de la cour de cassation, sur cette question, est exposée en ces termes dans sa note sur les questions préjudicielles, n° 8 (1) :

« Si un individu accusé de bigamie propose, » pour moyen de défense, la nullité de son pre- » mier mariage, la chambre d'accusation ou la » cour d'assises devront-elles surseoir à la mise » en accusation, ou aux débats, ou à la condam- » nation, et renvoyer devant les tribunaux civils » pour y être préalablement statué sur la validité » de l'acte du premier mariage?

» Cette question se décide par une distinction :

» Ou bien il s'agit d'une *nullité absolue*, c'est-à- » dire d'une de ces nullités à raison desquelles le mi- » nistère public peut et doit demander la nullité du » mariage, ainsi qu'il lui est prescrit par l'arti- » cle 190 du code civil, et qui sont rappelées dans

(1) V. *infrà*, n° 240.

» l'article 184 du même code, sous la modification » portée dans l'article 185, et, dans ce cas, il y a » lieu à surseoir et à renvoyer devant les tribunaux » civils. *La nullité absolue n'opère pas en effet une » simple résolution ou dissolution du mariage; elle fait » que ce lien n'a jamais existé*, et, d'après l'article 340 » du code pénal, il n'y a crime de bigamie que » dans un *second mariage* contracté par celui qui » est *engagé dans les liens d'un premier mariage.* » Ce genre de nullité qui exclut, quand la nullité » existe, le fait de la prévention ou de l'accusa- » tion, ne peut être jugé par les tribunaux crimi- » nels, parce que l'état civil du prévenu dépend » du jugement qui doit être porté, et que les » tribunaux civils, d'après l'article 326 du code » civil, sont seuls compétents pour statuer sur les » questions d'état (1).

» Ou bien la nullité proposée par le prévenu » de bigamie contre son premier mariage n'est » que *relative*, c'est-à-dire qu'elle ne rentre pas » dans les articles 144, 147, 161, 162 et 163 du » code civil, ledit article 144 appliqué avec la » modification de l'article 185; et, dans ce cas, » il n'y a lieu ni à sursis, ni à renvoi. L'exception » de cette espèce de nullité fût-elle prouvée, ne » détruirait point l'accusation, *parce que, si le ma- » riage pouvait être dissout par un jugement sur cette » nullité, il n'en était pas moins valable jusqu'à ce » que cette dissolution fût prononcée par les tribu-*

(1) V. *suprà*, n°s 182 et 185.

» *naux*. Le prévenu était donc, jusqu'alors, *engagé*
» *dans les liens d'un premier mariage;* son second
» mariage l'a donc rendu coupable du crime de
» bigamie, tel qu'il est caractérisé par l'acticle 340
» du code pénal.

» La chambre d'accusation ou la cour d'assises
» ont, sans difficulté, caractère pour décider
» dans quels articles du code civil rentre la nullité
» proposée par le prévenu, et conséquemment
» pour rejeter l'exception, si elle ne leur paraît
» porter que sur une nullité relative. »

La cour de cassation, dans ses arrêts (1), s'est conformée à cette théorie, qui est adoptée par M. Bourguignon (2) et par M. Carnot (3).

Ces autorités sont graves sans doute; qu'il me soit permis cependant d'exposer une opinion contraire à la leur.

On doit admettre une distinction entre les nullités absolues et les nullités relatives; elle est fondée sur ce que les premières peuvent être, dans tous les temps, opposées au mariage; qu'elles peuvent l'être par les époux et par le ministère public, tandis que les autres ne peuvent être opposées que par les parties en faveur desquelles elles sont établies, et qu'autant qu'elles n'y ont pas renoncé. Il résulte de là que l'accusé de bi-

---

(1) Arrêt du 19 novembre 1807, Dalloz, t. II, p. 247; 26 août 1819, Pierre Sarrazin contre le ministère public, non imprimé. — (2) Jurisp. des Codes criminels, t. Ier, p. 38. (3) — T. Ier, p. 93.

gamie n'est pas recevable à se prévaloir des nullités établies dans l'intérêt des tiers, ni de celles établies dans son propre intérêt, lorsqu'il les a couvertes. Mais je n'admets pas qu'il lui soit interdit de proposer ces dernières nullités, s'il ne les a pas couvertes.

En effet, il résulte du système de la cour de cassation, non seulement que le prévenu de bigamie ne peut invoquer une nullité de ce genre contre son premier mariage, mais encore que si, avant les poursuites dirigées contre lui, il avait fait prononcer par les tribunaux civils l'annulation de ce mariage, il n'en devrait pas moins être traduit et condamné comme bigame, si cette annulation n'était fondée que sur des nullités relatives. Je dis que cela résulte de ce système, car si l'annulation prononcée avant le commencement des poursuites est un obstacle pour le ministère public, l'annulation postérieure aux poursuites doit les faire cesser; et si elle doit les faire cesser, il est clair qu'il suffit que le prévenu se prévale de la nullité qui vicie le mariage pour qu'on doive surseoir et en renvoyer le jugement au tribunal civil. Quelle est la base du système que je combats? Il ne peut en avoir d'autre que la proposition suivante : un mariage qui n'est vicié que d'une nullité relative produit un lien, tandis que le mariage vicié d'une nullité absolue n'en produit point. Maintenant quelle est la loi qui consacre cette proposition? il n'en existe pas. Quelle est la loi dont on puisse l'induire? on n'en cite aucune; on se borne à dire : *les nullités absolues opèrent une dissolution et non une simple résolution des liens du mariage; elles font que le mariage n'a jamais existé. Quant aux nullités relatives, si le mariage pouvait être dissout par un jugement, il n'en était pas moins valable, jusqu'à ce que cette dissolution fût prononcée par les tribunaux; le prévenu était donc jusqu'alors engagé dans les liens d'un premier mariage.*

Cette distinction entre les effets que produit l'annulation d'un mariage, suivant la nature de la nullité qui le viciait, ne me paraît qu'une subtilité. D'abord un mariage n'est jamais *nul de plein droit*, quelque défectueux qu'il soit; il y a toujours un titre, une apparence qu'il faut détruire; il y a toujours une question à décider par le juge; c'est à lui qu'il appartient d'appliquer le droit au fait. Jusque là le mariage est présumé former un lien légal; il n'y a pas lieu à distinguer entre les nullités absolues et les nullités relatives. Pourquoi donc le crime de bigamie disparaît-il lorsque l'un des mariages est annulé pour une cause de nullité absolue? c'est parce que la présomption légale qui le réputait former un lien a cessé, et qu'elle a fait place à la vérité; or comme cette vérité a existé dès le moment même où le mariage nul se contractait, que le jugement n'est que *déclaratif* de cette vérité, c'est aussi à ce moment que remontent les effets de ce jugement. Peut-il en être autrement quand le mariage est annulé pour cause d'une nullité relative? la nullité n'existait-elle pas à l'instant même de la célébration? le jugement qui la reconnaît et la consacre, n'est-il pas aussi simplement déclaratif?

On dit que les nullités absolues opèrent une *dissolution*, et que les nullités relatives n'opèrent qu'une simple *résolution*. Cette distinction n'arrive pas à mon intelligence, et je crois qu'un mariage nul, peu importe pourquoi, n'a pu produire aucun lien. L'homme qui a concouru le plus puissamment à fonder les principes en matière de question d'état, et dont les opinions ont été, pour la plupart, érigées en loi par le code civil, M. d'Aguesseau s'était formé, sur les nullités absolues et les nullités relatives, d'autres idées que celles sur lesquelles repose la doctrine que je discute. Voici avec quelle netteté il caractérise ces dernières nullités :

« On fait la distinction importante des nullités » absolues de celles qui ne sont que relatives, et » introduites en faveur de certaines personnes.

» Lorsque ces personnes, par quelque indignité » ou incapacité personnelle, ne sont plus en état » de les proposer, on peut dire alors que le mariage est comme validé, *non qu'il soit exempt de* » *défaut, mais par le défaut de droit dans celui qui* » *veut le faire annuler : non jure proprio, sed* » *defectu juris alieni.* »

Ainsi les nullités relatives ne diffèrent des autres qu'en ce qu'il n'appartient qu'à certaines personnes de s'en prévaloir, et qu'elles peuvent être couvertes. Dans l'ancien droit criminel, on tenait aussi pour constant que le crime de bigamie n'existait qu'autant que les deux mariages étaient valables, et il est arrivé souvent que, pour échapper à une accusation de ce genre, le prévenu invoquait la nullité de son premier mariage : faisait-on alors la distinction des nullités absolues et des nullités relatives? Non; il suffisait que l'inculpé opposât un moyen de nullité qu'il fût recevable à opposer. Ainsi, Nicolas Chaubert fut admis à se prévaloir de ce que son consentement n'avait pas été libre; Nicolas Giraud fut admis à se prévaloir de ce que son père n'avait pas consenti à son mariage (1).

Le droit actuel n'a pas dérogé à l'ancien. Qu'on examine le Code civil, et l'on verra que les effets de l'annulation d'un mariage sont les mêmes, quelle que soit la nullité qui l'a motivée. « L'effet » des nullités, dit M. Toullier (2), est que les » mariages déclarés nuls sont considérés comme » n'ayant point existé. Il n'y a point de commu» nauté, les conventions matrimoniales et les dona» tions sont comme non avenues, etc. » La bonne foi fait produire au mariage ses effets civils en faveur des époux ou de l'époux chez qui elle existe, et en faveur de leurs enfans (3).

Il y a d'ailleurs des nullités relatives qui sont très-graves; celle, par exemple, qui résulte du

---

(1) Arrêts des 11 mars 1660 et 29 décembre 1781. D'Aguesseau, 43e plaidoyer; Nouveau Dénisart, t. III, p. 517. — (2) T. Ier, n° 652. — (3) Code civil, art. 201 et 202.

défaut de liberté dans le consentement, ou d'erreur dans la personne (1). Est-ce à dire que l'accusé de bigamie ne pourra pas invoquer cette cause de nullité, parce qu'elle n'est point rappelée dans l'article 184 du Code civil?

Enfin, s'il restait encore des doutes sur la question que j'examine, ils se dissiperaient en réfléchissant sur les motifs qui s'opposent à ce qu'un mariage nul engendre jamais un crime de bigamie. Voici comment M. Merlin expose ces motifs (2) : après avoir prouvé par les monumens de l'ancienne jurisprudence que la bigamie ne peut pas résulter d'un mariage nul, il continue : « Les lois » nouvelles ont-elles dérogé à cette jurisprudence? » Non; et au contraire, elles l'ont confirmée de » la manière la moins équivoque. *Quiconque, étant » engagé dans les liens du mariage, en aura contracté » un autre avant la dissolution du précédent, sera » puni de la peine des travaux forcés à temps.* Ce » sont les termes de l'article 340 du Code pénal » de 1810. Vous sentez, messieurs, combien sont » précieux, combien sont décisifs ces mots *liens* et » *dissolution;* d'une part le mariage ne *lie* que ceux » qui le contractent valablement; un mariage nul » n'impose aucun *lien* à ceux qui le contractent; » de l'autre, la *dissolution* d'un mariage en sup» pose nécessairement la validité. Le divorce, la » mort dissolvent un mariage qui a été contracté

(1) Code civil, art. 180. — (2) Réquisitoire du 8 août 1811, Rép. de jurisp., v° Bigamie, t. II, p. 166.

» valablement ; mais on ne dissout jamais un ma-
» riage nul : on déclare seulement qu'il n'existe
» pas. Le Code pénal de 1791 et le Code pénal
» de 1810 ne frappent donc de la peine de biga-
» mie que celui qui, étant marié valablement,
» épouse une autre personne avant que son pre-
» mier mariage ait été dissous par la mort de son
» époux ou par le divorce ; ils n'étendent donc pas
» cette peine à celui qui, après avoir contracté un
» mariage nul, en contracte un second avant que
» la nullité du premier ait été déclarée par le juge.
» Et de quel droit, d'après cela, les tribunaux
» pourraient-ils se permettre une pareille exten-
» sion ? Serait-ce parce que le premier mariage est
» présumé de droit avoir été contracté valable-
» ment ? serait-ce parce qu'il est présumé former
» un lien légal, tant que l'annulation n'en est pas
» prononcée ? Mais des présomptions ne peuvent
» jamais empêcher l'effet de la vérité, lorsqu'elle
» vient à se manifester. Elles ne peuvent consé-
» quemment pas empêcher qu'un mariage reconnu
» nul par un jugement, ne soit déclaré tel non
» seulement à compter du jour de son annulation,
» mais même dès son principe, dès l'instant qu'il
» a été contracté ; et, par une conséquence ulté-
» rieure, elles ne peuvent pas autoriser les juges
» à condamner aux peines de la bigamie un homme
» qui, s'étant marié avant l'annulation d'un ma-
» riage précédemment contracté, prouve et fait
» juger que le mariage qu'il avait contracté pré-
» cédemment était nul. Peut-on condamner un

» accusé avant que la preuve du crime qui lui est » imputé soit acquise d'une manière irréfragable? » non sans doute. Peut-on le condamner sans » avoir la certitude que l'action qui constitue son » crime prétendu ne perdra pas, par un événe- » ment qui peut survenir, le caractère de crime? » non encore. Peut-on le condamner provisoire- » ment? pas davantage..... Objectera-t-on que, » dans les cas hypothétiques dont nous venons de » parler, l'accusé serait censé avoir été condamné » non comme bigame, mais comme ayant négligé » de faire annuler son premier mariage avant de » contracter le second? La réponse est facile : la loi » aurait sans doute pu établir des peines correc- » tionnelles contre l'homme qui, avant de con- » tracter un mariage, n'aurait pas fait déclarer » nul celui qu'il avait eu précédemment l'air de » contracter; mais elle ne l'a point fait, et de ce » qu'elle a omis de s'expliquer sur cette négligence » répréhensible sans doute, il ne s'ensuit sûrement » pas que l'on doit appliquer à cette négligence la » peine qu'elle a infligée à un crime, avec lequel » cette négligence n'a rien de commun; il ne s'en- » suit sûrement pas que ne point faire prononcer, » avant de se marier, l'annulation d'un mariage » nul, et se marier au mépris d'un mariage valable, » ce soit absolument la même chose. »

197. On a pu remarquer que, dans la note de la cour de cassation que j'ai transcrite au numéro précédent, il est dit que la chambre d'accusation ou la cour d'assises ont, sans difficulté, caractère

pour décider si le prévenu est ou non recevable à se prévaloir de la nullité qu'il oppose à son premier mariage. Il semble, au premier coup d'œil, qu'il y a contradiction à reconnaître au juge criminel une compétence suffisante pour prononcer sur la recevabilité de l'exception, tandis que cette compétence n'existe pas pour prononcer sur le fond de cette exception, puisqu'elle rentre dans les attributions des tribunaux civils; mais cette contradiction n'est qu'apparente; c'est ce qu'explique très-bien M. Merlin dans son réquisitoire du 8 août 1811, que je viens de citer, par une distinction entre les fins de non-recevoir qui se rattachent à une action déjà formée devant un autre tribunal que celui devant lequel on les oppose, et les fins de non-recevoir qui se rattachent à un acte qui n'est pas encore formé. Dans le premier cas, il est certain que le jugement des fins de non-recevoir n'appartient qu'au tribunal saisi de l'action qu'elles tendent à écarter : ainsi, lorsque devant le tribunal de première instance, une partie oppose un jugement rendu en sa faveur, et que l'autre répond qu'elle en a interjeté appel, et qu'elle en produit l'acte, ce tribunal n'est pas compétent pour décider si l'appel a été interjeté dans le délai légal, ni s'il est régulier dans la forme; ce droit n'appartient qu'au tribunal d'appel, qui se trouve saisi. Mais si l'appel n'avait pas été interjeté, le tribunal de première instance serait certainement compétent pour décider si la partie à qui on oppose le jugement, et qui prétendrait avoir encore le droit de l'attaquer par la voie d'appel, soit parce que la matière en est susceptible, soit parce qu'il ne lui a pas été régulièrement signifié, etc., a effectivement ce droit, ou si elle est non recevable à en user; et pour raisonner dans une hypothèse qui rentre dans la question que j'examine, si l'accusé de bigamie avait formé sa demande en nullité du premier mariage qu'on lui oppose, il n'est pas douteux que le tribunal criminel, incompétent pour statuer sur la nullité, le serait également pour prononcer sur les fins de non-recevoir qui s'opposent à l'action. Mais si la demande n'avait pas encore été formée, ce tribunal aurait tout pouvoir pour apprécier et déclarer les fins de non-recevoir; en effet, il faut bien que le juge auquel on demande de surseoir aux poursuites, examine si ce sursis aurait une base légale, c'est-à-dire si l'action qui le motiverait peut utilement être exercée. Il serait déraisonnable d'obliger un tribunal à arrêter le cours de la justice, sous prétexte que le prévenu se propose de faire valoir certains droits, lorsqu'il est constant ou que ces droits n'ont pas existé, ou qu'il a perdu la faculté de s'en prévaloir.

La jurisprudence est parfaitement fixée sur cette question.

Ainsi la cour de cassation a jugé 1° que la simple allégation de l'accusé qu'il n'a jamais contracté le mariage qu'on lui oppose, et que l'acte de célébration qu'on en produit est un acte faux, ne suffit pas pour arrêter la poursuite du crime de bigamie (1) : « Attendu qu'il aurait fallu, pour » donner quelque consistance à ce moyen de dé- » fense, qu'il se fût inscrit positivement en faux » contre cet acte de célébration ; qu'en s'abstenant » de prendre cette voie, il s'est mis hors de me- » sure d'opposer, comme ouverture de cassation, » la violation des articles 189 du Code civil et 456 » de la loi du 3 brumaire an 4 ».

2° Que la chambre d'accusation a le droit d'examiner si les nullités opposées par le prévenu à son premier mariage n'ont pas été couvertes, et s'il est encore recevable à s'en prévaloir (2) : « Attendu que les nullités proposées par Billecart, » contre son premier mariage avec Marie Pinet, » étaient couvertes d'après les termes de la loi du » 20 septembre 1792 et du Code civil ; et qu'en » rejetant en conséquence l'exception prise de » ces prétendues nullités, et en mettant par suite » ledit Billecart en accusation, comme prévenu » de bigamie, la chambre d'accusation n'a contre- » venu à aucune loi ».

3° Que la chambre d'accusation et la cour d'assises ont le droit de décider qu'un jugement par défaut, qui a prononcé la nullité du premier mariage, doit être considéré comme non avenu, faute d'avoir été mis à exécution dans les six mois ; qu'elles ont le droit de décider que le moyen de

(1) Arrêt du 2 avril 1807 ; Dalloz, t. II, p. 242.
(2) Arrêt du 8 août 1811 ; *ib.*, p. 243.

nullité proposé par l'accusé ne lui est pas personnel, et qu'il est ainsi non-recevable à s'en prévaloir (1) : « Attendu que le jugement du tribunal » civil d'Angoulême du 31 août 1810, qui a prononcé la nullité du premier mariage, a été rendu » par défaut de constituer avoué, et que ce jugement n'ayant pas été mis à exécution dans les » six mois de sa date, ainsi qu'il a été déclaré dans » l'arrêt de la cour de Bordeaux, doit, aux termes » de l'article 156 du Code de procédure civile, être » regardé comme non avenu ; d'où il suit que ni » l'arrêt de mise en accusation, ni celui de la cour » d'assises, qui ont été rendus contre le réclamant » à raison du crime de bigamie, n'ont contrevenu » à l'autorité de la chose jugée par ledit jugement » du tribunal d'Angoulême; que les nullités alléguées par le réclamant contre son premier » mariage, devant la chambre d'accusation et » devant la cour d'assises, n'étaient point absolues; » qu'elles étaient purement relatives à ses père et » mère, pour réclamer l'annulation de ce premier » mariage; et que dès-lors la cour de Bordeaux, » en déclarant expressément, et la cour d'assises, » en jugeant implicitement que le demandeur en » cassation était non-recevable à faire valoir ces » nullités pour repousser l'accusation de bigamie, » n'ont violé aucune loi. »

198. L'exception tirée de la nullité de l'un des mariages dont le concours constitue le crime de

---

(1) Arrêt du 17 décembre 1812 ; Dalloz, t. II, p. 245.

bigamie, est péremptoire; elle tend à détruire l'existence du crime lui-même; l'accusé est donc recevable à la faire valoir en tout état de cause. S'il ne l'a pas proposée devant le juge d'instruction, il peut l'invoquer devant la chambre d'accusation; il peut même s'en prévaloir, pour la première fois, devant la cour d'assises; c'est ce que décide formellement l'arrêt du 16 janvier 1826 (1): « Attendu...., qu'aucun renvoi pour faire pro» noncer préjudiciellement par les juges compé» tens sur cette nullité n'a été demandé devant la » chambre d'accusation; qu'elle a dû statuer dans » l'état des faits soumis à son examen; que l'excep» tion de nullité, qui pourra être proposée utile» ment par le demandeur devant la cour d'assises, » ne peut l'être devant la cour de cassation, qui ne » doit statuer que sur l'observation des formes » prescrites par les lois et sur la juste application » de leurs dispositions ».

J'ai dit qu'il peut s'en prévaloir *pour la première fois* devant la cour d'assises; car, s'il l'avait déjà proposée devant la chambre d'accusation, que celle-ci l'eût rejetée et que son arrêt eût acquis l'autorité de la chose jugée, il ne pourrait pas la reproduire devant la cour d'assises. C'est ce qui résulte d'un arrêt rendu, à mon rapport, le 20 novembre 1828 (2): « Attendu que les fins de non» recevoir invoquées par le demandeur contre les » poursuites dirigées contre lui, et qu'il fait résul-

(1) Cité n° 194. — (2) Dalloz, 1829, p. 23.

» ter soit de l'incompétence des tribunaux français » pour juger la validité de son premier mariage, » contracté sous l'empire des lois anglaises, soit » de sa qualité d'étranger qu'il aurait communiquée » à son épouse par le fait même de la célébration » du mariage ; que ces fins de non-recevoir ont été » présentées par lui à la chambre des mises en » accusation, qui les a justement écartées ; qu'il » ne s'est pas pourvu contre l'arrêt qui les rejette ; » que, cet arrêt prononçant sa mise en accusation » pour avoir contracté un second mariage avant » la dissolution du précédent, il ne reste plus qu'à » examiner si ce fait, dont le jury l'a déclaré cou- » pable, est qualifié crime par la loi ».

199. Les effets de la question préjudicielle, sur l'action publique et sur l'action civile, ne sont pas les mêmes en matière de bigamie qu'en matière de suppression d'état. On a vu (1) que la poursuite des crimes de suppression d'état ne peut commencer qu'après le jugement définitif sur la question d'état; qu'ainsi cette poursuite est jusque-là suspendue par la seule force de la loi; que, jusque-là, elle est non-recevable. La poursuite du crime de bigamie, au contraire, s'intente librement, parce que, les mariages étant réputés subsistant jusqu'à ce qu'ils aient été annulés, l'exception tirée de la nullité de l'un des deux ne constitue pas une fin de non-recevoir contre l'action publique et l'action civile; qu'elle n'est sim-

(1) V. *suprà*, n° 189.

plement qu'un moyen de défense contre le fond même de l'accusation, moyen qui est personnel au prévenu, qu'il est tenu de présenter, qui ne touche en rien à la compétence du juge pour statuer sur l'accusation, et qu'il n'est pas tenu d'examiner d'office (1).

Il résulte de là que, pendant l'instance civile à laquelle donne lieu l'exception tirée de la nullité de son premier mariage, le prévenu reste sous le poids des mandats qui ont été décernés contre lui, qu'ainsi il doit garder prison. C'est ce que décide l'arrêt du 25 juillet 1811 (2); en surseyant aux débats, la cour d'assises avait ordonné que Georges-Frédéric Barbier tiendrait prison; et il s'était pourvu contre cette disposition de l'arrêt; la cour rejeta son pourvoi: « Attendu que le Code d'in» struction criminelle a déterminé les cas où les » arrêts rendus par les cours d'assises peuvent être » annulés; que la disposition qui maintient ledit Bar» bier en état d'arrestation, ne rentre dans aucun » des cas qui donnent ouverture à la cassation ».

Cet arrêt aurait pu ajouter que l'action publique ayant été légalement intentée, que ne s'agissant que d'un sursis au jugement du fond, il n'y avait lieu à l'annulation ni des mandats ou ordonnances de prise de corps qui avaient été décernés, ni d'aucun des actes de la procédure.

---

(1) V. *suprà*, n° 195. — (2) V. *suprà*, n° 194.

Art. 2. *Des questions concernant les propriétés immeubles, et autres droits immobiliers.*

200. Le principe que le juge criminel est compétent pour connaître de toutes les questions qui se rattachent au fait de la prévention, reçoit une seconde exception lorsque, le délit ayant porté sur un immeuble, le prévenu oppose à l'action qu'il est propriétaire de cet immeuble, ou qu'il a sur lui un droit réel qui autorise le fait qui donne lieu à la prévention : *feci, sed jure feci.* Cette exception de propriété, ou d'exercice d'un droit immobilier, présente une question préjudicielle qui est du ressort des tribunaux civils.

Ce n'est pas qu'il existe un texte de loi qui attribue à ceux-ci, d'une manière formelle, le jugement de cette question préjudicielle; c'est la jurisprudence qui a fondé cette dérogation à la compétence des tribunaux criminels, en généralisant une règle que la loi n'a établie que pour un cas particulier. Cette loi est celle du 29 septembre 1791, sur l'administration forestière, tit. 91, art. 12, dont la disposition, maintenue et développée par l'article 182 du Code forestier, et l'article 59 de la loi sur la pêche fluviale, porte: « Si » dans une instance en réparation de délit, il s'é» lève une question incidente de propriété, la par» tie qui en excipera sera tenue d'appeler le pro» cureur général syndic du département de la » situation des bois, et de lui fournir copie de ses » pièces, dans la huitaine du jour où elle aura

» proposé son exception; à défaut de quoi, il sera » passé outre au jugement du délit, la question de » propriété demeurant réservée. » Il résulte de cet article que le tribunal correctionnel était incompétent pour statuer sur la question de propriété; et comme il n'y avait aucune raison pour restreindre cette incompétence au cas unique où il s'agissait d'une propriété forestière; comme d'ailleurs l'article précité semblait moins créer une règle pour un cas particulier, que faire l'application d'une règle générale préexistante, les cours et les tribunaux se sont accordés à reconnaître que quand, dans un procès, soit criminel, soit correctionnel, soit de simple police, fondé sur un dommage causé à la propriété d'autrui, le prévenu allègue, pour sa défense, que l'immeuble objet du dommage lui appartient, le juge doit surseoir aux poursuites, jusqu'à ce que les parties aient fait juger, par les tribunaux civils, la question préjudicielle de propriété.

Ce principe est consacré par un grand nombre d'arrêts; je vais en analyser quelques uns:

1° Celui qui est poursuivi pour avoir comblé un fossé, et dont la défense consiste à soutenir que ce fossé est sur sa propriété, élève une question préjudicielle de propriété, dont la connaissance n'appartient qu'aux tribunaux civils. La question de savoir si la coupe des jets d'une haie vive constitue un délit, n'est qu'une conséquence de l'examen préjudiciel du droit de propriété (1).

(1) Arrêt du 7 brum. an 9; Dalloz, t. XI, p. 493. * Même

2° Lorsque sur la plainte portée par un fermier, pour dommage fait à un de ses champs, le prévenu oppose qu'il est propriétaire du champ dont il s'agit, l'objet principal et préalable de la contestation est la question de propriété, qui doit d'abord être décidée par le tribunal civil (1).

3° Carratier, poursuivi pour avoir enlevé la récolte d'une vigne, soutint qu'il était propriétaire de cette vigne; la cour royale, s'immisçant dans le jugement de cette exception, avait condamné le prévenu; son arrêt a été cassé (2).

4° Le propriétaire d'une prairie qui, en établissant des vannes pour l'arrosement de ses prés, attire l'eau d'un ruisseau servant à l'exploitation de plusieurs tanneries, et qui, traduit pour ce fait devant le tribunal de police, soutient qu'il est propriétaire du terrain où les vannes sont placées, et conséquemment du cours d'eau qui fait l'objet de l'action, soulève une question préjudicielle dont le juge criminel n'a pas le droit de connaître (3).

5° Celui qui, prévenu d'usurpation sur la voie publique, ou de l'avoir dégradée ou embarrassée, prétend que le terrain sur lequel le fait a été commis ne fait point partie de la voie publique, mais

---

décision pour un mur abattu en délit. Arrêt du 16 mai 1834; Dalloz, p. 359.

(1) Arrêt du 19 prairial an 11; *ib.* — (2) 9 mai 1828, Bull., p. 354; Dalloz, p. 242. — (3) Arrêt du 3 juin 1808; Dalloz, t. XI, p. 499.

qu'il est sa propriété, élève par là une question de propriété qui doit être renvoyée devant les tribunaux civils (1).

201. Peu importe que le prévenu fonde le droit de propriété dont il se prévaut sur un titre ou sur une possession suffisante pour lui avoir fait acquérir ce droit; car son exception est toujours tirée de sa qualité de propriétaire, et c'est toujours une question de propriété qu'elle présente à juger.

Ainsi l'exception de propriété, basée sur la possession immémoriale, peut, sans production d'autres titres, être opposée par un prévenu de délit rural ou forestier, comme formant une question préjudicielle, qui nécessite un sursis aux poursuites et le renvoi des parties devant les tribunaux civils, pour être préalablement statué sur cette question de propriété (2).

202. Mais si l'exception de propriété invoquée par le prévenu ne portait que sur un objet mobilier, la question préjudicielle resterait dans la compétence du juge criminel. Les effets mobiliers sont la matière des vols, des détournemens, etc., et le droit de juger les délits emporte

---

(1) Arrêts des 27 germinal an 9, 7 pluviose an 10, 4 brumaire an 14, 5 janvier 1809, *ib.*, 19 juin 1829, Bull., p. 358, et beaucoup d'autres arrêts rapportés par Dalloz, v° Question préjudicielle.

(2) Arrêt du 17 mai 1806, Dalloz, t. XI, p. 499, et une foule d'autres, *ib.*, p. 498; 11 avril 1828, Bull., p. 250; Dalloz, p. 207; 11 novembre 1831, Dalloz, p. 354; * 7 janvier 1832, Dalloz, p. 68.

avec lui le droit de connaître de toutes les exceptions proposées comme moyen de défense.

Le nommé Maillard, traduit devant la cour d'assises sur une accusation de vol, avait prétendu que l'objet mobilier qu'il avait soustrait était sa propriété. Déclaré coupable et condamné, il soutint, à l'appui de son pourvoi, que l'exception de propriété qu'il avait fait valoir aurait dû être décidée par le tribunal civil. Ce moyen a été rejeté par arrêt du 11 avril 1817 (1), au rapport de M. Lecoutour, par le motif « que, l'exception » n'ayant pour objet qu'une chose mobilière, elle » devait être appréciée et jugée par le tribunal » compétent pour prononcer sur l'accusation de » vol. »

203. Il résulte de là que, si la possession alléguée par le prévenu, ou qui lui est opposée, ne porte que sur la simple jouissance des fruits d'un immeuble; que, si elle n'est qu'un fait distinct de la propriété de l'immeuble lui-même, il appartient au juge criminel d'apprécier en fait et en droit le mérite de l'exception que l'on prétend en tirer; réduite ainsi à la propriété d'objets mobiliers, elle est de la compétence du juge saisi de l'action contre laquelle elle est proposée.

C'est par ce motif que la cour a jugé, par arrêt du 5 juillet 1828, rendu à mon rapport (2), que la juridiction correctionnelle avait été compétente

(1) Non imprimé. Maillard contre le ministère public.
(2) Bull., p. 626; Dalloz, p. 316.

pour décider qu'un individu avait la possession *animo domini* d'un terrain; qu'ainsi le trouble apporté à sa possession constituait, dans l'espèce, un délit : « Attendu que c'est une erreur de pré» tendre que la cour de Rouen était incompétente » pour décider que le plaignant avait la possession » du terrain litigieux, possession que les prévenus » lui ont contestée; qu'en effet, le fait de la pos» session du terrain était, dans l'espèce, indépen» dant du droit de propriété; que ce fait ne » pouvait donc devenir la matière d'une question » préjudicielle; qu'il restait soumis à l'apprécia» tion de la cour royale saisie de la poursuite. »

204. Les baux ne font que régler le mode de perception des fruits de la terre; ils ne concernent que des objets mobiliers. L'interprétation de ces actes appartient donc essentiellement au juge criminel, lorsqu'on les oppose incidemment à l'action en réparation de délits dont il est saisi (1).

Le nommé Seigle, traduit en police correctionnelle pour avoir détruit des arbres sur un terrain dont il n'était que fermier, se défendit en soutenant que son bail lui donnait le droit d'abattre ces arbres. La cour royale crut devoir renvoyer les parties devant le tribunal civil, pour y faire interpréter le bail; mais son arrêt fut cassé le 13 juin 1818 (2) : « Attendu que l'exception du » prévenu Seigle présentant une question soit

---

(1) V. *suprà*, n° 177. — (2) Bull., p. 242; Dalloz, t. V, p. 181.

» d'interprétation, soit d'exécution des clauses de » son bail, la cour de Paris, saisie et juge d'une » affaire de police correctionnelle, était par cela » même, et de droit, compétente pour juger l'ex- » ception et décider si, dans l'hypothèse où le » bail aurait donné à Seigle le droit d'élaguer les » arbres fruitiers, ce droit emportait celui de les » mutiler, et de les exposer à périr après un temps » plus ou moins long ; qu'en se dispensant de pro- » noncer sur le fond de l'exception, la cour royale » a méconnu sa compétence légale. »

Des individus, traduits en police correctionnelle pour avoir introduit des bestiaux dans un bois appartenant aux pauvres d'une commune, se sont prévalus, pour justifier ce fait, d'un bail qui, selon eux, les y avait autorisés. Le tribunal ayant ordonné qu'il serait sursis aux poursuites jusqu'à ce qu'il eût été statué par les tribunaux civils sur la question de droit que présentait l'exception, son jugement a été cassé, le 2 août 1821 (1) : « Attendu qu'en principe général, le » juge du délit est juge de l'exception proposée » contre la poursuite dont ce délit est l'objet ; que » si la loi a dérogé à ce principe lorsque le pré- » venu allègue pour sa défense une propriété im- » mobilière, ou un droit réel qui ne peut être » apprécié que par le juge auquel appartient la

(1) Bull., p. 354 ; Journal du Palais, t. LXII, p. 495 ; Dalloz, t. XI, p. 496. (L'arrêt y est indiqué par erreur comme étant du 2 août 1822.)

» connaissance des questions de propriété, il n'en » est pas de même d'une exception appuyée seu- » lement sur un prétendu droit de jouissance, sur » un droit qui se détermine à un résultat mobi- » lier; que la propriété des immeubles étant effec- » tivement dans le domaine des tribunaux civils, » le prévenu qui, devant un tribunal de police » correctionnelle, propose pour défense une ex- » ception de cette nature, doit obtenir un sursis à » l'action qui l'y avait amené, et le renvoi de la » question préjudicielle de propriété au jugement » du tribunal civil; mais que si l'exception porte » uniquement sur une question de possession ou » de jouissance, même d'un immeuble, elle ne » forme une question préjudicielle que dans le cas » où elle vient s'identifier et se confondre avec la » question essentiellement civile de la propriété; » que, dans l'espèce, Bécherot et Godeau ne fai- » saient valoir pour défense contre la poursuite » criminelle dont ils étaient l'objet, qu'un simple » droit de jouissance de fruits, déterminé par sa » nature à des résultats purement mobiliers, et » que le tribunal correctionnel, juge du délit, » avait dès lors caractère pour juger si, d'après le » bail qu'ils produisaient, le délit qui était imputé » à Bécherot fils existait ou n'existait pas. »

Laurent Moreau était traduit devant le tribunal correctionnel pour s'être frayé un passage dans le jardin de son voisin, en brisant la clôture et la serrure de la porte qui le fermait; il se défendit en soutenant qu'un bail authentique, qu'il représentait, lui donnait le droit de jouir de ce jardin, et la cour royale renvoya au tribunal civil l'interprétation du bail. Son arrêt a été cassé, par des motifs analogues à ceux qu'on vient de lire, le 25 juin 1830 (1).

La jurisprudence de la cour de cassation est, comme on le voit, bien fixée sur la question. Cependant il existe trois arrêts des 5 août 1808 (2), 10 janvier 1806 et 4 janvier 1810 (3), par lesquels elle a décidé que l'interprétation des actes de baux est du ressort exclusif des tribunaux civils. Mais ces arrêts sont antérieurs à l'époque où cette cour a arrêté les principes d'après lesquels les tribunaux doivent se régler en matière de questions préjudicielles (4); ils ne peuvent conséquemment laisser d'incertitude sur le véritable état de la jurisprudence. Je n'en aurais même point parlé, si M. Merlin n'eût cité le premier sans rapporter ceux qui rectifient la doctrine qu'il renferme, et si M. Dalloz n'eût transcrit les deux autres en les opposant à celui du 2 août 1821.

205. Le principe que les questions de propriété immobilière sont du ressort exclusif des tribunaux civils a conduit à en établir un autre, savoir : que les droits réels, tels que ceux de servitude, rentrent également dans la compétence de ces tribunaux. Ainsi il est constant que toutes les fois

(1) Dalloz, p. 316. — (2) Rép. de jurisp., t. XIII, p. 785, v° Question préjudicielle, n° 2. — (3) Dalloz, t. XI, p. 497 et 499. — (4) V. *infrà*, n° 240.

que l'existence du délit dépend de la question de savoir si tel droit réel de passage, d'usage, etc., grève l'immeuble sur lequel le fait de la prévention a été commis, cette question préjudicielle doit être renvoyée au jugement du tribunal civil.

Bernardet, cité devant le tribunal de simple police pour avoir barré un sentier que les habitans de la commune avaient pratiqué sur son terrain, opposa qu'il n'était assujetti envers la commune à aucune servitude de passage. Le tribunal crut pouvoir statuer sur cette exception; mais son jugement fut cassé, le 2 thermidor an 11 (1): « Attendu que le droit de passage sur le terrain » du demandeur est par lui contesté; que dès-lors » la poursuite du délit qui lui est imputé devait » rester suspendue jusqu'à la décision de cette » contestation par les juges civils, à qui elle devait » être renvoyée. »

Bouchard et consorts, traduits devant le tribunal de simple police pour avoir fait passer sur le terrain d'autrui des matériaux nécessaires à la réparation d'une usine, se défendirent en soutenant qu'ils avaient une servitude de passage sur ce terrain, et conclurent à ce que le jugement de cette exception fût renvoyé au tribunal civil. Le tribunal ayant, au contraire, prononcé sur l'existence du droit invoqué par les prévenus, son jugement fut cassé le 12 juin 1807 (2).

Benquez était propriétaire *d'une prise d'eau* qui

---

(1) Dalloz, t. XI, p. 510. — (2) *Ib.*, p. 501.

servait à l'arrosement de ses prairies, mais dont l'excédent, s'écoulant dans une rue, y occasionait du dommage; et il fut, à raison de ce dommage, poursuivi par le ministère public. Sa défense consistait à dire que la commune était grevée de la servitude de ses eaux, et il demanda que le jugement de son exception fût renvoyé au tribunal civil. Néanmoins le tribunal de police ordonna la fermeture de la prise d'eau, et le condamna à l'amende. Pourvoi en cassation, et arrêt du 17 mai 1806 qui casse (1). Un arrêt identique a été rendu le 20 février 1829 (2).

Le propriétaire d'une prairie l'avait fait clore, pour l'affranchir d'un droit de vaine pâture; nonobstant cette clôture, la commune avait usé de son droit. Traduite en police, elle soutint que ce droit lui était conféré par des titres, qu'ainsi il n'avait pas été éteint par la clôture du terrain qui en était grevé. La cour de cassation a cassé, par arrêt du 20 novembre 1823 (3), le jugement qui s'était immiscé dans la décision de cette question préjudicielle.

Les arrêts, en cette matière, sont nombreux; j'en indiquerai encore plusieurs qui décident, en même temps, des questions dont je parlerai dans la suite.

206. Il résulte de ce que je viens de dire, que les exceptions de propriété et de tout autre droit

---

(1) Dalloz, t. XI, p. 499. — (2) Bull., p. 131; Dalloz, p. 157. — (3) Bull., p. 436; Dalloz, t. XI, p. 499.

réel font naître des questions préjudicielles qui échappent à la compétence du juge criminel ; et quand bien même elles seraient élevées devant un juge de paix siégeant comme juge de police, il ne pourrait y statuer en se constituant juge civil, pas plus que les tribunaux correctionnels de première instance ne pourraient se transformer en juges civils pour prononcer sur ces questions (1). Le juge criminel doit surseoir au jugement du délit, jusqu'à ce que le tribunal compétent ait statué définitivement sur l'exception.

Mais il n'en reste pas moins juge de la poursuite qui a provoqué l'exception ; il ne doit pas s'en dessaisir ; son incompétence ne concerne que l'exception elle-même ; elle ne nécessite qu'un simple sursis. Il est arrivé cependant que des tribunaux se sont déclarés tout-à-fait incompétens ; mais la cour de cassation a cassé leurs jugemens (2). Je vais transcrire les motifs de l'arrêt du 28 novembre 1828 : « Attendu que ce tribunal, » en déclarant, avec raison, son incompétence » quant aux questions préjudicielles de droit illi- » mité de parcours proposées par les prévenus,

(1) Arrêts des 2 thermidor an 11, Dalloz, t. XI, p. 510 ; 7 floréal an 12 ; *ib.*, t. Ier, p. 206 ; et 1er avril 1813, Bull., p. 159 ; Dalloz, t. III, p. 439. — (2) Arrêts des 2 décembre 1826, Bull., p. 693 ; Dalloz, 1827, p. 352 ; 29 août 1828, Bull., p. 738 ; Dalloz, p. 408 ; 28 novembre 1828, Bull., p. 910 ; Dalloz, 1829, p. 233 ; * 31 janvier 1833 ; Dalloz, p. 232.

» *a laissé les parties à se pourvoir ainsi et devant qui* » *de droit* sans réserver les dépens; par où il s'est » dessaisi de la connaissance de la contravention; » attendu que les questions préjudicielles, dont la » solution appartenait à la juridiction civile, pou- » vaient et devaient déterminer le tribunal de po- » lice à différer son jugement jusqu'à ce qu'elles » eussent été décidées par l'autorité compétente; » qu'il devait en même temps charger les préve- » nus de poursuivre le jugement devant cette au- » torité, et fixer le délai dans lequel ils devraient » rapporter ce jugement; mais que le sort de la » contravention était nécessairement indécis, et la » juridiction du tribunal de police seulement sus- » pendue jusqu'à la décision de la juridiction ci- » vile, décision de laquelle dépendait la con- » damnation ou l'absolution des prévenus; qu'il » appartenait exclusivement à ce tribunal de pro- » noncer en évacuant l'instance engagée devant lui » à raison de la contravention; d'où il suit que le » tribunal de Soissons, en se dessaisissant de l'af- » faire, a violé les règles de la compétence. »

207. Mais suffit-il, pour obliger le juge crimi- nel à surseoir aux poursuites, que le prévenu se prévale d'un droit réel sur l'immeuble qui a été l'objet du délit? lui suffirait-il de dire qu'il est propriétaire, usager, possesseur depuis un temps suffisant pour prescrire, et que le fait qu'on lui reproche n'est que l'exercice d'un droit légitime de propriété ou de servitude? Non; parce que, tout en garantissant aux prévenus l'exercice du

droit naturel de la défense, la loi a dû veiller à ce qu'il ne dégénérât point en un abus dont le résultat serait d'entraver, sans utilité pour eux, le jugement des délits. Elle a conséquemment soumis les exceptions dont il s'agit à un examen préliminaire, dont elle charge le juge devant lequel elles sont proposées, et le juge n'est tenu d'accueillir l'exception et de surseoir aux poursuites, qu'autant

1° Qu'elle est de nature à ôter au fait tout caractère de délit;

2° Qu'elle est personnelle à celui qui l'invoque;

3° Qu'elle est accompagnée d'un commencement de preuve.

Ces trois conditions sont exigées par les articles 182 du Code forestier et 59 de la loi sur la pêche fluviale. Ces articles portent : « Si, dans » une instance en réparation de délit ou de contravention, le prévenu excipe *d'un droit de propriété* ou autre *droit réel*, le tribunal saisi de la » plainte statuera sur l'incident, en se conformant » aux règles suivantes :

» L'exception préjudicielle ne sera admise qu'autant qu'elle sera *fondée soit sur un titre apparent*, » soit sur *des faits de possession* équivalens *personnels au prévenu* et par lui articulés avec précision, » et si le titre produit, ou les faits articulés, *sont* » *de nature*, dans le cas où ils seraient reconnus » par l'autorité compétente, *à ôter au fait* qui sert » de base aux poursuites *tout caractère de délit ou* » *de contravention.* »

Ces articles sont le résumé des règles consacrées antérieurement par la cour de cassation; et, s'ils ne disposent que sur les délits forestiers et de pêche, les règles qu'ils posent n'en sont pas moins applicables à toute espèce de délit dont la poursuite provoque des exceptions de la même nature (1). Je vais m'occuper de chacune de ces règles.

1° *L'exception doit être de nature à ôter au fait tout caractère de délit.*

208. Tout prévenu qui élève une question préjudicielle du genre de celle dont je parle, dit nécessairement : *feci, sed jure feci*; il faut donc que le droit qu'il articule lui ait, en effet, donné la faculté de commettre le fait qui motive les poursuites; sans cela, l'exception fût-elle accueillie par le juge compétent, il resterait toujours un délit à punir; le sursis, le jugement intervenu sur l'exception ne seraient que des actes frustratoires; or un tribunal ne doit rien ordonner d'inutile.

Le premier devoir du juge criminel est donc d'examiner si l'exception que le prévenu oppose à l'action formée contre lui est d'une telle nature que, si elle était reconnue fondée par le tribunal compétent, elle ôterait au fait de la prévention tout caractère de crime, de délit ou de contravention; il doit l'admettre, quand elle remplit cette condition; il doit la repousser et passer outre, quand elle ne la remplit pas. La cour de cassation a appliqué cette règle dans une foule de circons-

(1) * Arrêt du 19 mars 1835; Dalloz, p. 203.

tances où il s'agissait de délits forestiers, de délits ruraux, de contraventions de petite voirie, de délits de destruction, dégradations et dommages, etc., il est utile d'avoir sous les yeux une analyse de sa jurisprudence.

209. L'exercice *des droits d'usage* dans les forêts est soumis à des règles établies par le Code forestier, et précédemment par l'ordonnance de 1669. Les infractions commises à ces règles constituent des délits, et ces délits peuvent exister, quoique le droit d'usage ne soit pas contesté. Ainsi, l'exception du prévenu, fondée sur ce qu'il est usager, n'est point préjudicielle lorsque le délit consiste dans l'abus qu'il a fait de son droit ; par exemple, s'il avait envoyé son bétail dans des parties de bois qui n'étaient pas déclarées défensables par l'administration ; si le bétail n'était pas gardé conformément à la loi ; si le prévenu s'était approprié des portions de bois sans attendre que la délivrance lui en eût été régulièrement faite ; si, n'ayant droit qu'à des bois morts et secs, il avait coupé du bois vert, etc. La cour de cassation a rendu, à ce sujet, beaucoup d'arrêts ; j'en indique les principaux dans la note ci-dessous (1).

(1) 26 floréal an 13, 7 avril 1809, Rép. de jurisp., t. XIII, p. 791 et 789, v° Question préjudicielle ; Dalloz, t. II, p. 508 et 509 ; 28 janvier 1813, Bull., p. 29 ; 10 février 1820, Bull., p. 75 ; 12 avril 1822, Bull., p. 164 ; 20 mars 1823, Bull., p. 107 ; Dalloz, t. XI, p. 508 ; 22 avril et 10 septembre 1824, Bull., 169 et 344 ; 23 janvier, 19 novembre et

L'exception de propriété ne fournirait pas non plus une exception préjudicielle, s'il s'agissait du fait d'avoir *défriché un bois*, malgré la défense qu'en fait la loi (1).

210. Le possesseur *animo domini* d'un terrain a le droit de poursuivre quiconque y commet des délits; car la possession annale est, aux yeux de la loi, une présomption juridique de propriété, et la loi veut que cette possession soit respectée jusqu'à ce que la présomption légale ait été détruite par un jugement rendu au pétitoire. Ainsi le prévenu d'un délit commis au préjudice du possesseur, n'est pas recevable à exciper d'un droit de propriété sur le terrain qui a été l'objet de ce délit, et à demander qu'il soit sursis au jugement de la prévention. C'est ce que la cour a jugé, à mon rapport, le 5 juillet 1828 (2). « Attendu qu'il » n'y a de questions préjudicielles que celles dont » la décision, si elle est favorable au prévenu, peut » faire disparaître le délit; qu'en admettant qu'il » intervienne, dans la suite, une décision défini- » tive qui déclare que le plaignant a en effet compris » dans sa clôture une partie du chemin vicinal, il » n'en résulterait pas que les faits reprochés aux

---

19 décembre 1829, Bull., p. 49; Dalloz, 1830, p. 11 et 12; 3 avril 1830, Dalloz, p. 193; * 6 juin 1834, Dalloz, p. 361; 7 février 1835, Dalloz, p. 180.

(1) Arrêt du 9 juillet 1807; Dalloz, t. XI, p. 495. * Arrêt du 20 octobre 1832; Dalloz, p. 183. — (2) Bull., p. 626; Dalloz, p. 316.

» demandeurs, et qui consistent à avoir, dans leur » intérêt privé, détruit cette clôture, arraché les » haies, comblé des fossés et abattu des arbres, » cesseraient d'être des délits; que l'arrêt attaqué » déclare que, lors des voies de fait, le plaignant » avait la possession incontestable du terrain sur » lequel elles ont été commises; qu'une pareille » possession doit être protégée comme la propriété » même; que les voies ouvertes au propriétaire, » pour obtenir la réparation des voies de fait com» mises sur sa chose, le sont également au posses» seur *animo domini*; que la sûreté des propriétés » et la conservation de la paix publique exigent le » maintien de ces principes. » Les mêmes principes avaient déjà été consacrés par un arrêt du 19 mars 1819 (1).

Mais si le plaignant n'avait pas la possession annale du terrain sur lequel a été commis le délit qui donne lieu aux poursuites, la question préjudicielle pourrait être élevée; cela est évident, et la cour a jugé ainsi par arrêt du 8 janvier 1813 (2).

A plus forte raison, l'exception de propriété ne pourrait-elle être opposée par celui qui aurait affermé le terrain dont il s'est permis d'enlever les fruits (3).

211. L'ordre public serait sans cesse troublé,

---

(1) Dalloz, t. XI, p. 496. — (2) Rép. de jurisp., v° Question préjudicielle, n° 7, t. XIII, p. 796. — (3) V. arrêt du 27 mars 1807; Rép. de jurisp., v° Vol, sect. 1re, n° 3, t. XVIII, p. 703.

le pouvoir serait avili et impuissant pour protéger les personnes et les propriétés, s'il était permis aux citoyens d'opposer aux actes de l'autorité publique, qu'ils croient contraires à leurs droits, des violences et des voies de fait, au lieu de déférer ces actes à l'autorité supérieure, chargée de les examiner et de les réformer. L'exception de propriété, ou de tout autre droit réel, ne peut donc être admise et former une question préjudicielle, lorsqu'il s'agit de délits commis en contravention à des jugemens, ou à des actes de l'autorité administrative.

Ainsi, l'exception ne devrait pas être admise, si elle était proposée par des usagers, qui ont exercé leur droit au moment où il leur était contesté, et où un jugement leur avait défendu de faire aucune espèce de coupe dans les bois qui sont l'objet du procès (1).

Ainsi, lorsque des bornes ont été plantées, en vertu d'un arrêté administratif, pour établir les limites entre différens héritages, il n'est pas permis de les arracher ou de les faire arracher, sans se rendre coupable du délit prévu par l'article 456 du Code pénal. L'exception de propriété ne peut être invoquée, dans ce cas, comme question préjudicielle, pour empêcher les tribunaux de connaître de cette voie de fait, et d'en ordonner la réparation (2).

(1) Arrêt du 28 août 1823, Bull., p. 358; Dalloz, t. XI, p. 509. — (2) Arrêt du 17 avril 1812; Dictionnaire des arrêts modernes, p. 26.

Des landes, situées à S.-Domineuc, avaient été affermées au nom de la commune, en exécution d'une délibération du conseil municipal, et d'un arrêté du préfet. Au mépris de ces actes d'administration, un grand nombre des habitans de la commune se permirent de couper et d'incendier une partie de ces landes, et de détruire un fossé construit par l'un des fermiers pour lui servir de clôture. Sur les poursuites dirigées contre eux, les prévenus se défendirent en soutenant qu'ils étaient propriétaires de ces landes, et la cour royale crut devoir surseoir au jugement, jusqu'à ce que la question de propriété eût été décidée. Mais son arrêt fut cassé le 5 décembre 1823 (1) : « Attendu » que ces actes de violence et de dévastation, exer- » cés par les prévenus sur une lande affermée » comme bien communal, en exécution d'une dé- » libération du conseil municipal, à laquelle deux » d'entre eux avaient même pris part, et en vertu » d'un arrêté du préfet, qu'ils devaient tous res- » pecter, tant qu'il n'était pas rapporté ou annulé » par les voies légales, ne pouvaient appartenir à » l'exercice légitime d'un droit quelconque; que » si les prévenus prétendaient avoir des droits de » propriété à exercer sur les landes de leur com- » mune, leur devoir était de s'adresser à l'autorité » compétente et d'y réclamer la conservation de » leurs droits; mais que leurs prétentions, fussent- » elles fondées, ne pouvaient, dans aucun cas, lé-

(1) Bull., p. 453; Dalloz, t. XI, p. 494.

» gitimer des entreprises attentatoires au respect » dû à l'autorité publique et aux actes émanés » d'elle ; que cette manière illégale de se rendre » eux-mêmes, à force ouverte et dans un esprit de » rébellion, une justice qu'ils devaient atten- » dre des organes de la loi, constitue un véritable » délit, et qu'il ne pouvait y avoir lieu à la question » préjudicielle que dans le cas où l'existence des » droits réclamés par les prévenus, étant reconnue » en justice, aurait fait disparaître toute idée de » délit ; que rien ne pouvait donc arrêter la pour- » suite exercée par le ministère public contre les » prévenus. »

Plusieurs habitans de la commune de Villeurbane plaidaient contre leur maire, prétendant qu'il n'avait pas eu le droit d'affermer une partie des terrains communaux servant de pâturage au bétail. Un jugement avait ordonné que toutes choses demeureraient en état, lorsque le maire, agissant en exécution d'un arrêté du conseil municipal, fit creuser des fossés sur une partie du terrain litigieux pour y rétablir un ancien chemin. Des habitans comblèrent ces fossés et détruisirent différentes constructions faites par ordre du maire. Poursuivis à raison de ces voies de fait, ils invoquèrent le jugement du tribunal civil, qui ordonnait que toutes choses demeureraient en état, et un ancien arrêté administratif qui défendait d'ouvrir aucune trouée sur le terrain litigieux ; et ils dirent que les ouvrages exécutés par le maire, malgré ces dispositions prohibitives, n'étaient que des voies de fait qu'ils avaient pu repousser par des voies de fait contraires. La cour royale ordonna qu'il serait sursis aux poursuites, jusqu'après le jugement de la question préjudicielle soumise aux tribunaux civils. Son arrêt fut cassé le 31 octobre 1828 (1) : « Attendu que les constructions » et ouvrages faits en exécution de l'arrêté du maire » de Villeurbanc, avaient été autorisés et ap» prouvés par une délibération du conseil muni» cipal du 23 décembre 1827; que dès lors ces » constructions et ces ouvrages étaient exécutés » en suite d'une décision de l'autorité administra» tive locale ; que , quelle que fût la qualité en » vertu de laquelle les prévenus se crussent fondés » à se plaindre de la construction de ces ouvrages, » ils ne pouvaient le faire que par la voie de ré» clamation devant les autorités compétentes ; que, » dans aucun cas, il ne leur était permis de dé» truire ces ouvrages par une voie de fait ; et que » la destruction ainsi opérée portait nécessaire» ment avec elle un caractère de crime ou de délit, » que, dans l'espèce de la cause, aucun moyen » légal ne pouvait effacer; que, quelles que fus» sent les décisions rendues ou à rendre sur les » demandes des prévenus, soit par le tribunal ci» vil de Vienne, soit par le préfet de l'Isère, la voie » de fait était toujours punissable ; que, dès-lors, » il ne pouvait y avoir lieu à surseoir à faire droit » sur la prévention, jusqu'à ce que les autorités

(1) Bull., p. 866; Dalloz, p. 434.

» administrative ou judiciaire eussent statué sur » les réclamations portées devant elles ; et qu'en » prononçant ce sursis ainsi motivé, la cour royale » de Riom a violé les règles de sa compétence, et » l'article 221 du Code d'instruction criminelle. »

C'est par les mêmes principes que la cour de cassation a jugé, le 1er mai 1830 (1), que quand l'administration forestière a tracé la délimitation d'une forêt, en exécution d'une décision du ministre des finances, les habitans d'une commune, prévenus d'avoir fait paître un troupeau sur un terrain compris dans la délimitation, ne sont pas recevables à élever, au nom de la commune, la question préjudicielle de propriété, sous prétexte qu'elle s'est pourvue devant l'autorité supérieure pour faire réformer l'opération de l'administration forestière : « Attendu que l'opposition de la commune de Fraisse à cette délimitation faite par » l'autorité compétente, ne donnait pas le droit » aux habitans de mener paître leurs troupeaux » sur ce terrain, tant que l'autorité supérieure » n'avait pas réformé la délimitation; que le prévenu se serait donc trouvé en délit, alors même » qu'il serait établi plus tard, que le terrain en » litige ne ferait pas partie du bois communal de » Fraisse. »

212. Il ne faut cependant pas conclure de ce que je viens de dire, que le propriétaire ou possesseur *animo domini* est toujours non-recevable à

(1) Dalloz, p. 299.

élever la question préjudicielle résultant de son droit, parce qu'il existe des actes administratifs qui disposent du terrain sur lequel il a fait acte de jouissance. Le principe que j'ai rappelé dans le n° précédent se borne à proscrire les faits qui constituent *une résistance* aux actes de l'autorité publique ; car si des actes administratifs, disposant dans la fausse supposition que tel immeuble appartient à l'état ou à une commune, en ont réglé le mode de jouissance, ils n'empêchent pas que le particulier traduit devant les tribunaux pour avoir fait acte de propriété sur cet immeuble, sans violence ni voie de fait, ne puisse se prévaloir des droits qui justifient l'acte qu'on lui reproche, et élever la question préjudicielle.

Cette distinction a été bien marquée dans l'espèce suivante : un arrêté du conseil municipal d'une commune, approuvé par le préfet, avait distrait des biens communaux dix arpens de terre, pour en donner la jouissance exclusive au curé desservant, et lui tenir lieu du supplément de traitement que les habitans avaient consenti à lui accorder : le curé était en jouissance du terrain, lorsque Louis Daunas y fit pâturer son cheval ; poursuivi pour ce fait, il se défendit en alléguant que les arrêtés du conseil municipal et du préfet, n'ayant point été rendus avec les formalités prescrites pour l'aliénation des biens communaux, ils n'avaient pu le priver du droit de pâturage qu'en *sa qualité d'habitant*, il avait sur ces biens ; et qu'il y avait lieu à surseoir aux poursuites jusqu'à ce que l'autorité compétente eût statué sur le droit qu'il réclamait. Le sursis fut prononcé; mais le jugement qui l'accordait, ayant été déféré à la cour de cassation, fut cassé (1), et l'affaire renvoyée devant un autre tribunal; là, le prévenu, cessant de se prévaloir de sa qualité d'*habitant* et des droits qu'elle lui donnait sur des biens qui faisaient partie *des communaux*, soutint que le terrain sur lequel il avait fait pacager son cheval était *sa propriété particulière;* il produisit des titres, et le tribunal prononça un sursis jusqu'au jugement de cette exception de propriété; le ministère public s'étant pourvu en cassation, le pourvoi fut rejeté (2) après un délibéré en la chambre du conseil: « Attendu que, dans l'intérêt de l'action publique, » il ne résulte pas du jugement attaqué, d'après » les faits tels qu'ils y sont exprimés, d'ouverture » à cassation. »

Des particuliers avaient fait paître leur bétail sur un terrain affermé pour le compte de la commune, en vertu d'un arrêté du conseil municipal, approuvé par le préfet. Poursuivis à raison de ce fait, ils se sont défendus en opposant que ce terrain était leur propriété individuelle, et qu'ils en avaient personnellement la possession. Le tribunal, croyant voir dans le bail municipal un obstacle à ce que la question préjudicielle de propriété

---

(1) Arrêt du 27 février 1818, Bull., p. 71; Dalloz, t. II, p. 118. — (2) Arrêt du 9 juillet 1818, au Rapport de M. Aumont, non imprimé.

fût accueillie, condamna les prévenus; mais son jugement fut cassé, le 24 septembre 1825 (1) : « Attendu qu'ils étaient recevables à élever une » question préjudicielle appuyée, ainsi que le con- » statent les qualités mêmes du jugement attaqué, » non sur un droit appartenant collectivement à » la masse des habitans de tel ou tel village, mais » sur une prétention qu'en leur propre et privé » nom, ils voulaient soumettre aux tribunaux ci- » vils, auxquels seuls il appartient d'en apprécier » le mérite; que le bail consenti par le conseil mu- » nicipal de la commune, au nom de tous les ha- » bitans, quoique revêtu de l'approbation de l'au- » torité supérieure, ne pouvait être un obstacle » légal au sursis demandé et au renvoi des parties » devant les juges de la propriété. »

La raison de la différence qui existe entre ces décisions et celles qui font l'objet du numéro précédent, est que, dans les espèces qu'on vient de voir, il n'y avait eu aucune résistance aux actes de l'autorité publique, mais simplement l'exercice d'un droit antérieur à ces actes, qui en était absolument indépendant, et sur lequel ces actes n'avaient pas eu pour objet de prononcer.

213. Lorsque l'autorité municipale, agissant dans les limites de ses pouvoirs, impose aux citoyens l'obligation de faire ou de ne pas faire, sur leurs propriétés, certains travaux, ou de s'abstenir de l'exercice de certains droits, ses arrêts sont

(1) Bull., p. 526; Dalloz, 1826; p. 38.

obligatoires; leur infraction constitue des délits ou des contraventions, et l'exception résultant de la propriété, ou du droit dont on a usé contrairement à ces arrêtés, ne saurait donner lieu à une question préjudicielle.

Ainsi celui qui a bâti, en contravention à un arrêté qui déterminait l'alignement qu'il devait suivre, n'est point admis à soutenir qu'il n'a point dépassé les limites de sa propriété, car la contravention consiste à avoir franchi les limites qui avaient été assignées pour l'alignement (1).

Celui qui, contrairement à un réglement de police, a empilé des bois à une distance des pignons et des murs d'habitation moindre que celle fixée par un réglement, n'est pas récevable à prétendre que ces bois n'ont été placés que sur son terrain (2).

Celui qui est prévenu d'avoir, en contravention à un réglement de police, laissé du fumier déposé sur un terrain voisin de la voie publique, ne peut opposer aux poursuites dirigées contre lui que ce terrain est sa propriété (3).

Celui qui, contrairement aux défenses prescrites par un arrêté municipal, a détourné les

---

(1) Arrêts des 14 septembre 1827, Bull., p. 775; Dalloz, p. 495; et 19 décembre 1828, Bull., p. 947; Dalloz, 1829, p. 69; * 24 août 1833, Dalloz, p. 372; 19 mars 1835, Dalloz, p. 203; 26 mars 1836, Dalloz, p. 96. — (2) Arrêt du 3 septembre 1807, Rép. de jurisp., t. XIII, p. 787; Dalloz, t. II, p. 149. — (3) Arrêt du 6 février 1823, Bull., p. 49; Dalloz, t. II, p. 141.

eaux d'un canal pour enlever les boues, ou curé un fossé, ne peut opposer l'exception préjudicielle résultant du droit qu'il avait, selon lui, de commettre le fait qui lui est imputé ; il devait se pourvoir contre l'arrêté, s'il s'y croyait fondé, et y obéir tant qu'il n'était pas réformé par l'autorité supérieure (1).

2° L'exception doit être personnelle au prévenu qui l'invoque.

214. Lorsqu'un délit a porté atteinte à une propriété, et qu'il est punissable quel que soit le propriétaire, le prévenu n'a aucun intérêt à soutenir que l'immeuble, objet du délit, appartient à telle personne plutôt qu'à telle autre ; c'est évident en ce qui concerne la peine proprement dite. Cela ne l'est pas moins en ce qui concerne les réparations civiles qui peuvent être la suite du délit ; car, dans la supposition où ces réparations ont été prononcées en faveur de celui qui n'y a pas droit, le prévenu est assurément libéré à l'égard du véritable propriétaire, et ce n'est pas contre lui que ce dernier a une action à exercer.

Il résulte de là : 1° que le prévenu d'un délit forestier, par exemple, ne peut élever la question préjudicielle de propriété, en se fondant sur ce que le bois n'appartient pas à l'état, mais à des

(1) Arrêts des 16 mai 1811, Bull., p. 150 ; Dalloz, t. III, p. 234 ; et 11 février 1830, Dalloz, p. 123.

particuliers (1); 2° qu'un tribunal ne doit point, en prononçant la peine due au délit, surseoir à statuer sur les réparations civiles, jusqu'à ce que les tribunaux compétens aient déclaré quel est le véritable propriétaire du terrain qui a été l'objet de ce délit (2).

215. L'exception doit être personnelle au prévenu, car on ne peut l'admettre à élever, au nom d'un tiers, une question de propriété ou de tout autre droit réel, à exercer ainsi les actions de ce dernier, et à l'engager dans un procès. Cependant l'application de cette règle a présenté des difficultés, lorsqu'il s'est agi de délits commis par des individus qui se prévalaient des droits de la commune dont ils faisaient partie, et qui soutenaient n'avoir fait qu'exercer, comme habitans, les droits de cette commune. Ces difficultés ont été aplanies par la jurisprudence.

On a reconnu que, si des habitans ont le droit d'agir individuellement pour se faire maintenir dans l'exercice d'un droit reconnu pour être communal, il n'en est pas de même lorsque le droit de la commune est contesté. Une commune est un être moral, dont les droits et les actions ne peuvent être exercés en justice que par les organes que la loi lui a donnés. Aux termes de l'article 1er

---

(1) Arrêts des 16 et 30 octobre 1807, Rép. de jurisp., v° Question préjudicielle, t. XIII, p. 788 et 789; Dalloz, t. XI, p. 496. — (2) Arrêt du 22 juillet 1819, Bull., p. 259; Dalloz, t. XI, p. 508.

de la loi du 29 vendémiaire an 5 : « Le droit de
» suivre les actions qui intéressent les communes
» est confié aux agens (aujourd'hui les maires)
» desdites communes, et, à leur défaut, à leurs
» adjoints. » Les habitans d'une commune sont donc individuellement sans qualité pour exercer les actions de cette commune, et, conséquemment, pour élever en son nom une question préjudicielle soit de propriété, soit de tout autre droit réel.

Ainsi, lorsque le prévenu d'un délit ne se défend qu'en soutenant qu'il a exercé un droit qui appartient à sa commune, et à la jouissance duquel il doit participer comme habitant, et que ce droit n'est pas reconnu, les tribunaux ne peuvent accueillir cette exception, en renvoyer le jugement à la juridiction compétente, et surseoir aux poursuites. La jurisprudence est parfaitement fixée sur ce point; elle est attestée par un grand nombre d'arrêts (1). Dans les espèces des arrêts cités ci-dessous (excepté le dernier), il s'agissait de délits de pâturages, de coupes de bois, d'enlèvement de terre et d'herbages; et les prévenus

(1) Voici les principaux arrêts : 7 avril 1809, Dalloz, t. XI, p. 508; 12 juillet 1816, Bull., p. 97; Dalloz, *ib.*, p. 507; 16 août 1822, Bull., p. 319; Dalloz, *ib.*, p. 495; 20 mars et 28 août 1823, Bull., p. 107 et 358; Dalloz, *ib.*, p. 508 et 509; 22 avril 1824, Bull., p. 169; 3 août 1827, Bull., p. 665; Dalloz, p. 449; * 7 février 1835, cité au n° 210. Voy. aussi l'arrêt du 12 septembre 1835, Dalloz, p. 423.

s'étaient prévalus de droits d'usage qui appartenaient à leurs communes. Mais ce n'est pas seulement en matière de délits ruraux et forestiers que la règle que je viens de rappeler reçoit son application ; elle s'étend à toutes sortes de délits. Ainsi, des habitans d'une commune, ayant été poursuivis pour avoir détruit une clôture et comblé des fossés, sous prétexte que cette clôture et ces fossés avaient pour résultat d'envahir un chemin communal, se défendirent en invoquant les droits de la commune, et un arrêté du préfet portant que ce chemin serait restitué et rendu à sa destination. La cour royale refusa de voir dans cette exception une question préjudicielle de propriété, et elle condamna les prévenus. Le pourvoi contre son arrêt fut rejeté, à mon rapport, le 5 juillet 1828 (1) : « Attendu que si, par son arrêté, » le préfet du département de l'Eure a ordonné » que la partie du chemin, comprise dans la clô» ture du plaignant, serait rendue à sa première » destination, cet arrêté ne pouvait être exécuté » que par les voies légales qu'il a lui-même indi» quées, et qu'il ne peut justifier les actes de vio» lence qui donnent lieu aux poursuites ; que la » question préjudicielle, élevée par les deman» deurs, n'avait point pour objet un droit qui leur » fût personnel, mais un droit qui appartiendrait » à la commune dont ils font partie ; que des ha» bitans ne peuvent, *ut singuli*, se prévaloir d'une

(1) Bull., p. 626 ; Dalloz, p. 316.

» exception qui ne compète qu'à l'universalité des » habitans, représentés par le maire. »

216. Cependant il se peut que des habitans n'aient qu'usé d'une faculté qui leur appartenait, et que les droits qu'ils invoquent appartiennent réellement à la commune; et comme, dans ce cas, les faits qui motivent la poursuite perdraient tout caractère de délit, il est juste de leur ouvrir une voie qui leur permette de présenter légalement le moyen sur lequel ils appuient leur défense. Aussi la jurisprudence leur a-t-elle reconnu le droit de provoquer l'intervention de la commune, représentée par le maire, et d'obtenir un délai pour faire effectuer cette intervention. Dès que le maire, dûment autorisé, intervient, et élève au nom de la commune la question préjudicielle, il doit être sursis au jugement de la prévention, et le renvoi de cette question au juge compétent doit être prononcé. Ces règles résultent des arrêts que j'ai cités dans le numéro précédent; elles sont très-bien résumées dans l'arrêt du 16 août 1822, rendu au rapport de M. de Chantereyne; voici ce qu'il porte:

« Attendu que Basterrèche, intervenant dans » les poursuites dirigées contre Pierre Ahunsol, » son métayer, pour un fait de dépaissance de bre- » bis, moutons et autres bestiaux, dans la forêt » de Lambarre, appartenant au sieur Landeuix, » a prétendu que cette dépaissance n'avait été que » l'exercice du droit qu'il avait comme habitant de » la commune d'Ainharp, en vertu d'un arrêt du

» conseil du 17 juillet 1677, qui l'avait reconnu et » jugé en faveur des habitans de ladite commune » et d'autres communes environnantes; qu'il a demandé en conséquence son renvoi aux fins civiles pour qu'il y fût statué sur ce droit; que, » jusqu'à ce, il fut sursis à l'action correctionnelle » du sieur Landeuix, sauf reprise de poursuites, » s'il y avait lieu, après le jugement civil; mais » que, dans cette défense et cette demande, ledit » Basterrèche n'a point excipé d'un droit qui lui » fût personnel, dont il pût disposer comme de » sa propriété particulière, dont il pût jouir, quoiqu'il cessât d'être habitant de la commune d'Ainharp; qu'il a excipé d'un droit qu'il disait appartenir aux habitans de cette commune, en cette » qualité d'habitant de son territoire, d'un droit » qu'il prétend lui appartenir aussi, comme faisant » partie du corps moral qui constitue la commune; » mais qu'un habitant d'une commune est sans qualité pour exercer les actions de cette commune; » qu'il ne peut, en justice, soit en demandant, soit en » défendant, faire valoir ses droits; qu'aux termes » de l'article 1er de la loi du 29 vendémiaire an 5, » les administrateurs de la commune, aujourd'hui » le maire et l'adjoint, ont seuls l'exercice des actions qui peuvent lui appartenir; qu'eux seuls ont » caractère pour demander ou défendre sur des » droits qu'elle peut réclamer, ou qui peuvent lui » être contestés; que Basterrèche n'aurait donc » pas eu qualité pour faire juger devant les tribunaux civils, si les droits qu'il disait appartenir

» aux habitans de la commune étaient bien ou » mal fondés; qu'il ne pouvait donc pas demander » d'être renvoyé devant ces tribunaux pour y » faire statuer; que le sursis aux poursuites cor- » rectionnelles, qu'il réclamait par suite de ce ren- » voi, n'avait donc aucun fondement; qu'il aurait » pu seulement provoquer l'intervention de la com- » mune, par son maire, dans l'instance relative à » ces poursuites, et l'autorisation qui aurait été » nécessaire à cette commune pour ladite inter- » vention; que si, dans le délai qui lui aurait été » accordé par la cour à cet effet, la commune n'a- » vait pas formé son intervention légalement auto- » risée, et n'avait pas adhéré à sa demande en ren- » voi, pour faire prononcer par les tribunaux ci- » vils sur les droits qu'il disait lui appartenir, il » aurait dû être déclaré non-recevable dans cette » demande en renvoi, et tout sursis aurait dû être » refusé; que si la commune, au contraire, était » intervenue avec l'autorisation de l'autorité ad- » ministrative, et avait demandé que le renvoi » devant les tribunaux civils fût prononcé, pour » y faire juger entre elle et le sieur Landeuix, le » droit qu'elle aurait prétendu sortir, en faveur » de ses habitans, de l'arrêt du conseil de 1677 et » autres actes, alors se serait formée une véritable » question préjudicielle, puisque tout à la fois le » jugement des poursuites correctionnelles contre » Ahunsol et Basterrèche aurait dépendu de celui » qui aurait été rendu au civil sur les droits de la » commune, et que, par l'adjonction de la com-

» mune audit Basterrèche, il se serait formé une » instance entre parties ayant qualité pour y pa- » raître et y faire statuer; que dans ce cas le sursis » aurait été bien ordonné, et que c'eût été au » sieur Landeuix à agir pour provoquer et accélé- » rer le jugement civil, et reprendre ensuite, s'il » y avait lieu, les poursuites correctionnelles; » mais attendu que, dans l'espèce, il n'y a point » eu d'intervention de la commune d'Ainharp; » que c'est sur la demande individuelle de Baster- » rèche que la cour royale de Pau a renvoyé de- » vant qui de droit, pour y être statué sur les » droits de la commune, et, jusqu'à ce, a sursis » à l'instruction et au jugement des poursuites » correctionnelles contre lui exercées; que cette » cour a donc violé l'article 1er de la loi du 29 ven- » démiaire an 5, a sursis, sans motif légitime, à » l'exercice de sa juridiction, et est ainsi contre- » venue aux règles de sa compétence : la cour » casse, etc. »

Remarquez que c'est tellement au maire de la commune qu'appartient exclusivement le droit de proposer l'exception résultant du droit dont l'habitant prétend avoir usé, que si ce maire se bornait à se présenter dans l'instance correctionnelle, pour y prendre vaguement le fait et cause du prévenu, sans conclure expressément à l'admission de l'exception et au sursis, le tribunal saisi de la prévention ne pourrait point accueillir cette exception; car elle ne se trouverait alors opposée que par le prévenu et non par la commune (1).

217. Si le prévenu prétend qu'il a commis le fait de la prévention par l'ordre d'un tiers, dont il n'a fait qu'exercer le droit, il ne peut, à la vérité, élever, au nom de ce tiers, la question préjudicielle résultant de ce droit; mais il peut l'appeler dans la cause (2); le tiers peut même y intervenir volontairement et élever utilement la question préjudicielle. Ce n'est là qu'une conséquence nécessaire des principes exposés dans le numéro précédent.

3° L'exception doit être accompagnée d'un commencement de preuve.

218. Le prévenu qui oppose aux poursuites dirigées contre lui une exception préjudicielle, doit en rapporter un commencement de preuve qui la rende au moins vraisemblable. En effet, le tribunal auquel on demande d'interrompre le cours ordinaire de l'action publique et de surseoir au jugement de la prévention, a incontestablement le droit d'examiner si ces mesures sont demandées dans l'intérêt légitime de la défense, ou si le prévenu ne se propose que d'entraver la marche de la justice. Si la simple allégation d'un droit réel sur l'immeuble qui a été l'objet du délit,

(1) Arrêt du 22 avril 1824, cité dans le n° précédent.

(2) Arrêt du 24 octobre 1817, Bull., p. 274; Dalloz, t. XI, p. 507.

suffisait pour obliger le juge à accorder un sursis, les prévenus pourraient souvent alléguer un pareil droit, quoiqu'ils sussent parfaitement qu'il ne leur appartient point. Le tribunal devant lequel l'exception est produite doit donc examiner si elle a quelque apparence de fondement, la rejeter et passer outre, si elle n'en a pas (1).

Ainsi, la simple allégation faite par le prévenu d'un délit de pâturage, qu'il est en possession d'exercer un droit de pâturage sur le terrain où il a commis le fait qui donne lieu aux poursuites, ne peut former une question préjudicielle et autoriser un sursis, surtout si cette allégation est combattue par des titres contraires qui démontrent que la possession alléguée est insuffisante pour conférer au prévenu le droit dont il s'est prévalu (2).

Il en est de même, lorsque le prévenu d'enlèvement d'une récolte se borne à alléguer qu'il est propriétaire du terrain (3); lorsque le prévenu d'un délit forestier ne produit ni titre, ni aucune autre preuve à l'appui de sa prétention à la propriété de la partie du bois dans laquelle il a commis les faits de la prévention (4).

A plus forte raison le tribunal devrait-il rejeter

(1) V. *suprà*, n° 197. * Arrêt du 19 mars 1835, déjà cité n° 207. — (2) Arrêt du 11 août 1820, Rej. M. Bazire, rapp., Decourt et consors, non imprimé. — (3) Arrêt du 12 février 1830, Dalloz, p. 125. — (4) Arrêt du 23 avril 1824, Bull., p. 172; Dalloz, t. XI, p. 494.

l'exception, si elle était détruite par des jugemens irrévocables intervenus antérieurement (1).

219. Lorsque le tribunal accueille l'exception préjudicielle, et ordonne qu'il sera sursis au jugement de la prévention, à la charge de quelle partie doit-il mettre les diligences nécessaires pour parvenir au jugement de cette exception?

D'après la maxime *reus excipiendo fit actor*, c'est à celui qui s'est prévalu de l'exception à en rapporter la preuve; c'est à lui conséquemment à faire les diligences nécessaires pour qu'elle soit jugée. On peut, à la vérité, opposer à l'application de cette maxime que c'est au ministère public à établir que le délit dont il poursuit la répression existe véritablement ; que, s'il n'y a un délit qu'autant que les faits de la prévention ont été commis sur le terrain d'autrui, et non sur celui du prévenu, c'est au ministère public à prouver que le terrain appartient à un tiers et non au prévenu. Mais cette objection, quoique bien fondée en général, manque de justesse dans le cas particulier dont je m'occupe. En effet, le ministère public est sans qualité pour poursuivre les actions civiles ; il ne peut donc faire assigner le prévenu devant le tribunal civil, pour faire décider que le droit de propriété, ou tout autre droit réel dont il s'est prévalu, ne lui appartient

(1) Arrêt du 18 juin 1807, Dalloz, t. XI, p. 498; 4 fév. 1813, Rép. de jurisp., v° Question préjudicielle, n° 7, t. XIII, p. 796. * Arrêt du 26 juillet 1833, Dalloz, p. 373.

pas, et comme, le plus souvent, le prévenu se garderait bien de former sa demande contre la partie intéressée à lui contester le droit dont il a excipé, il en résulterait que l'action publique serait entièrement paralysée par le jugement qui aurait accueilli la question préjudicielle. Cet inconvénient ne disparaît point, quand l'action publique a été mise en mouvement par les poursuites de la partie lésée par le délit, et l'on ne peut pas dire que c'est à cette partie civile qu'est imposée l'obligation de faire juger la question préjudicielle; car, comme le fait observer M. Merlin (1), le sort de l'action publique dépendrait alors des transactions qui pourraient intervenir entre le prévenu et la partie civile; il suffirait qu'ils s'entendissent pour ne point faire juger la question préjudicielle.

C'est donc la force des choses qui a fait adopter en principe que tout prévenu qui élève une question préjudicielle dont le jugement est hors de la compétence du juge de la prévention, est tenu de faire statuer sur cette question, et de rapporter la preuve que son exception est bien fondée, quand même la partie lésée serait en cause, quand même la poursuite aurait été intentée par cette partie.

La jurisprudence est parfaitement fixée sur ce point; elle est attestée par une multitude d'arrêts,

(1) Question de droit, v° Question préjudicielle, § 3, t. VI, p. 568.

et cette jurisprudence a été érigée en loi en matière de délits forestiers et de pêche fluviale, par les articles 182 du Code forestier et 59 de la loi sur la pêche fluviale; ces articles portent : « Dans » le cas de renvoi à fins civiles, le jugement fixera » un bref délai dans lequel *la partie qui aura élevé » la question préjudicielle* devra saisir les juges » compétens de la connaissance du litige et justi» fier de ses diligences ; sinon il sera passé outre. » Ainsi des tribunaux de simple police, ayant sursis au jugement de la prévention jusqu'à ce que les tribunaux civils eussent prononcé sur la question préjudicielle, avaient ordonné que le jugement sur cette question serait rapporté *par la partie la plus diligente*. Leurs jugemens ont été cassés, notamment par arrêts des 27 juillet 1827 (1) et 3 juin 1830 (2) : « Attendu, porte le premier de ces » arrêts, que le tribunal de police a violé les règles » de l'ordre judiciaire, le ministère public près ce » tribunal n'ayant ni qualité, ni droit, ni intérêt » pour exercer ou pour suivre, devant les juges » compétens, la contestation relative à la ques» tion préjudicielle de propriété; la charge ou » l'obligation d'intenter cette action contre qui de » droit ne pouvant être imposée qu'au prévenu, » qui, ayant proposé l'exception, doit en établir » le mérite et la réalité; ce prévenu même devant » être obligé à rapporter, dans un délai déter-

(1) Bull., p. 649; Dalloz, p. 325. — (2) Dalloz, p. 294.

* V. aussi l'arrêt du 21 février 1833, Dalloz, p. 288.

» miné, la décision de la question relative à la » propriété; sans quoi tout prévenu, soit en ma» tière correctionnelle, soit en matière de contra» vention, n'aurait qu'à élever de pareilles ques» tions et à ne pas en poursuivre le jugement de» vant la justice civile, pour se soustraire à toute » poursuite et pour paralyser l'action des tribu» naux répressifs. » J'indiquerai, dans le numéro suivant, plusieurs des arrêts qui prononcent dans le même sens.

220. Puisque c'est au prévenu, qui s'est prévalu de l'exception, à en poursuivre le jugement, il est clair qu'il doit être tenu de justifier de ses diligences; que, conséquemment, un délai doit lui être imposé pour en rapporter la preuve. Un tribunal avait décidé, tout en ordonnant le sursis sur une question préjudicielle, que *ce n'était pas le cas de fixer un délai pour faire prononcer sur la question préjudicielle, parce qu'on ne peut pas forcer le prévenu à suivre une action civile pour sa propriété; que c'est au contraire à celui qui élève des prétentions contraires aux siennes à le faire, s'il s'y croit fondé.* Ce jugement a été cassé, le 15 septembre 1826 (1). L'arrêt, après avoir établi que le prévenu était chargé de faire juger la question, ajoute: « que » s'il n'était fixé un délai au prévenu par la juri» diction correctionnelle, pour faire statuer sur » la question de propriété, ce prévenu, en ne fai» sant aucunes diligences devant la justice civile,

(1) Bull., p. 524; Dalloz, 1827, p. 22.

» s'assurerait le fruit de son usurpation, et que » toute contravention ou délit de l'espèce dont il » s'agit serait couvert, au gré de ce prévenu, et » par le seul fait de son silence ou de son inaction, » par une impunité funeste aux propriétés publi» ques et particulières; d'où il suit que le juge» ment attaqué a violé les règles de la procé» dure » (1).

On vient de voir qu'aux termes des articles 182 du Code forestier et 59 de la loi sur la pêche fluviale, les tribunaux sont dans l'obligation de fixer un délai pour faire prononcer sur la question préjudicielle.

221. Il n'est pas douteux, d'après le texte de ces articles, que tout jugement qui, en matière de délit forestier ou de pêche, prononce un sursis, sans imposer au prévenu un délai pour faire ses diligences et en justifier, ne doive être cassé; car un tel jugement viole une loi positive. Dans les autres matières où il n'y a pas de loi formelle, il n'en est pas de même; et il faut distinguer le cas où le tribunal *a refusé* de fixer un délai, quoiqu'il en eût été requis, du cas où, aucune réquisition ne lui ayant été faite à cet égard, il a sim-

(1) La même règle est consacrée par les arrêts des 10 août 1821, Bull., p. 373; Dalloz, t. XI, p. 493; 23 août 1822, Bull., p. 339; Dalloz, *ib.*; 28 avril 1827, Bull., p. 295; Dalloz, p. 409; 9 août 1828, Bull., p. 712; Dalloz, p. 376; 20 février 1829, Bull., p. 131; Dalloz, p. 157, et plusieurs autres arrêts.

plement *omis* d'en déterminer un. Dans le premier cas, il y a lieu à cassation; c'est ce qu'attestent les arrêts que je viens d'indiquer. Dans le second cas, il y a simplement lieu à revenir devant le tribunal, pour qu'il répare l'omission qu'il a commise. Cette distinction est consacrée par plusieurs arrêts : celui du 28 avril 1827, cité dans la note précédente, porte formellement que les juges sont obligés de fixer un délai, *quand ils en sont requis*. Un arrêt du 15 décembre 1827 (1) décide, dans une espèce où aucun délai n'avait été requis, « qu'il eût été juste et convenable... » de lui fixer (au prévenu) un délai dans lequel » il serait tenu de rapporter le jugement; qu'au » surplus, cette dernière omission peut être réparée par une nouvelle demande légalement adressée au tribunal de police par le ministère public » près ce tribunal, de fixer le délai dans lequel le » prévenu sera tenu de faire juger la question préjudicielle. » Enfin, un arrêt du 17 juillet 1829 (2) rejette le pourvoi du ministère public contre un jugement qui n'avait pas imparti de délai au prévenu, « attendu que, si le jugement n'a fixé aucun » délai pour le jugement de l'action civile, le ministère public ne l'avait pas requis, ce qu'il est » toujours recevable à faire. »

222. Lorsqu'aucun délai n'a été assigné au prévenu pour faire ses diligences et en rapporter la preuve, il est évident qu'on ne peut le citer de

(1) Bull., p. 946; Dalloz, 1828, p. 60. — (2) Dall., p. 306.

nouveau devant le tribunal, et le faire déclarer déchu de son exception, faute par lui de l'avoir soumise au tribunal compétent pour la juger; c'est ce que décide, avec toute raison, l'arrêt du 10 août 1821 que je viens de citer: «Attendu » qu'aucune loi n'a établi un délai à l'expiration » duquel les prévenus qui opposent à l'action pour » contravention formée contre eux, l'exception » préjudicielle de propriété, et qui n'ont point » encore agi pour obtenir une décision sur cette » exception, sont réputés l'avoir abandonnée; que » c'est donc aux tribunaux de police qu'il appar- » tient de déterminer ce délai; que s'il n'en a été » fixé aucun, les prévenus ne sauraient être pour- » suivis de nouveau, faute d'avoir obéi au jugement » qui les a renvoyés devant l'autorité compétente; » qu'il n'existe point de présomption légale de leur » renonciation à l'exception qu'ils ont invoquée; » que la question de propriété reste toujours in- » décise; que leur culpabilité, qui dépend de la » décision de cette question, restant ainsi toujours » incertaine, leur condamnation ne peut avoir de » base légale.»

Mais lorsqu'à l'expiration du délai qui lui avait été imposé, le prévenu ne justifie pas de ses diligences, il doit être déclaré déchu de son exception; car il est réputé y avoir renoncé. Telle est la conséquence nécessaire de l'obligation où était le tribunal de lui imposer un délai; c'est ce que décide implicitement l'arrêt précité. C'est ce que portent les articles 182 du Code forestier, et 59 de la loi sur la pêche fluviale : *la partie devra justifier de ses diligences ; sinon, il sera passé outre.* Ces articles ajoutent : « Toutefois, en cas de con» damnation, il sera sursis à l'exécution du juge» ment sous le rapport de l'emprisonnement, s'il » était prononcé ; et le montant des amendes, res» titutions et dommages-intérêts, sera versé à la » caisse des dépôts et consignations, pour être remis » à qui il sera ordonné par le tribunal qui statuera » sur le fond du droit. » Mais cette restitution n'est applicable qu'aux condamnations pour délit forestier ou de pêche, parce qu'aucune loi ne l'établit pour les autres délits.

223. Lorsque le tribunal saisi de la prévention accueille la question préjudicielle, et ordonne qu'il sera sursis aux poursuites, il ne peut ordonner aucun provisoire sur ce qui fait la matière de cette question. Lefèvre, traduit devant le tribunal de police, pour avoir labouré un chemin public, soutint qu'il était propriétaire du chemin. Le tribunal, reconnaissant son incompétence pour statuer sur cette exception de propriété, en renvoya le jugement aux tribunaux civils ; mais il ordonna, en même temps, que le chemin serait provisoirement rétabli. Son jugement a été cassé le 19 février 1808 (1). « Considérant que, dans » l'espèce, il y a véritablement contravention aux » règles de compétence, puisque le tribunal de » police, qui se déclarait incompétent pour sta-

(1) Rép. de jurisp., t. XIII, p. 529 ; Dalloz, t. XI, p. 502.

» tuer sur le principal, devait, par voie de conséquence, se reconnaître incompétent pour statuer » sur aucune question provisoire; qu'il y a également usurpation de pouvoir, en ce que le tribunal de police s'est cru autorisé à prononcer » provisoirement le rétablissement du chemin, » tandis qu'il était évident que le tribunal civil, » seul compétent pour statuer sur la question préjudicielle résultant de l'exception de propriété proposée par Lefèvre, l'était seul aussi pour prononcer sur toutes les actions provisoires qui pourraient être incidemment intentées par devant lui.»

La cour de cassation avait déjà consacré ce principe par un arrêt du 18 brumaire an 7 (1). Cependant M. Carnot (2) enseigne que le tribunal peut, en prononçant le sursis, ordonner que les lieux seront provisoirement mis en état, ce qui dépend des circonstances plus ou moins impérieuses qui peuvent se présenter. « C'est, dit-il, ce que la » cour de cassation jugea par arrêt du 10 mai 1811, » en rejetant le recours formé contre un jugement » par lequel, en prononçant le sursis, le tribunal » avait ordonné, sans préjudice du droit des parties, qu'un chemin serait désencombré, ce qui » devenait une nécessité absolue pour que les communications ne fussent pas interceptées.» Si cet arrêt est tel que M. Carnot le rapporte, il viole les principes sur la compétence des tribunaux de répression, et il est en opposition formelle avec

(1) Dalloz, t. III, p. 445. — (2) T. Ier, p. 76, 22e observ.

celui du 19 février 1808, que je viens de rapporter. Mais cet arrêt porte-t-il réellement ce qu'on lui fait dire? on va en juger. Richard était traduit devant le tribunal de police pour avoir: 1° ouvert un puits à marne à une distance d'un chemin public moindre que celle fixée par un arrêté du préfet; 2° encombré ce chemin avec de la marne; 3° en avoir labouré une partie. Il se défendit en soutenant que le chemin existait sur sa propriété, qu'il ne constituait qu'une servitude discontinue; qu'une telle servitude ne pouvait, aux termes de l'article 691 du Code civil, s'établir que par titre; que la commune ne lui en opposait aucun, qu'il devait conséquemment être renvoyé des poursuites. Sur cette défense, intervint un jugement qui condamna le prévenu, conformément au Code rural du 6 octobre 1791, à combler le puits, à désencombrer le chemin, à le remettre dans son état primitif, et à une amende de trois francs. On le voit; le prévenu n'éleva expressément aucune question préjudicielle, le tribunal n'en admit point; il n'ordonna aucun sursis, ni aucun provisoire pendant la durée du sursis; il jugea au fond et il condamna. Sur son pourvoi en cassation, le prévenu soutint que le jugement avait été rendu incompétemment, parce qu'il avait jugé implicitement que sa propriété était grevée de la servitude d'un chemin public. Voic l'arrêt intervenu sur le pourvoi (1):

(1) Non imprimé.

« Attendu que le tribunal de police a été légale- » ment saisi par l'ouverture de la marnière dont il » s'agit au procès-verbal du maire d'Ivecrique, et » qu'en ordonnant le désencombrement du che- » min réputé public par le procès-verbal de con- » travention et obstrué par suite de cette entreprise, » le tribunal de police n'a prononcé que sur un » provisoire qui n'empêche pas la discussion ulté- » rieure, devant qui de droit, sur la question de » savoir si le chemin est une propriété particulière » ou une propriété publique; qu'ainsi la loi n'a pas » été violée, rejette. » Que décide cet arrêt? que quand un chemin existe, qu'il est abandonné à l'usage du public, les tribunaux de police ont le droit de réprimer les anticipations que les riverains peuvent y commettre, les embarras qui peuvent en gêner le libre usage; mais que cette répression ne préjuge rien sur la question de savoir si ce chemin est ou n'est pas une propriété privée, question qui est du ressort des tribunaux civils: cet arrêt, comme on le voit, est entièrement étranger à la thèse établie par M. Carnot; il ne contredit en aucune manière celui du 19 février 1808; j'ai insisté sur ce point de jurisprudence, parce qu'il serait fâcheux qu'il existât des incertitudes dans une matière dont les règles sont d'une application fréquente.

224. Il est arrivé que pendant la durée du sursis, que pendant même l'instance civile sur la question préjudicielle, le prévenu continuait ou renouvelait les faits qui avaient donné lieu aux

poursuites; et le juge criminel s'était cru autorisé à prononcer des condamnations à raison de ces nouveaux faits : mais ces jugemens de condamnation ont toujours été cassés, parce que les faits nouveaux, non plus que les faits précédens ne peuvent constituer des délits, si l'exception du prévenu est fondée. Cette exception étant commune aux uns et aux autres, le tribunal qui s'est reconnu incompétent pour la juger sur les premières poursuites, l'est également pour la juger lors des poursuites nouvelles. Ainsi, Louis Barbier, poursuivi pour avoir établi des dépôts de bois et fait des excavations sur une place publique, opposa que le terrain sur lequel ces excavations avaient eu lieu lui appartenait; et le jugement de cette exception fut renvoyé au tribunal civil. Depuis, il continua ses excavations. Cité de nouveau, le tribunal le condamna. Le jugement a été cassé le 20 juillet 1821 (1). « Attendu qu'au mois de juin » comme au mois d'avril, la cause présentait uniquement la question de savoir si le prévenu pouvait être déclaré coupable de la contravention qui lui était imputée, avant qu'il eût été jugé par la juridiction civile si le terrain qu'il avait embarrassé par des bois, des fumiers, etc.; était, comme il le soutient, sa propriété, ou si, comme le prétendait le maire de Sambais, ce terrain faisait partie intégrante de la place publique de la commune; que le sursis prononcé par le ju-

(1) Bull., p. 326.

» gement du 21 avril était conforme aux prin- » cipes et aux lois de la matière ; que, n'ayant été » l'objet d'aucune réclamation, ce jugement était » devenu une décision irréfragable en faveur de » Barbier, dont la condamnation, par le jugement » du 16 juin, a été une violation manifeste de » l'autorité de la chose jugée. »

La cour a rendu deux décisions semblables à celle-ci, par ses arrêts des 14 août 1823 (1) et 21 octobre 1824 (2). Il s'agissait, dans l'une et dans l'autre espèce, d'un délit d'usurpation sur la voie publique ; sur l'exception des prévenus que le terrain qu'on prétendait usurpé leur appartenait, le tribunal avait sursis et renvoyé à la juridiction civile le jugement de la question de propriété. Depuis, l'un des prévenus avait continué les constructions que l'on disait empiéter sur la voie publique ; l'autre avait établi une barrière sur le chemin qu'on lui imputait d'avoir usurpé ; à raison de ces faits nouveaux, ils avaient été condamnés, mais sur leurs pourvois, les jugemens ont été cassés.

Cette jurisprudence n'est pas en contradiction avec les principes que j'ai rappelés, *suprà*, n° 211, d'après lesquels l'exception préjudicielle ne peut être admise, lorsqu'il s'agit de délits commis en contravention à des jugemens ou à des actes de l'autorité publique, parce que, dans les espèces

---

(1) Bull., p. 335 ; Dalloz, t. XI, p. 503. — (2) Bull., p. 436 ; Dalloz, 1825, p. 39.

que je viens de citer, l'exception avait été précédemment admise, et que, comme le fait remarquer l'arrêt du 21 juillet 1821, il y avait à cet égard chose jugée.

225. La poursuite des délits d'anticipation, dégradations, encombrement, etc., de chemins publics, donne fréquemment lieu à des questions préjudicielles sur la nature de ces chemins; les règles que les tribunaux doivent suivre, quand ces questions sont élevées, se lient trop étroitement à la législation sur la compétence des tribunaux de répression en matière de voirie, pour ne pas en renvoyer l'examen au chapitre qui traitera de cette compétence (1).

Article 3e : *De quelques autres questions préjudicielles.*

226. Lorsque le prévenu de contravention aux lois concernant les *contributions indirectes* soutient, devant le tribunal correctionnel, que le droit auquel on l'accuse d'avoir voulu se soustraire n'est pas dû, cette exception donne lieu à une question préjudicielle dont la connaissance n'appartient qu'au tribunal civil, aux termes de l'article 88, titre 5, de la loi du 28 ventose an 12, ainsi conçu : « Les contestations qui pourront » s'élever *sur le fond des droits* établis ou maintenus » par la présente loi, seront portées devant les » tribunaux de première instance, qui prononce-

---

(1) Dans le livre 3, non imprimé.

» ront, dans la chambre du conseil, et avec les » mêmes formalités prescrites pour le jugement » des contestations qui s'élèvent en matière de » paiement des droits perçus par la régie de l'en» registrement. »

Ainsi, un entrepreneur de voitures, qui prétend être dispensé par une loi de faire aucune déclaration à la régie, élève, par cela même, une contestation sur le fond du droit; et cette contestation est de la compétence exclusive des tribunaux civils (1).

Il en est de même de l'individu qui prétend être affranchi des droits sur la fabrication de la bierre, n'ayant brassé que pour la consommation de sa maison (2).

Il existe plusieurs arrêts qui ont appliqué cette règle dans d'autres cas analogues (3).

Mais on ne doit pas regarder comme une contestation sur le fond du droit celle qui a seulement pour objet de faire décider si tel individu est, ou non, assujetti à l'exercice des employés; par exemple si un brasseur est tenu de souffrir la visite des employés dans sa maison (4); si un cafetier est soumis à l'exercice, à raison des vins trouvés dans sa cave (5).

---

(1) Arrêt du 17 ventose an 13, Dalloz, t. IV, p. 229. — (2) Arrêt du 27 floréal an 13, Dalloz, *ib.* — (3) Voici les principaux : 23 juillet 1807; 16 juin 1809; 31 juillet 1812, Dalloz, *ib.*, p. 230 et 231; Bull., 1812, p. 345. — (4) Arrêt du 8 juillet 1808, Dalloz, *ib.*, p. 231. — (5) Arrêt du 9 décembre 1819, Bull., p. 400; Dalloz, *Ib.*, p. 232.

Il n'y a même pas lieu à renvoyer la contestation sur le fond du droit devant le tribunal civil, quand les expressions de la loi sont tellement claires qu'elles ne permettent aucun doute sur l'existence du droit, et conséquemment sur la contravention reprochée au prévenu (1).

227. Lorsque en matière d'*octroi* il s'élève des contestations sur le fond du droit, c'est-à-dire sur l'application du tarif, ou sur la quotité du droit, les juges de paix sont compétens pour prononcer ; mais les porteurs et conducteurs des objets qui donnent lieu au litige doivent consigner provisoirement, entre les mains du receveur de l'octroi, le montant du droit exigé, et le juge de paix ne peut même entendre les réclamans, qu'autant que ceux-ci lui représentent la quittance qui atteste cette consignation (2). Si le porteur ou conducteur des objets que le receveur prétend assujettis, refuse de consigner, et introduit ces objets, la contravention est acquise, et le prévenu ne peut plus prétendre que le droit n'était pas dû (3).

On voit par là qu'il ne peut, en matière d'octroi, y avoir lieu à une question préjudicielle sur le fond du droit; car le tribunal correctionnel n'a pas à s'occuper de la contestation, lorsque

---

(1) Arrêts des 14 avril 1809, et 5 juin 1818, Dalloz, t. IV, p. 233 et 234. — (2) Loi du 2 vendémiaire an 8, art. 1, 2, 3; ordonnance du 9 décembre 1814, art. 81. — (3) Arrêt du 7 mars 1818, Bull., p. 91 ; Dalloz, t. IV, p. 227.

le droit réclamé a été consigné, puisque c'est le juge de paix qui décide; et ce tribunal doit juger au fond, lorsque la consignation n'a pas été faite (1).

La cour de cassation a, par un arrêt du 3 avril 1830 (2), étendu aux *droits d'entrée* qui se perçoivent au profit du trésor, ces dispositions que la loi du 2 vendémiaire an 8 et l'ordonnance du 9 décembre 1814 n'ont établies qu'en matière d'octroi; elle a dit qu'il y avait analogie entre ces droits; que les dispositions que je viens de rappeler constituent un principe d'ordre public; « que ce principe d'ordre public est, à plus forte » raison, applicable à ces contributions indirectes, » dont le recouvrement rapide est si nécessaire à » la prospérité des finances de l'état; qu'en effet, » si, pour se soustraire à la juridiction correc» tionnelle et arrêter le cours des poursuites dont » ils sont l'objet, il suffisait à des contrevenans d'al» léguer, sans aucune garantie de leur allégation, » que le droit réclamé au nom de l'administration » sur les objets saisis n'est pas dû, la perception » de l'impôt indirect, et les moyens indispensables » pour en assurer la prompte rentrée, seraient in» cessamment paralysés, et environnés d'entraves » aussi favorables à la fraude que funestes au » trésor royal. »

Ces considérations peuvent être de nature à déterminer le législateur à exiger que, quand il

(1) * V. cependant l'arrêt du 18 avril 1833; Dalloz, p. 224.
(2) Dalloz, p. 193.

y a contestation sur le fond du droit d'entrée, le conducteur ou porteur des objets qui donnent lieu au litige soit dans l'obligation de consigner le droit, comme il le doit en matière d'octroi; mais il me semble que la cour de cassation n'était pas autorisée à introduire une exception aux dispositions législatives si formelles, en matière de contributions indirectes, que j'ai rappelées dans le numéro précédent, et à transporter aux perceptions faites dans l'intérêt du trésor, des dispositions législatives exceptionnelles qui n'ont été faites que pour les perceptions établies au profit des villes.

228. Le délit de *dénonciation calomnieuse*, prévu par l'article 373 du code pénal, se compose nécessairement de deux élémens, savoir, la fausseté des faits imputés, et la mauvaise foi de celui qui les a dénoncés. En effet, une dénonciation n'est calomnieuse, dans le sens de la loi pénale, qu'autant que les imputations qu'elle renferme ne sont point vraies, et que le dénonciateur a agi dans le dessein de nuire.

Mais à qui appartient-il de décider si les faits, qui font la matière de la dénonciation, sont vrais ou faux; s'ils sont prouvés, ou s'ils ne le sont pas? Il semble, d'après le principe que le juge saisi de la prévention est compétent pour prononcer sur tous les élémens du délit, que le tribunal correctionnel a toute juridiction pour statuer sur l'existence ou la non existence des faits imputés, et sur le caractère qu'ils peuvent présenter; et l'on est d'autant plus porté à adopter cette opinion, qu'il paraît difficile de séparer le jugement à rendre sur l'existence des faits, du jugement à rendre sur l'intention de celui qui les a dénoncés; qu'il semble impossible, pour ainsi dire, qu'un juge déclare que le dénonciateur est ou n'est pas un calomniateur, sans qu'il décide, en même temps, que l'imputation qu'il a faite est fondée ou qu'elle ne l'est pas.

Cependant, quand on réfléchit sur cette opinion, on découvre bientôt qu'elle entraîne de graves difficultés. Il ne faut pas perdre de vue qu'il ne s'agit pas ici d'un délit de *diffamation* ou *d'injure*, mais d'un délit différent; car l'article 373 du Code pénal suppose qu'il a été fait, *aux officiers de justice ou de police administrative*, une dénonciation de faits passibles, par leur nature, d'une répression judiciaire ou administrative; cet article suppose aussi que ces faits ont été reconnus faux et non prouvés; qu'en conséquence la personne inculpée a été déclarée irréprochable : or quelle autorité sera compétente pour donner une pareille déclaration, si ce n'est celle dont la dénonciation a provoqué les poursuites? et, si ce n'est que sur cette déclaration de l'autorité, saisie de la dénonciation, que l'article 373 ouvre l'action publique et l'action civile contre le dénonciateur, comment le tribunal correctionnel pourra-t-il statuer sur ces actions, si cette déclaration n'est pas intervenue?

Cette première objection, tirée de l'esprit de

l'article 373 du Code pénal, et du véritable objet qu'il s'est proposé, n'est pas la seule qui s'élève contre l'opinion qui voudrait rendre juge de l'existence des faits dénoncés, le tribunal saisi de la plainte en dénonciation calomnieuse; car on ne peut adopter cette opinion qu'après s'être demandé par quels moyens ce tribunal pourra décider que les faits existent ou qu'ils n'existent pas. Je suppose qu'un individu en dénonce un autre à un officier de police judiciaire, et lui impute de s'être rendu coupable d'un délit ou d'un crime : aux termes des articles 29, 30, 31 et 47 du Code d'instruction, cette dénonciation doit être transmise au juge d'instruction par le procureur du roi; le juge doit informer, et la chambre du conseil statuer sur la mise en prévention. Mais, avant qu'une décision soit intervenue, l'inculpé porte plainte en dénonciation calomnieuse. Si le tribunal correctionnel a le droit de prononcer sur l'existence ou la non existence du délit ou du crime qui fait la matière de la dénonciation, il faut qu'il ait en même temps le droit de procéder à une information, de décerner des mandats, de faire subir interrogatoire; il faut l'investir des attributions dévolues au juge d'instruction et à la chambre du conseil; il faut admettre contre la décision qu'il rendra toutes les voies de réformation que la loi a ouvertes contre les ordonnances des chambres du conseil. Or une pareille procédure est tout-à-fait en dehors des règles établies par le Code d'instruction; elle est illégale, impraticable.

La difficulté est plus grave encore s'il s'agit d'une dénonciation faite à l'autorité administrative contre un de ses agens, relativement à des actes de ses fonctions. Quels moyens aura le tribunal pour apprécier les faits dénoncés, et prendre connaissance des pièces? Où trouvera-t-il le principe de sa compétence pour statuer sur des actes administratifs?

Si la dénonciation porte sur des faits qui constituent des fautes de discipline imputées à un fonctionnaire public ou à un magistrat, le tribunal pourra-t-il s'arroger un droit d'examen que la loi n'attribue qu'à des ministres, qu'à une cour royale, qu'à des fonctionnaires supérieurs dans l'ordre administratif?

Ces réflexions conduisent nécessairement à reconnaître que toute plainte en *dénonciation calomnieuse* présente la question préjudicielle de savoir si les faits dénoncés sont vrais ou sont faux; que cette question préjudicielle est de la compétence exclusive de l'autorité saisie de la connaissance de ces faits par la dénonciation; que ce n'est qu'après qu'il a été statué sur l'existence des faits que la dénonciation renferme, qu'après que ces imputations ont été reconnues fausses ou non prouvées par cette autorité, que le tribunal correctionnel peut prononcer sur le caractère de calomnie que la personne dénoncée ou le ministère public attribuent à la dénonciation. Il est bien entendu toutefois que l'autorité à laquelle la dénonciation a été faite est compétente pour y *statuer;* car si l'on avait dénoncé à l'autorité administrative des faits ou des actes du ressort de l'autorité judiciaire, et réciproquement, il est clair que l'autorité, saisie mal à propos, n'aurait pas le droit d'y *statuer* (1). Il est bien entendu que la question préjudicielle doit toujours être décidée par l'autorité compétente pour prononcer sur les faits qui font la matière de la dénonciation.

Ces principes ont été consacrés par plusieurs arrêts de la cour de cassation, et notamment par celui du 22 décembre 1827 (2) rendu, à mon rapport, dans une espèce remarquable. Le président d'un tribunal avait dénoncé au ministre de la justice un notaire et un juge-de-paix de son arrondissement; il leur imputait des faits fort graves, et de nature à appeler sur eux des peines de discipline très-sévères. Le ministre de la justice, ayant fait vérifier la vérité de ces faits, reconnut et déclara qu'ils étaient faux, et que le président les avait dénoncés de mauvaise foi. Plainte du juge-de-paix et du notaire en dénonciation calomnieuse, et question de savoir si l'examen de la vérité ou de la fausseté des faits avait appartenu au ministre de la justice, ou s'il rentrait dans le domaine du tribunal saisi de la plainte. L'arrêt

---

(1) * V. l'arrêt du 7 décembre 1833, cité au n° suivant.

(2) Bull., p. 957; Dalloz, 1828, p. 67.

porte : « Attendu, sur le premier moyen, que le » délit de dénonciation calomnieuse se compose » de deux élémens distincts, savoir : la fausseté » des faits imputés et la mauvaise foi de celui qui » les a dénoncés ; que la vérité ou la fausseté des » faits ne peut être appréciée ou déclarée que par » l'autorité dans les attributions de laquelle rentre » la connaissance de ces faits ; qu'elle a seule à sa » disposition les documens propres à en vérifier » l'existence ou l'exactitude ; que, dans bien des » cas, l'autorité judiciaire ne pourrait se livrer à » une semblable investigation, sans sortir des li- » mites de ses attributions ; que le second et in- » dispensable élément du délit de dénonciation » calomnieuse, savoir la mauvaise foi du dénon- » ciateur, ne peut être apprécié et déclaré que » par les tribunaux ; que c'est sur ce point que doi- » vent porter l'instruction et les débats ; que si la » vérité ou la fausseté des faits dénoncés ne peut » être discutée devant eux, lorsque l'autorité com- » pétente a donné à cet égard une décision ; que » s'ils doivent même surseoir au jugement, jusqu'à » ce que cette décision soit intervenue, ils ont, » au contraire, relativement au jugement de l'in- » tention du dénonciateur, la même latitude que » celle qui leur est laissée pour l'appréciation et le » jugement de tout autre délit ; qu'ainsi l'arrêt at- » taqué aurait dû distinguer dans les décisions de » son excellence le garde-des-sceaux, des 19 et » 21 août, la partie relative à l'appréciation de » l'existence matérielle des faits dénoncés, de la

» partie relative à l'appréciation de la conduite » morale du dénonciateur; que le ministre, saisi » administrativement de la connaissance des faits » par la dénonciation qui lui était portée, était » compétent pour décider administrativement si » les faits étaient vrais ou faux; mais qu'il cessait » de l'être pour décider que, sous le rapport de » la vindicte publique, le président Marcadier » avait agi de mauvaise foi et commis un délit; » qu'une pareille décision (que d'ailleurs le mi- » nistre n'a point eu l'intention de donner) ren- » trait dans le domaine des tribunaux; que la » cour royale de Rouen était saisie, par l'arrêt de » cassation du 12 mai dernier, du droit de la rendre, » sans être liée par l'opinion que son excellence le » garde-des-sceaux a pu émettre à cet égard; que » c'est en confondant les deux élémens qui com- » posent le délit imputé au président Marcadier, » que l'arrêt attaqué a jugé que les décisions du » ministre doivent rester comme non avenues, et » exprimé sur l'indépendance de la magistrature, » si on leur donnait autorité, des craintes mal » fondées. »

Les mêmes principes servent de base aux arrêts des 25 octobre 1816 (1), 11 et 25 septembre 1817 (2). Dans les espèces des deux pre-

(1) Bull., p. 186; Dalloz, t. V, p. 17. — (2) Bull., p. 217 et 223; Dalloz, *ibid.*, p. 18 et 19; et d'autres arrêts rappelés dans les deux numéros suivans, notamment l'arrêt du 18 avril 1823. * V. aussi l'arrêt du 26 mai 1832; Dalloz, p. 308; et celui du 7 février 1835; Dalloz, 1836, p. 231.

miers de ces arrêts, il s'agissait d'une poursuite en délit de dénonciation calomnieuse fondée sur la dénonciation faite au ministre de l'intérieur et au préfet d'un département, d'un maire, d'un adjoint et d'un percepteur auxquels on imputait des malversations de nature à provoquer au moins leur destitution; ces arrêts décident que c'était aux autorités saisies de ces dénonciations qu'il appartenait de prononcer sur l'existence des faits imputés; que, jusqu'à leur décision à cet égard, la condamnation des prévenus du délit de dénonciation calomnieuse manquerait d'une base légale. Dans l'espèce du troisième arrêt, il s'agissait d'une dénonciation faite à l'autorité judiciaire, et la cour a cassé le jugement qui avait déclaré cette dénonciation calomnieuse, avant qu'une décision fût intervenue sur la vérité des faits qu'elle énonçait.

229. Il résulte des principes que je viens d'exposer, que l'action publique et l'action civile, pour la poursuite du délit de dénonciation calomnieuse, sont suspendues, jusquà ce que l'autorité dans les attributions de laquelle rentre la connaissance des faits imputés par la dénonciation, ait statué sur la vérité ou la fausseté de ces faits. Mais la mission de cette autorité se borne à prononcer sur l'existence de ces faits; elle n'a point à s'occuper de la moralité de la démarche faite par le dénonciateur, de sa bonne foi ou de son intention de nuire. C'est ce qu'explique clairement l'arrêt Marcadier; c'est ce qu'a décidé depuis un

arrêt du 18 septembre 1830 (1). Dans l'espèce, une partie avait dénoncé à la chambre des avoués l'avoué qui avait occupé pour elle dans un procès. La chambre avait déclaré que la plainte n'était pas fondée, et le procureur du roi avait approuvé cette décision. Une plainte en dénonciation calomnieuse fut formée par l'avoué inculpé; mais le tribunal correctionnel sursit à statuer jusqu'à ce que la chambre des avoués eût décidé que la plainte était calomnieuse. Ce jugement a été cassé, « Attendu que la chambre des avoués, » dans son avis, et le procureur du roi ont déclaré » que la plainte de Bergé contre Mc Morel n'était » aucunement fondée, et que le procureur du roi » a approuvé cet avis par sa décision, qu'il a » adressée à Bergé; qu'il s'ensuivait que la ques- » tion sur la vérité des faits dénoncés était résolue » par l'autorité compétente, et qu'il ne restait au » tribunal correctionnel, saisi de l'action en dé- » nonciation calomnieuse, qu'à apprécier le carac- » tère moral criminel ou non de la dénonciation, » et à procéder, d'après ces erremens, au jugement » de la cause, suivant les formes prescrites par l'ar- » ticle 190 du Code d'instruction criminelle. »

Quoique l'action publique et l'action civile se trouvent subordonnées à la décision à intervenir sur la vérité des faits dénoncés, elles peuvent cependant être intentées valablement avant cette décision; mais le tribunal qui en est saisi doit

(1) Dalloz, p. 369.

surseoir aux poursuites, jusqu'à ce qu'elle soit intervenue; c'est ce que la cour de cassation a exprimé dans les motifs de l'arrêt précédent et dans celui de l'affaire Marcadier; c'est ce qu'elle a décidé par ses arrêts des 24 juin 1819(1) et 27 février 1826 (2).

230. Remarquez qu'encore bien que les ordonnances des chambres du conseil et les arrêts des chambres d'accusation portant *qu'il n'y a lieu à suivre*, ne soient pas définitifs, en ce sens que les poursuites peuvent être reprises, s'il survient des charges nouvelles, ces ordonnances et ces arrêts constituent cependant des décisions suffisantes sur les faits qui sont la matière d'une dénonciation, pour autoriser la poursuite et le jugement du délit de dénonciation calomnieuse. Ainsi, lorsque, sur une plainte ou sur une dé-

---

(1) Dalloz, t. VIII, p. 678.

(2) Bull., p. 98; Dalloz, p. 258. * Mais, si la dénonciation adressée à un ministre contre un fonctionnaire public ne porte que sur des faits relatifs à la vie privée de celui-ci, et que le ministre refuse de s'expliquer sur l'existence ou la non existence de ces faits, le tribunal ne doit pas surseoir indéfiniment, faute de décision préalable sur la vérité ou la fausseté des faits dénoncés. Ces faits sont alors de la compétence exclusive des tribunaux; le dénonciateur, qui n'en a pas saisi l'autorité judiciaire, ou qui n'en offre pas la preuve quand elle est admissible, assume la responsabilité de leur imputation, comme s'ils étaient faux; et il ne reste plus, de la part du tribunal saisi de la plainte en dénonciation calomnieuse, qu'à examiner si les faits ont été dénoncés méchamment et à dessein de nuire à autrui. Arrêt du 7 décembre 1833; Dalloz, p. 139.

nonciation, la chambre du conseil ou la chambre d'accusation ont décidé qu'il n'y a pas lieu à suivre, l'inculpé et le ministère public ont le droit de poursuivre en calomnie le dénonciateur ou le plaignant (1). Il faut bien que cela soit ainsi; car leur interdire leur action, sous prétexte que des charges nouvelles peuvent survenir, ce serait vouloir que le délit de dénonciation calomnieuse restât impuni; qu'il restât impuni, parce que les imputations ont été tellement dénuées de preuves, ou que leur fausseté a été tellement évidente, qu'il n'y a pas eu lieu à renvoyer l'inculpé devant les tribunaux; et la mauvaise foi de la dénonciation serait précisément ce qui affranchirait de toute réparation le dénonciateur.

Mais que devra faire le tribunal saisi de la poursuite en dénonciation calomnieuse, si le prévenu se prévaut devant lui de nouvelles charges survenues depuis l'ordonnance de la chambre du conseil portant qu'il n'y a lieu à suivre sur la plainte ou sur la dénonciation? Devra-t-il surseoir au jugement de l'action en dénonciation calomnieuse, jusqu'à ce que la chambre du conseil ait apprécié les charges nouvelles alléguées devant lui? Le tribunal ne devra prononcer aucun sursis, si ces nouvelles charges ne reposent que sur l'allégation du prévenu, cela est évident; et il ne devra prononcer aucun sursis, quand même ces charges

---

(1) Arrêts des 28 janvier et 12 février 1819, Bull., p. 30; Dalloz, t. V, p. 19; 1er février 1828, Dalloz, p. 118.

nouvelles seraient produites et prouvées devant lui; car il est incompétent pour les apprécier. La cour de cassation a jugé ces deux points. Gautier et Boulaire avaient rendu plainte contre Mercier, et lui imputaient d'avoir commis sur eux une tentative de meurtre. Une ordonnance de la chambre du conseil déclara qu'il n'y avait lieu à suivre. Alors Mercier traduisit ses dénonciateurs devant le tribunal correctionnel. Là, ceux-ci alléguèrent qu'ils étaient à même de produire de nouveaux témoins à l'appui de leur plainte, et le tribunal correctionnel leur accorda un sursis. Sur l'appel de Mercier, ce jugement fut réformé, et les deux prévenus furent condamnés. Pourvoi en cassation et arrêt de rejet du 11 mars 1819, au rapport de M. Ollivier (1) : « Attendu que le jugement attaqué s'est borné à » décider que, l'ordonnance de *il n'y a lieu à suivre* conservant toute sa force, le sursis ne devait » pas être prononcé; en quoi il n'a nullement violé » l'article 372 du Code pénal. »

Le second point a été jugé par arrêt du 2 août 1822, au rapport de M. Ollivier (2) : « Attendu » que la chambre du conseil avait également pro» noncé qu'il n'y avait lieu à suivre contre ledit » Béthune, sur la dénonciation faite contre lui » par Gorris; que la jurisprudence correction» nelle avait donc été légalement saisie de la plainte

(1) Arrêt non imprimé.

(2) Non imprimé, Gorris contre Béthune.

» en dénonciation calomnieuse portée par ledit » Béthune; que si, dans les débats sur cette plainte, » un des témoins entendus a déposé d'un fait nou- » veau, relatif aux faits de la dénonciation, et si » ce fait nouveau pouvait former une nouvelle » charge qui pût donner lieu à de nouvelles pour- » suites contre ledit Béthune, ce n'était pas au » tribunal correctionnel à l'apprécier; que cette » appréciation n'appartenait qu'à la chambre du » conseil qui avait rendu l'ordonnance de *il n'y a* » *lieu à suivre;* que c'était donc au procureur du » roi et au juge d'instruction que le fait nouveau de- » vait être dénoncé; que cette dénonciation n'ayant » pas été ainsi faite antérieurement au jugement » définitif du tribunal correctionnel et à l'arrêt » confirmatif de la cour royale, il ne peut y avoir » eu violation de l'article 372 du Code pénal. »

Le prévenu de dénonciation calomnieuse qui prétend qu'il existe de nouvelles charges, de nature à faire tomber l'ordonnance de la chambre du conseil qui a déclaré n'y avoir lieu à suivre sur sa plainte, doit faire connaître ces nouvelles charges au ministère public et lui demander de reprendre les poursuites; et ce n'est qu'autant que celui-ci a consenti à les reprendre, que le tribunal peut accorder un sursis. C'est ce qui résulte de l'arrêt qu'on vient de lire; c'est ce que décide un autre arrêt du 18 avril 1823, rendu au rapport de M. de Cardonnel (1) : « Attendu qu'il s'agit

(1) Non imprimé, Gross contre le ministère public.

» en fait, dans l'espèce, d'une dénonciation faite » par écrit à des officiers de police judiciaire, aux » termes de l'article 373 du Code pénal; que, sur » cette dénonciation, la chambre du conseil a dé- » claré n'y avoir lieu à suivre contre le dénoncé; » que l'ordonnance rendue à cet effet n'a point été » attaquée, soit de la part du ministère public, » soit de la part d'aucune partie civile; que dès » lors elle est devenue irrévocable; que la loi n'a » point placé sur la même ligne, ni soumis aux » mêmes règles, les dénonciations calomnieuses » faites par écrit aux officiers de police adminis- » trative ou judiciaire, et les calomnies de toute » autre nature, verbales, écrites ou imprimées, » faites contre un ou plusieurs individus, et qu'elle » a établi, dans ces différens cas, des dispositions » différentes; que l'article 373 du Code pénal n'a » été ni implicitement ni explicitement rapporté » par l'article 20 de la loi du 26 mai 1819, et que » cet article subsiste conséquemment dans son en- » tier....; que les tribunaux de Saverne et de Stras- » bourg, devant lesquels a été portée l'action pour » fait de dénonciation calomnieuse contre Gross, » ont dû apprécier si cette dénonciation, déjà re- » connue *fausse* par l'ordonnance de la chambre » du conseil, était encore *calomnieuse*, ainsi que le » prétendait Flurer; qu'en effet la fausseté d'une » dénonciation ne suppose pas nécessairement » qu'elle soit calomnieuse, puisqu'une dénoncia- » tion fausse peut avoir été faite sans mauvaise » foi; mais qu'ils n'ont point eu à examiner si les

» faits étaient vrais ou ne l'étaient pas; qu'ils eussent été sans caractère pour procéder à cet examen; qu'à cet égard, la chambre du conseil, qui avait déjà prononcé, avait été seule compétente; que son ordonnance pouvait sans doute s'anéantir devant de nouvelles charges; mais que, si le demandeur voulait en produire, ainsi qu'il l'a annoncé dans son acte signifié à Flurer, le 7 septembre 1822, c'était au ministère public, ou au juge d'instruction qu'il devait les dénoncer; que, sur une dénonciation ainsi régulièrement faite, il aurait pu demander au tribunal correctionnel, en en justifiant devant lui, qu'il fût sursis au jugement d la plainte en dénonciation calomnieuse, jusqu'à ce qu'il eût été statué sur les nouvelles charges par lui produites, et sur les poursuites qui auraient pu en résulter relativement aux faits dénoncés; mais qu'il n'a pas été ainsi par lui procédé; qu'il s'est borné à exciper devant le tribunal correctionnel des dispositions de l'article 20 de la loi du 26 mai 1819; que la preuve autorisée par cet article, dans des cas auxquels il se réfère, a donc dû lui être refusée, etc. »

231. Aux termes de l'article 13 de la loi du 17 mai 1819, « toute allégation ou imputation d'un fait qui porte atteinte à l'honneur ou à la considération de la personne ou du corps auquel le fait est imputé, est une *diffamation*; » et lorsque cette allégation ou imputation a été faite par l'une des voies de publication énumérées dans l'article

1er de la même loi, la diffamation est un délit. Mais, aux termes de l'article 25 de la loi du 26 du même mois, « lorsque les faits imputés seront » punissables selon la loi, et qu'il y aura des pour- » suites commencées à la requête du ministère » public, ou que l'auteur de l'imputation aura » dénoncé ces faits, il sera, durant l'instruction, » *sursis à la poursuite et au jugement du délit de diffa-* » *mation.* »

Cet article 25 n'est que la répétition de l'article 372 du Code pénal; excepté que ce dernier n'attachait expressément l'obligation de surseoir qu'au cas où le ministère public poursuivrait d'office ces mêmes faits. Sur l'observation d'un député, l'article 25 de la loi du 26 mai a réparé cette omission, qui était plutôt dans les termes que dans l'intention de l'article 372. Voilà la seule différence qui se trouve entre ces deux articles. Au reste, on y reconnaît le même but et le même esprit; conséquemment les interprétations que la jurisprudence a données à l'ancien article sont applicables au nouveau.

232. Dans le système du Code pénal, le prévenu de calomnie, ou, ce qui est la même chose, le prévenu de diffamation, n'était autorisé à prouver que les faits par lui imputés étaient véritables, et à prétendre conséquemment qu'il devait être à l'abri de toute peine, que dans deux cas : le premier, quand la preuve qu'il représentait résultait d'un jugement ou de tout autre acte au-

thentique (1); le second, quand l'imputation portait sur des faits punissables suivant la loi, et qu'il les avait dénoncés. L'orateur du gouvernement a dit sur ce second cas : « Ce ne serait que dans le » seul cas où les faits imputés, et punissables suivant la loi, auraient été dénoncés aux agens de » l'autorité par l'auteur de l'imputation, que celui-» ci pourrait invoquer la justification préalable de » ces faits. Le jugement du délit de calomnie serait » alors suspendu jusqu'à ce qu'il eût été prononcé » sur l'accusation qui fait l'objet de la plainte; le » sort de l'une serait subordonné à celui de l'autre. » On vient de voir que ces dispositions du Code pénal ont passé dans l'article 25 de la loi du 26 mai, et il résulte de là que le sursis à l'action en diffamation est subordonné à plusieurs conditions.

La première, que les faits imputés soient *punissables selon la loi*, que conséquemment ils constituent des crimes, ou des délits, ou des contraventions; car si les imputations ne portaient que sur des défauts, des vices, en deux mots, sur des faits que l'action publique ne peut atteindre, la dénonciation que l'auteur de l'imputation en aurait faite ne pourrait autoriser un sursis aux poursuites dirigées contre lui; car ces faits ne rentreraient point dans l'exception; et, d'une autre part, la dénonciation ne pourrait amener aucun jugement sur leur vérité ou leur fausseté. C'est ce

(1) Code pénal, art. 370.

que la cour de cassation a jugé, le 28 février 1812 (1), dans une espèce remarquable. Brion avait imputé à Aublin d'avoir, comme président d'un collége électoral, soustrait et falsifié des bulletins, crime prévu par l'article 111 du Code pénal; et ensuite il avait dénoncé ce fait à l'autorité judiciaire. Aublin porta plainte en diffamation; mais le tribunal correctionnel crut devoir surseoir aux poursuites, attendu la dénonciation faite par Brion. Son jugement a été cassé: « Attendu que ces imputations n'auraient » pu faire la matière d'une dénonciation en justice, » puisque l'article 111 du Code pénal ne permet la » recherche de ce délit que dans le cas où celui » qui était chargé du dépouillement des billets » contenant les suffrages des citoyens, *sera surpris* » falsifiant ces billets, ce qui ne peut s'appliquer » à des imputations qui ne sont venues que gra- » duellement, et plusieurs mois après la tenue de » l'assemblée électorale. » Ainsi la cour a pensé que le sursis ne devait avoir lieu que quand l'imputation avait pour objet non seulement un fait prévu par la loi pénale, mais encore un fait dénoncé en temps utile, et contre lequel l'action publique est ouverte. Et, en effet, quel serait le but du sursis, lorsque la dénonciation ne pourrait donner lieu à aucune poursuite?

Il suit de là, ainsi que M. Carnot en a fait la remarque (2), qu'il n'y aurait pas lieu à surseoir,

(1) Bull., p. 81; Dalloz, t. XI, p. 119.

(2) Commentaire sur le Code pénal, t. II, p. 194.

si le fait imputé était prescrit ou couvert par une amnistie.

233. La seconde condition est que le ministère public ait commencé des poursuites, ou que le prévenu de diffamation ait dénoncé les faits.

Puisque le but du sursis est de mettre le prévenu en situation de rapporter la preuve des faits qu'il a imputés, celui-ci doit être en mesure de faire cette preuve. Toutefois il faut remarquer qu'il existe quelque différence entre une demande en sursis fondée sur la dénonciation que le prévenu a faite, et celle fondée sur les poursuites que le ministère public a commencées. Lorsque les faits imputés ne sont encore que dénoncés par le prévenu, le tribunal a certainement le droit d'examiner si ces faits sont ou non prévus par la loi pénale, et si la dénonciation qui en a été faite peut amener un résultat sur la vérité ou la fausseté de ces faits; c'est ce que juge l'arrêt du 28 février 1812, que je viens de rapporter. Mais lorsque le ministère public a agi d'office, ou qu'il a poursuivi sur la dénonciation, le tribunal n'est point maître de refuser le sursis, sous prétexte que les faits ne sont pas punissables; car il se constituerait par là juge d'une action qui ne lui est point soumise; il déciderait du mérite de l'action du ministère public; et ce droit ne lui appartient pas. C'est ce que la cour a jugé le 17 avril 1817 (1), sous l'empire du Code pénal. A plus forte raison

(1) Arrêt non imprimé.

doit-on juger ainsi sous l'empire de la loi du 26 mai 1819, puisqu'elle prescrit au juge de surseoir, par cela seul que le ministère public a commencé des poursuites.

Le but de la dénonciation étant d'obtenir la preuve légale de la vérité des faits imputés, et cette preuve ne pouvant résulter que d'un jugement qui ait autorité en France, il est clair que si le prévenu de diffamation n'a dénoncé les faits qu'à un tribunal étranger, cette dénonciation ne peut servir de motif au sursis de l'action en diffamation. Cette vérité a été consacrée par un arrêt de la cour de cassation du 7 mars 1817 (1).

M. Carnot (2), en rapportant cet arrêt, fait une observation qu'il me paraît difficile d'admettre ; il dit : « Cet arrêt, rendu sous l'empire du Code pénal, pourrait avoir bien jugé, sans qu'il dût faire » autorité sous la législation actuelle, qui n'exige » pas que la preuve des faits allégués soit rapportée » par *actes authentiques*; il resterait la ressource, au » condamné par un tribunal étranger, d'user de la » voie qui lui est ouverte, de soumettre de nouveau » le jugement de l'affaire aux tribunaux français : » l'article 25 de la loi du 26 mai assimile, en effet, » les deux cas de *dénonciation* et *poursuites*, sans y » apporter de restriction ; et il n'y en a pas moins » *dénonciation* et *poursuites*, qu'elles aient eu lieu » en France ou à l'étranger. » Tout le monde sentira que l'article 25 de la loi du 26 mai n'a certaine-

(1) Bull., p. 41 ; Dalloz, t. XI, p. 122. — (2) *Ib.*, p. 193.

ment en vue que les poursuites du ministère public français ; que cet article n'avait point à parler de preuve *authentique*, puisqu'il exige un *jugement*, qui est assurément un acte fort authentique, et, comme selon M. Carnot, le jugement rendu par un tribunal étranger serait sans autorité en France, puisque le prévenu aurait le droit de s'y faire juger de nouveau, comment la dénonciation faite à un tribunal étranger pourrait-elle tenir lieu d'une dénonciation faite à un tribunal français?

Il y a plus : la preuve des faits diffamatoires ne pouvant être faite que devant le tribunal compétent pour les punir, c'est à ce tribunal que la dénonciation doit avoir été faite, c'est-à-dire à l'officier du ministère public, ou au juge d'instruction. C'est pourquoi la cour a jugé, le 15 juin 1815 (1), au rapport de M. Audier Massillon, que, pour que la dénonciation puisse avoir l'effet de suspendre la poursuite en calomnie, il faut qu'elle ait été faite à l'autorité judiciaire. Il s'agissait, dans l'espèce, d'un écrit diffamatoire contre un employé des contributions indirectes; les prévenus se défendaient en soutenant qu'ils avaient dénoncé à l'administration générale les faits imputés dans cet écrit. La cour royale avait refusé de surseoir aux poursuites et condamné les prévenus; la cour rejeta leur pourvoi : « Attendu que, pour que les » tribunaux eussent été tenus de surseoir à la pour- » suite et au jugement de la plainte, d'après l'ar-

(1) Arrêt non imprimé, Vallée et autres contre Guérin.

» ticle 372 du Code pénal, il aurait fallu que les » auteurs de ces imputations eussent dénoncé les » faits punissables selon la loi à l'autorité compé- » tente pour instruire et juger sur leur dénonciation; » qu'il a été reconnu que les prévenus n'avaient » jamais dénoncé à l'autorité judiciaire les faits par » eux imputés à Guérin (1). »

Il est évident aussi qu'il faut que les faits dénoncés soient identiquement ceux qui ont été imputés à la partie qui se prétend diffamée, et qui motivent sa plainte; car si les faits n'étaient pas les mêmes, le sursis n'aurait plus d'objet (2).

Puisque la dénonciation a pour objet d'obtenir la preuve légale des faits imputés, il faut reconnaître que, si le prévenu de diffamation abandonne sa dénonciation, et que le ministère public n'y donne aucune suite, elle ne peut autoriser un sursis à l'action en diffamation. Ferrets s'était pourvu contre un jugement ainsi conçu : « Considérant » qu'une dénonciation à laquelle Ferrets (con- » damné pour diffamation), qui convient s'être » déclaré partie civile, n'a donné aucune suite, et » que le ministère public n'a pas cru devoir pour- » suivre, n'est point un motif de surséance; autre- » ment toute personne accusée de calomnie pour- » rait paralyser l'action de la justice, sous prétexte » d'une simple dénonciation qu'elle abandonne-

(1) * V. l'arrêt du 7 décembre 1833, cité n° 229.

(2) Arrêt non imprimé du 9 juin 1815, Selves contre le ministère public.

» rait. » La cour a rejeté le pourvoi (1), « attendu » que le jugement attaqué ne viole aucune loi. »

Un arrêt du 26 juillet 1821 (2) décide que quand la diffamation a porté tout à la fois sur des faits punissables et sur des faits qui ne le sont pas, la dénonciation des premiers suffit pour faire surseoir sur le tout. L'arrêt a donné pour motif que « les faits punissables deviennent des faits princi» paux dont les autres ne sont que des accessoires, » qui doivent demeurer soumis aux règles pres» crites par les faits principaux. » Ce motif n'est pas bien concluant; cependant la doctrine de cet arrêt doit être admise, par la raison que le tribunal saisi de la plainte en diffamation ne peut pas rendre autant de jugemens qu'il existe d'imputations d'une nature différente; qu'il doit statuer sur la poursuite, et apprécier les faits qui lui servent d'élémens par un seul et même jugement.

Remarquez que, si la dénonciation des faits punissables suivant la loi doit faire surseoir au jugement du délit qui résulte de la publicité que le dénonciateur a donnée à ses imputations, cette dénonciation ne l'autorise pas à donner publiquement à l'individu qui en est l'objet des qualifications injurieuses. Par exemple, parce qu'on a dénoncé un individu, à raison d'un vol qu'on lui a publiquement imputé, on n'est pas autorisé à l'appeler ensuite *coquin*, *voleur;* et la dénonciation

(1) Arrêt, non imprimé, du 2 octobre 1817, Ferrets et Minier. — (2) Bull., p. 407 ; Dalloz, t. XI, p. 99.

qui a été faite du vol allégué n'est pas un motif pour surseoir à la poursuite du délit d'injure, résultant de ces qualifications. J'emprunte cette doctrine à la 13e note de M. le président Barris; elle a été consacrée par un arrêt du 27 juin 1811 (1).

234. « Quand la calomnie a *précédé* la dénonciation, y a-t-il lieu au sursis, se demande M. Bourguignon (2)? M. Legraverend soutient l'affirmative (3), et il rapporte un arrêt du 11 juin 1808; mais on trouve dans le Dictionnaire de Laporte, au mot *Calomnie*, n° 5, un autre arrêt du 20 mai 1813, qui paraît avoir jugé la négative. »

La solution de la question que propose M. Bourguignon me semble facile. En matière d'imputation de faits punissables, la loi admet l'auteur de l'imputation à en faire la preuve devant les tribunaux compétens pour statuer sur la répression de ces faits, parce que, a dit l'orateur du gouvernement sur l'article 372 du Code pénal, si le plaignant en diffamation était condamné, *on ne pourrait raisonnablement condamner le dénonciateur.* Qu'importe alors que la diffamation ait précédé ou suivi la dénonciation de ces faits? Il reste toujours la question de savoir si le délit imputé existe ou n'existe pas, et l'on ne voit pas que la publication des faits diffamatoires soit plus criminelle pour avoir précédé la dénonciation que pour l'avoir suivie. On ne peut même pas s'arrêter à la

(1) Bull., p. 184; Dalloz, t. XI, p. 120. — (2) Jurisp. des Codes criminels, t. III, p. 599. — (3) T. Ier, p. 60.

considération tirée de ce que l'auteur de la diffamation pourrait ne dénoncer les faits que pour échapper aux suites de la plainte portée contre lui, et suborner des témoins pour faire réussir sa dénonciation; car une dénonciation qui a précédé la diffamation peut donner lieu aux mêmes appréhensions, en ce que la loi punit le délit de dénonciation calomnieuse, quand même le dénonciateur ne lui aurait donné aucune publicité. Ces observations doivent faire écarter la distinction proposée par M. Bourguignon, distinction que n'admettent ni l'article 372 du Code pénal, ni l'article 25 de la loi du 26 mai 1819. C'est, au surplus, ce que la cour de cassation a jugé par son arrêt du 26 juillet 1821 (1): « Attendu que l'article 25 de cette loi » (du 26 mai) n'a pas distingué le cas où la dé- » nonciation aurait précédé ou suivi la plainte; » que cette distinction ne peut donc être faite par » les tribunaux. »

235. Le sursis autorisé par l'article 25 de la loi du 26 mai 1819 doit-il être prononcé, lorsque les faits punissables ont été imputés publiquement à un fonctionnaire de l'ordre administratif ou judiciaire, dans l'exercice de ses fonctions, ou à l'occasion de cet exercice? en d'autres termes, le prévenu d'outrages envers un fonctionnaire public, par l'imputation de faits punissables, est-il recevable à en administrer la preuve, en les dénonçant au tribunal compétent pour les juger?

(1) Cité dans le numéro précédent.

Sous l'empire du Code pénal, la cour de cassation avait adopté une distinction entre les outrages par paroles, et les outrages par écrit adressés aux fonctionnaires publics; elle avait décidé, quant aux premiers, que le sursis n'était point autorisé. Les motifs de cette opinion sont expliqués dans son arrêt du 27 juin 1811 (1); quant aux outrages par écrit, elle avait jugé qu'ils étaient soumis aux mêmes règles que les diffamations contre les particuliers (2). Cette distinction rentrait parfaitement dans l'esprit de la législation qui a précédé les lois de 1819; mais elle n'a pu survivre à l'abrogation des dispositions du Code pénal sur lesquelles elle était fondée. Non seulement il y a lieu aujourd'hui à l'application de l'article 25 de la loi du 26 mai si l'auteur de la diffamation, par imputation à un fonctionnaire public de faits punissables, a dénoncé ces faits, mais encore il lui est loisible d'administrer la preuve de ces faits, sans être assujéti aux conditions imposées par cet article. En effet, l'article 20 de la même loi, qu'avait abrogé l'article 18 de la loi du 25 mars 1822, a été remis en vigueur par l'article 5 de la loi du 8 octobre 1830; or, d'après cet article 20, dans le cas d'imputations contre des dépositaires ou agens de l'autorité, ou contre toutes personnes ayant agi dans un caractère public, de faits relatifs à leurs fonctions, ces faits peuvent être prou-

(1) Cité n° 233. — (2) Arrêt du 15 octobre 1812, Dictionn. de Laporte, p. 27.

vés par devant la cour d'assises, par toutes les voies ordinaires, sauf la preuve contraire par les mêmes voies.

Le système du Code pénal était essentiellement protecteur de l'ordre; car l'une des plus fermes garanties de la paix publique repose dans la protection que la loi accorde aux fonctionnaires qui sont ses organes. Autant il doit être permis de poursuivre les fonctionnaires publics à raison des délits qu'ils commettent dans l'exercice de leurs fonctions, sauf à rendre leurs dénonciateurs responsables de leurs accusations, autant on doit interdire l'imputation publique de faits qui portent atteinte à leur honneur. Le respect que les citoyens doivent avoir pour la loi, toute la force morale de celle-ci, s'affaiblissent de tout ce que l'on ôte à la considération des magistrats.

236. La loi du 24 brumaire an 6, art. 4 (1), punit d'emprisonnement et d'amende « toute personne convaincue d'avoir recélé sciemment la personne d'un déserteur ou réquisitionnaire, ou d'avoir favorisé son évasion, ou de l'avoir soustraite d'une manière quelconque aux poursuites ordonnées par la loi ».

Les délits prévus par cette loi supposent un fait de désertion commis par l'individu qui a été recélé ou soustrait; l'existence de ce fait constitue nécessairement une question préjudicielle, dont

(1) * V. en ce qui concerne les réquisitionnaires insoumis, l'article 40 de la loi du 21 mars 1832.

la décision doit précéder le jugement des délits de recèlement, d'évasion, de soustraction. Cette question préjudicielle est de la compétence exclusive de l'autorité militaire. La désertion est, en effet, un délit purement militaire; elle est une infraction aux lois particulières qui régissent l'armée, et, quand même ce délit serait connexe à un autre délit de la compétence des tribunaux ordinaires, ces tribunaux ne pourraient en connaître. C'est ce que la cour de cassation a jugé, par arrêt du 14 mai 1825 (1), dans une espèce où le fait de désertion constituait une circonstance aggravante d'un crime de meurtre.

Ainsi, l'action publique contre les délits prévus par la loi précitée est suspendue jusqu'à ce que l'état de l'individu recélé ou soustrait ait été constaté par l'autorité militaire. Au surplus, il n'est pas nécessaire, pour que le fait de désertion soit légalement établi, que le déserteur ait été jugé et condamné par un conseil de guerre; il suffit que l'autorité militaire ait constaté ce fait, ne l'eût-elle puni que de peines de discipline. C'est ce que la cour a jugé par un arrêt du 4 août 1827 (2), rendu à mon rapport: « Attendu » que si, dans l'intérêt public, les officiers supé» rieurs de l'armée ont la faculté de dispenser les » déserteurs de la peine qu'ils ont encourue, et de

(1) Bull., p. 271; Dalloz, p. 374. — (2) Bull., p. 699; Dalloz, 467.

» les envoyer dans des compagnies de discipline; » cette incorporation, pour cause de désertion, » ne constate pas moins authentiquement le dé» lit de désertion qu'une condamnation dans » la forme ordinaire; que tout habitant de l'in» térieur, convaincu d'avoir recélé sciemment la » personne d'un soldat qui avait abandonné son » corps, et qui, à raison de cette désertion, a été » envoyé dans une compagnie de discipline, est » passible des peines portées par l'article 4 de la » loi du 24 brumaire an 6, aussi bien que si ce » soldat avait été jugé et condamné comme déser» teur par un conseil de guerre, puisque l'indul» gence dont a usé, en ce cas, l'autorité militaire, » n'efface point le délit de désertion, mais en » adoucit simplement la punition. »

237. *Les dépositaires ou comptables publics*, prévenus d'avoir détourné des deniers qui étaient entre leurs mains en vertu de leurs fonctions, ne peuvent être déclarés coupables, conformément aux articles 160 et suivans du Code pénal, qu'autant que l'autorité compétente a constaté qu'ils sont en effet *reliquataires*. Cette qualité de *reliquataire*, sur laquelle la prévention doit nécessairement reposer, donne lieu à une question préjudicielle qui est du ressort de l'autorité administrative dans le département de laquelle le comptable se trouve placé. On conçoit que l'autorité judiciaire ne pourrait s'immiscer dans le jugement de cette question, sans empiéter sur la compétence de l'administration. Ce principe est con-

sacré par un arrêt du 15 juillet 1819 (1) : « Attendu » que Fabry était poursuivi pour fait de dilapida» tion de deniers publics, mais qu'il n'en pouvait » être déclaré coupable qu'autant qu'il aurait été » préalablement décidé, par l'autorité compétente, » qu'il était reliquataire dans les comptes de sa » gestion ; qu'il avait requis cet examen préjudi» ciel de sa comptabilité ; et que néanmoins, sans » qu'il eût été définitivement prononcé, le conseil » de révision a déclaré la compétence de la juri» diction militaire, par son jugement du 10 mai » 1815 ; qu'en conséquence le premier conseil de » guerre permanent a statué sur la plainte et a » condamné Fabry, par son jugement du 2 juin, » qui a été confirmé le 5 du même mois, par le » conseil de révision ; ce qui a été, de la part de » ces deux tribunaux, une violation des règles de » compétence ».

Toutefois le comptable prévenu de dilapidation n'est pas recevable à se plaindre que le compte qui le constitue réliquataire n'ait pas été débattu contradictoirement avec lui, s'il s'est refusé au débat contradictoire, et s'il a mis ainsi, par sa résistance, l'autorité administrative dans la nécessité d'arrêter son compte sans l'avoir entendu (2).

238. Lorsque les poursuites donnent lieu à une

(1) Bull., p. 244 ; Dalloz, t. II, p. 322. — (2) Arrêt non imprimé du 28 mars 1816, M. Olivier, rapporteur, Branzon contre le ministère public.

question préjudicielle qui ne peut se résoudre que par l'interprétation *d'un traité diplomatique*, cette question doit être décidée par le gouvernement et non par le tribunal saisi de la prévention.

Un traité du 16 octobre 1821, intervenu entre S. M. le roi de France, et S. M. le roi des Pays-Bas, stipule que les individus « qui déserteront » le service militaire des deux hautes parties con» tractantes, seront restitués de part et d'autre.» Des militaires français dont la désertion était antérieure à ce traité furent arrêtés en Belgique, livrés à l'autorité française et traduits devant des conseils de guerre; là ils prétendirent que leur arrestation était illégale, et qu'il était contraire à toute loyauté de juger des individus violemment traduits en justice; les conseils de guerre se déclarèrent incompétents. Ils se trompèrent, parce que le fait de la prévention était essentiellement de leur compétence; seulement la défense des prévenus donnait lieu à la question préjudicielle de savoir si le traité du 16 octobre s'appliquait à tous les individus en état de désertion au moment de l'échange des ratifications, ou s'il ne s'appliquait qu'à ceux qui déserteraient postérieurement. Cette question ne pouvait être résolue que par le gouvernement; les conseils de guerre devaient donc surseoir jusqu'à ce qu'elle eût été décidée par lui : en conséquence, ces jugemens ont été cassés par arrêts des 15 mars et 16 juin 1822 (1),

(1) Bull., p. 111 et 245.

Le dernier de ces arrêts porte : « Attendu que » la question de savoir si l'extradition des prévenus » était légale ou irrégulière, était une question » préjudicielle, qui était de la compétence exclu- » sive du gouvernement; que, dans cet état, le » conseil de guerre devait surseoir à prononcer » sur le sort des accusés, jusqu'à ce que la question » politique eût été décidée par le gouvernement; » mais qu'il ne pouvait, sans violer les règles de » son établissement et de ses attributions, se dé- » clarer incompétent.»

239. Les citoyens qui se refusent *au service de la garde nationale*, sont passibles de peines de discipline, aux termes de la section 8ᵉ de la loi du 22 mars 1831 ; mais lorsque, traduits devant le conseil de discipline, ils soutiennent qu'ils ne doivent pas être portés sur les contrôles, ils élèvent par là une question préjudicielle qui sort de la compétence de ce conseil ; celui-ci doit conséquemment surseoir au jugement jusqu'à ce que l'autorité compétente ait statué sur la réclamation du prévenu. Il est vrai qu'aux termes de l'article 78 de la même loi, « tout garde national commandé » pour le service, devra obéir ; sauf à réclamer, s'il » s'y croit fondé, devant le chef du corps» ; mais cet article suppose dans celui qui est commandé la qualité de *garde national;* il ne s'applique donc pas au cas où cette qualité est contestée ou litigieuse.

Toutefois le prévenu de refus de service ne peut élever utilement la question préjudicielle qu'autant qu'il a formé sa réclamation aussitôt qu'il a été averti de son inscription sur les registres matricules. Ces principes résultent de plusieurs arrêts rendus par la cour de cassation (1).

Voir, pour d'autres cas où il y a lieu à une question préjudicielle, *suprà*, n° 134-147.

240. J'ai annoncé (2) que la cour de cassation, convaincue de la nécessité de poser des principes qui pussent la guider en matière de questions préjudicielles, les avait résumés dans une note du 5 novembre 1813. Je vais transcrire cette note telle que l'a rédigée et conservée M. le président Barris (3).

« Le 5 novembre 1813, nous avons discuté et décidé, *à l'unanimité*, les questions suivantes, sur » la compétence des tribunaux criminels, correc- » tionnels et de police.

» 1° Il ne peut être prononcé que par les tribu- » naux civils sur l'existence, la validité et l'exécution » des contrats dont la violation ne peut entraîner » que des condamnations civiles.

» 2° Les tribunaux criminels peuvent et doivent » connaître des contrats dont la violation rentre

---

(1) Arrêts des 18 novembre 1826, Bull., p. 660; 28 avril 1827, Bull., p. 287; Dalloz, 1827, p. 57 et 409; 15 et 20 octobre 1831, Dalloz, p. 343; 13 octobre et 18 novembre 1831, Dalloz, 1832, p. 45 et 31; 6 et 7 janvier; 6, 17, 18 février; 10, 17 mars 1832, Dalloz, p. 52, 91, 92, 116, 117, 148, 155, 186; * 15 juin 1832, p. 314; 28 septembre 1833, p. 363; 5 novembre 1835, Dalloz, 1836, p. 57, etc. — (2) *Suprà*, n° 167. — (3) Note 306.

» dans l'application de l'article 408 du Code pénal.
» Lorsque l'existence du contrat est déniée devant
» eux par la partie qui est poursuivie à raison de
» ladite violation, les tribunaux doivent juger la
» question préjudicielle de l'existence du contrat,
» soit que le plaignant en rapporte l'acte, soit qu'il
» n'en rapporte qu'un commencement de preuve
» par écrit; il est de principe que tout juge com-
» pétent pour statuer sur un procès dont il est
» saisi, l'est, par là même, pour statuer sur les
» questions qui s'élèvent incidemment dans ce
» procès, quoique d'ailleurs ces questions fussent
» hors de sa compétence, si elles lui étaient pro-
» posées principalement; *L. 3 Cod. de judiciis;*
» *L. 1 Cod. de ordine cognit.* Il faut une disposition
» formelle de la loi, pour ne pas faire une appli-
» cation de ce principe; la preuve du délit ne pou-
» vant pas être séparée de celle de la convention,
» la compétence sur le délit qui forme l'action prin-
» cipale, entraîne nécessairement la compétence
» sur le contrat dont la dénégation n'est que l'ex-
» ception à cette action. Les tribunaux criminels
» devant d'ailleurs prononcer sur les intérêts civils
» des parties, ils doivent avoir caractère pour
» juger le contrat auquel se rattachent ces intérêts
» civils. La compétence d'un tribunal ne peut dé-
» pendre des formes fixées par la loi pour la preuve
» de la demande. Si le contrat ne portait que sur
» un objet moindre de 150 francs, la preuve pou-
» vant, dans ce cas, en être faite par témoins, la
» juridiction criminelle serait évidemment com-

» pétente pour en connaître; elle doit avoir la » même compétence dans le cas où, à raison d'une » plus grande importance dans l'objet du contrat, » la preuve n'en peut être établie par témoins; la » cour de cassation a jugé constamment que les » tribunaux correctionnels sont compétens pour » prononcer sur l'existence du contrat dénié, par » voie d'exception, lorsqu'il en est produit un » commencement de preuve par écrit; elle a jugé » que ces tribunaux ont caractère pour décider » qu'il y a commencement de preuve par écrit; » elle doit donc juger aussi que ces tribunaux ont » le droit de déclarer que l'acte produit forme la » preuve complète de ce contrat : le commence- » ment de preuve par écrit est, en effet, comme » l'acte constitutif de ce contrat, un acte écrit, » dont on doit apprécier le contexte, le sens et les » conséquences.

» 3° Mais, pour juger que le contrat dénié a » existé, comme pour juger qu'il y en a commen- » cement de preuve par écrit, et qu'ainsi la preuve » testimoniale est admissible, les tribunaux cor- » rectionnels sont assujettis aux règles fixées par » les articles 1341 et 1347 du Code civil. Les règles » de preuve fixées dans ces articles, ne sont pas » sans doute attributives de juridiction en faveur » des tribunaux civils; mais, par cela même, les » tribunaux correctionnels sont tenus de les ob- » server. Ces règles sont des principes généraux » communs à toutes les juridictions. Les délits » sont susceptibles, sans doute, de toute espèce de

» preuve, mais le délit n'est pas dans le contrat » dont la violation est l'objet de la poursuite; il » n'est que dans cette violation. Le contrat, qui » n'est qu'un acte civil, ne peut être prouvé, lors- » qu'il est dénié, que d'après les règles communes » à tous les contrats. Les tribunaux correctionnels » doivent prononcer sur les intérêts civils; la partie » civile ne peut obtenir devant eux que ce qu'elle » obtiendrait devant les tribunaux civils, et elle ne » doit l'obtenir que d'après les preuves auxquelles » elle serait soumise devant ces tribunaux. Elle » pourrait prouver devant les tribunaux civils la » violation du contrat, par des dépositions de » témoins, conformément à l'article 1348 du Code » civil; mais elle ne pourrait prouver la préexis- » tence du contrat, s'il était dénié, que d'après » les règles des articles 1341 et 1347 du même » Code.

» Mais les tribunaux criminels pourront-ils » ordonner des informations pour prouver la pré- » existence du contrat, avant qu'on ait produit » devant eux le commencement de preuve par » écrit de ce contrat; et suffira-t-il, pour faire » maintenir leur jugement définitif, qu'avant ce » jugement, le commencement de preuve par écrit » ait été découvert par ces informations, ou par » toute autre voie? S'il n'y a pas eu d'opposition » de la part du prévenu à ces informations, sur le » fondement de l'absence de toute preuve ou de » commencement de preuve écrite, point de doute » que le jugement définitif, qui est soutenu et

» justifié par une preuve testimoniale, accom-
» pagnée d'un commencement de preuve par écrit,
» ne soit hors de toute atteinte, à raison de l'irré-
» gularité dans le mode et l'ordre de l'instruction.
» Mais si le prévenu avait demandé qu'il ne fût
» point entendu de témoins, jusqu'à ce que la
» partie poursuivante eût produit un commence-
» ment de preuve par écrit qui autorisât la preuve
» testimoniale, cette réquisition, étant conforme à
» un principe général et positif, rédigé dans l'ar-
» ticle 1341 du Code civil, en termes prohibitifs,
» devrait être accueillie par les tribunaux correc-
» tionnels; et il y aurait lieu à cassation contre un
» jugement en dernier ressort qui l'aurait rejetée.
» Cependant, s'il n'y avait pas eu de pourvoi con-
» tre ce jugement, et que, le commencement de
» preuve par écrit ayant été acquis, il fût intervenu
» un jugement de condamnation au fond, d'après
» la preuve testimoniale, accompagnée d'un com-
» mencement de preuve par écrit, on ne pourrait
» se prévaloir, à la cour de cassation, contre ce ju-
» gement de condamnation, du rejet de la récla-
» mation du prévenu contre l'audition des témoins
» avant la production du commencement de preuve
» par écrit, parce que le jugement qui aurait pro-
» noncé ce rejet, n'ayant pas été attaqué par un
» pourvoi, aurait acquis l'autorité de la chose
» jugée, et que le jugement de condamnation serait
» justifié par le commencement de preuve par
» écrit qui lui aurait servi de base, conjointement
» avec la preuve testimoniale.

» Mais relativement au délit d'habitude d'usure, » il ne porte pas sur des faits extrinsèques à des » contrats; il ne suppose pas, comme le délit de » violation de dépôt, la préexistence d'une con- » vention; il se forme dans les actes mêmes de » prêt; il est inséparable du prêt, et se confond » avec lui; et dès-lors, tout délit étant susceptible » de toute espèce de preuve, il n'y a pas de doute » que les stipulations d'intérêts usuraires dont peut » se composer le délit d'habitude d'usure doi- » vent être soumises à la preuve testimoniale, » quoiqu'elles se rattachent à des contrats civils, » et que les clauses portées dans ces contrats ne » puissent être altérées. Ce délit ne peut donc faire » naître la difficulté de la question préjudicielle, » qui est traitée dans le n° 2.

» 4° Si devant un tribunal de police correction- » nelle, ou de police, le prévenu propose pour » défense une exception de propriété qui soit » nécessairement préjudicielle à l'action sur le » délit, il y aura lieu de surseoir à cette action, et » la question de propriété devra être renvoyée au » jugement des tribunaux civils. La propriété des » immeubles est essentiellement dans le domain » des tribunaux civils.

» 5° Mais si l'exception de propriété ne porte » que sur un effet mobilier, il n'y aura lieu ni à » sursis ni à renvoi; les effets mobiliers sont la » matière des vols, des détournemens, etc.; dont » l'attribution à la juridiction correctionnelle em- » porte avec elle le droit de connaître de toutes les

» exceptions proposées comme moyens de défense » contre la prévention du fait criminel qui peut » avoir été commis sur l'effet mobilier.

» 6° Si l'exception porte sur une question de » *possession* d'un objet *immobilier*, elle ne formera » une question préjudicielle qui doive être jugée » par les tribunaux civils, que dans le cas où la » preuve de la possession alléguée entraînerait celle » de la *propriété*, ou si cette possession était l'effet » d'un titre qui supposât la propriété. Dans ces » deux cas, en effet, la question de possession se » confond avec celle de propriété, et celle-ci est » essentiellement civile. Mais, hors ce cas, la » possession alléguée, ne pouvant avoir d'effet que » sur des jouissances de fruits, se détermine tou- » jours à des effets mobiliers; elle n'est qu'un *fait* » étranger à la propriété immobilière, et l'excep- » tion qui en est opposée doit, comme celle de la » propriété des objets mobiliers, être de la com- » pétence des tribunaux criminels, juges de l'action » contre laquelle elle est proposée.

» 7° Si le jugement sur le fait d'un délit ou d'une » contravention dépend de l'interprétation d'un » acte ou d'un contrat, le tribunal, juge du délit » ou de la contravention, a nécessairement carac- » tère pour juger si, d'après l'acte ou le contrat » produit, le délit ou la contravention existe, » ou n'existe pas; il a donc caractère pour exami- » ner l'acte ou le contrat, pour en rechercher ou » déterminer le sens, l'effet et l'obligation. Cette » décision rentre dans le principe que le juge d'une

» action est essentiellement juge de l'exception » qui est opposée à cette action, comme il est » juge de tous les élémens des preuves sur lesquelles » l'action ou l'exception peuvent être fondées.

» Néanmoins, comme dans les matières fores- » tières, nous avons jugé, depuis l'arrêt du 2 mes- » sidor an 13, que l'adjudicataire qui prétendait, » devant le tribunal correctionnel, avoir eu le » droit, d'après le cahier des charges, de faire ce » que l'administration soutenait avoir été fait par » lui en délit, devait être renvoyé devant les tri- » bunaux civils, pour qu'il y fût statué sur le sens » et les obligations du cahier des charges, et qu'une » jurisprudence contraire ne peut pas convenable- » ment être de suite adoptée, il a été arrêté qu'on » ne casserait point les jugemens rendus par les » tribunaux ordinaires, en matière forestière, » lorsqu'ils auraient renvoyé les parties devant » la juridiction civile, pour y faire prononcer sur » l'interprétation du cahier des charges, ou d'au- » tres actes qui auraient servi de base à la défense » du prévenu.

» 8°..... (1).

» 9° Si un individu déclaré coupable devant » une cour d'assises d'avoir homicidé son père » adoptif, conteste la validité de l'adoption, et » forme ainsi un débat sur cette circonstance, qui » doit donner au meurtre le caractère de parri-

---

(1) Ce numéro est *suprà*, n° 196.

» cide, la cour d'assises sera-t-elle compétente » pour prononcer sur ce genre de défense de l'ac- » cusé? La cour d'assises aura caractère pour in- » struire et statuer sur les faits de la possession » d'état de fils adoptif que peut avoir eue l'ac- » cusé; et si ces faits de possession d'état se rat- » tachent à un acte d'adoption, ils doivent suffire, » quelle que puisse être la validité de cet acte, » pour donner à l'homicide l'atrocité qui consti- » tue le parricide, et conséquemment pour en- » traîner l'application des articles 299 et 302 du » Code pénal. En faisant cette application, la cour » d'assises ne jugera pas une question d'état; elle » ne jugera qu'une question de fait, une circon- » stance aggravante du crime de l'accusation (1).

» *J'adhère à toutes les maximes ci-dessus*, 3 no- » vembre 1813, *signé* Merlin.

» Lecture faite des décisions ci-dessus et de leurs » motifs, dans la séance du 12 novembre 1813, la » rédaction a été approuvée à l'unanimité. »

---

(1) V. *suprà*, n° 193, l'arrêt Projetto.

FIN DU PREMIER VOLUME.